Le Pouvoir guérisseur des animaux

Titre original : *Our Symphony with Animals*

Publié pour la première fois en anglais par Pegasus Books, New York.

Traduit de l'anglais par Géraldine de Vries.

ISBN : 978-2-8132-2494-1

www.editions-tredaniel.com

info@guytredaniel.fr

www.facebook.com/editions.tredaniel

@edtions_tredaniel

Dr AYSHA AKHTAR

Le Pouvoir guérisseur des animaux

Une histoire d'amour et d'empathie

Guy Trédaniel éditeur
19, rue Saint-Séverin
75005 Paris

Pour Sylvester.

Sommaire

PARTIE 3

S'UNIR AUX ANIMAUX

Avant-propos de Carl Safina

À cinq heures ce matin, comme chaque matin, je sentis nos chiens sauter sur notre lit une heure avant le lever du soleil. Ils se pelotonnèrent près de nos pieds et nous somnolâmes tous un peu jusqu'à ce que ma femme dise : « Bonjour. » Les premiers mots du jour sont le signal attendu par nos chiens pour nous dire bonjour et nous donner quelques coups de langue affectueux. C'est une coutume qu'ils ont lancée d'eux-mêmes ; nous ne la leur avons pas apprise. Ensuite, c'est l'heure de se lever et d'entamer la journée. Tous les matins, ils nous sortent du lit à l'aube. Je n'en ai pas toujours très envie, si la veille j'ai travaillé tard à mon écriture ou si nous sommes sortis par exemple, mais l'aurore est toujours le moment de la journée que je préfère. Je suis donc toujours reconnaissant que les chiens nous réveillent très tôt. Une fois en bas, nous les laissons sortir et nous lançons le café. Les chiens rentrent et nous leur donnons leur petit-déjeuner. Quand ils ont terminé de manger, ils viennent nous trouver et nous donnent l'impression de nous remercier. Puis, ils se reposent pendant que je remplis les mangeoires des oiseaux et donne à manger au perroquet que nous avons sauvé. En général, nous préparons ensuite le petit-déjeuner et nous le partageons un peu avec les chiens ou nous leur en laissons les restes, après quoi il est l'heure de sortir les poules. Elles ne sont jamais pressées de sortir à l'aube ; c'est l'heure de chasse des faucons et du coucher du dernier renard. Alors, elles attendent un peu dans leur poulailler, et c'est quand je les vois apparaître devant leur porte grillagée que les chiens et moi sortons ; j'ouvre le poulailler et les poules se précipitent vers les marches de la véranda à l'arrière de la maison où je leur donne à manger sous le regard des chiens. Certaines années, quelques responsabilités supplémentaires s'ajoutaient : un écureuil ou un raton laveur orphelin, ou encore un bébé hibou tombé du nid et trouvé à l'article de la mort. Les guérir, voir leur besoin et leur appréciation des soins que nous leur donnons, leur confort et leur sécurité en notre présence, sont un grand honneur et une leçon quotidienne.

Nous sommes vivants, maintenant ; voilà la leçon que ces animaux me livrent chaque jour. Ils me rappellent de vivre dans le présent et prêt à apprécier ce qui survient. Ils nous font traverser la souffrance, la peine et la morosité que nous, les humains, créons pour nous-mêmes ; les déceptions et les désillusions. Eux, comme nous, arrivent dans cette vie dépourvus de tout cela. Si nous saisissons l'opportunité de les traiter avec bonté, ils nous le rendent en nous rappelant tous les jours à quel point les êtres vivants peuvent être purs et innocents les uns avec les autres. Si tel est notre choix.

Quand tout le monde a terminé de manger, nous emmenons parfois les chiens à la plage avant d'aller travailler, ce qu'ils adorent. Moi aussi, j'adore ces sorties. Quand je les regarde courir, se poursuivre et nager, revenir trempés et pleins de sable, je me rends de nouveau compte qu'ils suscitent en nous plus de sourires au quotidien que tout autre aspect de notre vie. Ils nous bénissent de leur désordre. Je pense souvent aux paroles de mon ami et héros Peter Matthiessen, qui dans son ouvrage *Le Léopard des neiges** écrivit : « Et c'est une profonde consolation, peut-être la seule, pour cet animal hanté qui perd une grande partie de sa vie longue et fantomatique à arpenter le futur et le passé sur ses pattes arrière, cherchant un sens aux choses, pour ne voir dans les yeux des autres membres de son espèce qu'il

---

* NdT : Voir Peter Matthiessen, *Le Léopard des neiges*, Gallimard, 1991.

doit mourir[1]. » Ce que je vois dans les yeux qui ne sont pas de mon espèce est : vivons. Vivons, tout simplement.

Dans un monde de blessures, l'invitation à la compassion est le plus grand cadeau qu'un être humain puisse se voir offrir. La symphonie que forme le chaos contrôlé de nos matinées, qu'il s'agisse du piaillement des poules ou d'une truffe pleine de sable poussée contre ma hanche, réveille mon cœur et y met du baume, comme de la musique. Cette symphonie est le meilleur chemin pour sortir de notre peine.

Je suis un scientifique, mais de nombreux scientifiques ont longtemps pensé, à tort, que seuls les humains sont conscients et peuvent ressentir des choses. Cette croyance n'a aucun fondement scientifique. Elle est aussi une excuse que les humains se donnent pour commettre des abus à l'encontre des êtres non humains qui vivent parmi nous. Cela est bien trop courant. Et bien sûr, il existe de trop nombreux abus commis à l'encontre d'autres êtres humains. On considère que les autres animaux sont des « brutes » ou des « bêtes sauvages ». Mais comme le nota Herman Melville dans son grand classique psychologique *Moby-Dick*[*], « il n'y a aucune bêtise des animaux de la terre qui ne soit pas infiniment dépassée par la folie des hommes[2] ». Les abus contre les animaux vont souvent main dans la main avec une attitude abusive envers les autres êtres humains. Quand nous apprenons à traiter les animaux avec douceur, nous devenons également plus doux avec les gens. L'absence de cruauté profite aux humains et à l'humanité tout entière.

Le principe organisationnel qui sous-tend la biologie veut que toutes les formes de vie fassent partie de la même famille et soient génétiquement reliées depuis des milliards d'années par des chaînes ininterrompues d'ancêtres et de descendants vivants. Nombre de nos gènes sont sur Terre depuis des centaines de millions d'années. Pensez-y ainsi : les ressemblances physiques que vous voyez chez d'autres espèces telles que les yeux, les oreilles, le squelette, les organes et le battement cardiaque, indiquent des similarités au niveau cérébral que vous ne pouvez pas voir. Néanmoins, la logique comportementale reflète bien le fonctionnement cérébral ; et

* NdT : Voir Herman Melville, *Moby-Dick ou le Cachalot*, Gallimard, 2018.

de manière plus formelle, les neurosciences comportementales ont fait d'immenses progrès dans ce domaine. Les chercheurs dans ces branches scientifiques ont observé le fonctionnement du cerveau à l'aide de l'IRM et d'autres techniques modernes. Ils ont ainsi observé le cerveau de chiens *s'allumer* quand on leur montrait des photos de personnes et de chiens qu'ils connaissaient, et ils ont examiné des cerveaux de rats endormis en train de rêver. De manière générale, le fonctionnement cérébral de l'animal est très similaire au nôtre, tout comme son corps est proche du nôtre. Cela ne fait aucun doute, et il y en a de nombreuses preuves. À la lumière de tant de nouveaux éléments, de nombreux scientifiques tombent aujourd'hui d'accord sur cette réalité scientifique : tout ce qui se trouve dans le vivant existe dans un champ continu, et cela inclut les similarités entre les systèmes nerveux de nombreuses espèces et donc entre leurs fonctions mentales et leurs capacités émotionnelles.

Quand nous perdons un être cher, et cela peut être un animal de compagnie, nous éprouvons de la peine. Or, certains animaux connaissent également la peine ; n'importe quel animal capable de lien émotionnel montrera des signes de tristesse dans des situations attendues. La peine va au-delà de la vie et de la mort ; elle concerne d'abord la perte d'une compagnie, d'une présence. L'écrivain Barbara J. King dit que quand deux animaux ou plus ont passé leur vie ensemble, « la peine résulte de l'amour perdu[3] ».

Nous savons que les humains savent apprécier la vie et aimer leurs compagnons, et que ces derniers peuvent leur manquer. Le problème qui subsiste est que nous avons tendance à refuser ou à nous méfier de l'idée selon laquelle les autres êtres vivants pourraient éprouver les mêmes sentiments. Cela révèle le fossé qui existe entre notre appréciation et compréhension de qui nous sommes, et notre appréciation et compréhension des êtres avec qui nous partageons cette planète vivante, la seule que nous connaissions.

Albert Einstein déclara que notre tâche était d'« élargir le cercle de notre compassion jusqu'à y inclure tous les êtres vivants et la nature entière dans toute sa beauté[4] ». Le besoin commun devient ainsi l'objectif commun. Afin d'éviter le désastre, c'est dans cette direction que nous devons aller.

Si vous souhaitez savoir ce que vous y gagnerez, Confucius aurait dit que « celui qui souhaite assurer le bien d'autrui, a déjà assuré le sien[5] ». Le docteur Albert Schweitzer, quant à lui, observa : « Je sais une chose : les seuls parmi vous qui seront véritablement heureux sont ceux qui auront cherché et trouvé comment servir[6]. »

Charles Darwin reconnut que « la raison la plus simple inviterait chaque individu à élargir ses instincts et sympathies sociaux aux hommes de toutes les nations et de toutes les races [...] nos sympathies deviendraient alors plus tendres et plus largement diffusées, jusqu'à toucher tous les êtres sensibles[7] ».

Il y a une composante spirituelle ici, même pour les personnes non religieuses. La capacité de partager un ressenti avec un autre est le standard minimum de la religiosité car « dans la compassion, dit l'écrivaine et ancienne religieuse Karen Armstrong, nous nous détrônons du centre de notre monde[8] ».

La géométrie du progrès humain est un cercle grandissant de compassion. Chaque fois que des personnes comme Copernic, Darwin et Einstein élargirent un peu le cercle, nous éloignant ainsi un peu plus du centre de l'univers, du centre temporel, du pic de la création, nous développâmes une vue plus correcte, plus réaliste, de qui nous sommes. Nous comprîmes un peu mieux que nous ne sommes pas seuls, que nous vivons en compagnie d'autres êtres. Chacun d'entre nous doit apprendre cela par soi-même, et c'est ainsi que les choses progressent lentement.

Les visions plus élargies des choses font de nous des êtres plus civilisés. Néanmoins, la civilisation ne nous amène qu'à un certain point. Aujourd'hui, notre défi est de nous humaniser. Cela peut sembler ironique, mais le fait de prendre soin d'autres animaux nous aide à le faire. Les humains ont une aptitude à la compassion, et donc le fait d'agir avec compassion réalise notre potentiel humain. La plus grande réalisation de toutes est que toute vie est Une. Dans ma propre vie, le fait d'avoir vécu avec beaucoup d'autres animaux, de les avoir étudiés et d'avoir travaillé avec eux, dans leur monde et dans le nôtre, n'a fait qu'élargir, approfondir et affirmer mon impression que nous partageons notre vie avec eux et que la proximité et le soin des êtres non humains qui vivent parmi nous nous offre de grandes richesses.

Dans cet ouvrage, Aysha Akhtar élargit et énonce cet immense potentiel. Elle illumine les propos ci-dessus en partageant des histoires de soins, mais également d'abus et de peine. Plus que tout, ces récits parlent de rétablissement, de renouveau et d'espoir. Soyez adouci par ces histoires et par la destinée et la guérison partagées qui se révèlent au fil des pages. Ensuite, réfléchissez à la manière dont vous pourriez vous-même aider à guérir un autre être vivant. C'est ainsi que nous guérirons le monde, une vie après l'autre.

Prologue

« Je veux te montrer quelque chose. » Oncle Talup s'approcha de moi dès que je sortis de la salle de bains de notre maison de l'est de Londres. Je venais de passer l'après-midi devant une émission télévisée sur une petite fille et les nounours géants qui étaient ses amis, pendant que mes deux petites sœurs faisaient leur sieste et que mon grand frère se baladait dans le quartier avec ses petites voitures Matchbox. Oncle Talup nous gardait souvent jusqu'au retour de mes parents le soir, une fois leur journée de travail terminée. Il était un grand ami de famille, mais selon notre tradition pakistanaise nous appelions tous les adultes *Oncle* ou *Tante* en signe de respect.

Je laissai Oncle Talup me prendre par la main et me faire monter les escaliers sombres et étroits. Il avait peut-être un nouveau jeu à me montrer. Mais au lieu d'aller dans la chambre où je jouais habituellement avec mon frère et mes sœurs, il m'emmena dans la chambre de mes parents. Il ferma la porte et nous nous assîmes sur le bord du grand lit double. Je plissai les yeux contre les rayons de soleil éblouissants qui filtraient autour des rideaux rayés marron et jaune et rebondissaient sur le grand miroir. Souvent, je me plaçais devant ce miroir et je demandais à la petite fille qui me regardait si le monde dans lequel elle vivait était différent du mien. Ce jour-là, cependant, le miroir ne me montrait pas mon amie imaginaire. Quelque chose n'allait pas.

« Tiens », me dit Oncle Talup. Je suivis son regard vers le bas jusqu'au large pantalon blanc de son *shalwar kameez*.

Je venais d'avoir cinq ans la première fois qu'Oncle Talup abusa de moi. Ses agressions sexuelles continuèrent ensuite pendant cinq ans, sur un continent et puis un autre. Il abusa de moi chaque semaine quand il vivait près de chez mes parents à Londres. Quand ma famille déménagea aux États-Unis, il nous rendit visite quatre ou cinq fois par an et continua ses abus, comme si nous ne nous étions jamais quittés. Pendant toutes ces années, je gardai le silence, ne disant rien à personne de ce qu'il me faisait, même pas à mes parents. C'était l'une de ses règles qu'il savait que je respecterais. J'étais une petite fille obéissante. *Tu ne dis rien.*

Les abus d'Oncle Talup remplirent de désarroi mon enfance. J'étais trop jeune à l'époque pour pouvoir articuler mes pensées, mais j'avais tellement de questions, surtout sur moi-même : sur mon rôle en tant que bonne petite fille pakistanaise obéissante, sur mon devoir envers les aînés, sur ma valeur personnelle. Et je cherchai les réponses à ces questions, apeurée, gênée et seule.

Mais une nuit, alors que je n'avais que neuf ans, la clarté me vint. Ce fut l'un de ces moments rares dans une vie où la compréhension ne vient pas à petites gouttes dans notre subconscient jusqu'à ce que le flux d'information devienne trop vaste pour être ignoré. Non, la réponse à mes questions me vint d'un coup, comme un torrent. Et une fois que j'obtins la réponse, elle me sembla si évidente. Ma réponse fut un chien prénommé Sylvester.

C'est la seule photo que j'ai de lui. C'est un jour ensoleillé de fin novembre. Nous venions de rentrer d'une promenade en forêt pour ramasser des pommes de pin que nous vaporiserions ensuite de paillettes dorées et argentées afin de les offrir comme cadeaux. Je ne cessais de trébucher sur lui car il traçait son chemin si proche du mien, ne me quittant pas d'une semelle. Sur la photo, il regarde quelque chose que je ne peux pas voir, au-delà de la grille du jardin. Son pelage est marron. Ses yeux sont marron. Un foulard rouge et blanc est noué autour de son cou. Il a l'air rude, beau et adorable tout à la fois.

Sylvester entra dans ma vie quand j'avais neuf ans. Mes grands-parents et mon oncle Dave, du côté de ma mère, avaient suivi mes parents quand ces derniers avaient quitté Londres pour la Virginie, et ils adoptèrent Sylvester d'une portée de chiots dont personne ne voulait. Sylvester tenait du berger allemand et avait un visage très doux, ainsi qu'une touffe de poils blancs sur le poitrail. Comme moi, comme nous tous, Sylvester avait sa propre histoire.

Pendant une grande partie de mon enfance, nos vies étaient si entremêlées que si vous tentiez aujourd'hui de retirer Sylvester de mon histoire, celle-ci se détricoterait. Je n'avais encore jamais connu un animal, mais un lien se tissa immédiatement entre nous. En Virginie, mes grands-parents vivaient dans l'immeuble voisin du nôtre, à moins de cinquante mètres de chez nous. Je ne me souviens pas d'un seul jour où Sylvester et moi n'étions pas ensemble. Nous partagions une amitié, une affinité, un amour qui était très fort. Nous étions *cette fille et son chien*. Nous partagions autre chose encore : les abus.

La première fois que je vis Sylvester se faire projeter contre le mur, par un homme que je connaissais bien, fut l'instant qui me mit sur le chemin pour trouver le courage de mettre un terme non seulement aux abus subis par Sylvester, mais également aux miens.

Sylvester fut le premier d'une longue liste d'animaux que j'allais connaître. À travers lui, je pris mieux conscience des mondes d'autres animaux autour de moi et je développai une grande affinité avec eux.

Pendant mon enfance, je secourus des oiseaux orphelins et je les guéris. Je lus des livres expliquant comment écraser des œufs durs (cela me semble si mal, aujourd'hui) pour nourrir des oisillons à l'aide d'une pince à épiler. J'appris à loger des oiseaux dans des boîtes à chaussures converties en nids douillets, à leur enseigner la façon de trouver des vers sous des cailloux, et à les laisser partir quand ils étaient prêts. Je secourus également des lapins, des écureuils et des souris blessés, les tenant anxieusement sur mes genoux pendant que ma mère nous emmenait en urgence chez le vétérinaire dans notre break Buick vert.

À travers les animaux, je développai le souhait de guérir autrui. Il me fut facile d'appliquer aux humains les compétences que j'avais apprises en prenant soin des animaux. Ma mère était infirmière et elle m'apprit que les grands principes sont les mêmes, que l'on soigne des humains ou des animaux. Pour être une bonne guérisseuse, m'expliqua-t-elle, tu dois comprendre comment les patients ont mal et tu dois avoir envie de les aider. J'étais si souvent aux côtés de ma mère en tant que « petite assistante infirmière » quand l'une de mes sœurs ou mon frère étaient malades, que toute ma famille savait quelle serait ma profession plus tard. « Aysha sera médecin. »

Je fis effectivement des études de médecine et pendant cette période, je continuai à rechercher la compagnie d'animaux. Alors que j'étais étudiante en troisième année et que je faisais mes tournées à l'hôpital psychiatrique Eastern State à Williamsburg en Virginie, mon chat, Aslan, tomba soudainement malade. Pendant mes études, Aslan (un nom pris d'un de mes livres d'enfance préférés) était mon fidèle compagnon, drapé autour de mes épaules alors que je me plongeais dans des ouvrages d'anatomie, de physiologie et de biologie moléculaire pendant les longues soirées froides. Après quatre ans avec moi, Aslan succombait à une leucémie féline, une maladie infectieuse qu'il avait contractée avant que je ne l'adopte dans la rue.

Un jeudi soir, je fis trois heures et demie de route pour emmener Aslan à une clinique animale spécialisée. Rien ne put être fait pour le sauver. Son cœur lâcha. Les poumons d'Aslan se remplirent de liquide et il commença à respirer difficilement. Je pris la décision humaine qui s'imposait et mis fin à la souffrance d'Aslan. Il mourut dans mes bras en ronronnant.

Quand je quittai la clinique, il était près de cinq heures du matin. Je devais commencer ma journée de travail à l'hôpital psychiatrique trois heures après. Plus tard ce matin-là, en larmes, j'appelai le psychiatre en charge de ma rotation. Je lui expliquai ce qui s'était passé et lui demandai si je pouvais prendre la journée en congé pour pleurer mon chat. Il refusa.

Je n'ai aucun doute que si ma mère, mon frère ou un ami, était décédé ou même était sérieusement malade, le psychiatre m'aurait accordé au moins une journée de congé. Ma présence à l'hôpital psychiatrique n'était pas indispensable. Le gros de mon travail en tant que simple étudiante en médecine était de courir pour répondre aux demandes des équipes. Je fus donc stupéfaite et consternée par la réponse du psychiatre. Comment ne pouvait-il pas reconnaître l'importance de la perte d'un animal de compagnie adoré ? Ou du moins, comment ne pouvait-il pas reconnaître l'importance de cette perte pour moi ? Je ne pouvais pas comprendre comment un médecin, un spécialiste de l'esprit qui plus est, ne voyait *pas* l'importance des animaux dans nos vies.

J'étais naïve. Ce psychiatre était loin d'être le seul à avoir cette vision des animaux. Les médecins avaient tendance à ne pas prendre en compte l'importance de notre relation avec les animaux. La seule fois où notre relation avec les animaux fut abordée au cours de ma formation médicale, fut pour mettre l'accent sur la façon dont les animaux peuvent nous blesser et être source de maladies infectieuses. Ces deux questions sont pertinentes, mais elles présentent une vision étroite du sujet.

Je sentais qu'en ne prenant pas en considération nos relations avec les animaux, la médecine passait à côté d'une composante essentielle de notre santé. Pendant ma formation, on m'avait enseigné que la santé est un sujet plus vaste que la simple absence de maladie. En 1946, l'Organisation mondiale de la santé a défini la santé comme « un état de bien-être physique, mental et social complet[1] ». Bien qu'aujourd'hui la maladie soit largement liée à ce que nous vivons dans les centres médicaux, la santé reflète notre vie en dehors de l'hôpital, en dehors de chez le médecin. Pour véritablement guérir quelqu'un et maintenir cette personne en bonne santé, les médecins doivent lever le regard de leurs listes de diagnostics, de procédures médicales et de médicaments. Ils doivent prendre en compte les nombreuses influences qui se trouvent au-delà des murs blancs des hôpitaux.

Chacun d'entre nous est comme une image qui apparaît quand on relie des points entre eux. Afin de dessiner une image correcte de la santé, nous devons : (a) poser les points pertinents qui composent notre vie et (b) relier correctement ces points entre eux. Chaque point dans notre vie influence notre bien-être physique, mental et social. Il est aujourd'hui reconnu que notre façon d'interagir les uns avec les autres et de nous traiter les uns les autres, de partager (ou non) nos ressources, d'entrer en connexion avec notre environnement, de nous loger, de nous gouverner, de dépenser de l'argent, de manger, de travailler, de jouer – en d'autres termes, notre façon de *vivre* – a une influence sur notre santé.

J'appris de première main que ma santé est influencée par de nombreux facteurs. Je ne sortis pas indemne de mon expérience avec Oncle Talup. Depuis toujours, je me bats avec la dépression. Bien que la biologie interne joue certainement un rôle, j'ai constaté que ma tendance à tomber dans le désespoir est souvent affectée par l'état des choses autour de moi. Je suis loin d'être la seule à cet égard. Alors même que certaines maladies physiques ont reculé au cours des dernières décennies, il y a un mal en croissance qui nous affecte tous. Cette maladie fait lentement son chemin dans notre civilisation moderne et se divise en nombre comme une cellule cancéreuse chaque fois que nous entendons parler d'une nouvelle histoire de violence, de peine et d'épreuve.

Nous souffrons collectivement d'une profonde détresse spirituelle et émotionnelle. Même si nous sommes aujourd'hui moins violents, comme le soutient Steven Pinker dans son ouvrage *La Part d'ange en nous*[*], ce n'est certainement pas l'impression que nous avons. Des récits non seulement de violence, mais également de pessimisme et de morosité, nous reviennent constamment aux oreilles. Chaque fois que nous sommes en deuil d'une nouvelle fusillade, chaque fois que nous entendons parler d'un nouveau crime de haine, chaque fois que nous voyons un autre enfant souffrir de la faim, nous subissons un revers dans notre combat contre ce malaise. Près d'une personne sur trois ne parvient pas à dormir, et une personne sur cinq prend au moins un médicament psychiatrique. Nous avalons des pilules pour diminuer notre tristesse, notre solitude, nos peurs les plus profondes. Nous vivons peut-être plus longtemps, mais nous ne vivons pas nécessairement mieux.

---

* NdT : Voir Steven Pinker, *La Part d'ange en nous*, Les Arènes, 2017.

La santé puise dans chaque aspect de notre vie, non seulement en tant qu'individus mais également d'un point de vue collectif. Nos états mentaux sont profondément affectés par ceux des autres. Nous sommes une espèce sociale. Nos relations les uns avec les autres sont importantes car nous sommes tous interdépendants, peut-être encore plus aujourd'hui, dans notre monde globalisé, que jamais auparavant. Alors que nous sommes de plus en plus conscients des autres, notre empathie et notre compassion grandissent. À chaque nouvelle génération, nous élargissons un peu le cercle de notre empathie pour y inclure ceux qui auparavant étaient laissés de côté : les femmes battues par exemple, les personnes souffrant d'un handicap mental ou encore les personnes transgenres. Notre empathie croissante reflète notre compréhension grandissante que notre propre bien-être est lié à celui des autres. Je souffre quand vous souffrez. Nous rions quand ils rient. La vie, les épreuves et les joies de personnes qui nous sont complètement étrangères nous affectent tous.

Alors, de quelle façon la vie des animaux nous affecte-t-elle ? Bien que les médecins admettent davantage de similarités entre les animaux et les humains qu'auparavant, ils continuent à largement ignorer une influence cruciale qui existe depuis le début de notre histoire : notre relation avec les animaux. Les rares occasions où les médecins portent leur regard sur les animaux, ils voient rarement au-delà de la surface des choses. Ils se focalisent sur quelques types d'animaux et sur quelques situations seulement. Mais mon expérience avec Sylvester et les abus que je vécus me poussèrent à m'informer sur ce point que les médecins oublient trop souvent de relier aux autres : la façon dont les animaux affectent notre santé.

Pendant la plus grande partie de ma carrière médicale, je minimisai l'importance de mon affection pour les animaux quand j'étais avec mes collègues. J'étais gênée. Je connais beaucoup d'autres médecins qui, eux aussi, hésitaient à admettre leur affinité avec les animaux comme si, en l'admettant, nous aurions été de moins bons scientifiques, de moins bons médecins. Comme si la compassion à l'égard des animaux était un défaut. Mais la vérité est que j'aime les animaux de tout mon cœur et de toute mon âme, et que je ne souhaiterais jamais qu'il en soit autrement. Et loin de nuire à mon travail en tant que médecin, cela a fait de moi une meilleure soignante.

Qu'ils soient gluants, recouverts d'écailles, malodorants ou même effrayants, les animaux sont importants pour moi. En niant cela, je niais une partie intégrante de qui je suis. Et cela nuisait à ma capacité à comprendre ma propre souffrance, qui est profondément influencée non seulement par la vie des autres humains, mais également par les animaux. Ayant aujourd'hui conscience de cela, je peux contempler mon expérience avec Talup et avec Sylvester d'un œil plus clair. Quels que soient les chemins que ma vie aurait pu prendre, mon lien avec Sylvester et mon empathie à son égard changèrent ma vie pour le meilleur. Aujourd'hui, en tant que neurologue, je me retrouve à poser la même question, encore et encore : d'où nous vient cette empathie envers les animaux ?

Dans un ouvrage révolutionnaire, le biologiste Edward O. Wilson introduisit la notion de *biophilie* comme « …l'affiliation intrinsèquement émotionnelle des êtres humains envers les autres organismes vivants[2] ». La biophilie est l'hypothèse selon laquelle les humains entrent naturellement en connexion avec la nature et les animaux, et que cette affinité puise ses racines dans notre biologie. Dans sa définition la plus simple, il s'agit d'un amour du vivant. Cela fait partie de qui nous sommes en tant qu'animaux, nous aussi, sur cette planète. Wilson ne faisait pas uniquement référence aux animaux, mais également aux plantes et à tous les autres « organismes vivants ». Nous recherchons la nature. Notre besoin d'espaces verts dans les villes, notre envie de nous promener en forêt, notre désir de préserver les parcs naturels, sont des indicateurs de notre biophilie.

Wilson ne disait pas nécessairement que nous cherchons tous un lien avec des animaux, mais je pense que c'est dans nos relations avec les animaux que notre biophilie est particulièrement évidente. Si vous deviez étudier la migration des Occidentaux quand ils quittèrent les campagnes pour s'installer dans les villes aux XIXe et XXe siècles, vous verriez une nette augmentation dans le nombre d'animaux adoptés pour leur compagnie. Les historiens ont tracé un parallèle entre l'augmentation des animaux de compagnie et notre urbanisation croissante. Quand nous nous éloignâmes du mode de vie rural et que nous perdîmes notre contact quotidien avec de nombreux animaux, nous les recherchâmes d'autres façons. Nous amenâmes des chats, des chiens, des oiseaux, des hamsters et des lapins dans nos demeures.

Nous choisissons d'amener des animaux dans nos vies. Grâce à eux, nous nous sentons un peu moins seuls dans le monde, et celui-ci est bien plus amusant. Quand nous ne pouvons pas amener d'animaux dans nos foyers, nous les recherchons autrement. Nous visitons des sanctuaires d'animaux sauvages ; nous devenons membres d'un club d'observation d'oiseaux. Nous allons au zoo et au cirque, alors même que nous sentons un inconfort grandissant à la vue d'animaux gardés en cage ou obligés de se donner en spectacle pour notre amusement. Nous faisons des safaris en Afrique. Nous cherchons à établir un lien avec des animaux. Notre besoin d'être près d'eux est tellement profond et instinctivement puissant que notre biologie va au-delà de la biophilie. Elle est empreinte d'*animalphilie*.

Un épisode de la série télévisée *X-Files* présente un point de vue humoristique sur la façon dont les animaux nous offrent compagnie et réconfort. Dans un *remake* de l'histoire classique du loup-garou où en général un monstre mord un être humain et le transforme en loup-garou la nuit, les personnages principaux Mulder et Scully rencontrent un monstre reptilien qui a été mordu par un homme. Ce reptile heureux et paisible qui avait l'habitude de passer ses journées à croquer des insectes se réveille un matin pour constater qu'il est devenu un Australien rondouillet. En tant qu'homme, il commence à penser comme un homme et se retrouve accablé par toutes les inquiétudes, les peurs et les doutes que seuls les humains connaissent. Comme il s'en plaindra plus tard auprès de Mulder, il se rend compte qu'il lui faut un travail ; il accepte donc un poste de vendeur de téléphones portables. Il se retrouve à détester ce travail et à vouloir le quitter pour trouver autre chose, mais il ne peut pas car sinon, comment paierait-il ses factures ? Comment ferait-il pour obtenir un prêt immobilier pour acheter une maison ? Comment pourrait-il mettre assez d'argent de côté pour sa retraite ? « Si à ce stade-ci je n'ai pas terminé d'écrire mon roman, se lamente-t-il auprès de Mulder, je ne l'écrirai jamais. »

Accablé par tous ces soucis humains, le monstre va voir un « médecin sorcier » (un psychiatre) qui, plutôt que le guérir, lui donne des médicaments qui ne font que semer la pagaille dans ses pensées. Dans un dernier effort pour se débarrasser de sa mélancolie, le monstre adopte un chiot qu'il prénomme Daggoo. Alors que la caméra s'attarde sur le monstre qui, tout heureux, roule par terre en jouant avec Daggoo, le monstre dit à Mulder : « Je me suis vite rendu compte que la seule façon d'être heureux en tant qu'être humain était de passer tout mon temps en compagnie d'êtres non humains. »

Néanmoins, nous ne cherchons pas tous la compagnie des animaux, et nous ne faisons pas tous preuve d'empathie à leur égard. D'autre part, nous n'étendons pas cette compagnie et cette empathie à tous – ou même à presque tous – les animaux. Aujourd'hui, les humains causent plus de souffrances aux animaux qu'à n'importe quelle époque de l'Histoire. Notre relation avec eux est extrêmement contradictoire. Notre affection grandissante pour les animaux de compagnie coïncide avec la distance croissante que nous prenons par rapport aux espèces qui, selon la définition que nous leur accordons, sont des outils, des nuisibles ou une source de nourriture pour nous. Pour ma part, je pense que la vie de ces animaux cachés de notre vue est également étroitement liée à la nôtre. Simplement, la plupart d'entre nous ne le savent pas encore.

Cet ouvrage est un voyage pour comprendre la nature même de la santé et la façon dont celle-ci est influencée par la vie des animaux. Plus précisément, de quelle manière notre santé, dans le sens le plus profond du terme, est-elle affectée par notre empathie – ou par notre manque d'empathie – envers les animaux ? Pour répondre à cette question, j'ai tenté de comprendre les nombreuses manières dont nous pensons aux animaux et dont nous nous relions à eux, ainsi que la façon dont notre empathie envers eux évolue actuellement.

Ce voyage m'a amenée à rencontrer un large panel de personnes, dont un ancien Marine de l'armée américaine souffrant d'un trouble de stress post-traumatique, un ancien gangster dont la vie avait changé à la suite d'une rencontre avec un animal, un tueur en série condamné, un pédiatre atteint du VIH, un ancien éleveur de bovins, et le propriétaire d'un élevage intensif de poules pondeuses. Ce voyage est une histoire d'ignorance, d'apathie et de cruauté, mais également de beauté, de bonté et de guérison.

L'anthropologue Brian Fagan écrit dans son livre *The Intimate Bond* que « notre besoin d'entrer en connexion avec les autres créatures est si puissant qu'il en faut beaucoup pour le surpasser[3] ». Si ce besoin est effectivement si puissant, perdons-nous quelque chose quand nous l'ignorons ? Perdons-nous une partie de nous-mêmes ? Et peut-être plus important encore, que gagnons-nous quand nous reconnaissons effectivement notre affinité avec les animaux ? Pour ma part, je sais ce que j'ai gagné de mon affinité avec Sylvester. Et cette connaissance a changé le cours de ma vie.

PARTIE 1

Guérir avec les animaux

CHAPITRE 1

Qu'est-ce qu'un foyer ?

Mon réveil n'a pas sonné ce matin. Je regarde l'heure et je me rends compte que je suis en retard pour partir au travail, très en retard. Je saute du lit et pose mon pied nu dans une flaque de vomi tiède et gluant. Silos ! Où est donc ce bon à rien de félin ?

Pourquoi le faisons-nous ? Pourquoi tolérons-nous du vomi qui se fige sur le parquet, des crottes sur le lit, des poils accrochés à nos vêtements, des ourlets de rideaux tachés d'urine, des chaussons couverts de salive, des fauteuils déchirés, une haleine acide, de la nourriture puante, des litières, des reniflements impolis (vous savez où), des sifflements insolents, des pipis rebelles, des aboiements incessants, des boules de poils, des égratignures, des morsures, des grognements, des puces, des tiques, des mites d'oreille, des ankylostomes, des vers solitaires, des ascarides et ainsi de suite ?

Les animaux nous dérangent. Nous réorganisons notre travail et nos vacances en fonction d'eux, nous dépensons notre argent durement gagné en frais médicaux pour eux et nous faisons à peu près tout pour leur faire plaisir. Ce sont les adolescents perpétuels qui testent nos limites. Ils avalent leur nourriture comme des gloutons aveugles ou lèvent leur nez précieux devant ce que nous leur offrons, comme des snobs difficiles. Ils mettent la maison à sac, font des crottes partout, et nous laissent tout nettoyer. Le pire est qu'ils s'attendent à ce que nous nous inclinions gracieusement et que nous acceptions tout cela. Et ils ont raison.

Dans notre contrat avec les animaux – de compagnie, plus précisément –, nous donnons notre accord, de plein gré, pour endosser une certaine charge de travail difficile. Le comédien Jerry Seinfeld dit une fois pour rire que si des extraterrestres devaient visiter la Terre et observer les hordes d'humains galoper derrière leurs chiens et ramasser leurs crottes, ils penseraient que ce sont les chiens qui mènent la barque. D'une certaine manière, cette idée n'est pas si farfelue, sauf que j'ajouterais les chats et tous les autres animaux de compagnie à cette liste de seigneurs des manoirs.

Aucune autre espèce n'adopte régulièrement d'autres animaux. Oui, il y a ces anecdotes que nous aimons tous lire, d'une vache qui materne un chiot par exemple, ou d'une oie qui se lie d'amitié avec un hibou perdu. Mais les animaux ne sortent pas en foule pour ramener des membres d'autres espèces dans leur vie et dans leur maison. Qu'est-ce qui nous pousse à le faire ?

Je réfléchis à cette question alors que je patiente dans la salle d'attente du centre d'adoption d'animaux de l'American Society for the Prevention of Cruelty to Animals dans le quartier Upper East Side de Manhattan à New York. En ce samedi après-midi, le centre d'adoption fourmille de visiteurs. Des personnes âgées, des couples, des parents accompagnés d'enfants y viennent pour caresser, adorer et flatter des chiens pudiques et des chats coquets. Les visiteurs ont un objectif en tête : ajouter un nouveau membre à leur famille. Alors que j'observe un jeune couple sortir avec un terrier, le bonheur absolu dans les mouvements du chien reflète celui du couple. Malgré toutes les dépenses, tous les ennuis et les désagréments, nous recherchons la compagnie des animaux pour la simple raison qu'ils nous apportent une joie irremplaçable et unique.

Les animaux ont quelque chose de tellement merveilleux. Ils font l'expérience du monde d'une manière que nous ne pouvons même pas commencer à comprendre et ils peuvent voir, sentir, entendre et ressentir des choses qui sont au-delà de nos capacités. À quoi cela ressemble-t-il d'être un chien, un dauphin ou une taupe ? Bien que la science se soit de plus en plus collectivement penchée sur l'étude du comportement des animaux, notre capacité à comprendre le monde unique de chaque animal reste tristement limitée. Trop souvent, le mieux que nous puissions faire est d'imaginer à quoi ressemblent leurs expériences. Quand nous prenons effectivement le temps d'imaginer ce que sont les vies des autres animaux, nous ressentons souvent un émerveillement enfantin et un désir de les émuler. Il n'est pas étonnant que de nombreuses caractéristiques des super-héros soient calquées sur les capacités des animaux. Qui parmi nous n'a jamais rêvé de voler, de respirer sous l'eau ou d'avoir une ouïe exceptionnelle ? Les animaux nous sortent de notre vision anthropocentrique du monde. Au début, nous recherchons peut-être la compagnie des animaux à cause de leurs similarités avec nous, à cause de la biologie évolutionnaire que nous partageons avec eux. Néanmoins, nous tirons plaisir de leurs différences et de ce fait, les animaux nous happent plus que tout au monde.

J'étais assise dans le salon de notre appartement avec ma sœur Sahar quand mon frère passa la porte d'entrée en trombe et s'écria : « Amagee et Abadgee ont un chien ! » Je bondis du puzzle que je complétais avec ma sœur. « Un chien ? » demandai-je, partageant immédiatement l'enthousiasme de mon frère. Quelle nouvelle ! Personne que nous connaissions n'avait jamais eu de chien et je n'aurais jamais pensé que nos grands-parents en adopteraient un. Pour des Pakistanais, c'était du jamais vu. Les chiens – tous les animaux, en réalité – étaient considérés comme des créatures sales censées être séparées des humains. Avides d'en savoir plus au sujet de cette rupture d'avec la tradition mise en œuvre par nos grands-parents, Sahar et moi allâmes chercher nos manteaux dans le placard à chaussures et courûmes avec Kamran à l'immeuble voisin.

Depuis que nous avions déménagé de l'Angleterre aux États-Unis, ma famille vivait dans un double immeuble à Arlington, en Virginie. Nous étions arrivés en Amérique à la fin des années 1970 avec de grands espoirs. Après trois semaines dans un motel près de Washington, DC, mon père fut embauché comme commis serveur dans un restaurant hôtelier et il nous trouva un appartement pas cher. Un an plus tard, mes grands-parents, deux de mes quatre tantes et leur jeune frère Dave nous suivirent de Londres et emménagèrent dans le bâtiment voisin du nôtre.

Pressés de rencontrer le nouveau chien de nos grands-parents, Sahar, Kamran et moi entrâmes à la hâte dans leur appartement en rez-de-jardin et trouvâmes tout le monde agglutiné dans l'une des chambres. Nos grands-parents, nos tantes et Dave étaient regroupés autour du lit. Et il était là. Un petit chiot marron qui agitait la queue à cent kilomètres à l'heure. Je me frayai un chemin jusqu'au milieu du lit et je pris le chiot sur mes genoux comme si j'avais connu des chiens toute ma vie. « Comment allez-vous l'appeler, Dave ? » demandai-je. Le chiot me poussait le visage de son museau et me donnait des coups de langue. Dave n'était pas le nom véritable, pakistanais, de mon oncle. Il avait choisi un nom occidental pour mieux s'intégrer. Je ne l'ai jamais appelé « Oncle Dave » car il n'avait que dix ans de plus que moi et était plus comme un grand frère que comme un oncle pour moi.

« Nous allons l'appeler Sylvester », me dit-il. *C'est parfait*, pensai-je. Tous les samedis matin, mes sœurs, mon frère et moi passions des heures devant les dessins animés Looney Tunes. De tous les personnages, le coquin Sylvester était l'un de mes préférés. Peu importait qu'il fusse « Sylvester le Chat ». Si les chats ont neuf vies, alors peut-être que donner le nom d'un chat à notre nouveau chiot lui porterait chance. Et je pensais bien à Sylvester comme *notre* chiot, pas seulement comme celui de nos grands-parents ou de Dave. Je savais que Sylvester et moi allions devenir copains. Je plongeai mon regard dans ses grands yeux marron et pensai à tous les meilleurs endroits pour jouer et à toutes mes cachettes autour des bâtiments que j'allais lui montrer.

Il y a dix ans environ, j'étais en voiture, en route pour le travail, quand mon esprit enregistra quelque chose au milieu de la chaussée dans la direction opposée, qui n'aurait pas dû être là. En pleine circulation matinale et comme tout le monde sur la route, j'étais pressée. J'ignorai ce que j'avais vu et continuai ma route. Quelques kilomètres plus loin cependant, ce doute persistant fit surface et je me rendis compte que c'était une tortue que j'avais vue au milieu de la chaussée.

La tortue était encore vivante quand j'étais passée, mais elle était figée au milieu de la chaussée. Avec le trafic, je savais que la tortue n'avait aucune chance de survie. Je fis demi-tour et retournai à l'endroit où je l'avais vue. Mais le temps d'y arriver, une autre voiture s'était déjà garée au bord du trottoir. Quelqu'un m'avait devancée. Je vis un adolescent marcher jusqu'au milieu de la route, les bras tendus pour prévenir et ralentir les voitures. Il prit doucement la tortue, qui n'avait pas l'air blessée, et la porta jusqu'au bord de la route pour la mettre en sécurité.

Pressée d'arriver à l'heure au travail, je n'allai pas voir le garçon pour le remercier de sa gentillesse. Je l'ai toujours regretté et me suis souvent demandé ce qui l'avait poussé à prendre du temps, dans son emploi du temps chargé, pour aider une petite tortue alors que personne d'autre ne le faisait. Je ne le sus jamais, néanmoins je découvris autre chose. Plus tard ce jour-là, alors que j'étais au travail, je me rappelai ce garçon qui avait aidé un animal en danger et je souris. L'empathie de ce garçon, même si elle ne m'avait pas été destinée, m'avait rendue plus heureuse.

Le terme « empathie » vient de l'allemand *einfühlung*[1], un terme inventé par le philosophe Robert Vischer en 1873 et qui signifie « ressentir de l'intérieur ». À l'époque où le mot fut introduit, la notion d'*einfühlung* portait sur la façon dont un observateur projette ses sentiments sur un objet ou un sujet et ainsi « l'anime ». Un exemple est la façon dont quelqu'un peut qualifier un saule de « pleureur ». Ce ne fut qu'au milieu des années 1900 que la notion d'empathie acquit un sens différent. Les psychologues, qui commençaient à s'intéresser à la science des relations sociales, modifièrent la définition. Au fil du temps, le terme empathie acquit le sens de comprendre et de partager les sentiments d'autrui.

Nous confondons souvent l'empathie avec la sympathie et la bonté. La sympathie est le fait de se préoccuper d'un autre qui est en détresse. Mais dans le cas de la sympathie, il peut y avoir une distance émotionnelle qui peut parfois devenir de la pitié, suscitant un sentiment de supériorité et un dénigrement de l'autre. La bonté est une extension de l'empathie dans une action visant à aider un autre, comme je le vis avec ce garçon qui secourut la tortue. En comparaison avec la sympathie, l'empathie a plus de puissance.

Le primatologue Frans de Waal suggère que l'empathie puise certaines racines dans notre histoire évolutionnaire. Des études sur le comportement des animaux montrent que l'empathie est une caractéristique que nous partageons avec une variété d'espèces[2]. Il est possible que l'empathie se soit d'abord développée pour aider les mères de multiples espèces à prendre meilleur soin de leurs petits, mais l'expression de l'empathie va bien au-delà du soin maternel. Elle joue même un rôle dans notre façon de réagir aux mouvements d'autres personnes.

Si vous deviez voir quelqu'un faire une grimace après avoir goûté à quelque chose d'amer, vous feriez probablement une grimace en retour. Pendant des années, les chercheurs se demandaient pourquoi nous imitons souvent les mouvements des autres. En 1995, une équipe de neuroscientifiques enregistra des potentiels évoqués moteurs[3] – qui indiquent qu'un muscle s'apprête à bouger – pendant que des participants observaient quelqu'un saisir un objet. Les potentiels moteurs correspondaient à ceux qui avaient été enregistrés quand les participants avaient eux-mêmes saisi les objets. Depuis cette étude, d'autres ont soutenu l'idée que nous possédons des systèmes de neurones miroirs qui nous permettent de répondre de manière similaire quand nous réalisons une action et quand nous voyons quelqu'un réaliser cette même action[4]. Nous pouvons voir des exemples de cette imitation empathique tous les jours. Bâillez, et observez comment ceux qui vous entourent se mettront à bâiller, eux aussi. C'est instinctif.

La contagion émotionnelle est similaire à l'imitation, mais plutôt que d'imiter automatiquement les mouvements corporels d'un autre, nous captons ses émotions telles que la tristesse, la joie, la colère et la peur. Les bébés se mettront à pleurer quand ils entendront d'autres bébés pleurer. Si vous êtes dans une salle de cinéma et que tout le monde pousse un hurlement au moment où le clown fou sort de l'ombre une hache à la main – même si tout le monde s'y attendait –, je vous mets au défi de ne pas pousser au moins un petit cri.

On considère que l'imitation et la contagion émotionnelle sont les blocs de construction de niveaux d'empathie plus complexes. Aujourd'hui, les chercheurs font généralement la distinction entre deux formes d'empathie. L'empathie affective se réfère aux sensations et émotions que nous ressentons en réponse aux émotions d'une autre personne. Dans le cadre de l'empathie affective, nous partageons l'état émotionnel de l'autre. En revanche, quand nous faisons l'expérience de l'empathie cognitive, nous captons l'état mental de l'autre et pouvons mieux identifier et comprendre ce qu'il pense et ressent. Ensemble, les deux composantes de l'empathie nous aident à comprendre les expériences, intentions et besoins d'autrui[5]. Notre capacité à entrer en empathie avec d'autres personnes nous permet de prédire et de comprendre leurs sentiments, motivations et actions[6].

La neuroscientifique Tania Singer et ses collègues à l'Institut Max Planck de neurologie et des sciences cognitives en Allemagne explorèrent la neurologie qui sous-tend l'empathie affective, et plus précisément l'expérience partagée de la douleur. La douleur n'est pas quelque chose que nous ressentons au niveau physique uniquement ; nous en avons également une expérience émotionnelle. Quand nous subissons un stimulus douloureux tel qu'un choc électrique, des signaux partent du lieu du stimulus pour aller jusque dans le cerveau, où les centres de la douleur et des émotions se chevauchent. En conséquence, nos réactions à la douleur peuvent inclure des émotions déplaisantes telles que l'anxiété, la peur ou le chagrin.

Afin de comprendre la façon dont l'empathie affecte l'expérience émotionnelle de la douleur[7], l'équipe de Tania Singer étudia seize femmes accompagnées de leur partenaire amoureux. Dans une situation donnée, les femmes acceptèrent de recevoir des chocs douloureux par le biais d'électrodes attachées à leurs mains. Dans une autre situation, les femmes purent observer leurs partenaires recevoir les mêmes chocs. À l'examen des scintigraphies cérébrales de ces femmes, Singer trouva une activité augmentée dans plusieurs des mêmes parties du cerveau des femmes (dans certaines parties du cervelet et du tronc cérébral), que celles-ci aient reçu les chocs elles-mêmes ou que les chocs aient été reçus par leur partenaire. Quand les femmes observèrent leur partenaire subir des chocs, leur cerveau s'alluma dans les mêmes endroits émotionnels, mais pas dans les endroits sensoriels douloureux, que quand elles reçurent elles-mêmes les chocs. « L'empathie, conclut Tania Singer, fonctionne en venant exploiter un mécanisme cérébral qui existe déjà pour notre propre douleur. Cela nous fait croire que nous ressentons une douleur d'un point de vue émotionnel, même lorsque nous ne la sentons pas d'un point de vue physique[8]. » L'étude de Tania Singer apporta des preuves supplémentaires indiquant que l'empathie est câblée dans notre cerveau[9].

Notre façon de vivre l'empathie envers les animaux n'est peut-être pas si différente de notre façon de la vivre à l'égard des autres êtres humains. Des chercheurs du département de psychologie à l'université Brandeis et de l'université de l'État de Pennsylvanie découvrirent que lorsque nous voyons des images d'humains en souffrance ou des images de chiens en souffrance, de nombreux chevauchements se produisent dans nos réactions neuronales aux deux situations[10].

L'empathie est la colle qui maintient un groupe ensemble. Lorsque nous éprouvons de l'empathie à l'égard de quelqu'un, nous partageons ce que cette personne vit, qu'il s'agisse d'expériences bonnes ou mauvaises, de joie ou de tristesse. L'empathie est une composante cruciale du développement humain et elle constitue le fondement de la bonté, de la compassion, de la moralité et de l'altruisme. Dans son ouvrage *Une nouvelle conscience pour un monde en crise*[*], le théoricien social Jeremy Rifkin décrit l'empathie comme « le véritable moyen par lequel nous créons la vie sociale et faisons avancer la civilisation[11] ». L'empathie nous permet de prendre soin les uns des autres, de partager nos ressources et d'aider les autres, y compris les animaux, en temps de besoin.

La recherche révèle autre chose : l'empathie est renforcée par la similarité, la proximité et la familiarité. Nous avons plus d'empathie envers ceux qui appartiennent à notre « groupe interne », c'est-à-dire ceux qui sont comme nous, proches de nous et que nous connaissons personnellement. En d'autres termes, nous avons plus d'empathie pour ce qui est « ici et maintenant ». Comme le décrit Kristin Dombek dans son ouvrage *The Selfishness of Others*, l'exactitude empathique s'est développée afin de

---

* NdT : Voir Jeremy RIFKIN, *Une nouvelle conscience pour un monde en crise – Vers une civilisation de l'empathie*, Les liens qui libèrent, 2009.

protéger le groupe interne contre les étrangers[12]. Or, notre premier groupe interne est notre famille. Commençons par là.

Deux douzaines d'hommes et femmes du Cy-Fair Volunteer Fire Department, le service de pompiers volontaires du comté de Cy-Fair, ainsi que d'autres membres des forces de l'ordre de Cypress au Texas, formèrent une haie d'honneur traditionnelle. En ce jour de juin 2016, ils saluèrent l'un de leurs camarades pour un dernier adieu pendant que son corps, recouvert du drapeau du Texas, était porté à son lieu de sépulture. Cet individu qu'ils saluaient s'appelait Bretagne, et Bretagne était le dernier chien de recherche et de sauvetage du 11-Septembre.

Outre avoir sauvé des humains piégés sous les décombres du 11-Septembre, Bretagne contribua aux recherches de survivants lors des ouragans Katrina et Rita. Après avoir été mise à la retraite à l'âge de neuf ans, Bretagne continua d'aider les autres. Elle se lia d'amitié avec des élèves de première année de l'école primaire Roberts Road, et les aida à prendre lentement confiance en eux en les écoutant lui faire la lecture. « Elle fait partie de la Texas Task Force One, déclara Amy Ramon, chef du Cy-Fair Volunteer Fire Department, aux obsèques de Bretagne. Elle fait partie du service d'incendie de Cy-Fair. C'est très dur. Bretagne fait partie de notre famille ; elle est l'une d'entre nous[13]. »

Le commentaire d'Amy Ramon au sujet de Bretagne suscite une question importante : qu'est-ce que la famille ?

À première vue, la question semble simple. D'après le dictionnaire *Merriam-Webster*, l'une des définitions de la « famille » est « un groupe de personnes d'ascendance commune[14] ». D'après une autre définition, il s'agit de « l'unité de base en société, traditionnellement composée de deux parents qui élèvent leurs enfants[15] ». Néanmoins, ces définitions ne sont plus tout à fait d'actualité (si elles l'ont même jamais été). Statistiquement, une famille n'est plus une mère, un père, et leurs enfants biologiques[16]. Les comportements changent et la vision traditionnelle de l'unité familiale est en train de s'effriter. Nous commençons à adopter une vision plus libérale de la famille, qui peut comprendre des couples non mariés avec des enfants, des partenaires homosexuels qui adoptent des enfants, des mères ou des pères célibataires avec des enfants, et des couples qui choisissent de ne pas avoir d'enfants.

Les membres de la famille ne sont pas non plus limités à notre propre espèce. Depuis au moins 2001, la plupart des foyers américains ont eu des animaux de compagnie[17]. Aujourd'hui, cela représente environ 70 % des foyers. La tendance à adopter des animaux s'étend à travers le monde, même dans des endroits où traditionnellement les animaux ne sont pas considérés comme des compagnons de famille. La Chine est à la deuxième et troisième place derrière les États-Unis concernant, respectivement, la garde de chats et de chiens de compagnie[18]. Entre 2006 et 2014, le nombre d'animaux de compagnie en Inde est passé de 7 millions à 10 millions[19]. Notre langage évolue, reflétant notre lien émotionnel avec les animaux. Depuis les années 1990, les termes « animal domestique » et « propriétaire » sont de plus en plus remplacés par « compagnon », « gardien » et « maman » ou « papa ». Alors que nos rôles évoluent, il en va de même pour les rôles des animaux. Ces derniers peuvent endosser n'importe quel rôle humain conventionnel au sein de la famille et même en assumer plusieurs. À différents moments de ma vie, Sylvester fut pour moi un ami, un frère, un père et un enfant. Mais la plupart du temps, il était, de façon unique, Sylvester.

Bien que la plupart des foyers américains qui ont des animaux – et il s'agit de la majorité des foyers – considèrent que leurs animaux font partie de leur famille, pendant longtemps les autorités américaines ne virent pas les choses de cet œil. Il fallut un événement majeur pour attirer l'attention du gouvernement sur cette dynamique.

Quand l'ouragan Katrina s'écrasa sur La Nouvelle-Orléans en Louisiane à la fin du mois d'août 2005, j'assistai, impuissante, comme tant de monde aux États-Unis, à la catastrophe qui se déroulait sur mon écran de télévision.

Plus de 1 800 personnes, près de la moitié d'entre elles âgées, périrent dans l'ouragan ou dans ses suites[20].

Les désastres créent rarement de nouvelles situations. Dans la plupart des cas, ils exposent simplement les vulnérabilités systémiques sous-jacentes dans l'infrastructure et dans la planification d'urgence d'une ville. Katrina ne fut pas une exception. Cependant, la dévastation que cet ouragan laissa derrière lui fut tellement marquée et d'une telle ampleur, en comparaison avec les désastres américains précédents, que Katrina nous fit prendre réellement conscience de notre manque de préparation pour de tels événements.

Des catastrophes majeures comme Katrina peuvent avoir des effets dévastateurs sur le long terme. Les personnes qui survivent à un désastre montrent invariablement des taux plus élevés de dépression, d'anxiété, de stress aigu et de trouble de stress post-traumatique (TSPT)[21]. Quand l'ouragan Mitch frappa le Honduras et le Nicaragua en 1998, un patient sur dix qui consultait pour des soins de santé généraux et qui vivait dans les zones les plus sinistrées était atteint de TSPT[22]. Six mois après que l'ouragan Andrew se fut abattu sur la Floride en 1992, entre un sur cinq et un sur trois survivants souffrait de TSPT[23]. Katrina porta un coup particulièrement dur. Les Centers for Disease Control and Prevention trouvèrent que même sept semaines après la fin de Katrina, près de la moitié des survivants répondaient aux critères de TSPT[24]. Les jeunes enfants sont particulièrement vulnérables aux traumatismes mentaux après des catastrophes majeures. Ils éprouvent de plus grandes difficultés à faire sens de l'événement, à exprimer l'impact émotionnel qu'ils ressentent et à demander, de manière indépendante, l'aide émotionnelle dont ils ont besoin.

Être séparé des êtres qu'on aime ou être forcé de les abandonner, lors d'un événement d'urgence, est probablement la chose la plus difficile que nous puissions imaginer, et cela peut aggraver le stress mental que la catastrophe provoque en nous. Mary Foster, de l'agence de presse Associated Press, captura l'un des moments les plus emblématiques du désastre Katrina[25], soulignant comme la séparation brutale d'un animal aimé peut être déchirante. Au beau milieu du chaos, de la panique et de la peur de l'ouragan, un petit garçon et sa famille quittèrent leur maison pour trouver refuge au Superdome* de La Nouvelle-Orléans. Cependant, le Superdome devint vite un lieu dangereux et des bus arrivèrent pour emmener les familles désespérées vers d'autres lieux de refuge. Quand le petit garçon, agrippé à son chien prénommé Snowball, et ses parents montèrent dans un bus à destination de Houston, un officier de police leur enleva le chien[26]. Le petit garçon se mit à hurler et à appeler son chien : « Snowball, Snowball !! » ; puis, il vomit.

Des histoires telles que celle-ci sont légion. Quand des sauveteurs des services de police et d'incendie locaux, de la Marine américaine, des Garde-côtes et de la Garde nationale furent déployés pour aider, les animaux de compagnie ne furent pas inclus dans leurs efforts d'évacuation. Les secouristes étaient submergés par l'aide à apporter aux survivants humains ; or, l'évacuation d'animaux pose des défis logistiques supplémentaires et uniques. Contrairement aux humains (du moins, la plupart d'entre eux), on ne peut pas donner l'ordre à des animaux de grimper dans des bus et des bateaux. Les animaux peuvent avoir peur et se cacher, et il faudra peut-être les attraper. Certains d'entre eux pourraient être une menace pour la sécurité des secouristes ou celle des personnes secourues. Des petites caisses sont souvent nécessaires pour les petits animaux, des cages pour les animaux de taille moyenne et des laisses pour les plus grands. Les secouristes n'étaient pas préparés.

Les sauveteurs obligèrent de nombreux habitants, dans certains cas sous menace d'arrestation, à abandonner leurs animaux de compagnie. Des centaines de milliers d'animaux périrent parce que les secouristes refusèrent de les prendre à bord de bateaux, d'hélicoptères et de bus pour les emmener dans des refuges d'urgence. D'après Wayne Pacelle[27], ancien président de la Humane Society of the United States, si on prend en compte le fait qu'environ 70 % des foyers américains comprennent des animaux de compagnie (et que La Nouvelle-Orléans n'était pas différente des autres villes américaines à cet égard), il est probable que les sauveteurs trouvèrent

* NdT : Un immense stade couvert de La Nouvelle-Orléans, où des milliers de personnes se réfugièrent pendant l'ouragan Katrina.

des animaux dans deux maisons sur trois, blottis contre leurs humains ou alors abandonnés et seuls.

La plupart des animaux furent abandonnés à leur sort et périrent. Des images d'animaux émaciés et apeurés luttant pour rester à flot au milieu des eaux toxiques montantes, tremblant sur des toits ou agrippés à des planchers flottants symbolisèrent à quel point nos agences étatiques et fédérales avaient sous-estimé le rôle des animaux au sein de la famille américaine moyenne. Il y avait autre chose que ces agences ne comprenaient pas : en abandonnant ces animaux, les secouristes mettaient également en danger la vie de nombreuses personnes qu'ils essayaient justement de sauver.

Ce fut déjà difficile d'obtenir de l'aide pour le meilleur ami de l'homme ou même pour celui de la femme (s'il y a du vrai dans ce cliché selon lequel les femmes préfèrent les chats). Mais comment susciter suffisamment d'empathie pour obtenir de l'aide pour sauver un animal qui, pour la plupart des gens, n'est qu'un morceau de viande sur l'assiette du repas du soir ? Comment obtenir de l'aide si votre animal de compagnie est un cochon de 130 kg ?

Jim Parsons, enseignant à la retraite, allait bientôt connaître la réponse. Si vous vous étiez promené dans le quartier de Garden District à La Nouvelle-Orléans dans les années 2000, vous vous seriez attendu à voir des belles demeures dans le style architectural victorien, d'inspiration renaissance grecque ou encore de style italien d'avant-guerre, richement décorées de vitraux, de consoles décoratives, de colonnes de style italien, de coupoles et de toits à pignons. Si vous aviez glissé un regard à travers les portails en fer forgé qui entouraient ces demeures matriarcales, vous auriez vu des jardins privés luxuriants et remplis de fraîcheur. Vous seriez probablement allé voir le cimetière Lafayette, vieux de près de deux cents ans, regorgeant de ses inquiétantes tombes hors-sol. Dans le décor fantastique et opulent de Garden District, vous auriez été surpris de croiser une humble truie, déambulant nonchalamment sur le boulevard avec son papa humain plus humble encore.

Les habitants de la ville connaissaient Jim sous le sobriquet de « l'homme au cochon ». Le matin, lui et sa truie ventrue prénommée Rooty faisaient une promenade d'une heure et demie en ville, et Rooty attirait tellement l'attention qu'elle devint une célébrité locale. « Les gens nous voyaient nous promener, me raconte Jim, et ils s'arrêtaient pour me poser des questions sur elle. Ils voulaient être pris en photo avec le cochon : papa et maman avec le cochon, les enfants avec le cochon, toute la famille avec le cochon. » Rooty adorait se promener le long de l'avenue St. Charles où de grands chênes offraient une abondance de glands. « Parfois, lors de nos promenades, me confie Jim, Rooty me lançait un regard et puis remontait la rue en courant. Il y avait de grands buissons près d'un restaurant, et elle allait y fouiller le sol à la recherche de glands. Quelqu'un dans le restaurant la voyait et puis tout d'un coup, la moitié du restaurant était aux fenêtres, à observer le cochon. » Bien qu'une ordonnance interdît les animaux de ferme traditionnels en ville, la police locale faisait une exception pour cette truie rose et joyeuse. Au lieu de verbaliser Jim, les officiers de police lui demandaient une photo.

Jim connaissait Rooty depuis qu'elle était bébé. Dix ans avant le désastre Katrina, la petite amie de Jim, Connie (aujourd'hui son épouse), l'avait convaincu d'adopter Rooty d'une portée de porcelets. Depuis qu'elle avait lu *Le Petit Monde de Charlotte** dans son enfance, Connie avait eu envie d'un cochon. Avec réticence, Jim avait choisi la plus timide de la portée, et une grande histoire d'amour avait commencé.

En un rien de temps, le porcelet s'était adapté à sa nouvelle vie avec Connie et Jim, et Jim s'était pris d'affection pour Rooty. Il lui avait facilement appris à être propre dans la maison et elle avait rapidement compris comment obtenir ce qu'elle désirait. Toujours curieuse, Rooty parvenait à ouvrir la porte du réfrigérateur et celles des placards pour fouiller à l'intérieur. Elle suivait Jim partout comme un chien, dormait à ses pieds et lui faisait des câlins le soir. Jim l'adorait. Jamais il n'aurait pensé qu'un jour, son amour pour Rooty l'obligerait à prendre une terrible décision.

* NdT : Voir E. B. White, *Le Petit Monde de Charlotte*, L'École des loisirs, 2007.

Quand l'ouragan Katrina toucha terre au nord de Miami en Floride le jeudi 25 août 2005[28], il fut classé comme un ouragan de catégorie 1 avec des vents soutenus maximaux de 120 km par heure. Le lendemain, il fut reclassé en catégorie 2. À sept heures du matin le dimanche, Katrina était devenu un ouragan de catégorie 5 avec des vents soutenus maximaux de 255 km par heure. Quand il frappa La Nouvelle-Orléans le lundi 29 août, Katrina détruisit le réseau électrique de la ville et ouvrit un trou dans le Superdome.

Comme tant d'habitants de La Nouvelle-Orléans, Jim et Connie sous-estimèrent l'impact qu'aurait Katrina. Ils pensaient que leur maison, centenaire et posée à 2,5 m au-dessus du sol, était un endroit sûr où se réfugier pendant la tempête. Mais le lundi soir, la maison était de plus en plus secouée, comme si elle était agitée par un géant. Jim s'inquiéta. Il se souciait moins de lui-même que des autres habitants de sa maison dont Connie, deux amis, deux chats et Rooty. Alors que la maison chancelait, Rooty devint si anxieuse que Jim lui donna un bol de vin pour l'aider à se calmer et lui prépara un refuge de couvertures dans un placard pour qu'elle puisse s'y terrer la nuit.

Le lendemain matin, Jim vit des débris partout. Des poteaux téléphoniques et des arbres tombés à terre bloquaient les rues, et il y avait des éclats de verre partout dans le jardin. Heureusement, leur maison était intacte. Jim et Connie pensèrent que le pire était passé. Connie partit à l'hôpital local pour donner des soins infirmiers à ceux qui n'avaient pas eu la même chance, et Jim resta à la maison pour nettoyer les débris et s'occuper des animaux. Il dégagea les éclats de verre d'un petit espace dans le jardin arrière pour Rooty et alors qu'elle s'occupait, Jim alla à l'avant de la maison pour mieux constater les dégâts. Il alla voir une ouverture d'égout au milieu de la rue et s'exclama. De l'eau s'en écoulait. Jim ne comprenait pas. D'où venait cette eau ? Sans réseau téléphonique fixe ou mobile en fonctionnement et sans électricité, Jim ne pouvait pas savoir que la digue voisine venait de s'effondrer.

L'eau se mit à arriver vite. Le temps que Jim se précipite dans le jardin arrière de la maison, l'eau arrivait aux genoux de Rooty. Jim mesura la montée de l'eau à l'aide des marches, au nombre de douze, qui menaient à sa porte d'entrée. En deux heures, l'eau avait atteint la troisième marche et des poissons nageaient dans le jardin à l'avant de la maison. Quelques heures plus tard, l'eau débordait de la cinquième marche. À la tombée de la nuit, la neuvième marche avait été atteinte.

La maison de Jim se trouvait au sommet de son quartier, mais il craignait que l'eau entre bientôt à l'intérieur. À ce moment-là, toutes les maisons autour de lui étaient déjà inondées. Au cours des jours qui suivirent, des hélicoptères vinrent évacuer la plupart du quartier mais ils ne prenaient pas en charge les animaux. Alors, Jim resta où il était. Il ne partirait pas à moins de pouvoir emmener les animaux.

L'eau continua de monter. Elle atteignit une hauteur d'environ 1,65 m et dépassa le toit d'un pick-up garé chez le voisin. Les jours passèrent et l'eau, fétide car contaminée par un réservoir d'eaux usées renversé, devint de plus en plus mauvaise. Les rues, vides de presque toute forme de vie, devinrent plus calmes. Une nuit, alors que le silence régnait, Jim entendit des cris provenant d'une maison voisine. « J'ai traversé cette eau immonde, une hache à la main, et défoncé la porte de cette maison. Le toit s'était effondré et il y avait un chat. Les propriétaires lui avaient laissé de l'eau et de la nourriture, pensant qu'ils seraient de retour après quelques jours. »

Ce scénario était courant. L'une des raisons les plus fréquentes pour lesquelles les gens abandonnent leurs animaux lors de catastrophes[29] est qu'ils croient que cela ne durera pas longtemps. La sous-estimation de la sévérité du désastre, une planification d'urgence insuffisante, l'impossibilité de transporter les animaux et la difficulté de trouver des refuges qui les acceptent en sont d'autres. Quelle qu'en soit l'explication, la perte d'un animal de compagnie peut avoir des conséquences néfastes. Quand le petit garçon fut brutalement séparé de Snowball, non seulement il perdit le chien qu'il aimait, mais également le soutien que Snowball lui apportait.

En temps de stress, nous nous accrochons à n'importe quelle source de réconfort et de stabilité que nous trouvons. Et pour nombre d'entre nous, cela inclut les animaux. Parmi les enfants des écoles primaires de Slavonia, l'une des régions de la Croatie les plus touchées par la guerre, les enfants qui avaient des animaux de compagnie purent mieux faire face aux événements que les enfants qui n'en avaient pas[30]. Le premier groupe d'enfants développa de meilleures capacités d'expression de leurs émotions, de recherche d'un soutien social et de résolution des problèmes. En conséquence, les enfants qui avaient des animaux de compagnie étaient moins susceptibles de souffrir de traumatismes émotionnels en comparaison avec les enfants qui n'en avaient pas.

Les résultats sont similaires quel que soit le groupe démographique. Peu importe que l'on soit jeune ou vieux, riche ou pauvre. Les animaux nous aident à nous apaiser en temps de stress, et le fait de les perdre peut augmenter notre traumatisme. Dans une étude portant sur 365 femmes afro-américaines de revenus modestes[31], la perte d'un animal fut un élément de prédiction important de leur détresse et de leur deuil post-catastrophe, et cet effet fut bien plus notable que celui des autres pertes et sources de stress. De la même manière, la perte d'animaux pendant le désastre Katrina causa un impact négatif plus important sur la santé mentale que la perte d'un domicile[32]. En comparaison avec les personnes qui ne furent pas séparées de leurs animaux lors de Katrina[33], ceux qui les perdirent furent plus susceptibles de souffrir de manière importante de stress aigu, de dissociation péritraumatique (c'est-à-dire une déconnexion émotionnelle de l'expérience à l'origine d'un traumatisme aigu), de dépression et de trouble de stress post-traumatique. Après l'ouragan Ike de 2008, la perte d'animaux parmi les survivants à Galveston au Texas fut un élément de prédiction important d'un état de santé mentale moins positif[34]. Le fait de perdre nos animaux de compagnie nous cause une détresse qui est indépendante des autres pertes.

Les animaux nous offrent un réconfort stable quand nous sommes en plein chaos. Tout comme les liens humains, notre amour pour les animaux peut favoriser en nous un sentiment de sécurité et de bien-être. Cet amour peut nous protéger du stress, de l'anxiété et de la dépression[35]. Nous pouvons devenir plus résilients grâce à la sécurité émotionnelle, la protection et le soutien libre de tout jugement que les animaux nous offrent. Les études montrent que la majorité des personnes qui ont des animaux de compagnie sentent que ces animaux sont importants pour leur bien-être[36]. Les animaux nous offrent un confort tactile et une distraction récréative de nos soucis. Caressez un chat qui ronronne ou jouez à la balle avec un chien, et vous saurez de quoi je parle. Le plus important, peut-être, est que les animaux sont une présence fiable[37]. Nous pouvons compter sur eux pour être là pour nous. En retour, nous pouvons leur promettre d'être là pour eux.

Jim ajouta le chat abandonné à sa maisonnée déjà pleine à craquer. Le sixième jour de l'inondation, des soldats en bérets rouges de la 82e division aéroportée de l'armée vinrent frapper à sa porte. Le maire de La Nouvelle-Orléans avait ordonné une évacuation obligatoire de la ville, et les derniers irréductibles du quartier de Jim étaient partis. Les sauveteurs furent choqués de voir que Jim était encore là. « Les soldats sont arrivés en bateau, se souvient Jim, ils avaient des caméras et ils me filmaient, et ils m'ont insulté. Ils m'ont traité de cinglé et m'ont demandé ce que je foutais là, pourquoi je n'avais pas encore foutu le camp. Je leur ai dit que j'avais un cochon de plus de 130 kg, mes deux chats, le chat du voisin et que je n'irais nulle part. Et je suis rentré dans la maison. »

Le refus de Jim de partir put sembler absurde aux yeux des soldats, mais Jim était loin d'être le seul dans son cas. Les catastrophes nous mettent à l'épreuve. Elles nous obligent à reconnaître ce qui compte vraiment. Universellement, nous sommes d'accord que ce sont les êtres que nous aimons qui comptent le plus. La famille d'abord. Or, les catastrophes nous obligent à redéfinir rapidement qui fait partie de notre famille. Pendant Katrina, des milliers de personnes signifièrent clairement que leurs chiens, chats, cochons et autres animaux faisaient partie de la leur. Près de la moitié des personnes qui restèrent chez elles pendant l'ouragan le firent parce qu'elles refusaient d'abandonner leurs animaux[38]. Elles eurent de bonnes raisons de le faire[39]. Plus tard, des études montrèrent que les gens qui s'enfuirent étaient le plus souvent ceux qui avaient perdu un animal de compagnie[40]. Seulement 15 % à 20 % des animaux perdus purent retrouver leur famille humaine[41]. La plupart des animaux, Snowball inclus, furent perdus à jamais.

Entre un cinquième et un tiers des échecs d'évacuation humaine lors de désastres sont attribués à la garde d'animaux[42]. Après qu'une évacuation obligatoire fut ordonnée dans le comté de Yuba en Californie à la suite d'une inondation majeure en 1997, la peur d'abandonner leurs animaux fut la première raison pour laquelle les habitants sans enfants refusèrent de partir. Et, avec chaque chien ou chat de plus dans la maison, l'échec d'évacuation doubla. De ceux qui acceptèrent de partir, la plupart demeurèrent sans abri[43], à vivre dans leur voiture ou dans un camping, afin de pouvoir garder leurs animaux auprès d'eux. D'autre part, quand des enquêteurs examinèrent deux désastres différents – une inondation et un déversement chimique dangereux –, ils trouvèrent que 80 % des personnes qui revinrent prématurément sur des lieux dangereux le firent afin de sauver leurs animaux. Ces personnes risquèrent leur vie pour sauver leurs compagnons.

Jim risqua sa vie de son plein gré. Mais alors que les jours passaient, son inquiétude grandit. Près d'une semaine plus tard, l'eau stagnante n'était descendue que jusqu'au capot du pick-up du voisin. Jim se rendit compte que ses colocataires et lui resteraient piégés pendant encore longtemps. Son souci premier n'était pas la chaleur oppressante ni les puces d'égouts, mais la question de l'eau potable et de la nourriture. Jim et ses deux amis commencèrent à rationner leur eau, et ils avaient encore tout juste de quoi se nourrir eux-mêmes et les chats pendant quelques semaines encore. En revanche, ils allaient bientôt se trouver à court de nourriture pour Rooty.

Que pouvait faire Jim ? Il n'avait que peu d'options. Même s'il pouvait faire sortir les chats, les secouristes n'accepteraient jamais Rooty. Devrait-il la voir lentement mourir de faim ? « Je me suis rendu compte que si cette situation durait un mois, alors nous serions obligés… raconte Jim en pleurant. Je me disais que nous serions peut-être obligés de demander aux soldats de l'abattre. Mais ensuite, des choses horribles me venaient à l'esprit. Si les soldats l'abattaient, que ferions-nous de sa dépouille ? » Douze jours plus tard, l'eau atteignait encore 1,50 m de haut. Jim prit la décision terrible de demander à la garde nationale d'abattre Rooty.

Imaginez un instant la douleur que ressentit Jim. Beaucoup de monde ne la comprend pas, ou ne peut pas la comprendre. Bien que les choses soient en train de changer, trop souvent, au lieu d'offrir compassion et empathie, les collègues, amis et même membres de la famille diront à celui qui pleure un animal qu'il est bête de prendre cela tant à cœur car après tout, ce n'est qu'un animal ! Remets-toi, lui diront-ils. Secoue-toi un peu !

Nous rions ensemble mais pleurons seuls. Nous nous sentons encore plus seuls dans notre peine quand c'est un animal qui décède[44] car ce deuil est moins reconnu que celui d'un autre être humain. Les sociologues, les psychologues et les psychiatres (comme j'en fis l'expérience à la mort de mon chat Aslan) ont mis du temps à comprendre l'impact de la perte d'un animal. La mort d'un animal peut avoir pour conséquence un sommeil appauvri, des absences au travail, une détresse importante et de la dépression[45]. Chez ceux qui perdent des animaux qu'ils aiment profondément, l'étendue du chagrin est similaire à la peine qu'éprouvent ceux qui pleurent la mort d'une personne aimée[46].

Le désespoir ressenti par Jim, à l'idée de potentiellement perdre Rooty, était peut-être encore plus important du fait de la situation unique dans laquelle il se trouvait. Pensez au chagrin qu'éprouvent les personnes obligées d'abandonner un animal. Une équipe de chercheurs montra que la détresse des gens qui avaient perdu leurs animaux dans l'ouragan Katrina fut pire chez ceux qui les avaient abandonnés[47]. Le fait d'avoir perdu leurs animaux après les avoir abandonnés non seulement aggrava le traumatisme de ces personnes, mais ralentit en plus leur rétablissement. Si, comme dans le cas de Jim, une décision d'euthanasier l'animal était impliquée dans la perte, cela pouvait aggraver un sentiment de culpabilité, de regret ou même d'échec. Il est intéressant de noter que les enquêteurs trouvèrent que le fait d'avoir été forcé d'abandonner un animal était plus susceptible de causer des symptômes de trouble de stress post-traumatique, alors que la mort d'un animal était plus susceptible de causer une dépression sévère. Dans le cas de Jim, ajoutez une culpabilité terrible au deuil ressenti à la suite de la mort, ou mort probable, de son animal adoré et vous avez un homme particulièrement triste.

Alors que Jim venait de perdre tout espoir de sauver Rooty, un miracle se produisit. Le téléphone sonna. Pour la première fois depuis l'arrivée de Katrina, la ligne fixe de Jim fonctionnait. « Quand j'ai décroché le téléphone, se souvient Jim, c'était Jeffrey Tam, le producteur de l'émission Canada AM, à l'autre bout du fil. Il m'a demandé si j'étais l'homme au cochon. Il avait vu les enregistrements vidéo des soldats de la 82e division aéroportée. Je lui ai répondu que c'était bien moi. Et il m'a dit : "Nous allons venir sauver votre cochon." »

Après l'appel de Tam à Jim, l'équipe de télévision canadienne contacta une équipe de recherche et de sauvetage du Fonds international pour la protection des animaux, qui était déjà sur place à la recherche d'animaux abandonnés. Pour Stewart Cook, un photojournaliste travaillant pour le Fonds, le sauvetage de Rooty était une opération qui sortait de l'ordinaire[48]. Stewart écrivit ainsi :

> « *Quand nous sommes arrivés devant la maison, nous avons vu deux personnes sur les marches. "Avez-vous un animal à sauver ?" leur a-t-on demandé. "Oui, mon cochon !" s'est écrié l'homme. "Pouvez-vous prendre mon cochon ?" Nous sommes entrés chez lui et avons fait la connaissance de Rooty, une truie ventrue originaire du Vietnam. "C'est mon bébé", nous a dit l'homme avec amour. "Je ne peux pas l'abandonner." Le jour précédant l'ordre d'évacuation obligatoire de la ville de La Nouvelle-Orléans, la garde nationale patrouillait en bateau et suivait ces ordres. "Je leur ai demandé de l'abattre", nous dit l'homme, les larmes aux yeux, "mais ils ont refusé. Je ne peux pas l'abandonner et la laisser mourir de faim*[49]*."* »

Rooty fut sauvée et emmenée dans un refuge qui accueillait toutes sortes d'animaux sauvés : des chats, des chiens, des vaches, des chevaux et des chèvres dont un bouc prénommé Goliath qui se lia rapidement d'amitié avec Rooty. Quand l'eau dans la ville recula, Jim put aller retrouver Rooty. Quand Rooty le vit arriver au refuge, termine Jim, « elle a couru vers moi et s'est frottée contre ma jambe ».

Rooty décéda à l'âge de quinze ans en 2015. Jim ne peut pas évoquer sa mort sans verser une larme. « Vous pouvez imaginer, me dit-il aujourd'hui, si vous avez eu un animal de compagnie pendant quinze ans. Elle avait une place tellement importante dans ma vie. Rooty était devenue un membre de ma famille, et tout le monde le savait. Les gens disaient qu'elle était ma fille. »

Dix jours après ma conversation avec Jim, je reçois un livre par la poste. Pendant toute notre conversation, Jim s'était référé à un livre qui, me disait-il, décrit en détail l'expérience qu'il vécut lors de l'ouragan Katrina. « Je vais vous envoyer le livre que j'ai écrit, me dit-il. Toutes les informations que vous cherchez sont dans le livre. Tout ce que nous avons vécu. Tout est là. »

Je sors le livre du colis et lis le titre : *Our Rooty : The True Tale of a New Orleans Pig*[50]. La couverture montre une illustration d'un groin de cochon dépassant d'une couverture rayée rouge et blanc. Je feuillette les pages, prête à lire les détails déchirants de l'expérience de Jim qu'il m'avait promis avoir documentés. Mais il s'agit d'un livre pour enfants illustré, avec environ autant de mots au total que le compte de mots sur une page de l'ouvrage que vous tenez actuellement entre les mains. Ce ne serait que plusieurs mois plus tard que je comprendrais l'importance de cela

L'ouragan Katrina n'était pas la première catastrophe à toucher les animaux, mais il attira l'attention du monde entier sur leur détresse – ainsi que sur celle des gens qui les aiment – comme aucun désastre ne l'avait jamais fait auparavant. Des histoires comme celle de Jim (bien que la fin de la sienne fut heureuse) furent racontées à la télévision, dans les journaux et sur des sites web, suscitant une vague d'empathie. Les Américains donnèrent plus de 40 millions de dollars pour aider les animaux touchés par l'ouragan[51].

Les autorités américaines avaient clairement sous-estimé la force du lien qui unit les gens et leurs animaux de compagnie. Heureusement, le tollé général qui s'ensuivit suscita des changements historiques dans le système de préparation aux catastrophes. Moins d'un an après Katrina, le Congrès américain adopta une loi sur les standards d'évacuation et de transport des animaux (*Pets Evacuation Transportation Standards [PETS] Act*), mandatant les gouvernements locaux et étatiques pour inclure le sauvetage des animaux dans la planification des évacuations d'urgence. Cette loi autorisa également l'utilisation de fonds pour « la procuration, la construction, la location ou la rénovation d'installations et de matériaux de refuge d'urgence qui accommoderont les personnes avec des animaux de compagnie ou d'assistance[52] ». Dans un instant politique rare, les démocrates et les républicains du Congrès s'unirent dans cet effort, et la loi fut facilement adoptée grâce au soutien bipartite.

Ce fut un moment décisif. Pour la première fois, le gouvernement fédéral comprit ce que le public savait déjà : aider les humains et aider les animaux ne sont pas des activités séparées. Si on veut sauver les gens, il faut sauver les animaux. La prise de conscience suscitée par Katrina et par la loi PETS eut un effet positif mesurable[53]. Quand le grand ouragan suivant, Irene, frappa la côte Est en 2011, la plupart des habitants purent être évacués avec leurs animaux.

Néanmoins, malgré les progrès en matière de préparation aux catastrophes, la reconnaissance du lien entre les humains et les animaux dans d'autres situations est restée très lente.

Nous pourrions penser que nous avons compris la leçon. Nous pourrions penser qu'après Katrina, nous reconnaîtrions la force du lien qui unit les humains et les animaux dans toutes les dimensions de la vie. Cependant, l'esprit humain a la capacité remarquable d'appliquer une sagesse nouvelle à certaines situations uniquement tout en ignorant ses implications plus vastes. D'autre part, nous sommes tirés et poussés vers ces leçons comme un chien qu'on emmène chez le vétérinaire. Nous rentrons le menton, baissons les yeux et traînons des pieds, faisant tout ce que nous pouvons pour éviter d'appendre quelque chose de nouveau.

Les victimes de violence domestique luttent toujours pour que leurs animaux de compagnie soient reconnus comme des membres de leur famille. Sherrilyn Grant comprit la difficulté de ce combat quand son petit ami rentra un jour à la maison et tenta de l'étrangler.

Je rencontre Sherrilyn dans un immeuble en grès rouge, dans le secteur est de Washington, DC. Jolie femme cinquantenaire avec les cheveux teints en blond, Sherrilyn vit temporairement dans l'appartement d'un ami. Quand j'entre, Chelsea, une chienne terrier yorkshire croisée avec un shi tzu, et Blondie, une chienne labrador croisée avec un beagle, accourent vers moi. Alors que Sherrilyn me raconte son histoire, Chelsea prend place entre nous sur le canapé et Blondie pose sa lourde tête sur les pieds de Sherrilyn. Tout se passait à merveille avec son petit ami, me dit Sherrilyn, jusqu'à ce qu'ils emménagent ensemble. L'homme qui auparavant s'était montré attentif et qui s'exprimait d'une voix douce, se mit à boire et devint verbalement violent. Un soir, il rentra à la maison, empestant l'alcool, et commença à étrangler Sherrilyn. Alors qu'elle luttait pour respirer, Sherrilyn entendait Chelsea et Blondie aboyer furieusement. Un voisin entendit le vacarme et appela la police. Sherrilyn décida de ne pas porter plainte contre son petit ami, mais comme la maison dans laquelle ils vivaient lui appartenait, il la mit dehors ainsi que les deux chiens. Sherrilyn se retrouva sans-abri.

Le service d'aide local contre les violences domestiques lui trouva une chambre d'hôtel pour quatre-vingt-dix jours, mais Chelsea et Blondie n'étaient pas acceptées. Les employés du service dirent à Sherrilyn de placer ses chiens dans un refuge pour animaux. Elle ne voulut pas en entendre parler. « Ce ne sont pas simplement mes chiens, m'explique-t-elle en se souvenant, avec colère, de ce que le service lui avait dit. Ce sont mes enfants. Comment peuvent-ils me dire d'abandonner mes chiens ? »

Alors, Sherrilyn trouva un compromis. Elle utilisa la chambre d'hôtel pour se laver et se changer, et dormit dans sa voiture avec ses chiens. Après que les quatre-vingt-dix jours d'arrangement avec l'hôtel se furent écoulés, Sherrilyn alla de foyers pour victimes de violence domestique en secours de la part d'amis et de membres de sa famille, à la recherche d'un endroit où elle pourrait rester. La plupart du temps, ses chiens n'étaient pas admis.

Pendant de longues périodes au cours des deux années qui s'ensuivirent, Sherrilyn, Chelsea et Blondie vécurent dans sa voiture.

Aujourd'hui, trois ans après l'agression de son petit ami, Sherrilyn n'a toujours pas de lieu de vie permanent. « Être tout d'un coup sans argent, me dit-elle, avoir faim, être sans ressources, devoir quémander un endroit pour vivre. » Sherrilyn secoue la tête, prend Chelsea sur ses genoux et caresse la tête duveteuse en pleurant. « Ces filles m'empêchent de sombrer dans l'abîme. Je me sens vide sans elles. Elles remplissent un creux. Elles sont l'inspiration qui me pousse à continuer. » Sherrilyn lève la tête et regarde ses deux chiens. « Je serai toujours là pour m'assurer qu'elles ont ce dont elles ont besoin. Pour m'assurer qu'elles ont de l'eau fraîche et à manger. Tant que je serai encore en vie, nous ne nous quitterons pas. »

Aussi troublante que soit la situation de Sherrilyn, elle pourrait être bien pire. Une histoire de 1917 intitulée *A Jury of Her Peers* et écrite par Susan Glaspell, auteure récompensée d'un prix Pulitzer, est l'un des premiers récits à souligner une vérité auparavant ignorée de la violence domestique. Dans cette histoire, le personnage principal, Mme Hale, doit accompagner son mari ainsi que le shérif et son épouse, Mme Peters, sur la scène d'un crime. La veille, M. Hale avait découvert le corps sans vie de son voisin, étranglé dans son lit à l'aide d'une corde. Pendant tout ce temps, la veuve du voisin, Minnie, était restée calmement assise au rez-de-chaussée.

Alors que le shérif et les autres hommes cherchent des preuves pour inculper Minnie, ils échangent des blagues sur la maison mal tenue et les « broutilles » chères aux femmes. Mais Mme Hale et Mme Peters remarquent quelque chose d'alarmant au sujet des broutilles qui gouvernaient la vie de Minnie. Des petites choses dans la maison, ajoutées les unes aux autres, révèlent une vie de désespoir silencieux. Leur découverte d'une cage à oiseau, vide avec la porte cassée comme si quelqu'un l'avait « traitée avec brutalité », est la plus significative. Quelques minutes plus tard, les deux femmes trouvent le corps sans vie d'un canari dont le cou a été brisé.

Les deux femmes commencent à comprendre, et voient ce que leurs maris ne remarquent pas. Le mari de Minnie, après avoir passé sa vie à la dominer et la contrôler, a tué son oiseau adoré. Et cela a conduit Minnie à étrangler son mari abusif. Dans un élan de solidarité, les deux femmes cachent le corps de l'oiseau, la seule preuve qui pourrait mener à l'inculpation de Minnie.

Au milieu des années 1990, Allie Phillips était jeune avocate à Lansing dans le Michigan et travaillait à la poursuite pénale de personnes impliquées dans des affaires de violence domestique. Allie Phillips remarqua un schéma troublant qui soutient le postulat de l'histoire écrite par Susan Glaspell. Au cours des journées typiques d'Allie Phillips au tribunal, 90 % des victimes ne venaient pas aux audiences. L'avocate pensait que beaucoup de victimes avaient trop peur de se confronter à leur bourreau, ou ne souhaitaient pas engager de poursuites judiciaires (souvent parce qu'elles avaient peur). Une troisième raison possible ne lui vint jamais à l'esprit, jusqu'à ce qu'une victime arrive en retard et lui dise, sans la regarder dans les yeux : « Je suis retournée auprès de mon agresseur hier soir. Il a tué un de mes chiens. J'ai encore deux chiens et une chèvre, et je préfère y retourner et y perdre la vie que de vivre avec la culpabilité de l'avoir laissé tuer mes animaux. »

Allie Phillips resta sans voix. « Au milieu des années 1990, personne ne parlait vraiment du lien entre la violence faite aux animaux et celle subie par les gens, m'explique-t-elle plus de vingt ans plus tard. Je n'avais jamais entendu parler d'une chose pareille. » Naïvement, Allie Phillips appela un refuge local pour victimes de violence domestique et demanda s'ils avaient de la place pour cette femme. Le refuge répondit par l'affirmative. « Je leur ai dit que je demanderais à la police de la leur amener tout de suite, me dit Allie Phillips. Et j'ai précisé : "Elle a deux chiens et une chèvre, et les animaux viendront avec elle." Alors, la femme à l'autre bout du fil m'a ri au nez et a raccroché. »

Allie Phillips se fâcha et s'accrocha. Au cours des quinze années qui suivirent, elle mena l'enquête sur le sujet et découvrit que seuls quatre refuges pour victimes de violence familiale sur plus de deux mille aux États-Unis acceptaient les animaux. C'était un problème majeur. « Quand j'ai commencé à étudier combien d'animaux de compagnie pouvaient se trouver dans une famille, me raconte-t-elle, je me suis rendu compte que de nombreuses victimes ne venaient pas aux audiences car elles restaient à la maison par souci pour leurs animaux. »

Des études donnent raison à Allie Phillips. La recherche a démontré de manière répétée[54] que les victimes de violence familiale, qu'elles soient hommes, femmes ou transgenres, aux États-Unis, en Europe, en Nouvelle-Zélande, en Australie ou autre part, refusent souvent de s'échapper des abus qu'elles subissent par peur que leur agresseur ne s'en prenne à leurs animaux. Dans un sondage portant sur 107 femmes battues[55], 47 % de celles qui avaient des animaux de compagnie rapportèrent que leur agresseur avait menacé ou fait du mal à leurs animaux. Plus de la moitié d'entre elles déclarèrent que leurs animaux de compagnie étaient une source importante de soutien émotionnel. Une autre étude montra que chez les femmes avec des animaux de compagnie, les menaces proférées à l'encontre des animaux étaient l'une des raisons les plus courantes pour lesquelles ces femmes tardaient à essayer de trouver un refuge. Et une fois qu'elles se trouvaient dans un refuge, de nombreuses femmes continuaient de s'inquiéter pour la sécurité de leurs animaux. Les agresseurs avaient fait du mal aux animaux par vengeance ou afin d'exercer un contrôle psychologique sur leur partenaire. Dans la plupart des cas, les animaux avaient été attaqués en présence des victimes, et souvent même devant les enfants de ces dernières.

Si vous souffrez aux mains d'un partenaire intime et que vous avez des compagnons animaux, que pouvez-vous faire ? La plupart des refuges et des maisons sûres (comme on les appelle souvent) n'acceptent pas les animaux. Louer un endroit, même si vous en avez les moyens, n'est pas toujours possible. Caroline Jones, directrice exécutive d'une maison sûre à Arlington en Virginie, m'a dit que de nombreux propriétaires refusent de louer aux victimes d'abus car ils craignent des événements violents dans leur logement. Les locations sont donc largement exclues. Vous avez peut-être la chance de pouvoir compter sur une famille et des amis aimants pour vous héberger avec vos animaux, mais que faire si ce n'est pas le cas ?

En 2012, une femme dépourvue d'options affronta les gérants d'un refuge et les poussa à modifier leurs pratiques[56]. Le petit ami de cette femme avait tenté de la tuer avec un marteau mais son grand danois, Hank, s'était jeté entre eux, avait fait bouclier de son corps pour protéger la femme et avait pris la plupart des coups. Ensuite, l'homme avait jeté Hank et la femme par une fenêtre du deuxième étage. Bien que Hank souffrît de plusieurs fractures, la femme et lui survécurent. Quand cette femme et son chien arrivèrent au Rose Brooks Center à Kansas City dans le Missouri pour demander refuge, on offrit un lit à la femme mais on refusa de laisser entrer le chien. La femme se rebella et pour la première fois de son histoire, le refuge ouvrit ses portes à un non humain.

Aujourd'hui, le Rose Brooks Center a des installations d'hébergement intérieur de pointe pour les animaux, avec des chenils pour les chiens, les chats et les autres animaux de famille. La présidente-directrice générale du centre, Susan Miller, attribue ce changement nécessaire à l'extraordinaire dévotion de Hank et à l'amour indéfectible que lui portait la femme à qui il avait sauvé la vie. « Elle n'aurait jamais laissé son chien [avec son petit ami]. Son chien lui avait sauvé la vie. »

« Il m'a sauvé la vie. » « Ils me réconfortent. » « Elle me donne une raison de continuer. » Les victimes de violence parlent souvent de leurs animaux de compagnie en ces termes. Les animaux offrent souvent aux victimes d'abus leur seule source de réconfort et de compagnie pendant les périodes violentes. En 2007, la D^re^ Ann Fitzgerald de l'université de Windsor en Ontario, au Canada, publia une étude intitulée « "They Gave Me a Reason to Live" : The Protective Effects of Companion Animals on the Suicidality of Abused Women ». À travers son étude, la D^re^ Fitzgerald montra que la présence d'animaux peut aider les femmes battues tout en augmentant le risque de danger qu'elles encourent[57]. La D^re^ Fitzgerald remarqua que certaines femmes « restaient avec leur partenaire abusif pendant plus longtemps qu'elles ne l'auraient autrement fait, car "leurs animaux de compagnie les aidaient à tenir" en leur offrant le soutien social nécessaire pour pouvoir faire face aux abus[58] ».

Heureusement, avec des personnes comme Allie Phillips qui mènent le combat, il y a aujourd'hui un mouvement visant à ouvrir les refuges à tous les membres de la famille. Allie Phillips créa un partenariat avec RedRover, une organisation fondée en 1987 pour secourir et héberger les animaux pendant les catastrophes. En 2008, RedRover commença à aider des animaux pris au milieu de violences domestiques. Cette évolution fut largement due aux efforts d'Esperanza Zuniga. Ayant grandi avec des amis animaux et vu son beau-grand-père maltraiter des animaux, elle plaida pour eux avec force. Esperanza Zuniga mit en place une étude d'évaluation des besoins concernant les capacités d'accueil des animaux des refuges pour victimes de violence domestique. « Nous avons appris certaines statistiques très alarmantes, m'explique Esperanza Zuniga. La première : moins de 5 % des refuges pour victimes de violence domestique ont la capacité d'accueillir des animaux de compagnie sur place, et la deuxième : plus de 70 % des familles en général qui ont des enfants en dessous de l'âge de six ans ont des animaux de compagnie. Nous avons compris que si 70 % des familles ont des animaux mais que moins de 5 % des refuges pour victimes de violence domestique acceptent de les héberger, il y a clairement un problème concernant ces animaux ou ces familles. »

« D'autre part, les animaux de compagnie sont souvent en première ligne de tir car ils ne peuvent pas s'exprimer, continue Esperanza Zuniga. Ils ne peuvent pas parler et dire ce qu'il s'est passé. Nous nous sommes rendu compte que les animaux étaient souvent utilisés comme pions dans ces situations de violence domestique et que les victimes se voyaient dire : "Si tu racontes ce que je fais à qui que ce soit, je tue le chien." »

À la suite des conclusions d'Esperanza Zuniga, RedRover conçut deux programmes pour aider les victimes de violence domestique. D'abord, le programme de financement Domestic Violence Safe Escape aide à trouver des familles d'accueil pour les animaux des victimes, si aucun refuge de famille ne peut les accueillir. RedRover a un réseau de bénévoles, de foyers d'hébergement et de cliniques vétérinaires qui peuvent offrir un hébergement temporaire aux animaux. Bien que de nombreuses personnes refusent de se séparer de leurs animaux, les familles d'accueil peuvent être une alternative viable permettant aux humains comme aux animaux d'être dans un environnement plus sûr. Deuxièmement, les financements Safe Housing de RedRover offrent une assistance financière aux refuges pour leur permettre de construire des installations d'hébergement sur place pour les animaux.

Au moment de l'écriture de ce livre, les efforts d'Allie Phillips combinés avec ceux de RedRover avaient aidé à augmenter de 100 à 132 le nombre de refuges pour victimes de violence domestique aux États-Unis qui acceptent d'héberger les animaux. Il en reste environ 2 500, mais Allie Phillips et RedRover sont décidés à continuer. Ces trente-deux refuges supplémentaires ont déjà eu un énorme impact sur des vies humaines et non humaines.

Le Sojourner Center à Phoenix en Arizona est l'un des plus grands et plus anciens refuges pour victimes de violence domestique aux États-Unis. En 2015, grâce à un financement de RedRover[59], ce centre construisit le premier refuge d'hébergement sur place pour animaux de Phoenix, et put ainsi permettre à une femme et son fils de retrouver leur chat orange, Clark Kent. Quand Jennifer et Robert Pressler arrivèrent au Sojourner Center, ils ne voulurent pas être séparés de Clark mais le centre n'avait pas encore terminé la construction du refuge pour animaux. RedRover trouva donc un hébergement temporaire pour Clark en attendant. Pour Robert, qui avait douze ans, être séparé de son chat était « dévastateur ». Chaque jour, Robert aida à la construction du refuge pour animaux, faisant ce qu'il pouvait pour aider à accélérer le processus et pouvoir ainsi y amener Clark. Quand les installations furent terminées, le refuge ouvrit ses portes à Clark ainsi qu'à un autre chat et à deux chiens. « Cela me fait du bien de savoir que je suis là tout près de mon chat, déclara Robert, et qu'il est là à chaque fois que j'ai besoin de quelqu'un pour me réconforter. » La mère, le fils et le félin furent ainsi réunis.

Une froide après-midi de janvier en 1993, après avoir complété ma rotation de la journée en tant qu'interne pour une association de lutte contre le sida, je traversai Washington à la hâte. Il était presque dix-sept heures et j'espérais pouvoir passer quelques minutes dans mon cher National Air and Space Museum situé sur le National Mall. En route, sentant mon ventre gargouiller, je m'arrêtai pour acheter une portion de frites auprès d'un vendeur de rue. Quand j'arrivai enfin au musée, il était fermé.

Il y avait un peu de monde devant le musée, mais je remarquai une personne en particulier. C'était une femme, habillée de couches de vêtements mal ajustés, qui fouillait désespérément dans les poubelles placées à côté des portes du musée. Elle ouvrait des emballages alimentaires, inspectait leur contenu et les jetait de côté. Cette femme avait l'air d'être en quête de son dîner. J'allai vers elle et lui offris mes frites, encore chaudes et intactes. Ce qu'elle me dit alors était la dernière chose à laquelle je m'attendais. Elle ne cherchait pas à manger pour elle-même, mais pour des chats errants.

La femme m'expliqua qu'elle fouillait dans les poubelles tous les jours depuis environ cinq ans afin de pouvoir nourrir une colonie de chats. Elle n'y manquait jamais, même quand elle était malade. Elle leur était complètement dévouée. Avant que je ne puisse lui poser encore quelques questions, la femme partit pour continuer ses recherches plus loin. Depuis ce jour, je me suis souvent demandé pourquoi cette femme consacrait autant de son temps pour prendre soin d'animaux vivant dans la rue alors qu'elle était elle-même sans-abri.

La plupart d'entre nous les avons vus. Des hommes et des femmes, parfois adolescents, parfois en couple avec des enfants, tassés sur eux-mêmes et blottis dans des couvertures en lambeaux dans des rues froides, nous suppliant de leur donner quelques pièces de monnaie.

Le US Code of Federal Regulations définit l'état d'être sans-abri comme le fait de manquer d'« un domicile de nuit fixe, régulier et adéquat[60] » ; or, ce type de domicile inclut les refuges (pourtant temporaires) et les endroits qui ne sont pas prévus pour être des logements de nuit réguliers. Les personnes sans-abri vont de place en place chez des amis qui leur laissent leur canapé pour la nuit, ou dorment dans des voitures, dans des refuges, dans des dépotoirs, dans des bâtiments inoccupés ou dans la rue. D'après le US Department of Housing and Urban Development (HUD), au cours d'une seule nuit en 2017, 553 742 Américains étaient sans-abri[61]. Mais à cause du taux de roulement élevé, environ 3,5 millions d'Américains seront sans-abri à un moment ou à un autre au cours d'une année donnée. Cependant, Genevieve Frederick pense que le nombre total de personnes concernées est bien plus élevé que cela. « Je ne suis pas d'accord avec le

HUD, me dit-elle. Leur méthodologie est complètement inadaptée. Si j'étais un sans-abri et que je voyais une personne blanche d'âge moyen et de classe moyenne se diriger vers moi avec un *clipboard*, je disparaîtrais, surtout si j'étais en train de faire quelque chose de pas tout à fait licite. » Depuis 2006, Genevieve Frederick consacre sa vie à aider les personnes sans-abri, mais d'une façon qui auparavant était presque inédite.

Genevieve Frederick et son mari, habitants du Nevada, étaient en visite à New York quand elle vit un homme sans-abri avec un « chien de races croisées, magnifique et en pleine santé, à ses côtés. J'avais du mal à comprendre, m'explique-t-elle, comment cet homme pouvait avoir un chien alors qu'il ne parvenait pas à s'en tirer lui-même. Comment parvenait-il à prendre soin du chien ? J'y ai réfléchi, encore et encore, et puis j'ai pensé à quel point mes chiens comptent pour moi ».

De retour au Nevada, Genevieve Frederick eut l'idée qu'elle pourrait aider à nourrir les animaux de compagnie des sans-abri dans sa ville de Carson City. Elle contacta son vétérinaire, le Dr Gary Ailes, et demanda si un bac de collecte pourrait être placé dans la salle de réception de son cabinet afin que les gens puissent donner de la nourriture pour animaux. La nourriture serait ensuite envoyée à des banques alimentaires locales qui la distribueraient directement aux sans-abri. Non seulement le Dr Ailes donna son accord pour le bac de collecte, mais il envoya un communiqué de presse au journal local pour l'annoncer. Avant que le Dr Ailes et Genevieve Frederick n'aient compris ce qu'il se passait, la collecte avait décollé. Des centaines d'habitants donnèrent de la nourriture.

Depuis lors, Genevieve Frederick a fondé l'organisation caritative Feeding Pets of the Homeless. Il s'agit de la seule organisation nationale dont la seule préoccupation est d'aider les sans-abri à prendre soin de leurs animaux de compagnie. En plus de fournir de la nourriture pour animaux à des banques alimentaires et à des refuges pour sans-abri, cette organisation finance des cliniques de santé dans tout le pays en créant des partenariats avec des vétérinaires qui sortent dans les rues pour vacciner et soigner les animaux des sans-abri. Cet effort aide la communauté plus largement car il contribue à la prévention de la rage et d'autres maladies infectieuses. La tâche la plus gratifiante pour les employés de l'organisation est peut-être celle d'organiser directement des soins médicaux pour un animal. À l'aide de téléphones portables prépayés offerts par des programmes étatiques, les hommes et femmes sans-abri dans tout le pays peuvent appeler l'organisation pour demander de l'aide pour leurs animaux blessés ou malades. Ensuite, les employés de Feeding Pets of the Homeless trouvent un hôpital local qui acceptera de soigner l'animal, et s'occupent de régler directement l'hôpital pour ces soins.

Certaines personnes pourraient trouver dérangeant que Feeding Pets of the Homeless focalise ses efforts sur les animaux des sans-abri, et non pas sur les sans-abri eux-mêmes. Néanmoins, pour Genevieve Frederick, aider ces animaux contribue à aider les humains.

Jusqu'à un quart des sans-abri ont des animaux de compagnie et surtout des chiens, bien que Genevieve Frederick ait également vu des chats, des furets, des lézards, des cochons et des lapins. Parfois, ces personnes ont déjà des animaux quand elles deviennent sans-abri. Comme nous l'avons vu, cela est courant chez les victimes de violence domestique et chez les personnes déplacées à cause de catastrophes naturelles. D'autres fois, les sans-abri tombent sur des chiens ou des chats errants. « Alors, les animaux commencent à les suivre, et un lien se crée », explique Genevieve Frederick.

Ce lien qui se crée, me dit Genevieve Frederick, est fort. « Il y a tellement d'histoires que je pourrais vous raconter. Nous avons vu des gens au bord du suicide. S'ils n'avaient pas eu leur chien, ils seraient passés à l'acte. Mais les chiens les ont maintenus dans la réalité suffisamment longtemps pour qu'ils puissent surmonter ce moment de désespoir et avancer. Ces personnes ressentent souvent que leur dernière opportunité d'être un être humain responsable est de prendre soin de leur animal. Ces personnes iront donc sans manger et sans soins médicaux pour elles-mêmes ; elles se sacrifieront pour leurs animaux. »

Leslie Irvine, professeure en sociologie à l'université du Colorado, conduisit quelques-uns des entretiens les plus approfondis qui existent avec des sans-abri au sujet de leurs animaux, et ses conclusions confirment les observations de Genevieve Frederick. Comme l'expliqua un sans-abri à Leslie Irvine, les chiens « mangent avant moi. Ils mangeront avant moi, point final[62] ». De nombreux sans-abri firent écho à ce thème. Ils furent également agacés par toute suggestion supposant qu'ils seraient incapables de prendre soin de leurs animaux (ce qui est une critique courante) et donc ne devraient pas en avoir. Un sans-abri déclara ainsi : « Les gens croient que parce qu'on est sans-abri, on ne sait pas prendre soin d'un chien. Même des gens qui ont une maison maltraitent et négligent leurs animaux, donc ça n'a rien à voir avec la question d'avoir un domicile ou non[63]. »

Cette personne soulève un point important, et Genevieve Frederick est largement d'accord avec ce sentiment. Elle souligne que ces animaux sont « toujours auprès de leur propriétaire, ce qui fait d'eux les animaux les plus heureux du monde, car ils ont l'attention de leur propriétaire vingt-quatre heures sur vingt-quatre. En ce moment, mes chiens à la maison se demandent où je suis. Et je peux vous dire qu'en parlant aux vétérinaires et en assistant à ces cliniques de santé, j'ai vu que la plupart de ces animaux sont en très bonne santé ». Et quand une personne sans-abri se retrouve néanmoins incapable de prendre soin de son animal, Feeding Pets of the Homeless pourra peut-être aider.

Un homme désespéré les appela un jour en les suppliant de l'aider. Il n'avait pas longtemps à vivre, mais ce n'était pas de sa propre santé qu'il s'inquiétait. C'était de celle de son chien. « C'était un vétéran de la vie dans la rue et il était terriblement, terriblement défiguré, me raconte Genevieve Frederick. Son chien, Girley, souffrait d'une pancréatite et d'une défaillance rénale très sévères. Il avait appelé plusieurs organisations et personne ne voulait l'aider. Notre directeur exécutif a pris son appel et lui a dit : "Nous allons immédiatement emmener votre chien à l'hôpital." »

Ils sauvèrent la vie de ce chien. L'homme fut tellement reconnaissant qu'il écrivit une lettre à Feeding Pets of the Homeless, dans laquelle il dit :

> *« Quand j'ai dû demander de l'aide pour la seule chose qui m'est chère, la seule chose au monde qu'il me reste, pas une seule agence, pas une seule organisation soi-disant caritative, pas un seul vétérinaire que j'ai contacté ne s'est avancé pour m'aider… Je n'ai pas de mots pour exprimer ma reconnaissance envers Feeding Pets of the Homeless car non seulement ils ont été la seule organisation [à réagir], mais leur action rapide et décisive a sauvé la vie de mon animal d'assistance, qui*

est plus comme un enfant pour moi, et m'a sauvé moi aussi, car je ne peux expliquer à quiconque n'a jamais ressenti cette impuissance solitaire quand son ami adoré est tellement malade, comme on est dégoûté de ne pas avoir les ressources nécessaires pour lui donner le secours dont il a besoin, et comme on fait tout son possible mais qu'on se rend compte que le temps est compté pour lui[64]. »

Malgré les histoires à succès comme celle-ci, Genevieve Frederick mène un rude combat. La plupart des refuges pour sans-abri n'acceptent pas les animaux (cela vous rappelle quelque chose ?). Contrairement aux efforts menés pour permettre aux animaux de compagnie d'être accueillis dans les refuges pour victimes de violence domestique, il n'y a pas d'appel général pour construire des installations d'hébergement pour les animaux dans les refuges pour sans-abri. La raison à cela est peut-être que les sans-abri reçoivent peu d'attention du fait qu'ils soient tellement mis en marge par la société. Jusqu'à ce qu'un effort plus grand se produise, Feeding Pets of the Homeless enverra des caisses pour animaux de compagnie à n'importe quel refuge dans le pays. Les caisses sont neuves, escamotables, et deviennent la propriété du refuge afin de pouvoir être réutilisées. Qu'il fasse moins six degrés Celsius ou près de cinquante dehors, les sans-abri et leurs animaux peuvent être en sécurité à l'intérieur. « Il est vital, insiste Genevieve Frederick, d'aider les sans-abri à garder leurs animaux près d'eux. Les animaux offrent un amour inconditionnel à ces gens, quelque chose qu'ils n'ont pas reçu de la société dans son ensemble. Ces personnes sont invisibles dans la société. Les animaux sont leurs seuls compagnons. Ces personnes ont besoin d'eux. »

Les paroles de Genevieve Frederick me rappellent cette femme que j'ai vue devant le National Air and Space Museum à Washington. Les chats, me dit cette femme, avaient appris à la connaître et à compter sur elle. Ce qu'elle ne me dit pas à l'époque, mais que je soupçonne aujourd'hui, est qu'elle comptait également sur eux.

Bien que j'aie toujours eu la chance d'avoir un toit au-dessus de ma tête, la gardienne de chats et les histoires racontées par Genevieve Frederick me font penser à la notion de foyer. Il y a l'endroit où nous gardons nos affaires, où nous mangeons, dormons, nous lavons et regardons la télévision.

Mais cet endroit est une maison, un appartement : une structure physique. Quand nous pensons au mot « foyer », cela évoque en nous une image de tranquillité, de sécurité et de soutien : quelque chose de moins physique et de plus émotionnel.

Alors, qu'est-ce qui constitue un foyer ? Est-ce certains individus et le lien émotionnel que nous avons avec eux ? Est-ce les personnes qui comptent sur nous et sur qui nous comptons ? Les personnes vers qui nous courons quand nous sommes seuls, quand nous n'avons pas le moral ou quand nous avons peur ? Les personnes à qui nous pensons en premier quand il y a une joie que nous souhaitons partager ? Pour la plupart d'entre nous, le *foyer*, c'est la famille.

Pour tous ceux qui n'ont pas de lieu de résidence physique, ou pour qui le domicile n'est pas sûr à cause d'une situation abusive, nous pouvons peut-être, en aidant ces personnes à garder près d'elles leurs animaux adorés, tout du moins leur offrir un certain foyer.

Le foyer est quelqu'un qui nous réconforte et nous aide à nous sentir en sécurité. Quand j'avais neuf ans et qu'Oncle Talup m'attendait à l'appartement, mon foyer était Sylvester.

CHAPITRE 2

Trouver notre voix

Quand j'étais enfant, je rêvassais souvent au grand immeuble à appartements de l'autre côté de la rue du nôtre à Arlington, en Virginie. Contrairement à notre bâtiment, le parking de celui-là n'était pas envahi de mauvaises herbes, ou dégradé et jonché de débris de verre coupant, de canettes de bière et de mégots de cigarette. Les pelouses en pente de cet immeuble encourageaient des siestes douces et fraîches sous les rameaux des érables. Des voitures brillantes en bon état s'arrêtaient devant l'entrée pour y déposer des petites dames vêtues de tailleurs et de chapeaux ajustés, des pères avec des lunettes de soleil Carrera sur le nez et des mères arborant des jeans Jordache. J'imaginais le hall d'entrée aéré de l'immeuble, meublé d'épais tapis rouges, de miroirs sur les murs et de chandeliers, avec l'air parfumé de l'odeur de fleurs fraîches et de parfum pour femmes.

Notre immeuble à nous sentait l'ail et l'oignon. Des immigrés comme nous, originaires du Pakistan, d'Inde, de Chine, des Antilles, de Corée et du Ghana, ainsi que quelques familles blanches, se le partageaient et expiraient une puanteur qu'on pouvait sentir avant même d'avoir franchi la porte d'entrée. Des villages entiers de cousins, d'oncles, de grands-parents divers, sans oublier celui dont on ne connaissait jamais vraiment le lien d'appartenance à la famille, s'entassaient dans de petits appartements suants composés de deux ou trois chambres seulement. À l'heure de la préparation du dîner, on pouvait parfois déterminer le pays d'origine des habitants rien qu'aux odeurs de cuisine différentes qui s'échappaient sous les portes closes. Mais après quelque temps, toutes les odeurs se mélangeaient et la seule qui demeurait reconnaissable était celle de l'ail et de l'oignon frit. Les murs respiraient l'ail et l'oignon. Nous vêtements renvoyaient l'ail et l'oignon. Ma peau transpirait l'ail et l'oignon. Je détestais cette odeur.

Certains camarades de classe avaient l'habitude de me suivre en me traitant de « *brownie** », et se moquaient de l'odeur d'ail et d'oignon qui me suivait où que j'aille. Ou alors, ils me raillaient pour le fait que j'étais si maigre, que je portais des pantalons sous mes pantalons pour donner un peu plus d'épaisseur à mes jambes. Quand ce n'était pas ces camarades qui me harcelaient, c'étaient les hommes inconnus qui traînaient sur notre parking.

Tout n'était pas si pénible. Nous avions une colline merveilleuse pour faire de la luge, et toute la liberté que nous pouvions désirer. Mais dans notre immeuble, nous avions également nos terrifiantes guerres de gangs, un peu comme les guerres de territoire sur le terrain de jeux. Nous avions nos légendes urbaines effrayantes, comme celle de ces garçons qui avaient fait une chute mortelle quand l'ascenseur s'était effondré. Nous avions nos vols démoralisants, comme lorsque mon précieux vélo de garçon de seconde main, sur lequel mon père m'avait appris à pédaler, fut volé.

Néanmoins, malgré tous ces problèmes, pour rien au monde je n'aurais échangé notre bâtiment pour cet immeuble de l'autre côté de la rue, car dans le nôtre, les chiens étaient acceptés.

Dès que Sylvester et moi fîmes connaissance, nous devînmes copains comme deux chiots d'une même portée. Il y avait les longues promenades quand nous explorions les bois derrière notre immeuble. Pour moi, c'était Narnia, un vaste pays dans lequel Sylvester et moi avions seuls le droit d'entrer. Nous rendions visite à M. et Mme Castor près du minuscule ruisseau.

---

* NdT : Une insulte ethnique dans le langage anglo-saxon, désignant généralement les personnes de peau brune originaires d'Asie du Sud, du Moyen-Orient ou de pays hispaniques.

Nous dansions avec les centaures. Nous buvions le thé avec M. Tumnus. Nous disparaissions souvent dans Narnia pendant des heures et puis rentrions à la maison pour le dîner, couverts d'égratignures, de boue et de saletés, portant ainsi les marques de nos grandes aventures.

Il y avait les jeux, comme celui de « Vester au milieu » dans lequel Sylvester se mettait entre mes sœurs et moi et essayait d'attraper la balle que nous nous lancions. Il y avait les parties de cache-cache dans l'appartement de mes grands-parents, où c'était toujours moi qui me cachais et Sylvester qui devait me trouver. Une de mes sœurs tenait Sylvester et comptait jusqu'à cent alors que je trouvais des endroits toujours plus ingénieux où me cacher dans ce petit appartement. Quand ma sœur le lâchait, Sylvester partait en courant et reniflait des pistes invisibles jusqu'à me trouver en aboyant d'excitation. Nous essayions de cacher une de mes sœurs au lieu de moi, mais Sylvester ne voulait jamais la chercher. Il restait à me regarder, la langue pendante et en agitant la queue, satisfait de rester près de moi.

Et puis il y avait les moments secrets, lorsque je m'asseyais sur un rocher dans Narnia avec Sylvester dans mes bras et que je versais les larmes que je cachais à tout le monde sauf lui.

Quand nous étions ainsi assis dans les bois, aucune parole n'était nécessaire entre nous. Sylvester attendait avec plus de patience qu'il ne montrait à aucun autre moment, et léchait mes mains et mon visage en gémissant. La fille et le chien pleuraient tous les deux. C'était comme si, d'une manière ou d'une autre, il *savait*. Et à l'époque, le simple fait de croire cela était suffisant.

Sylvester prit soin de moi d'une manière dont personne d'autre n'était capable. Les animaux nous rappellent que le monde est plus grand que nous. Ils peuvent nous apprendre à voir au-delà du racisme, de la pauvreté et de la cruauté dans nos vies – à sortir de nos épreuves du quotidien et voir la beauté qui nous entoure.

Nous sommes nombreux à porter en nous des moments où une rencontre avec un animal nous exalta et nous rappela le monde que nous partageons avec eux. Un jour de printemps, il n'y a pas si longtemps, je me promenais sur un sentier de forêt parallèle à un ruisseau. À son point le plus large, je grimpai sur le tronc d'un grand arbre qui s'était effondré au travers et qui formait un pont naturel. Je pris ce pont de fortune en gardant les yeux rivés vers le bas afin de surveiller le placement de mes pieds. À mi-chemin, j'entendis un bruit devant moi. Je levai les yeux et poussai une exclamation étouffée. À moins de 2,5 mètres devant moi sur le tronc se tenait une renarde, grande et dégingandée, avec de larges et droites oreilles et des marques noires sur le museau. Sa dense fourrure rousse contrastait avec le vert scintillant, presque translucide, de la forêt nouvellement éveillée.

Nous fûmes toutes deux surprises. Nous nous tînmes parfaitement immobiles. J'avais un peu peur, car je ne savais pas si les renards attaquaient parfois des humains. En l'occurrence, je bloquais le passage de cette renarde qui cherchait à traverser le ruisseau, et elle aurait pu prendre cela pour une menace. Cependant, elle me fixa du regard pendant quelques secondes, puis fit demi-tour sur le tronc d'une patte très sûre et s'enfuit dans la direction opposée. Mon expérience dans la forêt s'en trouva transformée en quelque chose de plus grand que moi. Lorsque la renarde et moi nous observions mutuellement, j'étais non seulement l'observatrice mais également le sujet observé.

Quand nous rencontrons un autre animal, quelle que puisse être la fulgurance de l'instant, nous savons que nous ne sommes pas seuls. Et cela est réconfortant. Parfois, dans les moments les plus inattendus et même les plus nécessaires, nous sommes amenés à nous en rappeler. Les animaux non humains nous ressemblent et ne nous ressemblent pas. Je pense que, finalement, ce sont leurs différences qui peuvent nous guérir quand nous en avons le plus besoin. Quand nous sommes en empathie et en connexion avec les animaux, nous élargissons notre cercle social au-delà de notre propre espèce. Cette expansion peut être source de bénéfices remarquables et souvent surprenants.

Alors que je déambule dans une immense pièce faiblement éclairée, un verre de vin blanc à la main, je contemple des photos d'hommes et de femmes hétérosexuels, homosexuels, bisexuels et transgenres. Cependant, les sujets dans les photos ne sont pas ces personnes – tout du moins, ce ne sont pas ces personnes seules. Au cœur des histoires racontées par les photos se trouve l'amour entre des chiens et leurs parents humains qui, il se trouve, sont atteints du VIH. Nous sommes le 1er décembre 2015, pendant la Journée mondiale de lutte contre le sida, et je suis à l'ouverture d'une exposition de photos intitulée « When Dogs Heal » au FLATS Studio à Chicago.

Cette exposition est le fruit d'un effort commun organisé par le photographe Jesse Freidin, le journaliste Zach Stafford et le médecin Robert Garofalo. Jesse photographiait des bénévoles de refuges pour animaux à travers le pays et explorait les relations de guérison que ces personnes développent avec les animaux quand Rob, Zach et lui eurent l'idée de cette exposition. Pourquoi ne pas lancer une série de photos illustrant les relations entre des personnes atteintes du VIH et leurs chiens ? « Nous étions en train de discuter et nous nous sommes dit : “Ne serait-ce pas intéressant de raconter différemment le fait de vivre avec le VIH ?” me dit Jesse. Surtout parce que cette histoire a été racontée encore et encore depuis si longtemps, et je pense que malheureusement les gens sont maintenant un peu fatigués de l'entendre. Je pense que notre société en a trop entendu parler et a arrêté de s'en soucier. Nous voulions donc dépeindre une histoire qui n'a pas encore été racontée. »

La vie personnelle de Rob Garofalo inspira l'histoire que les trois hommes voulaient raconter. Rob est un expert national en médecine pour adolescents au Lurie Children's Hospital de l'université Northwestern à Chicago, et il dirige un programme clinique pour de jeunes homosexuels, transgenres, dans le refus de se conformer aux codes de leur genre, ou séropositifs. En tant que médecin vigilant aux facteurs de risque, jamais Rob n'aurait jamais imaginé qu'un jour, lui aussi recevrait un diagnostic de séropositivité. Et jamais il n'aurait pensé qu'en tant que personne qui tous les jours parle franchement avec ses patients séropositifs, il éprouverait tant de résistance à parler ouvertement de sa propre maladie.

Rob, un homme sec avec une barbe peu fournie sur son visage lisse, ne tient pas en place. Il agite les bras, tapote avec ses doigts et se gratte le visage comme s'il cherchait à physiquement se débarrasser des fantômes qui continuent de le hanter. Il m'explique qu'un jour qu'il était en visite à Washington une bande d'agresseurs l'attaqua et le viola. Il ne sait pas s'il contracta le VIH lors de l'attaque ou à un autre moment. D'un point de vue temporel, cela concorde. Cependant, Rob ne veut pas donner une excuse toute faite aux gens pour son VIH. « Si je parle de l'attaque, les gens penseront : "Bon, il n'a rien fait de mal pour attraper le VIH." [Mais] j'aurais tout aussi facilement pu le contracter de la même manière que la plupart des gens. Qui sait, finalement, comment j'ai contracté le VIH ? Ce n'est pas ce qui compte. »

Rob assumait son homosexualité face à ses collègues, ses amis et sa famille. Mais quand il apprit qu'il était séropositif, il s'inquiéta de la désapprobation, absente jusqu'alors, qui pourrait en résulter. « J'avais eu un carcinome des cellules rénales quelques années auparavant et ce n'était pas la même chose, me dit-il. C'est différent, quand il s'agit d'un cancer. Aussi dévastateur et éprouvant que ce cancer allait être pour ma santé et mon bien-être, il n'y avait aucun doute dans mon esprit que mes amis et ma famille me soutiendraient. Mais quand on est atteint de VIH, ces suppositions s'envolent, en quelque sorte. Que cela soit fondé dans la réalité ou non, on commence à se demander si nos amis ou notre famille, ou les personnes qui nous entourent et nos collègues, offriront leur soutien ou s'il y aura un élément de jugement. »

Rob se jugeait lui-même. Il cacha sa maladie à ceux qui comptaient le plus pour lui. Les larmes coulent sur son visage quand il me dit : « On porte une marque d'infamie, et je sentais que j'avais déçu ma famille et mes amis. Je vivais dans une espèce d'enfer ou d'isolement que je m'imposais à moi-même, et c'était très difficile. » À cause de la honte qu'il éprouvait, il s'effondra. « Je ne mangeais plus, me dit-il. Je ne dormais plus. Je prenais toutes sortes de très mauvaises décisions concernant ma santé et j'étais dans une autodestruction totale. J'adoptais toutes sortes de comportements très imprudents – je n'ai pas besoin de vous expliquer ce que j'entends par là. Je me fichais de tout. »

Pendant cette période, Rob prit l'avion pour aller voir sa mère dans le New Jersey. « Je me souviens être rentré à la maison, un jour après tout ça, dit-il. Et... Cela va me faire pleurer... Ma maman, elle... Elle a pris mon visage dans ses mains et elle m'a dit : "Tu peux me dire que tout va bien, mais je sais que ce n'est pas vrai. Et un jour, tu me diras tout." » Mais Rob resta muet, incapable de lui parler de sa maladie ce jour-là.

À l'âge de cinq ans, tout d'un coup je cessai de parler. Mes parents passèrent des nuits blanches à s'inquiéter. Ils firent tout leur possible pour déterminer pourquoi j'étais devenue silencieuse. Ils m'emmenèrent chez des audiologistes pour vérifier mon ouïe, chez des médecins pour s'assurer que je n'avais aucune maladie physique et chez des spécialistes du comportement qui, eux aussi, ne trouvèrent rien d'autre qui clochât. Enfin, des linguistes de l'école expliquèrent à mes parents qu'ils avaient trouvé la cause. Mes parents parlaient anglais et urdu à la maison. De ce fait, dirent les linguistes à mes parents, ils m'embrouillaient. Les linguistes conseillèrent à mes parents de ne parler qu'en anglais devant moi.

C'était n'importe quoi. Nous le savons aujourd'hui. Les enfants apprennent facilement à parler deux langues ou plus. Le fait d'apprendre une deuxième langue ne mène pas à une confusion de langage, à un retard de langage ou à un déficit cognitif. D'après des études réalisées par le Cornell Language Acquisition Lab, les enfants qui apprennent une deuxième langue parviennent à maintenir une attention et une concentration plus importante que les enfants qui ne connaissent qu'une seule langue[1].

Je ne souffrais pas d'une confusion liée aux langues. Je souffrais d'autre chose. Quelque chose dont mes parents et les spécialistes du comportement infantile n'avaient aucune idée. Je cessai de parler juste après qu'Oncle Talup abusa de moi pour la première fois.

Quand une personne développe un caillot sanguin dans le cerveau, en fonction de la localisation de l'accident vasculaire cérébral le langage est souvent la première chose que cette personne perdra. Le langage est également l'une des dernières choses que cette personne recouvrira. Les circuits neuronaux qui construisent et coordonnent notre capacité de parler et de comprendre les nuances du langage humain ne sont pas aussi interconnectés que les réseaux neuronaux qui soutiennent, par exemple, nos capacités émotionnelles. En comparaison avec les centres du langage, les zones qui contrôlent nos émotions sont très profondément ancrées dans les parties les plus anciennes et primordiales du cerveau. Le langage est l'une des caractéristiques les plus récemment développées chez les humains, et donc l'une des plus fragiles.

Ce que mon expérience personnelle et plus tard médicale m'apprit est qu'il n'est pas nécessaire de subir un traumatisme physique au niveau du cerveau pour perdre le langage. Un traumatisme psychologique peut tout aussi bien causer cette perte. Quand nous sommes face à des épreuves, que nous soyons enfants ou adultes, souvent les mots nous manquent littéralement. Il nous est difficile de décrire à un autre notre peine, notre anxiété et notre peur, en partie parce que nous nous rendons compte que le langage nous fait défaut. Le langage ne peut tout simplement pas entièrement traduire une expérience. C'est comme tenter d'expliquer un cauchemar à quelqu'un le lendemain matin. Le cauchemar était effrayant sur le moment mais quand on le décrit, il semble banal. Les mots ne peuvent jamais traduire l'ambiance et l'atmosphère de notre expérience.

Pire encore, les mots ne sont pas dignes de confiance. Ils peuvent être prononcés avec négligence. Ils peuvent être utilisés pour tromper, faire semblant, mentir ou blesser. Alors, nous nous réfugions dans une partie plus fondamentale et profonde de notre nature, une partie qui ne nous dupe pas si facilement. Nous cachons nos instincts et nos émotions.

Au cours de l'année qui suivit, je recommençai à parler. Non pas grâce à une intervention couronnée de succès de la part de mes parents ou des psychologues, mais parce que je m'adaptai graduellement à la nouvelle normalité de ma vie, une normalité dans laquelle il y avait maintenant Oncle Talup. Néanmoins, je me demande souvent si la parole me serait revenue plus tôt si j'avais déjà eu Sylvester dans ma vie à cette époque.

Lors de la réunion annuelle de l'American Psychological Association (APA) en 1961, tenue dans la ville de New York, le psychologue pour enfants Boris Levinson se leva pour parler. Avec son bouc et son physique grand et maigre, Levinson ressemblait « plus à un méchant sorcier qu'à un psychologue pour enfants[2] ». Devant la salle comble, il décrivit solennellement une affaire déroutante qui lui avait été amenée huit ans plus tôt par un parent désespéré. Quand le psychologue eut fini de parler, l'assistance explosa de rire et de sifflets.

L'affaire présentée par Boris Levinson était celle d'un jeune garçon qui s'était renfermé sur lui-même[3]. La mère de l'enfant l'avait emmené voir plusieurs psychologues et psychiatres, mais ils étaient incapables de communiquer avec lui. Après de nombreuses tentatives, ils avaient baissé les bras. La mère, dans tous ces états, supplia Levinson de prendre son fils en consultation. Lors de la première session avec ce garçon, le chien golden retriever de Boris Levinson, Jingles, était par hasard présent dans son bureau. Quand le garçon entra, Jingles fit ce qu'il faisait souvent. Il courut vers le garçon et lui lécha le visage. À la surprise de Levinson, plutôt que de reculer, le garçon passa ses bras autour du chien et lui dit quelques mots de bonjour.

Voyant cela, le psychologue se demanda si le problème dont souffrait l'enfant n'était peut-être pas aussi grave que ce qu'avait décrit sa mère, ou si le garçon était simplement dans un bon jour. Plus tard, il devint apparent à Levinson que ce comportement avec Jingles était inhabituel pour l'enfant. Le psychologue se demanda alors si ce n'était pas Jingles qui aurait facilité la communication du garçon. Cette idée lui fut confirmée quand l'enfant continua à progresser au cours de sessions suivantes en présence de Jingles.

Après avoir décrit cette affaire devant le public de l'APA, Boris Levinson présenta deux autres cas d'enfants perturbés qui avaient similairement progressé en compagnie de Jingles. Le psychologue suggéra au public que les animaux offraient peut-être une relation de sécurité et d'acceptation aux enfants, permettant à ces derniers de s'ouvrir et de parler d'eux-mêmes. Les chiens, dit-il, peuvent remplir un rôle de cothérapeute.

Cependant, le public de l'APA ne fut pas ouvert à l'idée de Boris Levinson. « Ils ont tourné son travail en dérision, se souvient le psychologue Stanley Coren. Les gens ont commencé à crier : “Quel pourcentage des paiements prend votre chien ?" Les gros rires fusaient. Il était clair que les gens pensaient que Levinson était un peu fou, et qu'ils ne le prenaient absolument pas au sérieux. » Heureusement, Boris Levinson persévéra. D'autres voix s'ajoutèrent à la sienne, notamment celle de Sigmund Freud. Freud adorait ses chiens, surtout son chow-chow Jofi, et il les laissait en liberté dans son bureau[4]. Pendant les sessions de thérapie, Jofi s'allongeait à côté du divan pendant que Freud la caressait. À l'origine, Freud avait amené Jofi dans son bureau pour qu'elle l'aide lui, Freud, à se détendre pendant ses discussions avec ses patients[5]. Néanmoins, Freud se rendit vite compte que ses patients étaient plus susceptibles de parler d'eux-mêmes quand Jofi était présente.

Aujourd'hui, près de soixante ans après la révélation de Boris Levinson concernant Jingles, les spécialistes du comportement infantile reconnaissent largement la présence calmante que les animaux peuvent offrir. De nombreuses bibliothèques et écoles font venir des chiens et des chats pour aider les enfants dans leur apprentissage de la lecture. Les animaux offrent un espace mental de sécurité pour les enfants qui éprouvent des difficultés à lire, qui ont des troubles de l'apprentissage ou qui souffrent de troubles de l'anxiété. En compagnie de félins et de canins charmants et amicaux, les enfants qui sont en difficulté avec la lecture prennent lentement confiance en eux.

Dans les affaires de maltraitance d'enfants, des animaux sont aujourd'hui recrutés pour aider les enfants à parler ouvertement de leur traumatisme. Jeeter, un golden retriever croisé avec un museau beige en forme de bouton, fut le premier chien à qui on donna la permission d'apparaître devant la cour pour aider dans le cadre d'une affaire d'agression sexuelle[6]. L'histoire commença en 2003, quand Ellen O'Neill-Stephens, procureure adjointe, amena le chien d'assistance de son fils à un tribunal pour enfants à Seattle, dans l'État de Washington, où elle travaillait. Jeeter se lia si facilement d'amitié avec les enfants que la nouvelle de son charisme se répandit. Un jour, les procureurs demandèrent l'aide de Jeeta pour une affaire. Des jumelles de huit ans, Erin et Jordan, avaient été sexuellement agressées par leur père. La condamnation du père dépendait du témoignage des jumelles, mais les petites avaient peur.

Comme il a dû être difficile pour ces petites filles de raconter à une salle remplie d'inconnus ce que leur père leur avait fait ! Elles ne l'auraient peut-être jamais fait si Jeeter n'avait pas été là[7]. Neuf ans après l'affaire, elles se souviennent encore de lui avec affection. « Je me souviens l'avoir vu boire dans un lavabo des toilettes, et d'avoir trouvé ça génial », dit Erin. « Je me souviens que Jeeter m'a bavé dessus », ajoute Jordan.

Les filles en étaient venues à dépendre du réconfort de Jeeter, au point où elles refusaient de témoigner s'il n'était pas là. « C'est difficile à expliquer, dit leur mère[8]. Il était simplement d'une telle tendresse qu'il les a aidées à trouver la force dont elles avaient besoin pour raconter l'indicible. » Quand les jumelles attendaient dans le hall pour témoigner, Jeeter s'approcha d'elles et posa sa tête sur leurs genoux comme s'« il savait qu'elles avaient besoin de lui à ce moment-là ». Avec l'aide de Jeeter, les filles témoignèrent contre leur père.

Voyant le réconfort que Jeeter avait apporté à ces petites filles, Ellen O'Neill-Stephens plaida pour qu'il soit formellement placé auprès du bureau du procureur afin d'aider d'autres victimes. Depuis lors, des procureurs dans les États de New York, de l'Arizona, de l'Idaho, de l'Indiana et d'autres, ont autorisé la venue de chiens dressés aux audiences afin d'aider les victimes d'abus.

Alors que je me promène dans le FLATS Studio à Chicago, contemplant les photos de chiens et de leurs parents humains en train de s'amuser ensemble, deux choses me viennent à l'esprit. La première est qu'il n'y a ni maître ni soumis dans ces photos. Les hommes et les femmes ne sont pas assis au-dessus de leurs chiens, ces derniers allongés passivement à leurs pieds. Dans la plupart des photos, les humains sont au sol avec leurs chiens ou ils les portent dans leurs bras. Les humains et les chiens sont sur un pied d'égalité. Ils sont des partenaires, dans le sens le plus véritable du terme. La deuxième chose qui me vient à l'esprit concerne l'histoire pour enfants que Jim Parsons m'avait envoyée à propos de son cochon, Rooty, et ce qu'ils avaient vécu lors de l'ouragan Katrina. À travers les nombreuses illustrations de Rooty, Jim traduit un courant sous-jacent évolutif d'émotions : d'abord la peur, puis la peine, ensuite l'espoir et enfin, le bonheur. Jim n'avait pas pu m'articuler complètement ces émotions, mais il avait réussi à les exprimer ouvertement dans un livre pour enfants.

Pendant les périodes terribles, en tant qu'adultes nous nous replions dans notre être émotionnel, mais également dans notre être *d'enfant* – dans l'être que nous étions dans le passé, quand notre vision du monde était, de nombreuses manières, bien plus claire. Oui, nous gagnons en intelligence et en maturité quand nous devenons adultes, du moins espérons-le, mais nous perdons également quelque chose en cours de route. Enfants, nous n'étions pas encore menottés par les mœurs sociétales. Nous avions peu de préconceptions et notre vision du monde ne s'était pas encore rétrécie. L'acceptation n'avait pas encore été supplantée par le jugement. L'émerveillement n'avait pas été pris en otage par le scepticisme. L'ouverture n'avait pas été menacée par la méfiance.

Comme le livre pour enfants de Jim, les photos en exposition racontent le vécu de personnes auparavant brisées. Le traumatisme peut prendre plusieurs formes et la stigmatisation en est une. Bien que les Américains acceptent, plus que jamais auparavant, les personnes d'orientation sexuelle différente, la crainte de la condamnation sociale existe toujours au sein des communautés LGBT. Nombre d'entre elles craignent d'être marginalisées et socialement exclues du fait de leur orientation sexuelle. L'absence de soutien social nous est tellement douloureux que les sociétés humaines ont souvent utilisé l'isolement, l'ostracisme et l'exil comme méthodes de punition à l'encontre de différentes personnes.

Les humains ne sont pas les seuls à souffrir quand ils sont isolés. Pour les autres mammifères et pour de nombreux non mammifères, l'isolement est une punition. Quand mon mari et moi fîmes un safari au Kenya il y a plusieurs années, notre guide, qui connaissait très bien les animaux, nous montra un gnou qui paissait, seul. Les gnous sont des animaux de troupeau mais ce gnou solitaire, nous dit notre guide, avait perdu la bataille quand il avait tenté de supplanter le chef du troupeau. Comme il avait échoué, son groupe l'avait ostracisé.

Les perroquets gris africains subissent des changements physiologiques néfastes quand ils sont socialement isolés en étant tenus en captivité dans des cages séparées[9]. Quand une perruche en cage meurt, sa compagne de cage meurt souvent peu de temps après, et pas d'une cause physique reconnaissable. Dans son ouvrage *Chienne de vie !*[*], Laurel Braitman décrit les observations d'un gardien de zoo du début du XXe siècle au sujet des animaux du zoo de San Diego : « La solitude rend mélancolique la majorité des animaux. Ils dépérissent et se laissent mourir de solitude pure et simple, ce qui explique nombre de leurs étranges amitiés[10]. » Une de ces amitiés inhabituelles fut observée en 1924 au zoo de Berlin chez un singe triste et seul qui retrouva de sa gaieté quand les gardiens du zoo lui donnèrent un porc-épic comme compagnon.

La solitude nous dévaste. De façon triste et ironique, afin d'éviter tout jugement, nombre des personnes dans les photos au FLATS Studio, comme Rob Garofalo, s'étaient imposées un exil.

Il n'est pas étonnant que nous nous réfugiions dans notre être d'enfant lorsque nous sommes déçus par le monde. C'est libérateur. C'est peut-être la raison pour laquelle, à ces moments-là, nous sommes plus prêts à voir les animaux comme des confidents avec qui nous sommes unis contre les cruautés de ce monde. Les subjectivités culturelles qui nous ont enseigné en tant qu'adultes que les animaux sont des êtres inférieurs, sont oubliées. Et les portes qui peuvent nous avoir empêchés d'accepter volontiers l'amitié, l'amour et la bonté que les animaux ont à nous offrir, s'ouvrent d'un coup.

Après les destructions de la Première Guerre mondiale, le naturaliste Henry Beston se retira pendant un an sur la plage du cap Cod sur la côte du Massachusetts, et ce fut là que les portes se déverrouillèrent pour lui. Au milieu des années 1920, le cap était sauvage, balayé par les vents et isolé à l'exception de la multitude d'animaux qui y vivaient. Parmi eux, Beston sentit une affinité qu'il n'avait jamais ressentie auparavant. Dans le second

---

* NdT : Voir Laurel Braitman, *Chienne de vie ! Troubles émotionnels et autres maladies de l'âme chez les animaux*, Éditions autrement, 2014.

chapitre de son livre *Une maison au bout du monde**, publié pour la première fois en 1928, le naturaliste nous présente les volées d'oiseaux qu'il avait rencontrées sur la plage. Alors qu'il contemple leur nature, Beston se positionne à l'encontre de la vision dominante du philosophe René Descartes et de ses adeptes selon laquelle les animaux ne seraient que des machines irréfléchies et dépourvues de sentiments[11] :

> « *Nous avons besoin d'une autre conception des animaux, une conception plus sage et peut-être plus mystique. Loin de la nature universelle et vivant selon des artifices compliqués, l'homme dans la civilisation contemple la créature à travers le prisme de son savoir et voit ainsi une plume magnifiée et l'image entière en distorsion. Nous les traitons avec condescendance pour leur inachèvement, pour leur destinée tragique d'avoir pris une forme tellement inférieure à la nôtre. C'est là que nous faisons erreur, et une telle erreur… Ils ne sont pas des subalternes ; ils sont d'autres nations, pris avec nous dans le filet de la vie et du temps, prisonniers comme nous de la splendeur et du labeur de la terre*[12]. »

Les enfants le comprennent naturellement. Nous naissons curieux des animaux. Est-ce que vous vous souvenez de cette époque où nous recherchions les animaux et tissions si facilement des liens avec eux ? Cela provenait d'une pensée innée que les animaux sont sur un pied d'égalité avec nous, ni plus ni moins. Des dessinateurs humoristiques célèbres comme Walt Disney, Chuck Jones et Charles M. Schulz, avaient intuitivement compris cela. Les personnages de dessin animé les plus mémorables, tels que Bugs Bunny, Scooby-Doo, Mickey Mouse et Porky Pig, sont des animaux. Dans les histoires que créent eux-mêmes les enfants, les animaux sont écrits comme des personnages dotés d'une vie intérieure aussi importante que celle des humains. Les enfants remplissent leur monde de représentations d'animaux sur leurs vêtements, dans leur chambre, dans des livres, à la télévision et sur d'autres médias. Près de 90 % des personnages dans les livres pour jeunes enfants sont tirés du monde animal, et la grande majorité sont des animaux[13]. Dans ces histoires, les animaux sont utilisés pour enseigner aux enfants des questions essentielles[14] de maturation, d'identité, d'amour, de conflit, d'abandon, de douleur, de tristesse, de

* NdT : Voir Henry Beston, *Une maison au bout du monde*, Stock, 1953.

loyauté et de défis. Les conteurs utilisent des chiens, des souris, des chats, des poulets et des lapins parce que les enfants s'identifient aux animaux.

Quand le psychologue Boris Levinson vit un enfant de sept ans prénommé David en consultation, il utilisa l'identification du garçon avec un chat pour le guérir[15]. David, un enfant adopté, avait menacé de tuer sa petite sœur, elle-même adoptée également. David pensait que leurs parents biologiques respectifs les avaient abandonnés tous deux parce qu'ils le méritaient. « Il pensait, écrivit Levinson, que ses parents adoptifs ne pouvaient pas l'aimer, car il devait y avoir quelque chose d'intrinsèquement mauvais en lui qui avait mené à son abandon. » Ce fut la chatte de Boris Levinson qui amena David à changer d'avis. Pendant les consultations, David caressait la chatte et lui donnait à manger. Quand Levinson informa David que son épouse et lui avaient adopté la chatte d'une portée de chatons abandonnés et que « nous aimons beaucoup ce chat », David sembla d'abord sceptique. Mais au fur et à mesure qu'il passa plus de temps avec la chatte, David commença à se voir en elle. Il en vint à comprendre que si un chat abandonné peut être aimé par ses parents adoptifs, alors il le pouvait aussi. « Je pense, écrivit Levinson, que ce fut le tournant décisif dans la guérison de David[16]. »

La D^re^ Barbara Boat, psychologue pédiatrique, travaillait sur un cas en Caroline du Nord en 1979 quand elle observa pour la première fois à quel point les enfants s'identifient aux animaux. Elle s'occupait d'un frère et d'une sœur dont on soupçonnait qu'ils avaient été sexuellement agressés dans une garderie. « Cette enquêtrice merveilleuse essayait de parler au petit garçon, me raconte-t-elle. Mais il était littéralement muet de peur. Cependant, quand l'enquêtrice lui a demandé s'il y avait des animaux à la garderie, le petit a ouvert grand les yeux et lui a demandé comment elle savait cela. » Le petit garçon décrivit ensuite un homme qui commettait des actes sexuels terribles sur un chien. La D^re^ Boat et l'autre clinicienne se rendirent compte que le petit garçon ne décrivait pas seulement ce que l'homme faisait au chien, mais également ce qu'il faisait à lui et à sa sœur. « Les animaux, dit la D^re^ Boat, sont une fenêtre dans le monde des enfants. »

Quand nous sommes complètement vulnérables – dans ces moments où la parole nous fait défaut –, notre amitié avec les animaux est particulièrement source de guérison, justement parce que nous n'avons pas besoin de notre langage humain. Une compréhension intrinsèque, plus intuitive, nous relie aux autres espèces. Nous communiquons avec d'autres créatures en interprétant mutuellement nos mouvements corporels, l'expression dans nos yeux, nos postures et nos sons. Pour communiquer de cette façon, nous avons besoin de pouvoir imaginer et comprendre ce qu'un animal pense et ressent. En d'autres termes, cela demande de l'empathie, ce grand facilitateur de connexion. Nous pouvons parfois mal nous comprendre mutuellement, mais nous ne pouvons pas nous mentir l'un à l'autre. Nous ne pouvons pas cacher qui nous sommes du regard des animaux. Ils voient tout à fait clair en nous. Heureusement, peu leur importe que nous soyons homosexuel ou hétérosexuel, beau ou balafré, ou que nous vivions à la Maison Blanche ou soyons sans domicile. Les animaux nous rencontrent là où nous sommes. Tout ce qu'ils nous demandent, c'est de la bonté et de la compagnie.

Quand nous tissons des liens avec les animaux, la douleur, la solitude et la peur qui résultaient de nos traumatismes sont remplacés par de la compagnie, de la consolation et du courage. Et, quand nous éprouvons des difficultés à parler de nous-mêmes avec autrui, nous pouvons souvent voir qu'il y a quelque chose d'incroyablement liant dans le fait de parler d'animaux. C'est sans danger.

Quand Rob Garofalo commença à se rendre dans d'autres villes pour trouver des personnes atteintes du VIH qui seraient d'accord pour être prises en photo avec leurs chiens pour l'exposition de photos, il était rempli de doutes. « Nous ne savions pas si les gens accepteraient, me dit-il. Je pensais qu'il serait très difficile de trouver des personnes séropositives prêtes à présenter leur histoire d'une manière tellement publique. Je me suis dit, eh bien, nous trouverons surtout des hommes blancs, qui parmi toutes les personnes qui vivent avec le VIH sont les moins stigmatisés. Ce sera très difficile pour nous de trouver des femmes ou des personnes de couleur ou transgenres. » À la stupéfaction de Rob, de nombreuses personnes d'origines très diverses avaient envie de raconter leur histoire. Ou, plus précisément, l'histoire de leur chien. « Nous arrivions dans une ville et je contactais des chargés de cas ou des cliniques VIH, et c'était incroyable de voir combien d'agents disaient avoir des patients qui n'arrêtaient pas de parler de leur chien. »

Pour le photographe Jesse Freidin, chaque photo révèle une histoire jamais encore racontée de personnes qui vivent avec le VIH, et la façon dont leur chien leur donne le courage de faire face à leurs peurs. Il me dit ainsi : « C'est une expérience incroyablement belle et touchante. Nous sommes dans le studio pendant une demi-heure, et je leur parle tout en les photographiant. Il y a un sentiment de joie et de confort, de soulagement et d'honnêteté totale, car ces personnes savent que je suis réellement là pour reconnaître l'une des relations les plus importantes de toute leur vie : leur relation avec leur chien. »

Rob attribue l'inspiration de l'exposition à son propre chien. Le jour où la mère de Rob lui prit le visage dans ses mains et lui dit qu'elle savait que quelque chose n'allait pas, Rob reprit l'avion pour Chicago. « Je pense que j'ai pleuré pendant tout le trajet, me dit-il. De retour chez moi, je me suis assis sur mon lit et je me suis dit : je dois faire quelque chose. Je dois changer quelque chose. » Rob décida alors de prendre un chiot.

Le premier soir où Rob ramena chez lui le petit Fred, le chiot se mit à hurler de désespoir. Rob n'avait jamais eu de chien ou d'animal de compagnie, et des amis lui avaient expliqué qu'il devait contrecarrer le développement d'une anxiété de séparation. « Ils m'ont dit que la première nuit, je devais mettre Fred dans une salle de bains ou dans une caisse pour chiens, me dit Rob. Et que Fred allait pleurer, mais qu'il fallait le laisser pleurer et surtout ne pas le faire sortir. » Rob essaya de suivre ce conseil, mais « Fred a hurlé à mort pendant des heures ». Finalement, Rob jeta l'éponge. « Je me suis dit que c'était n'importe quoi, tout ça. » Rob ouvrit la porte et Fred se jeta dans son lit. Depuis lors, ils sont inséparables.

L'énergie de Fred ramena paix et bonheur dans la vie de Rob, et l'aida à reprendre contact avec le monde. À chaque nouvelle journée, accompagné de l'amour inconditionnel de Fred, Rob put laisser derrière lui le monde sombre de la méfiance et de l'isolement. « Il m'a sauvé la vie. Je ne dis pas cela de manière hyperbolique. Je ne sais pas ce que je serais devenu, mais je suivais un chemin très destructeur que ce petit chiot, sans même s'en rendre compte, a redressé. Ce n'est rien de moins qu'un miracle. » Les larmes viennent aux yeux de Rob alors qu'il me parle de Fred. Mais cette fois-ci, ce sont des larmes de joie.

Avant de conclure ma conversation avec Rob, je lui demande s'il y a autre chose qu'il aimerait aborder avec moi. « Non, me répondit-il, mais je vais vous montrer des photos de mon chien. »

Six mois après que Rob eut adopté Fred, il l'emmena pour rencontrer sa famille dans le New Jersey. Rob était un homme changé, animé et optimiste. Pour la première fois, il raconta sa maladie à sa mère. Ce soir-là, après avoir pris une douche, Rob entrevit sa mère faisant un câlin à Fred dans le salon. Elle disait à Fred qu'il lui avait rendu son fils.

Nous savons depuis longtemps que la compassion envers les animaux et un lien tissé avec eux peut améliorer notre bien-être. Depuis des siècles, des personnes en situation de handicap se voient prescrire de l'équitation pour les aider dans leur guérison émotionnelle tout autant que physique. En 1792, le centre Retreat à York en Angleterre fit venir des animaux pour aider au traitement de malades mentaux[17] dans le cadre d'une approche éclairée visant à réduire l'utilisation de moyens de contention et de médicaments. Même la célèbre infirmière Florence Nightingale reconnaissait le rôle bénéfique des animaux dans la guérison des humains[18]. Les animaux avaient fait partie intégrante de l'enfance de Florence Nightingale, et étaient toujours présents dans sa vie d'adulte. Elle aimait particulièrement les chats et s'en entoura durant sa convalescence quand elle fut plus âgée.

Pendant ses années de travail en tant qu'infirmière, Florence Nightingale nota l'aide que les animaux apportaient à ses patients. Dans son œuvre de référence *Notes on Nursing* (1860), Florence Nightingale propose des conseils infirmiers sur les vertus de la propreté, de l'air frais, de la lumière du soleil et du contrôle du bruit – des choses qui sont évidentes aujourd'hui mais qui ne l'étaient pas à l'époque – et écrivit : « Un petit animal de compagnie est souvent un excellent compagnon pour les malades, surtout pour les cas longs et chroniques[19]. »

Malgré cela et d'autres anecdotes historiques telles que l'histoire de Boris Levinson, les professionnels de santé continuaient à considérer qu'il s'agissait d'exemples isolés. En science, si un arbre tombe dans une forêt et que personne n'est là pour le mesurer et le quantifier, la situation n'existe pas. Or, vers la fin des années 1970, alors qu'elle travaillait sur son mémoire en biologie, Erika Friedmann fit une découverte surprenante[20].

Friedmann et ses partenaires conduisirent une étude sur 92 patients admis en soins intensifs entre 1975 et 1977 à la suite d'une crise cardiaque ou de douleurs dans la poitrine du fait d'une maladie cardiaque. Les chercheurs étudiaient la façon dont le soutien social et l'isolement affectent la survie d'un patient un an après sa sortie de l'hôpital. Les chercheurs demandèrent aux patients de remplir un long inventaire de questions visant à évaluer leur situation de vie, leur mobilité géographique, leur réseau social et leur statut socio-économique.

« C'était une époque en pleine expansion où les gens commençaient vraiment, pour la première fois, à regarder au-delà des influences physiques sur la santé, me dit Erika Friedmann. Ils se penchaient également sur les influences sociales et psychologiques. J'étais à Penn [l'université de Pennsylvanie] et j'avais autour de moi des personnes qui étudiaient la stabilité sociale et le soutien social. Et nous étions au courant de l'effet Roseto en Pennsylvanie. » L'effet Roseto se réfère à l'observation que les habitants d'une communauté soudée en Pennsylvanie présentaient des risques de crise cardiaque inférieurs à ceux des habitants de villes proches, suggérant les effets positifs du soutien social. Dans son étude, Friedmann posa également aux patients la question des animaux de compagnie. « J'avais un chien et j'étudiais le soutien social, m'explique-t-elle. Les animaux sont également une forme de soutien social. »

Ce fut la question des animaux de compagnie qui offrit les réponses les plus passionnantes. Erika Friedmann et ses collègues trouvèrent que si 72 %

des patients sans animaux de compagnie étaient encore en vie au terme de l'année donnée, ils étaient 94 % parmi ceux qui avaient des animaux à être encore vivants. La survie était nettement plus importante dans le deuxième cas. Et dans l'étude, le soutien social des humains ne montrait même pas le même effet que celui des animaux.

Pourquoi la présence d'animaux de compagnie prolongeait-elle la survie ? Était-ce parce que les patients avec un chien faisaient plus d'exercice en promenant leur chien, améliorant ainsi leur santé cardiaque ? Non. Erika Friedmann trouva que les gardiens de chats comme de chiens vivaient plus longtemps. Les personnes avec des animaux étaient-elles en meilleure santé dès le départ ? De nouveau, la réponse était non. La différence en termes de survie se produisait indépendamment de la sévérité de la maladie cardiaque du patient. Indépendamment de tous les autres facteurs étudiés, la simple présence d'animaux de compagnie améliorait considérablement la survie après un incident cardiaque. Ce fut une découverte majeure.

Quand je demande à Erika Friedmann quelle fut la réaction de la communauté médicale à ses conclusions, elle a un sourire narquois. « James Lynch faisait partie de mon équipe de mémoire. Un jour, il a fait une présentation devant un large public et il a parlé de mon travail. Sans entrer dans les détails, il a présenté une étude sur une intervention qui, d'après les conclusions, était un facteur notable de prolongation de la survie après une crise cardiaque. La salle s'est animée. Tout le monde était très intéressé et ne cessait de demander : "Quelle est cette intervention ? Quelle est cette intervention ?" Quand il leur a enfin donné la réponse – les animaux de compagnie –, tout le monde a été stupéfait. Les gens étaient surpris que les animaux de compagnie puissent causer un tel résultat, mais également surpris du fait que nous nous étions même penchés sur la question. Ils n'ont pas pris cela au sérieux. »

Les scientifiques ne pouvaient pas balayer longtemps ces conclusions. L'étude pionnière d'Erika Friedmann attira l'attention d'autres chercheurs. Bientôt, des scientifiques commencèrent à étudier comment nos interactions avec les animaux affectent notre santé physique et émotionnelle. Depuis lors, des études ont indiqué que le contact avec les animaux peut réduire notre risque de maladie cardio-vasculaire et augmenter notre longévité en réduisant notre pression artérielle, notre fréquence cardiaque de référence et notre taux de cholestérol[21]. Les animaux peuvent également réduire notre réactivité cardiaque au stress et favoriser une récupération plus rapide à la suite d'un stress.

Quand vous rentrez chez vous à la fin d'une journée difficile et que votre animal vous accueille, ne sentez-vous pas votre pression artérielle diminuer ? Le fait de caresser un animal détend nos systèmes autonomes tels qu'ils sont mesurés par la pression artérielle, le taux de cortisol, les niveaux d'épinéphrine, ainsi que par la fréquence respiratoire et la température de la peau. Bien sûr, si vous avez peur de certains animaux, les caresser ne vous détendra pas. Et je peux vous dire que lorsque mon chat, Silos, me saute sur le ventre en poussant un cri à trois heures du matin pour quémander mon attention, ma pression artérielle ne diminue certainement pas. Mais dans la plupart des situations, la présence d'un animal amical nous calme. Quand mon mari Patrick veut faire une sieste, il va chercher Silos. Le corps chaud et ronronnant du chat l'apaise mieux que n'importe quel calmant.

La compagnie des animaux améliore également notre santé mentale en réduisant la solitude, la dépression et l'anxiété. Et il est important de noter la chose suivante : les autres espèces ne sont pas simplement des substituts pour les êtres humains. Le soutien social qu'offrent les animaux est indépendant du soutien social humain. Les animaux semblent nous toucher de façons uniques. Ils ne nous jugent pas (du moins, nous ne pensons pas qu'ils le fassent). Ils sont là pour nous quoi qu'il advienne. Ils nous offrent un contact physique et nous obligent à nous défaire de nos inhibitions sociales. « Vous avez peut-être vingt amis, mais combien d'entre eux vous câlineront ? me demande Erika Friedmann. Combien d'entre eux vous regarderont dans les yeux et resteront près de vous, tout simplement, pendant une longue période ? » Avec les animaux, nous apprenons à nous arrêter et à être dans le moment présent.

Comme je l'appris avec Sylvester, parfois, quand tout le reste fait défaut, le soutien qu'offrent les animaux peut nous aider à surmonter les moments les plus difficiles de notre vie.

Quand le capitaine Jason Haag rentra en Californie après une mission en Afghanistan, son épouse Elizabeth sut immédiatement que quelque chose n'allait pas. Jason avait terminé trois missions de combat au cours desquelles il avait mené des troupes du Marine Corps américain à l'affrontement en Irak et en Afghanistan. Elizabeth et ses trois enfants attendaient de pied ferme l'arrivée de Jason à la base de Camp Pendleton du Marine Corps, au nord de San Diego en Californie, après une séparation de dix mois. Mais lorsque le bus qui ramenait les soldats de retour déchargea des hommes et des femmes impatients, Jason fut le dernier à descendre. Il embrassa sa femme et ses enfants avec rigidité et les regarda à peine dans les yeux. Une amie était venue prendre des photos de ce qui aurait dû être d'heureuses retrouvailles familiales, mais Elizabeth ne montre ces photos à personne. « L'expression sur son visage est tout simplement vide », me dit-elle.

Quand la famille Haag arriva chez elle à l'heure du dîner, les choses empirèrent. Les enfants monopolisaient Jason, heureux d'avoir retrouvé leur père. Sans un mot, il les écarta, alla prendre une douche et se retira dans sa chambre. À 21 h 30, il cria contre sa famille et donna un tel coup de poing dans le mur qu'il y fit un trou.

Au fur et à mesure des semaines qui suivirent, les accès de colère de Jason continuèrent ; il tombait en morceaux. Il restait dehors la nuit, à boire. Il restait à la maison les samedis et dimanches, à boire. Il était toujours de service actif et devait se présenter tous les jours à la base pour travailler, ce qu'il parvint à faire sans trahir ses véritables émotions. C'était sa famille qui faisait les frais de son hostilité. Jason était physiquement de retour à la maison, mais il avait laissé sa personnalité sur le champ de bataille. Elizabeth était désespérée. Elle tenta de parler à Jason, mais cela ne donna rien. Quand il n'était pas en train de crier, il se retirait dans un monde sûr de silence. Elle parla de Jason aux épouses du commandant et de l'officier exécutif, mais cela se retourna contre elle. « Ils en ont fait un problème de famille, se souvient-elle. Le commandant m'a dit que nous avions tous les deux besoin de suivre une thérapie. "Vous vous êtes mariés trop tôt, et Jason est simplement en train de faire une crise de la quarantaine", m'a-t-il dit. Aucun d'entre eux ne voulait voir le bataillon stigmatisé par l'idée que quelque chose n'allait pas. » L'officier exécutif fit venir Jason et lui dit :

« Vous devez trouver Jésus. Votre épouse doit trouver Jésus. » Elizabeth et Jason furent renvoyés devant l'aumônier.

Sept mois plus tard, Jason reçut l'ordre de se présenter à la base de Quantico du Marine Corps. Quand la famille fit ses cartons et déménagea en Virginie, Elizabeth nourrit de grands espoirs que ce nouvel environnement ferait du bien à Jason. Elle était loin de savoir que ce nouveau poste délivrerait le coup final qui ferait perdre pied pour de bon à son mari.

Jason était responsable de la formation des élèves officiers, et ainsi de l'entraînement de nouvelles recrues. Jason éprouvait des difficultés face à leur enthousiasme après avoir vu ce qu'était réellement la guerre, mais pires encore étaient les exercices sur le terrain qu'il devait conduire pour simuler les conditions de combat réelles. Jason devint de plus en plus violent à la maison. Il hurlait sur ses enfants. Il envoyait voler des objets dans la maison. Il projetait Elizabeth contre les murs.

Un major qui travaillait avec Jason comprit la difficulté dans laquelle il était, et décida d'intervenir. Avec l'aide du major, Jason put voir des spécialistes de la santé mentale qui lui diagnostiquèrent un trouble de stress post-traumatique (TSPT) et le déclarèrent inapte au travail. Jason se retrouva tout d'un coup sans rien à faire de ses journées, et sa santé physique et émotionnelle se détériora encore davantage. Au quotidien, il endurait des douleurs permanentes dans son pied et sa jambe, causées par des éperons osseux là où il avait pris une balle lors d'un affrontement dans un village poussiéreux près de Bagdad, en Irak. Il souffrait également de migraines écrasantes à la suite d'un traumatisme crânien, ainsi que d'un état d'anxiété invalidant, d'une dépression et de terribles flash-backs. Il se réveillait souvent la nuit, trempé de sueur, en hurlant.

La première mention de symptômes correspondant au TSPT date de 480 avant notre ère[22]. L'historien grec Hérodote écrivit au sujet d'un soldat de Sparte, qui avait été tellement secoué par les combats qu'il avait été surnommé « le trembleur ». De honte, le soldat se suicida par pendaison. Au milieu et à la fin du XIXe siècle, la présence de symptômes d'anxiété, dont le souffle court, les palpitations cardiaques et les douleurs à la poitrine, s'appelait le syndrome Da Costa et cœur de soldat (*Soldier's Heart and Da Costa Syndrome*)[23], du nom du médecin qui avait noté ces anomalies pendant la guerre de Sécession américaine.

La Première Guerre mondiale suscita une reconnaissance plus généralisée de ces types de comportements et de signes inhabituels. Les médecins remarquaient quelque chose d'étrange chez de nombreux soldats qui arrivaient aux postes de tri des blessés après avoir été exposés à des explosions d'obus[24]. Bien qu'ils ne montrassent aucune blessure physique, ces soldats étaient clairement atteints. Ils semblaient en état de choc. Ils présentaient des signes de tremblements (décrits comme « similaires à de la gelée qui tremble »), de migraines, de bourdonnements dans les oreilles, de vertiges, de difficultés de concentration, de confusion, de pertes de mémoire et de troubles du sommeil. En 1915, le capitaine Charles Myers du Royal Army Medical Corps trouva une expression pour décrire cet état : « l'obusite » (*shell-shock*).

Pendant la Seconde Guerre mondiale, la réaction au stress de combat, également appelée « épuisement au combat », remplaça le terme d'obusite[25]. Cependant, des chefs militaires américains influents, tels que le général George S. Patton, ne croyaient pas en la réalité de l'épuisement au combat. De nombreux médecins qui succédèrent à Myers durent mener leur propre combat pour attirer l'attention sur la détresse dont souffraient encore les soldats longtemps après la fin de leur participation aux affrontements.

Ce ne fut qu'en 1980 que l'American Psychological Association introduisit le TSPT dans la catégorie des invalidités psychologiques et mentales. Les preuves rassemblées auprès des soldats qui revenaient de la guerre du Vietnam étaient trop solides pour être ignorées. Le TSPT fut ainsi ajouté à la troisième édition du *Manuel diagnostique et statistique des troubles mentaux* (*Diagnostic and Statistical Manual of Mental Disorders*), ou *DSM-III*. Au début, le *DSM* classait le « traumatisme » comme un événement existant « au-delà de l'expérience humaine habituelle[26] », et les personnes atteintes de TSPT incluaient des soldats revenant de la guerre, des survivants de la Shoah et des victimes de violence sexuelle. En 1994, la définition du terme

« traumatisme » fut étendue. Les événements considérés comme traumatiques comprenaient maintenant théoriquement les accidents de la route mineurs, les catastrophes naturelles et le fait d'apprendre le décès d'un proche. De nombreux savants affirmèrent que cette nouvelle définition était trop large et mènerait à un surdiagnostic du TSPT.

La version la plus récente du *DSM*, c'est-à-dire la cinquième édition, sortie en 2013 (*DSM-V*), resserra quelque peu la définition en stipulant que les critères du TSPT incluent le fait d'être « exposé à la mort, à une blessure grave ou à des violences sexuelles, ou à une menace de mort, de blessure grave ou de violence sexuelle[27] ». Cela peut comprendre non seulement les personnes qui font directement l'expérience de l'événement traumatique, mais également ceux qui en sont témoins tels que les premiers intervenants et les individus qui peuvent en entendre parler par le biais d'un ami proche ou d'un membre de la famille ayant été exposé au traumatisme. Comme tout diagnostic psychiatrique et médical, la définition du TSPT est une construction artificielle, fondée sur ce que nous savons et sur notre vision du monde à une époque donnée. Cette définition continuera probablement d'évoluer à l'avenir.

Pour l'heure, les symptômes et les signes du TSPT comprennent les flash-backs, les cauchemars, la perte d'intérêt pour les activités, l'irritabilité ou l'agressivité, les troubles du sommeil, le sentiment d'isolement, le blâme exagéré de soi-même ou d'autrui, et l'hypervigilance (c'est-à-dire un état de vigilance accrue). Entre 11 % et 30 % des vétérans de l'armée américaine seront atteints de TSPT au cours de leur vie[28]. Environ vingt vétérans américains, souvent diagnostiqués comme souffrant de TSPT, se suicident chaque jour[29].

Sans travail, Jason Haag passa l'année et demie qui suivit assommé par les trente-deux médicaments, dont douze narcotiques, qu'il devait prendre. Il passa l'essentiel de son temps à l'écart du monde et de sa famille, enfermé au sous-sol de leur maison. Il verrouilla la porte et occulta les fenêtres. « C'était l'endroit parfait pour lui, m'explique Elizabeth. Il y avait une chambre et une douche dans ce sous-sol. Aucune porte vers l'extérieur. En somme, c'était un abri antibombes. »

Jour et nuit, Jason restait au sous-sol à manger et à boire, à jouer à des jeux vidéo et à abuser du Vicodin et du Percocet. Jason attendait que sa femme et leurs enfants soient couchés avant de remonter prendre à manger, afin de ne pas devoir les croiser ou interagir avec eux. Il communiquait avec sa femme par texto quand il avait besoin de quelque chose. Pendant cette période, Elizabeth perdit délibérément contact avec d'autres épouses de militaires dont elle était autrefois proche. Elle ne voulait pas qu'on lui demande ce qui n'allait pas. Elle commença à voir un thérapeute, qui lui conseilla vivement de quitter Jason avant que celui-ci ne cause encore plus de mal à elle-même et aux enfants. Cependant, elle ne pouvait pas partir. « Je savais que si je le quittais, il mourrait. »

Jason n'était pas suicidaire. Mais peu lui importait s'il se réveillait le lendemain ou non. Souvent, il était au bord de l'overdose médicamenteuse. Il s'était tout simplement retiré de la vie. S'il parvenait à quitter la maison une fois par semaine pour se rendre à un commerce de quartier, c'était pour lui une bonne semaine.

Elizabeth était déterminée à trouver un moyen de l'aider. Elle le traîna de médecin en médecin. Jason essaya les anxiolytiques, la thérapie individuelle, la thérapie de groupe, la thérapie par massages, la chronothérapie (qui traite la dépression en modifiant délibérément les cycles de sommeil et d'exposition à la lumière), l'acuponcture, le yoga. Rien ne soulagea ses symptômes. Elizabeth était prête à baisser les bras. Un jour, elle lui posa un ultimatum. « Je te donne une dernière chance, lui dit-elle. Essaye une dernière chose et si ça ne marche pas – si tu ne fais pas en sorte que ça marche –, je prends les enfants et je te quitte. » Cette dernière chose fut la bonne.

Je rencontre Jason pour la première fois devant un restaurant Panera Bread dans un centre commercial à Fredericksburg, en Virginie. Il me rappelle le chef d'un groupe de secouristes bénévoles que j'avais intégré quand j'étais au lycée et pour qui j'avais un béguin énorme. La même voix calme. Le même comportement tranquille. Les mêmes tatouages sur ses bras pâles. Il crache même le tabac de la même façon : avec lenteur et indolence. Mais aujourd'hui, c'est pour le berger allemand aux côtés de Jason que je ressens un énorme béguin. Avec ses oreilles droites en alerte et ses yeux marron au regard entendu, il est adorable.

Après avoir dit bonjour au chien et à Jason, je m'assieds avec eux à l'une des tables extérieures. « Quand j'y réfléchis, je pense que j'étais déjà atteint de TSPT en 2003, après ma première mission en terrain de combat, me dit Jason. Je faisais des cauchemars. Le jour où nous avons traversé la frontière du Koweït pour entrer en Irak, nous sommes entrés dans l'inconnu. Cette période a été la plus dangereuse de ma vie, et elle m'a changé pour toujours. »

« Que s'est-il passé ? », lui demandé-je.

« Le 22 mars 2003, me répond-il sans aucune hésitation. Le jour le plus marquant de ma vie. C'est ce jour-là que j'ai vu quelqu'un se faire exploser. J'ai tiré sur quelqu'un pour la première fois. Je me suis fait tirer dessus pour la première fois. J'ai vu des gens mourir pour la première fois. J'ai perdu des amis. »

« Avez-vous vu des civils se faire tuer ? Est-ce que cela vous a également affecté ? »

« Oui. Une personne morte est une personne morte est une personne morte. »

De mon expérience avec des patients souffrant de TSPT, ils montrent en général deux tempéraments prédominants : facilement excitable ou détaché en alternant souvent les deux. Jason présente le deuxième tempérament, une attitude de défense courante en cas de traumatisme. Pendant notre conversation, il ne me regarde jamais dans les yeux et sa voix est monotone. Son apathie apparente cache une tourmente émotionnelle intérieure indicible. Ce que Jason ne me dit pas, mais que j'apprends plus tard par Elizabeth, est que pendant les affrontements en 2003 Jason abattit un soldat iraquien adolescent. « Jason a mis des années à me le dire, m'explique

Elizabeth. Il a pris la vie d'un adolescent. Il a lui-même des enfants, et il vivait dans une culpabilité terrible. Il n'arrive pas à s'en remettre. »

Bien que le mal ait commencé en 2003, le point de rupture pour Jason se produisit en 2010 après sa dernière mission en Afghanistan.

« Pourquoi à ce moment-là ? » lui demandé-je.

Il gratte son crâne chauve et hausse les épaules. « Je pense que c'est un effet d'accumulation. Je pense que c'est le cas pour nombre de nos soldats ; lentement, on accumule et on accumule et on accumule et on accumule. »

Un homme passe près de notre table et le berger allemand se raidit et lève la tête des pieds de Jason. Le chien observe l'homme jusqu'à ce que celui-ci soit bien éloigné, avant de se détendre à nouveau. Jason se baisse et caresse le chien. « Je n'aimais pas particulièrement les chiens quand j'étais enfant, dit-il. Je m'étais d'ailleurs fait mordre par un chien à deux occasions. Mais vous savez, ce qu'il y a de super dans le fait de se faire exploser est qu'on ne se souvient plus de grand-chose. Ce n'était donc pas vraiment gravé dans mon esprit. » Il indique le chien de la tête. « C'est Axel qui m'a sauvé. »

L'ultimatum d'Elizabeth fut un coup de semonce pour Jason. Le lendemain, il intercepta son voisin, un homme habituellement réservé, alors que celui-ci relevait son courrier. Le voisin était également un vétéran du Marine Corps qui souffrait de TSPT, et il vivait avec un chien d'assistance. Jason mentionna le chien et demanda à son voisin : « Est-ce que ça marche ? »

Le voisin répondit par un grognement. Oui.

Jason fit une recherche sur Internet concernant les chiens d'assistance et découvrit K9s for Warriors, une organisation à but non lucratif qui propose des chiens à des soldats vétérans atteints de TSPT. Les chiens sont secourus de refuges où l'euthanasie est très rapidement pratiquée sur les animaux non adoptés, et sont soumis à une période d'évaluation de leur tempérament et aptitude à devenir un chien d'assistance. S'ils ne passent pas cette évaluation, ils sont proposés à l'adoption dans des familles aimantes. S'ils réussissent l'évaluation, chacun est associé à un vétéran pendant trois semaines de tissage de liens et de formation au campus de l'organisation en Floride.

La demande pour des chiens thérapeutiques à destination des personnes qui souffrent de TSPT est extrêmement élevée, et Jason dut attendre sept mois avant d'être associé à Axel. « J'ai rencontré Axel un dimanche, me dit Jason. Et le lundi matin, nous étions dehors et nous allions partout. Nous sommes allés à Chili's, à Home Depot, à Target, à la plage, au parc. Je n'avais même pas mis les pieds dans une laverie ou un pressing en un an et demi. Avec Axel, je suis allé dans tous ces endroits différents en une seule journée. » Après avoir terminé la formation, au cours de laquelle Jason apprit à développer un véritable partenariat avec Axel, ils prirent l'avion de retour. Accompagné d'Axel, Jason assista au match de lacrosse de son fils, le premier match auquel il assistait depuis plus d'un an. Avec Axel à ses côtés, la piqûre cuisante des peurs de Jason s'adoucit.

Des études montrent que de manière générale, nous percevons les scénarios qui contiennent des animaux comme plus amicaux, relaxants, coopératifs, constructifs, sûrs et amusants[30]. D'autre part, les personnes dans ces histoires sont également perçues comme moins tendues, moins dangereuses, plus heureuses, en meilleure santé et plus sages que les personnes dans les scénarios où il n'y a pas d'animaux. Les endroits stressants comme les hôpitaux, les bureaux, les écoles et, dernièrement, les aéroports, tirent aujourd'hui profit de l'effet tranquillisant des animaux. Le simple fait d'avoir un animal à proximité rend le monde un peu moins menaçant, un peu plus amical, même pour les personnes entraînées au combat.

L'une des premières utilisations thérapeutiques documentées d'animaux auprès de soldats américains se produisit pendant la Seconde Guerre mondiale. En 1944, le caporal Bill Wynne rencontra une chienne errante alors qu'il était stationné en Nouvelle-Guinée[31]. L'un des compagnons de tente de Wynne avait trouvé le petit terrier yorkshire sous-alimenté et maigrichon dans un terrier de renard abandonné au bord de la route. Wynne adopta la petite chienne et la prénomma Smoky. Pendant l'année et demie qui suivit, la paire survécut à des raids aériens, à des typhons et à douze missions en terrain de combat.

Quand Bill Wynne attrapa la fièvre dengue, il remarqua l'aide qu'apporta Smoky à sa guérison ainsi qu'à celle d'autres soldats. Alors qu'il était en convalescence à l'hôpital, les amis de Wynne lui amenèrent Smoky pour qu'elle puisse passer un peu de temps auprès de lui. Les infirmières furent charmées par la petite chienne et demandèrent de pouvoir l'emmener voir d'autres patients. Smoky passa ses nuits à dormir près de Wynne et ses journées à être portée de patient en patient pour les aider à retrouver le sourire. Les patients aimaient particulièrement les singeries et les tours qu'apprit Smoky, comme faire la morte ou conduire un scooter. Bientôt, la nouvelle se répandit, et Smoky et Wynne furent invités à rendre visite à d'autres hôpitaux.

Smoky ne fut pas le seul animal qui aida des soldats dans leur guérison. Des patients de l'Army Air Corps Convalescent Hospital à Pawling dans l'État de New York furent encouragés à travailler avec des animaux[32] dans le cadre d'un programme visant à aider les soldats à se remettre des effets de la « fatigue opérationnelle », une condition aiguë et à court terme semblable au TSPT. Les soldats bénéficièrent des « pouvoirs de guérison » de plusieurs types d'animaux, tels que des chevaux, des vaches, des cochons, des poulets, des tortues, des serpents et des grenouilles.

Actuellement, seule la moitié des vétérans souffrant de TSPT cherchent à obtenir des soins de santé[33]. Ce chiffre est probablement plus bas en ce qui concerne le personnel en service actif, car nombre d'entre eux s'inquiètent des répercussions qu'ils pourraient encourir s'ils étaient étiquetés comme atteint de TSPT. Parmi les vétérans qui cherchent à se faire aider, 40 % seulement constatent une réelle amélioration. Cela signifie qu'un cinquième seulement de tous les vétérans constate une diminution dans la fréquence, l'intensité et la durée de leurs symptômes de TSPT.

Les animaux peuvent offrir la thérapie que ces vétérans ne reçoivent pas. En plus de leur effet calmant, les animaux aident les vétérans car ils ont besoin qu'on prenne soin d'eux. Les animaux domestiques dépendent de nous pour leur nourriture, leur toilettage et souvent, leur exercice physique.

Il est utile pour d'anciens soldats dérangés par des pensées récurrentes d'une expérience traumatisante d'avoir un animal à proximité. Les animaux obligent les humains en souffrance à détourner leur attention d'eux-mêmes et de leurs démons pour s'occuper des besoins des animaux.

Des études portant sur les personnes atteintes de TSPT observent qu'une variété d'animaux, dont les cochons, les moutons, les poulets, les opossums, les chevaux, les chiens et les chats, diminuent la dépression et la sévérité du TSPT[34]. Dans une étude, les psychologues notèrent une réduction de 82 % des symptômes[35]. De nombreux patients furent capables de réduire leur besoin de médication. Dans un cas particulier, le fait d'interagir avec un chien pendant une semaine seulement permit à un patient de réduire de moitié sa consommation de médicaments pour l'anxiété et le sommeil. Il n'est pas clair si le contact avec les animaux apporte des bénéfices sur le long terme aux personnes souffrant de TSPT, mais aujourd'hui, il existe un effort concerté visant à répondre à cette question ainsi qu'à d'autres concernant l'assistance qu'offrent les animaux. La Veterans Administration finance de nouvelles études afin d'explorer les effets qu'ont les animaux sur la santé mentale des soldats.

Cela fait maintenant plus de trois ans qu'Axel et Jason sont ensemble. Jason quitte rarement la maison sans Axel. Le simple fait de l'avoir près de lui aide Jason à se sentir en plus grande sécurité. « Vous pouvez le voir vous-même, me dit Jason. Il observe la porte, des choses comme ça, pour moi tout le temps. Il s'est levé deux fois pour me prévenir que des gens entraient dans ce magasin, afin que je ne me fasse pas surprendre. »

Axel sort Jason des flash-backs, des cauchemars et des crises de panique en mordillant et en léchant doucement ses bras. « Si je commence à me sentir mal, il vient vers moi et se pousse contre moi et agit comme s'il était lui-même en détresse. » Jason sourit. « Je pense que c'est un subterfuge. Il sait que quand il fait ça, je le caresserai et le réconforterai, ce qui finit par me calmer moi-même. » Avec l'aide d'Axel, Jason commence doucement à se réinsérer dans la société.

Je demande à Jason quels furent les sentiments de son épouse quand il rentra de Floride avec Axel. Il sourit : « Elle a été jalouse. »

« J'étais jalouse », confirme Elizabeth quand plus tard, je lui pose la même question. « Un peu. Car enfin, je connais Jason depuis le collège et nous sommes meilleurs amis depuis le lycée. C'était tellement frustrant pour moi de voir que malgré tant d'années passées ensemble, je ne pouvais pas le débarrasser de sa maladie. Et puis un chien adorable et tout doux avec de grandes oreilles a débarqué et même s'il n'arrangeait pas tout, il arrangeait beaucoup de choses. »

« Mais surtout, ajoute-t-elle, j'étais tellement reconnaissante. Mon mari est de retour parmi nous maintenant. Axel fait partie de notre famille. Les enfants et moi adorons Axel. Nous l'aimons de tout notre cœur. »

Quand Axel fut adopté par K9s for Warriors, il était à deux jours d'être euthanasié dans un refuge pour animaux. « Il avait été méchamment maltraité, me dit Jason. Il avait neuf mois et ne pesait que dix-huit kilos. On pouvait voir chacune de ses côtes. » Sur son téléphone portable, Jason me montre des photos d'Axel à l'époque. « Le voici le jour où il a été retiré du refuge. » Mais malgré son corps émacié, le regard d'Axel ne reflète pas l'abattement. Il reflète l'espoir.

« On ne peut pas me dire qu'il ne sait pas que sa vie vient d'être sauvée », me dit Jason en me faisant partager ses pensées sur les chiens et les vétérans de manière générale. « Le lien entre le chien et le vétéran est encore un peu plus profond parce qu'ils se sauvent mutuellement. »

Axel remplit clairement un rôle de chien de garde émotionnel en prévenant Jason de toute menace potentielle et en diminuant son anxiété. Néanmoins, leur relation est bien plus profonde. Les animaux offrent leur soutien tout simplement par le fait de leur compagnie. Les chiens peuvent sembler le choix logique quand nous avons besoin d'un élan de guérison, car cela fait bien longtemps que nous les avons domestiqués, mais les bénéfices en termes de santé mentale que nous tirons des animaux ne se limitent pas aux chiens. Aujourd'hui, les chats, les chevaux, les chèvres, les cochons, les lapins et même les dindons offrent un soutien émotionnel non seulement aux vétérans, mais également aux survivants de viol et de maltraitance d'enfants, aux premiers intervenants, et aux personnes qui souffrent d'anxiété et de dépression de manière générale.

La psychologue Andrea Beetz suggère que l'ocytocine joue un rôle clé dans nombre des effets bénéfiques qu'offre le contact avec les animaux[36]. L'ocytocine est une hormone produite dans l'hypothalamus, dans le cerveau, et a été classiquement associée à la stimulation des contractions d'accouchement et à la production de lait chez les nouvelles mères. L'ocytocine favorise le soin maternel chez les animaux comme chez les humains. Cependant, depuis quelques décennies, des études sur l'ocytocine suggèrent que les effets de cette hormone ont une portée bien plus vaste.

L'ocytocine circule chez les hommes comme chez les femmes. La liste des effets constatés de cette hormone est longue. L'ocytocine diminue le rythme cardiaque et les hormones de stress, et augmente l'interaction sociale, la générosité, la création de liens et l'attachement. D'autre part, l'ocytocine améliore la confiance et réduit l'agressivité, la peur et l'hyperexcitation, contrant ainsi les symptômes de TSPT. Dans un article pour l'American Psychological Association, la journaliste Tori DeAngelis déclara : « Si les hormones pouvaient gagner des concours de popularité, l'ocytocine serait probablement la reine du jour[37]. » L'ocytocine facilite nos émotions et nos comportements les plus positifs et prosociaux. Cette hormone nous aide à nous sentir heureux.

Dans une étude célèbre menée par le neuro-économiste Paul Zak[38], la moitié des participants inhalèrent un spray d'ocytocine et l'autre moitié reçut un placebo. L'ensemble des participants dut ensuite décider de la somme d'argent qu'ils donneraient à un inconnu. La somme offerte par les participants qui avaient reçu l'hormone fut plus importante de 80 % que celle offerte par les participants qui avaient reçu le placebo. Les conclusions de cette étude confirmèrent des résultats précédemment trouvés par Zak et par d'autres chercheurs, indiquant que l'ocytocine favorise l'empathie et l'altruisme.

Dans le cadre d'études suivantes, Paul Zak et ses collègues trouvèrent une augmentation de l'ocytocine après que les gens eurent participé à des activités sociales[39]. Le niveau d'augmentation dépend du type d'interaction ainsi que de notre proximité avec la personne avec qui nous interagissons. Zak écrivit ainsi : « Les études montrèrent que lorsque les humains participent ensemble à des activités sociales, les niveaux d'ocytocine augmentent typiquement de 10 % à 50 %. La modification de l'ocytocine, mesurée dans le sang, indique l'importance de la relation entre les gens. Quand votre petite fille vient vous faire un câlin, votre ocytocine pourrait augmenter de 100 %. Quand un inconnu vous serre la main, votre ocytocine pourrait augmenter de 5 % ou de 10 %. Si cet inconnu qui vous serre la main est attirant, votre ocytocine pourrait augmenter de 50 %[40]. » Non seulement l'ocytocine facilite le comportement social, mais elle est également affectée par de tels échanges grâce à un cercle vertueux. Plus notre interaction sociale avec autrui est significative, plus la quantité d'ocytocine libérée est importante.

Andrea Beetz et ses collègues trouvèrent que nombre des effets bénéfiques de l'ocytocine chevauchent les effets bénéfiques produits par la compagnie des animaux[41]. Deux chercheurs d'Afrique du Sud furent parmi les premiers à tester les changements biochimiques produits à la suite d'interactions avec des animaux[42]. Ces chercheurs trouvèrent une augmentation non seulement de l'ocytocine, mais également d'autres substances chimiques qui stimulent notre bien-être – telles que les endorphines, la dopamine et la prolactine – dans le sang des chiens comme dans celui des humains dans les cinq à vingt-quatre minutes qui suivirent les caresses que les humains avaient prodiguées aux chiens. L'effet positif de cette interaction était donc mutuel. Les chiens comme les humains en tirèrent un bénéfice. Cette étude indique par ailleurs qu'il est peu probable qu'une seule substance chimique comme l'ocytocine puisse entièrement expliquer le lien qui se forme entre les humains et les animaux.

L'imagerie cérébrale révèle que le noyau caudé, une partie du cerveau située entre le cortex et le tronc cérébral, s'active de manière similaire chez les chiens en réponse aux signaux de la main indiquant la nourriture et aux odeurs d'humains qui leur sont familiers[43]. Le noyau caudé est richement pourvu en récepteurs de dopamine. Chez les humains, le noyau caudé s'active en réponse aux choses qui nous font plaisir. Les résultats comparables chez les chiens suggèrent que ces derniers ressentent des émotions positives quand ils sont près des humains qu'ils connaissent. Il est également probable que d'autres animaux ressentent des élans similaires dans leurs substances chimiques positives quand ils sont près des gens avec qui ils ont tissé un lien.

Paul Zak se jeta sur la question du lien qui se forme entre les humains et les animaux. Il conduisit des tests pour voir si l'ocytocine augmente quand les humains sont en relation avec les animaux[44]. Dans son étude plus vaste, ni les chiens ni les chats n'augmentèrent systématiquement le taux d'ocytocine chez les humains. Néanmoins, dans une expérience à petite échelle, Zak trouva que l'ocytocine augmentait quand différents animaux interagissaient les uns avec les autres, suggérant que cette augmentation facilite les amitiés entre espèces. Zak prit des échantillons sanguins d'un chien et d'une chèvre qui jouaient ensemble régulièrement. Il écrivit : « Pour jouer, ils se poursuivaient, sautaient l'un vers l'autre et faisaient semblant de se battre (en montrant les dents et en grognant)[45]. » Quinze minutes après avoir joué ensemble, l'ocytocine avait augmenté de 48 % chez le chien, suggérant que le chien était plutôt attaché à la chèvre et la voyait comme une amie. « Plus frappante était la réaction de la chèvre au chien, écrivit Zak. Son ocytocine avait augmenté de 210 %. À ce niveau d'augmentation... essentiellement, nous trouvâmes que la chèvre était peut-être amoureuse du chien. Je n'ai vu une telle augmentation de l'ocytocine chez les humains qu'aux seules occasions où quelqu'un voyait la personne qu'il aimait, était romantiquement attiré par une autre personne, ou était le bénéficiaire d'un acte de très grande bonté[46]. »

Zak continua ainsi : « Le fait que des animaux d'espèces différentes induisent une libération d'ocytocine les uns chez les autres suggère que les animaux, comme nous, sont peut-être capables d'aimer. Il est tout à fait possible que Fido et Boots ressentent la même chose pour vous que ce que vous ressentez pour eux. On peut même appeler ça de l'amour[47]. »

C'est ici que se révèle la partie importante de ce qu'indiquent les études sur le lien qui se forme entre les humains et les animaux. Tout un chacun qui interagit avec des animaux ne bénéficie pas des élans physiques et mentaux mentionnés précédemment. Il semblerait que, de même que pour les interactions sociales entre humains, les interactions entre les humains et les animaux qui leur offriront le plus de bénéfices sont celles qui sont imprégnées d'un sentiment de connexion, d'empathie et d'amour pour l'animal – et souvent, *vice versa*. Les personnes qui ont peur d'un animal, ou qui ressentent de l'indifférence ou de l'antipathie à son égard, ne recevront aucun élan d'ocytocine ou autre effet bénéfique. Ce sont l'amour et le lien mutuels entre un humain et un animal qui favorisent les bénéfices maximaux. Plus fort est le lien, plus important sera le bénéfice.

Moins de deux mois après ma première rencontre avec Jason Haag, j'assiste au gala annuel de K9s for Warriors au Hamilton Live dans le centre-ville de Washington. Dans une salle remplie de généraux et de colonels, de personnalités de la télévision, de militaires vétérans et de leurs familles, Axel est le centre de l'attention. Sur scène, il est tout chic avec un foulard à carreaux rouges noué autour du cou. Jason est vêtu d'un costume bleu marine et d'un nœud papillon jaune. Alors que j'observe Jason et Axel ensemble, je remarque la force du lien empathique qui les unit. Quand nous éprouvons de l'empathie, nous ne le ressentons pas uniquement au niveau mental. Nous le traitons également dans notre corps. Quand deux individus ressentent de l'empathie l'un pour l'autre, ils orientent l'un vers l'autre, de manière inconsciente, non seulement leurs émotions et leurs humeurs, mais également leurs mouvements corporels. Le corps d'Axel et celui de Jason sont alignés. Quand la tête de Jason se tourne vers quelque chose en coulisses, celle d'Axel suit. Ils sont presque synchronisés dans leurs mouvements.

Debout sur scène, l'air un peu nerveux, Jason caresse les oreilles d'Axel. Ensuite, il annonce à la salle : « Dimanche, trois nouveaux guerriers se rendront à l'école K9. J'ai servi avec eux et ce sont mes amis. » Sa voix s'éteint ; il est pris par l'émotion. La salle fait silence, tout le monde attend respectueusement qu'il retrouve sa voix.

« Quand ils auront terminé leur formation… leurs vies seront changées à tout jamais. »

CHAPITRE 3

Devenir plus humains

Deux gardiens de sécurité réveillèrent quarante des hommes les plus dangereux de l'Ohio. En cette matinée froide de janvier 1977, ces hommes dormaient dans un grand dortoir, le seul du service 18 de l'hôpital psychiatrique Lima State Hospital for the Criminally Insane. Après avoir organisé les détenus en file indienne, les gardiens les escortèrent jusqu'à la salle à manger pour leur petit-déjeuner. Trente minutes plus tard, les gardiens ramenèrent les détenus dans leur service. C'est alors qu'environ dix détenus attaquèrent et ligotèrent les deux gardiens avant qu'ils ne puissent atteindre un téléphone. Ensuite, les détenus attendirent l'infirmière du matin qui devait leur apporter leurs médicaments antipsychotiques, de la Thorazine et de la Stelazine, dans l'heure. Les hommes comptaient prendre l'infirmière en otage et s'enfuir.

Je passe un gardien de sécurité et vais dire bonjour à vingt âmes douces. En cette chaude après-midi d'octobre 2015, toute une série de miaulements, certains profonds et sourds, d'autres perçants et aigres, m'accueillent de concert. Des chats ! Environ dix chats se précipitent pour me dire bonjour.

D'autres sont assis ou allongés dans différentes positions de repos et m'observent d'un œil prudent. Dans cette salle ensoleillée, des chats se détendent sur des griffoirs encastrés, sur des lits pour chats, sur des structures d'escalade et sur des passerelles. Des chats orange, tigrés, calicots, noir et blanc ; des chats à poil court et à poil long ; de grands chats et de petits chats. Paradoxalement, ces félins ont été amenés dans cette prison d'État à sécurité maximale afin d'avoir un peu de liberté. Ils font partie des nombreux animaux qui vivent dans des prisons à travers les États-Unis pour aider les détenus à se créer une deuxième chance.

Le Pendleton Correctional Facility dans l'Indiana ouvrit son sanctuaire pour chats en mars 2015 grâce à Michelle Rains, une assistante de direction et fondatrice du programme Forward. La partie « réforme » du nom entier du programme – Felines and Offenders Rehabilitation With Affection, Reformation and Dedication – semble un peu puritaine, mais Michelle est tout sauf cela. Elle est une personne ouverte, à qui l'on peut facilement parler. L'Animal Protection League lui amène les chats d'un de leurs refuges. Là-bas, les chats étaient en cage. Ici, ils sont libres de se balader dans les deux salles du sanctuaire lumineux avec ses nombreuses fenêtres, et d'interagir avec des gens quand ils le souhaitent. Les employés de la prison ou les familles de détenus peuvent adopter ces chats.

Avant d'aller voir le sanctuaire, Michelle m'emmène dans une salle de conférences pour rencontrer l'un des détenus, Daniel, qui travaille dans le sanctuaire. Ma première pensée, en voyant Daniel, est qu'il n'est encore qu'un enfant. Il a vingt-trois ans mais n'en paraît que seize. Daniel a la peau pâle, des cheveux et des sourcils roux, et porte une salopette beige ; sa voix est si douce que je peux à peine l'entendre me dire bonjour au moment des présentations.

Les chats du sanctuaire sont la fierté et la joie de Daniel. « J'adore les animaux », dit-il presque immédiatement, se lançant dans une longue explication. Je dois me pencher vers lui pour l'entendre. « Quand j'étais enfant, nous avions toujours des animaux. Ma mère, ma grand-mère et moi vivions tous sous le même toit pendant un temps, et nous avions toujours des chiens et des chats. À une époque, nous avions même deux cochons. Je ne sais pas. Ma mère travaillait toujours beaucoup car elle est mère célibataire.

Elle s'est mariée plusieurs fois. Nous déménagions souvent, en fonction de l'homme avec qui elle était mariée sur le moment. Elle n'était pas très gentille et j'avais tellement de beaux-pères différents. Mais peu importait que les choses aillent très mal ; j'avais toujours les animaux que je pouvais prendre contre moi, caresser et soigner. Ils étaient un réconfort pour moi. Je recevais très peu d'affection, à l'exception de celle que me donnaient ces animaux. J'allais toujours avoir de l'affection tant que les animaux seraient là. »

Quand Daniel apprit d'un autre détenu que le sanctuaire pour chats était en construction, il fit la demande d'y travailler. « J'ai parlé à mon ancienne patronne dans le magasin de peinture, car elle savait que j'adore les animaux ; on en avait parlé, raconte Daniel. Elle a dit à mademoiselle Rains que je travaillais bien. » Les détenus travaillent à la prison pour de la petite monnaie qu'ils utilisent pour acheter des en-cas, des livres, des magazines, du savon, du shampooing et du dentifrice. Daniel gagnait vingt-cinq cents par heure au magasin de peinture. Le menu salaire donné en retour du travail dans le sanctuaire est de quinze cents par heure. Néanmoins, Daniel sauta sur l'opportunité de prendre soin des chats. « Je l'aurais fait gratuitement. »

Malgré l'enthousiasme de Daniel, il fallut convaincre Michelle de l'embaucher. « Je vais être complètement honnête avec vous, me dit-elle. Je l'ai déjà dit à Daniel. » Elle l'indique de la tête. « Je fais très attention à qui j'autorise l'entrée dans le sanctuaire. Il fallait que les hommes qui y travailleraient puissent mettre l'intérêt des chats en priorité du leur. Je n'aime pas lire le passé des gens, d'accord ? Ils ont été jugés par quelqu'un d'autre. Ce n'est pas mon rôle. » Cependant, Michelle devait prendre connaissance du passé des détenus dans le cadre d'un processus de sélection lui permettant de déterminer si elle pouvait leur faire confiance pour prendre soin des chats et ne pas leur faire de mal. « Je suis donc allée consulter son dossier, continue Michelle. Je l'ai lu et au début, je me disais que je ne pourrais pas le prendre. »

Je me tourne vers Daniel, qui est assis en silence avec la tête penchée et les mains sur les genoux. « Puis-je vous demander ce qui vous a mené en prison ? » lui demandé-je.

« Je suis ici pour le meurtre de mon frère. »

Ah. J'essaie de ne pas laisser la surprise transparaître sur mon visage. Au vu du comportement de Daniel, je pensais qu'il était en prison pour quelque chose… de moins grave. « Que s'est-il passé ? lui demandé-je. Est-ce que vous vous êtes battus ? »

Pas exactement. « Nous étions en train de nous chamailler pour rire, et tout d'un coup c'était comme si je me voyais le faire. Je suppose que je… que je l'étranglais. »

Daniel avait dix-sept ans quand il tua son demi-frère âgé de dix ans sans aucune provocation apparente. Cependant, l'un des nombreux beaux-pères de Daniel l'aurait apparemment violé quand il avait huit ans, et Daniel souffrait peut-être d'une maladie mentale. Les cicatrices irrégulières à l'intérieur de son poignet gauche témoignent d'une tentative de suicide.

« Honnêtement, je ne sais pas pourquoi je l'ai tué, dit Daniel. Je ne sais pas. » À l'époque des faits, il avoua sans hésiter avoir tué son frère et demanda la peine de mort, qui lui fut refusée. En lieu de quoi, Daniel purge une peine de prison à perpétuité sans aucune possibilité de libération conditionnelle.

Michelle intervient. « Tout cela semblait avoir été tellement spontané, vous comprenez ? Donc quand j'ai lu son dossier, je me suis dit : comment pourrais-je faire confiance à quelqu'un comme ça ? »

La semaine suivante, la patronne de Daniel plaida auprès de Michelle en faveur du jeune détenu. « Elle m'a dit qu'il était son meilleur travailleur, me dit Michelle. Elle m'a dit qu'il travaillait dur. Qu'il était le gamin le plus poli que j'aurais jamais l'occasion de rencontrer. Elle m'a demandé de lui donner une chance. Donc, je lui ai parlé et je lui ai dit qu'il avait une chance, une seule. C'est le meilleur choix que j'aie fait pour le sanctuaire entier. »

Ce choix est peut-être également le meilleur que Michelle ait pu faire pour Daniel. Quand Michelle, Daniel et moi entrons dans le sanctuaire des chats, Daniel est transformé. Il n'est plus un garçon timide et nerveux ; il respire l'enthousiasme et l'assurance alors qu'il me fait faire le tour des salles. Les chats se mettent dans nos pieds, et Daniel s'illumine et sourit.

Il prend un chat gris qui se met confortablement autour de ses épaules, ses pattes délicates ballantes, comme s'ils étaient de vieux amis. Daniel lui chatouille le ventre. « Voici Boomer », me dit-il alors que Boomer ronronne et lui lèche le visage. « Il aime grimper sur mes épaules quand je vaque à mes tâches, et quand il descend, il aime s'asseoir sur mes genoux. Et cette petite blanc et noir que vous tenez là – il indique de la tête le chaton que j'ai dans les bras –, chaque fois que j'essaie de balayer ou de faire autre chose, elle se lève sur ses pattes arrière, entoure ma jambe de ses pattes avant et miaule pour que je la prenne dans mes bras ou que je la caresse. » Je grimace alors que la petite chatte pétrit mon bras de ses minuscules griffes acérées.

À l'exception des postérieurs de fourrure partout dans les salles et le son de leurs miaulements, on ne saurait pas qu'autant de chats vivent ici. L'odeur de l'endroit est fraîche et je vois pourquoi. Un autre détenu, Larry, nettoie méticuleusement les bacs à litière et balaie le sol. Il est grand et aimable. Alors qu'il effectue ce nettoyage, il prend régulièrement un chat différent dans ses bras et lui fait un câlin sans une once de réserve.

« Daniel et Larry sont mes deux meilleurs travailleurs, me dit Michelle. Ils sont excellents avec les chats. Ils ont appris à connaître leurs personnalités, et savent ce qu'ils aiment et n'aiment pas. Ils donnent aux chats la priorité sur eux-mêmes. Il y a une caméra de vidéosurveillance dans le sanctuaire, que j'allume de temps en temps pour m'assurer que tout va bien, et on y voit toujours Daniel en train de travailler – il soulève même les chaises ; il nettoie vraiment partout – ou alors assis à gérer de la paperasse. Il a toujours un chat sur lui. »

Je dépose le chaton et prends dans mes bras un grand chat orange qui allonge ses grosses pattes sur mes jambes, quémandant mon attention. Le chat retrousse les babines et frotte ses gencives humides contre mon cou, y laissant un peu de bave. « Et vous savez, continue Michelle alors que le chat pousse un gros ronronnement, il donne tant d'amour aux chats. Ce n'est pas un prisonnier qu'on voit. C'est un gamin. »

Daniel m'emmène dans une petite pièce attenante, dans laquelle sont stockés des provisions et des médicaments. Trois chats nous emboîtent le pas. Daniel ramasse un cahier et feuillette les pages pour moi, révélant son écriture propre et organisée. D'un côté de chaque page sont notés les noms des chats, et de l'autre, des remarques organisées par date. « Je note comment chaque chat se porte chaque jour. S'il a vomi. S'il a une éruption cutanée. Quand il a reçu ses médicaments. C'est mon travail de prendre soin d'eux. Ils ne peuvent pas sortir pour trouver leur propre nourriture, et ils ne peuvent pas tout gérer pour eux-mêmes. »

Daniel ferme le journal de bord, le pose sur la table et se tourne vers moi. « Si quelqu'un me demande pourquoi je suis ici, en prison, je ne vais pas mentir. Je l'ai fait et je mérite la peine que je purge. C'est juste que… Je suppose que quand j'étais enfant… Je ne fais pas confiance à beaucoup de monde. Il y a des jours ici qui sont plus difficiles pour moi que d'autres. Mais ces chats sont la raison pour laquelle je me lève le matin. Je sais que je les aide. Venir ici chaque jour, voir les chats et voir qu'ils sont contents de ma présence… Ce sont mes petits bébés. »

Les détenus comme Daniel sociabilisent les chats, et lorsqu'un chat est adopté et quitte le sanctuaire, un autre vient le remplacer. En retour, les chats offrent le seul contact physique et la seule affection que reçoivent de nombreux détenus. Nombre de ces derniers, ayant entendu parler du sanctuaire, inondent Michelle de demandes de pouvoir y travailler.

Il fallut à Michelle près de dix ans pour obtenir l'autorisation de construire le sanctuaire. Outre les craintes concernant la sécurité des animaux, un argument fréquemment mis en avant pour s'opposer à la présence d'animaux dans une prison était que les détenus, surtout ceux condamnés pour les crimes les plus violents, comme Daniel, ne sont pas dignes de l'affection qu'ils recevraient de la part des animaux. Les administrateurs et employés de prison disent souvent qu'il s'agit d'un privilège qu'ils ne méritent pas. Cependant, les choses commencent lentement à changer. En plus de reconnaître que les animaux reçoivent dans les prisons de meilleurs soins et une plus grande attention que dans les refuges surpeuplés, les administrateurs ne peuvent nier l'évolution qui est en train de se produire, partout aux États-Unis, chez des prisonniers qui sont en contact avec des animaux. Les chercheurs posent maintenant la question : les animaux peuvent-ils aider à racheter des humains considérés comme irrécupérables ?

Pour répondre à cette question, il est utile de se pencher sur le premier programme d'animaux couronné de succès dans une prison américaine, et sur l'homme qui fut à l'origine de l'idée.

Un extrait d'un article publié en 1980 dans *Cats Magazine* et intitulé « Tom : A Cat and His Patients » commence ainsi :

« Un chat mâle aux origines douteuses fut découvert un jeudi soir il y a près de deux ans dans un buisson à l'extérieur d'un centre commercial à Lima, dans l'Ohio. De toute évidence, constata celui qui l'avait trouvé, ce chat n'avait pas mangé depuis plusieurs jours mais après quelques protestations, le vagabond fut placé avec succès dans une voiture et emmené à l'épicerie la plus proche où un approvisionnement de nourriture pour chats fut acheté. La nourriture fut ensuite voracement engloutie par le chat semi-sauvage et émacié. Après avoir eu le droit de manger à sa faim, le chat fut emmené à la serre du Lima State Hospital for the Criminally Insane, qui, d'après ce qu'on savait, cherchait un chat[1]. »

Le chat, qu'on appela Tom, fit partie d'une ménagerie d'animaux placés auprès du Lima State Hospital dans le cadre d'un programme d'animaux sans précédent qui débuta en 1975. Ce programme, conçu par l'assistant social David Lee, était le premier de son genre. Son succès fut si stupéfiant qu'il transforma non seulement la vie des détenus, mais également l'image de cet hôpital qui, comme j'allais bientôt l'apprendre, était l'une des institutions pénales les plus touchées par le scandale de tous les États-Unis.

Dès le premier instant de notre rencontre, je sus que j'apprécierais David Lee. Mon mari Patrick partagea mon sentiment. Ancien mécanicien de la Navy américaine et ancien chasseur, Patrick est un homme grand avec des épaules larges et une grosse tête, littéralement. Qui penserait qu'un garçon originaire de Virginie-Occidentale et une fille pakistanaise auraient tant en commun ? Mais nous partageons toutes sortes de choses, dont notre affection pour le film *Die Hard – Piège de cristal*, les animaux et les voyages en voiture. Nous grimpâmes dans le pick-up de Patrick et fîmes gaiement les neuf heures de route séparant Gaithersburg, dans le Maryland, de Lima, dans l'Ohio.

David ressemble à un mélange entre un hippie plus âgé et Noé (ou peut-être que c'est le même look). Ses longs cheveux blancs ont quelque chose de biblique. À soixante-treize ans, il est grand, mince et vif. Ce n'est pas étonnant. David passe ses journées sur son terrain de plus de deux hectares, à nourrir, pourvoir en eau et soigner trois chiens, quatre boucs, cinq chevreuils, cinq cygnes, sept paons, dix pintades, treize chats, vingt lamas et une telle quantité de poulets que David ne peut même plus les compter. Nombre de ces animaux sont âgés, et David continue à en ajouter à son arche par bonté de cœur. Des animaux blessés, à la retraite ou dont personne ne veut, se retrouvent chez David. « C'est comme diriger une maison de retraite, ici », nous dit-il en nous faisant faire le tour de sa propriété et en nous présentant à tous ses animaux.

« Rondelette ! crie David. Rondelette, viens ici ma belle ! » Une biche plutôt replète sort en trottinant de derrière un abri à bois et vient pousser sa tête contre la main de David. « Voici Rondelette. J'adore caresser cette biche rondouillette et idiote, dit-il affectueusement. J'aime le toucher de son poil et je pense qu'il en était de même pour les internés de l'hôpital. »

« Est-ce que vous donnez un prénom à chaque animal ? » demande Patrick, caressant un bébé lama qui ressemble à un croisement entre un Ewok et un Wookiee*.

« Je trouvais de meilleurs prénoms à une époque. Mais maintenant, atteint comme je le suis de dégénérescence maculaire, je les appelle simplement Rondelette, Brunette, Maigrelette, Blanchette... Je ne vois pas bien. Tout ce que je vois, quand je vous regarde, est une vague impression d'un visage. »

---

* NdT : Les Ewoks et les Wookiees sont des espèces fictives de l'univers Star Wars.

« Dans ce cas, répond Patrick, je dois vous dire que je suis extrêmement beau. Un look débonnaire du genre de Cary Grant ou Gregory Peck*. »

David explose d'un des rires les plus joyeux que j'aie jamais entendus. C'est ça le truc, avec lui. Il est tellement joyeux et optimiste qu'on ne peut qu'être de même, à son contact. Je peux comprendre qu'il ait été un excellent assistant social.

David nous présente ensuite à sa volée de poulets. Il nous donne du pain aux raisins à leur offrir, ce qui apparemment est une véritable friandise. Au fur et à mesure qu'ils comprennent ce que nous faisons, les poulets sortent un à un de divers abris et cabanons extérieurs. Une poule ridiculement mignonne avec sa mèche de Muppet** arrive dans une telle précipitation que je crains qu'elle ne se cogne dans l'arbre tout proche.

Après avoir rencontré et nourri tous ces animaux, David nous emmène dans son garage. Avec toutes les affiches de publicité en métal vintage pour Coca-Cola, Marlboro et Captain Morgan en décoration sur les murs, c'est un endroit de rêve pour un collectionneur. Il y a un feu de circulation à quatre feux dans un coin, et un signal ferroviaire encore en état de marche sonne l'alarme dès qu'un chat passe devant. David cherche parmi des piles de boîtes en carton recouvertes de poussière et de toiles d'araignées. « J'ai tout ici, quelque part. Où ai-je mis ça ? Il y a des photos de mon époque à Lima. » Alors qu'il cherche, j'observe les poulets, les paons et les chats qui entrent et sortent librement du garage. « Ne dites rien à ma femme Kaye. » La voix de David me parvient de derrière une pile de boîtes particulièrement haute et instable. « Elle n'aime pas que les animaux entrent ici et abîment tout. Ah ! » Il pousse un grognement, vient vers moi et pose une boîte douteuse sur mes genoux. Elle sent le pipi de chat. Des crottes de poulet séchées, des croquettes pour animaux et des saletés recouvrent la première couche de photos, de rapports administratifs et de scrapbooks datant du séjour de près de trente années que David passa au Lima State

* NdT : Cary Grant et Gregory Peck étaient deux acteurs de l'âge d'or hollywoodien.

** NdT : Un Muppet est un personnage de la série télévisée américaine *The Muppet Show*.

Hospital. Parmi tous ces souvenirs se trouve une impressionnante photo aérienne de l'hôpital.

D'abord connue sous le nom de Lima State Hospital for the Criminally Insane, cette institution aurait pu figurer dans un film d'horreur. L'hôpital, le deuxième plus grand bâtiment en béton coulé du monde[2] (après le Pentagone), ouvrit ses portes en 1915 et était, à certaines époques pendant ses quatre-vingt-dix ans de fonctionnement, la plus grande institution du monde pour les personnes atteintes de maladie mentale. N'importe quel prisonnier de l'État de l'Ohio, homme ou femme, quel que fût son crime, qui devenait mentalement malade de façon violente ou qui était considéré comme fou, était envoyé à cet hôpital. Le Lima State Hospital acceptait également des patients trop dangereux provenant d'autres hôpitaux. Au fur et à mesure du temps, le Lima State Hospital devint connu pour être la décharge de tous les patients les plus toxiques de l'Ohio. Les habitants de la ville disaient que cette institution était la fin de la ligne, dont peu revenaient jamais.

David, Patrick et moi partons voir le site du Lima State Hospital. La construction de cet hôpital de pointe au coût de 2,1 millions de dollars commença en 1908. Située sur un terrain de près de 255 hectares, cette institution massive comprend quatorze bâtiments séparés mais regroupés pour former un rectangle autour d'une immense cour de la taille d'un terrain de football. Une passerelle fermée, permettant l'accès aux bâtiments, entoure cette cour. Dix autres cours, plus petites, sont placées entre les bâtiments individuels.

Le Lima State Hospital ferma ses portes en 2004. Avant aujourd'hui, David n'y était jamais revenu depuis son départ à la retraite en 1991. Il est stupéfait de voir la transformation des lieux. Les bâtiments de trois étages en brique rouge sont défigurés par les vitres brisées. Les fenêtres du rez-de-chaussée sont bloquées par des arbres, des buissons et des mauvaises herbes qui ont envahi les lieux. Les rouleaux de barbelés qui entourent l'institution sont colonisés par de la vigne rampante. « À mon époque, il n'y avait ni arbres ni plantes, nous dit David. Rien de tout ça. Il n'y avait absolument aucun arbre sur place. Juste de l'herbe. Vous voyez cette vigne rampante ? Elle n'aurait jamais été tolérée. N'importe qui aurait pu y grimper pour passer par-dessus les barbelés. »

David secoue la tête en regardant la ruine qui se tient devant nous. « Il y avait vingt-quatre unités, ou services, et chacune fonctionnait comme une microprison. Chaque service avait ses propres espaces de nuit, espaces de jour et salles de bains. Vous voyez cette pièce au deuxième étage, là ? » Il nous désigne la section arrondie au bout d'un bâtiment, entourée de tous les côtés par de grandes fenêtres. C'étaient les espaces de jour. Chaque service avait le même espace de jour. Un grand couloir le reliait à l'immense dortoir sur la gauche et au bureau des infirmières sur la droite. » Quelques détenus chanceux avaient leur propre cellule, mais la plupart dormaient dans de grands dortoirs. « Les dortoirs pouvaient héberger vingt, trente, quarante personnes. »

Il est difficile de croire que cette immense collection de solides bâtiments en brique fut tout simplement abandonnée lors de la fermeture de l'institution. Le lieu ne fut jamais réalloué à une autre activité, comme si les habitants de Lima voulaient occulter tout souvenir de son passé hanté. Aujourd'hui, les seuls occupants des bâtiments sont des oiseaux, des souris et des ratons laveurs – des animaux qui se logent et amènent de la vie dans des endroits autrement inoccupés. Cela est peut-être approprié, vu le rôle que les animaux jouèrent ici dans le passé. Dans un endroit isolé près de la voie ferrée, Patrick, David et moi comptons 502 tombes. Les détenus décédés dont les corps ne furent pas récupérés par leur famille sont enterrés ici. Sur chaque tombe se trouve un marqueur trapu en béton, numéroté par ordre d'ensevelissement, et une petite croix blanche avec une première initiale et un nom de famille. Aucune épitaphe. Aucune date de décès. Comme l'institution elle-même, ce cimetière est abandonné de tous. Les morts furent même privés de leur nom entier.

L'hôpital admit ses premiers patients le 10 juillet 1915[3]. Transférés du Cleveland State Hospital, les prisonniers arrivèrent en train et firent ensuite à pied, les mains menottées et les pieds entravés, le trajet de près de cinq kilomètres qui reliait la gare et leur nouvel établissement. Après un an de fonctionnement, la population de l'institution comptait 1 166 patients, la plupart d'entre eux étaient des hommes. Parmi les patients se trouvaient des fermiers et des pompiers, des marchands et des mineurs, des forgerons et des bouchers, des marchands ambulants et des peintres, des cuisiniers et des commis de bureau, des serveurs et des tisserands, des enseignants et des routiers. Lors de son admission à l'hôpital, un patient était mesuré, pesé et photographié ; il recevait ensuite un examen physique par un psychiatre, devait donner un échantillon d'urine et un de sang, était débarrassé de ses vêtements et examiné pour voir s'il n'avait pas de « vermine », et était lavé[4].

Dans les premières années, les détenus de l'institution travaillaient dans la boulangerie, la cuisine, la blanchisserie, la maison de glace, l'atelier de peinture, l'atelier de couture, l'atelier du tailleur, l'atelier de plomberie, l'atelier des machines, l'atelier de fabrication de matelas, l'atelier de charpenterie, la boucherie et la laiterie. Sur plus de cent vingt hectares, les détenus produisaient également du maïs, du blé, du foin, de l'avoine et des pommes de terre. Les pâturages étaient clôturés de barrières, les champs étaient semés et des granges étaient construites. L'institution générait et fournissait sa propre électricité et son propre chauffage. Elle maintenait son propre centre de traitement des eaux et système d'évacuation des eaux usées. L'endroit avait même sa propre morgue.

L'hôpital était une forteresse de béton massive, construite pour être une microville autosuffisante. Les citoyens de Lima dormaient tranquilles la nuit en sachant que les criminels dangereux étaient gardés à l'écart en sécurité. Ils ronflaient bruyamment, imaginant que ces pauvres hommes et femmes mentalement malades vivaient dans « l'une des institutions les plus modernes et les mieux équipées de son genre[5] » et recevaient les meilleurs soins que la nation avait à leur offrir. La vérité s'avérait bien différente.

Quand l'institution ouvrit ses portes, des rumeurs sur la cruauté et les expériences qui y étaient pratiquées se glissèrent dans les coins sombres, retentirent dans les couloirs vides, rampèrent sous les portes fermées à clé et cherchèrent des oreilles prêtes à les écouter. Des oreilles comme celles de David. Ses clefs lui donnaient accès à pratiquement tous les lieux de l'institution, et il put s'introduire dans la salle des archives médicales où il prit connaissance de vieux dossiers. Il explora également le marathon de tunnels situés dans les caves, découvrant parfois des salles vides et parfois des impasses. Dans les caves se trouvaient la morgue de l'hôpital, avec une chambre froide pour conserver des corps, ainsi qu'un abri antibombes rempli de barils d'eau et de nourriture sèche. L'une des salles, expliqua un ancien employé à David, était un laboratoire d'expériences sur des chiens. On disait que le maître-chien du Lima State Hospital avait « fait don » de chiens à l'institution. Dans cette salle sans fenêtres du sous-sol, des médecins transplantaient des organes d'un chien à l'autre après avoir retiré une partie de leurs cordes vocales pour qu'ils ne puissent plus aboyer. Quand des rumeurs au sujet de ce laboratoire s'échappèrent au début des années 1960, il fut fermé. Néanmoins, d'autres expériences continuèrent sur un autre groupe d'êtres vulnérables : les patients eux-mêmes.

Il y avait apparemment une salle « hydro » profondément enfouie sous l'institution. David lut dans d'anciens dossiers médicaux que des patients psychotiques étaient traités par hydrothérapie. « D'après les dossiers, les patients étaient sanglés dans un harnais et puis descendus dans une cuve d'eau très, très chaude, me dit-il. Ensuite, ils étaient rapidement hissés hors de cette première cuve et descendus dans une deuxième, remplie d'eau glacée. » L'objectif des médecins était d'induire une convulsion chez les patients, pensant que cela aiderait à les calmer et à les rendre moins psychotiques.

Un autre programme expérimental était la thérapie de choc à l'insuline. En 1937, le surintendant de l'hôpital fit les éloges de cette thérapie auprès de journalistes, expliquant qu'elle avait une capacité remarquable de « guérison » des patients[6]. Les psychiatres injectaient des doses toujours plus élevées d'insuline aux patients, causant ainsi une forte chute du taux de glucose dans le sang afin d'induire des comas et des convulsions. Le personnel médical induisait ainsi chez les patients des comas quotidiens sur plusieurs semaines, pensant qu'un choc physiologique contrôlerait les symptômes de maladie mentale, surtout chez les schizophrènes (cela ne fut jamais prouvé et cette technique fut désavouée par les psychiatres quand les médicaments antipsychotiques furent développés).

Ces procédures expérimentales purent se produire en partie grâce au fait que la supervision des patients relevait surtout de la responsabilité des gardiens (également appelés « assistants ») des différents services. David m'explique que les services fonctionnaient de manière indépendante et étaient essentiellement dirigés par les gardiens. « Ils étaient responsables des patients. Toute la journée. Tous les jours. Ils emmenaient les patients prendre leurs repas. Ils maintenaient l'ordre. Ils avaient les pleins pouvoirs. »

D'après David, les traitements étaient surtout utilisés pour contrôler les patients s'ils devenaient ingérables. Les assistants conseillaient les médecins sur les traitements à donner. « Ils adoraient suggérer les traitements de choc. » Les mardis étaient les jours de choc. David voyait souvent avec consternation les médecins attacher jusqu'à soixante patients pour la thérapie de choc en une seule journée. « Les convulsions des patients pendant le choc les rendaient amnésiques et ils étaient ensuite léthargiques et dociles pendant deux jours. »

Dans cette institution, la cruauté était routinière. Le travail pénible, l'humiliation et la déchéance l'étaient également. Nombre des employés pensaient que c'était une juste rétribution à l'encontre des violeurs, des voleurs à main armée, des meurtriers et des pédophiles. Il y avait un profond manque d'empathie pour les personnes que ces employés étaient justement censés aider. Les employés refusaient aux patients non seulement leurs droits et leur dignité, mais également leur propre identité. Comme nous le verrons plus tard, retirer l'identité d'un être, que celui-ci soit humain ou non humain, est un mécanisme psychologique courant utilisé pour défendre l'indéfendable.

« Les médecins n'apprenaient pas à connaître les patients, raconte David. À part les traitements de choc, ils ne voyaient les patients qu'une fois par an pour évaluer s'ils pouvaient ou non quitter l'hôpital. Finalement, le département de psychologie et le département social ne faisaient qu'écrire des rapports. Ils restaient dans les bureaux administratifs. Personne n'allait jamais rendre visite aux services où étaient les patients. »

David était une exception. Habillé d'un jean et d'un tee-shirt, il passait l'essentiel de ses journées dans les services des patients, à faire connaissance avec les détenus. Ce faisant, il voyait des choses qui étaient autrement cachées. Au cours d'une de ses visites à un patient prénommé Herman, David le vit sortir une boîte à chaussures de sous son lit, retirer le couvercle et parler à ce qui semblait être une boîte vide. Quand David regarda de plus près, il vit un cafard l'observer en agitant ses antennes. « Herman élevait ce cafard, dit David. Il m'a confié que le cafard était son meilleur ami. »

David ne pensa plus au cafard d'Herman avant plusieurs mois, lorsque trois patients d'un autre service furent pris à sortir clandestinement du pain de la cantine. Ce pain n'était pas pour eux mais pour un petit moineau blessé qu'ils avaient trouvé sur le rebord d'une fenêtre. Ils avaient adopté l'oiseau et l'avaient caché dans un placard à balais pendant qu'ils tentaient de le guérir.

Avec ces trois hommes, David fut témoin du désir humain inné d'être en lien avec d'autres espèces. Ce désir était si fort que des hommes enfreignaient les règles et se mettaient en risque de représailles dans une institution déjà brutale, pour soigner une autre créature. David remarqua autre chose encore. Ce service abritait les patients les plus déprimés et réfractaires à toute communication de l'hôpital. Pour la première fois, ces trois patients qui soignaient le moineau agirent en tant que groupe. Ils parlèrent ensemble de l'oiseau et se mirent à travailler ensemble. « Quand j'ai vu ça, je me suis dit : "Incroyable ! Ils sont carrément en train de s'entendre !" » dit David. Les hommes avaient trouvé de la compagnie non seulement auprès de l'oiseau, mais également entre eux.

David se rappela l'importance de ses propres chiens dans sa vie et se demanda si les animaux ne pourraient pas être une influence positive sur d'autres patients. Cependant, il n'eut pas l'occasion de mettre sa théorie à l'épreuve avant plusieurs années.

Quand j'étais enfant à Arlington en Virginie, mes camarades de classe me harcelaient sans merci. Je n'étais peut-être pas aidée par mon habitude de renifler les pages fraîches et craquantes de mes nouveaux manuels à chaque rentrée scolaire, anticipant les nouvelles choses que j'allais apprendre. Ni par le fait que je fronçais tout le temps les sourcils, que je disais aux autres enfants que les petits-déjeuners gratuits que l'école m'offrait me donnaient le sentiment d'être quelqu'un de spécial, et que je plongeais dans les poubelles à la recherche de trésors sous les yeux des petites filles en jupes à volants, avec leurs rubans dans les cheveux et leurs mains si douces. Je n'étais probablement pas non plus aidée par le fait que je laissais les autres enfants m'entendre m'adresser au ciel pour dire à mes extraterrestres que s'ils souhaitaient venir me rendre visite, ils pourraient ensuite m'emmener s'ils le voulaient bien.

Je n'étais certainement pas aidée par le fait que je préférais la compagnie d'un chien à celle de toute autre personne, parfois même mes sœurs. Il s'avère que cela n'est pas si inhabituel. Quand ils doivent faire face à l'adversité, les enfants se tournent souvent vers leurs animaux pour recevoir le soutien dont ils ont besoin, plutôt que vers leurs frères et sœurs[7], même quand ils savent que les animaux ne comprennent pas ce qu'ils disent. Sylvester venait avec moi quand je fuyais l'appartement. Sylvester posait sa patte droite sur mes genoux quand je lui parlais. Sylvester ne m'aboyait jamais dessus pour me dire que je mentais.

Paradoxalement, Sylvester fut le catalyseur qui me rendit la vie à l'école un peu plus facile. Il me suivait presque chaque jour quand je faisais à pied les 2,5 km jusqu'à l'école. Mes grands-parents (avant de devenir plus avisés) laissaient Sylvester sortir tôt le matin, et il m'attendait près de l'entrée de mon immeuble. Quand je faisais le trajet jusqu'à l'école, Sylvester marchait près de moi comme si c'était la chose la plus naturelle du monde. « Sylvester ! criais-je alors. Va-t'en ! Rentre à la maison ! » Je lui montrais la direction de la maison et j'essayais de l'y renvoyer, car j'avais peur qu'il se perde ou qu'il se fasse renverser par une voiture. Mais il dressait seulement les oreilles et m'aboyait dessus comme si je plaisantais. Il refusait de me quitter. Ce n'était que lorsque nous arrivions à l'école que Sylvester rentrait à la maison, comme si son devoir à mon égard était terminé pour la matinée.

Un jour, Sylvester me suivit jusque dans l'école. Alors que j'attendais le début de mon premier cours, Sylvester cavalait dans les couloirs et touchait de sa truffe humide les mains des autres enfants, comme s'il leur disait : « Tope là ! » Les autres enfants adorèrent Sylvester ! Ils coururent avec lui et l'acclamèrent à chaque fois qu'il se précipitait dans une salle de classe. C'était l'événement le plus palpitant qu'avait connu l'école depuis longtemps.

La fête se termina quand les cours commencèrent. Je laissai Sylvester dans le couloir, ne sachant pas quoi faire, espérant qu'il parviendrait à sortir avant que les instituteurs ou pire, le proviseur, le voient. Le proviseur le surprit effectivement et mena l'enquête jusqu'à moi. Quand il entra dans ma classe et me demanda devant tous les autres élèves de l'aider à faire sortir Sylvester, je m'attendais à ce qu'il soit fâché. Au lieu de cela, il souriait.

Cet événement ne fut pas une solution miracle, mais il contribua à changer les choses pour moi à l'école, petit à petit. Les autres enfants devinrent plus amicaux avec moi. J'étais la fille qui avait amené son merveilleux chien à l'école – et qui s'en était tirée sans frais.

Harry Truman* eut cette phrase célèbre : « Si vous voulez un ami à Washington, prenez un chien ! » En réalité, la question de savoir s'il a effectivement prononcé ces mots est très disputée. Mais je parie que lorsque vous avez lu cette citation supposée, vous avez été instinctivement d'accord avec elle, n'est-ce pas ? Cette phrase a une signification double. Les animaux sont peut-être les seuls êtres amicaux dans le monde mangeur d'hommes de la politique. D'autre part, les animaux nous relient les uns aux autres. Ils nous rendent plus aimables. Au cours des cent cinquante dernières années, tous les présidents américains ont amené des compagnons animaux avec eux à la Maison Blanche, sauf Donald Trump[8].

* NdT : Président des États-Unis de 1945 à 1953.

Des études récentes ont éclairé la façon dont les animaux sont des facilitateurs sociaux. Des chercheurs trouvèrent que des inconnus étaient plus susceptibles d'approcher des personnes en fauteuil roulant, et d'entamer une conversation aimable avec elles, si ces personnes avaient un animal avec elles[9]. Les animaux brisent la glace. Ils peuvent rassembler les personnes les plus improbables pour une expérience partagée, comme celle dont David fut témoin avec les détenus qui soignaient l'oiseau ensemble alors qu'ils s'étaient à peine adressé la parole jusqu'alors.

Les animaux fondent les glaciers que les gens construisent autour d'eux-mêmes. Une étude portant sur plus de 2 500 personnes aux États-Unis et en Australie[10] montra que les personnes qui avaient des animaux de compagnie étaient bien plus susceptibles de faire connaissance avec leurs voisins et de tisser des amitiés que celles qui n'avaient pas d'animaux. Quand nous nous promenons dans notre quartier, mon mari Patrick doit s'arrêter chaque fois que nous croisons un voisin avec un chien. Cela nous amène inévitablement à avoir une véritable conversation avec les voisins en question, plutôt que d'échanger un rapide bonjour. Une sortie de trente minutes se transforme facilement en promenade d'une heure. Patrick dira aux chiens que nous rencontrons : « Mais quel chien adorable ! Mais quel beau chien ! Est-ce que tu fais une bonne promenade ? » Un chercheur appelle cela la « triangulation » : quand une personne s'adresse à l'animal au lieu de l'humain qui l'accompagne[11]. Nous le faisons parce que les animaux sont sûrs et ne nous rejetteront pas d'emblée. En conséquence, les animaux nous permettent de nous défaire de nos inhibitions sociales. Patrick s'accroupit souvent devant les chiens que nous rencontrons et joue avec eux au sol. Il est sympathique de nature, mais je peux vous assurer que ce n'est pas le genre de chose qu'il ferait avec un voisin humain, même si le voisin en question acceptait de se prêter au jeu.

Accroupissez-vous, draguez les animaux, jouez avec eux, et vous aurez des animaux heureux et plusieurs époux ravis. Ou alors, si vous cherchez à obtenir un rendez-vous galant, prenez un animal avec vous. En 2008, un chercheur réussit à obtenir le numéro de téléphone de femmes dans 28 % des cas quand il avait un chien avec lui, alors que ce chiffre était de 9 % quand il était sans chien[12].

Les animaux nous relient les uns aux autres. C'est la raison pour laquelle nous aimons les gens qui aiment les animaux. Nous jugeons souvent les autres selon leur comportement à l'égard des animaux. Dans une étude, les participants devaient évaluer des personnages représentés sur des images, sur la base de critères différents comme l'intelligence, l'amabilité et la santé. Les évaluations étaient plus positives si un animal était également présent dans les illustrations avec les personnages. Similairement, dans le cadre d'une étude d'étudiants d'université, les participants évaluèrent des psychothérapeutes comme plus dignes de confiance s'ils étaient accompagnés d'un chien[13].

Le comportement d'une personne à l'égard des animaux nous donne un aperçu de son caractère moral. Dès 1699, John Locke conseillait de donner aux enfants des animaux à soigner afin qu'ils puissent « s'accoutumer, dès le berceau, à faire preuve de tendresse envers tous les êtres sensibles[14]. » À l'époque victorienne, les représentants d'enfants et les éducateurs encourageaient les familles à enseigner la bonté et la responsabilité aux enfants en invitant ces derniers à prendre soin d'animaux de compagnie. Sarah Josepha Hale, éditrice de magazine et auteure du poème *Mary's Lamb*, publia un essai argumentant que, pour les garçons en particulier, les animaux sont une « grande prévention contre la cruauté et la tyrannie irréfléchies qu'ils sont si susceptibles d'exercer à l'égard de tous les êtres dépendants[15] ». L'auteure pensait que les animaux peuvent enseigner aux humains la bonté, l'amour, la loyauté, le devoir et l'amitié.

Néanmoins, ces qualités positives ne peuvent être développées sans une bonne dose d'empathie. L'empathie déclenche des comportements prosociaux qui ont pour intention d'aider ou d'être bénéfiques à autrui, comme la bonté et l'altruisme. De telles actions comprennent le fait d'offrir un soutien émotionnel, de murmurer des mots de réconfort ou de faire don d'une somme d'argent à une noble cause. La bonté et l'altruisme sont les flammes de notre empathie. L'empathie attise également l'intelligence émotionnelle. Dans son livre *L'Intelligence émotionnelle**, Daniel Goleman

---

* NdT : Voir Daniel Goleman, *L'Intelligence émotionnelle – Intégrale ; Analyser et contrôler ses sentiments et ses émotions, et ceux des autres*, J'ai Lu, 2014.

décrit l'intelligence émotionnelle comme la capacité de reconnaître et de gérer ses propres émotions ainsi que celles des autres afin de guider le comportement. Cette forme d'intelligence est fortement liée aux compétences et relations sociales améliorées, et à une meilleure santé physique et mentale. L'intelligence émotionnelle est une mesure de l'empathie et de la capacité à comprendre et à entrer en lien avec les autres. « L'empathie est la compétence humaine fondamentale[16] », écrit Goleman. L'empathie est tellement intrinsèque aux relations que nous entretenons les uns avec les autres, que nous étiquetons toute personne qui en est dépourvue comme dangereuse ou mentalement malade.

Nous préférons les personnes empathiques et bonnes. Nous jugeons même l'attractivité d'une personne sur la base de ces qualités. Dans une étude publiée en 2014, des chercheurs en Chine divisèrent de manière aléatoire 120 participants hommes et femmes en trois groupes différents et leur demandèrent d'évaluer soixante photos de femmes dont l'expression du visage était neutre[17]. Deux semaines plus tard, on demanda aux participants d'évaluer à nouveau les photos, mais cette fois-ci, l'un des trois groupes d'évaluateurs reçut des descripteurs de personnalité négatifs, tels que la méchanceté, pour les femmes dans les photos. Le deuxième groupe reçut des descripteurs de personnalité positifs, tels que la bonté. Un groupe de contrôle ne reçut aucun descripteur de personnalité pour leur deuxième évaluation des photos. Dans le cadre de la première expérience, les trois groupes avaient évalué les photos de façon similaire en termes d'attractivité. Cependant, lors de la deuxième expérience, le groupe à qui on avait montré les photos avec des descripteurs de personnalité positifs évalua les visages comme bien plus attractifs que les deux autres groupes. Le groupe qui avait reçu des descripteurs négatifs donna la plus mauvaise évaluation en termes d'attractivité. En d'autres termes, comme l'écrivirent les chercheurs : « Nous trouvons que "ce qui est bon, est beau"[18]. »

Bien que cette étude présente certaines limites (elle ne porte que sur un petit groupe démographique de visages de femmes chinoises âgées de vingt à trente ans), ses conclusions soutiennent une série croissante d'études qui ont révélé que nous aimons les gens éthiques[19]. Par exemple, des chercheurs à l'université de British Columbia suggérèrent que dès l'âge de cinq mois, notre attirance pour la bonté est évidente[20]. Ils trouvèrent que des bébés préféraient une marionnette empreinte de bonté à une marionnette méchante dans le cadre d'un spectacle de marionnettes. Nous sommes attirés par les personnes empathiques. À leur tour, les individus qui montrent une plus grande empathie ont tendance à mieux réussir dans la vie. Dans une étude publiée dans la revue *PLOS ONE*, des enfants préadolescents qui faisaient preuve de bonté envers les autres étaient généralement plus heureux, dans de meilleures relations avec les autres et plus appréciés[21].

Heureusement, l'empathie n'est pas quelque chose de rare. Cette qualité est même très courante. L'empathie est probablement un mélange d'inné et d'acquis influencé par les expériences de l'enfance. Néanmoins, elle peut tout de même être apprise par ceux qui n'ont pas pu la développer dans l'enfance. Comme un muscle, notre empathie peut être renforcée.

Des programmes scolaires, tels que des programmes d'apprentissage socio-émotionnels, ont réussi à enseigner l'empathie aux enfants[22] grâce à des leçons portant sur la bonté, les compétences relationnelles et la gestion des émotions. Les enseignants et les thérapeutes utilisent également des animaux pour favoriser le développement de l'empathie chez les enfants non seulement envers les animaux, mais également envers les autres êtres humains. Dans le cadre d'un programme scolaire sur une année, où des enfants furent aléatoirement placés dans un groupe recevant des cours de bonté envers les animaux ou dans un groupe de contrôle, le psychologue Frank Ascione trouva que les enfants qui avaient appris l'empathie grâce à la compagnie d'animaux montraient également une plus grande empathie envers d'autres humains[23]. Plus le lien entre un enfant et un animal est solide, plus l'empathie et l'aptitude sociale de l'enfant sont élevées[24]. D'autres programmes scolaires montrent qu'au contact des animaux, les enfants apprennent l'empathie et deviennent moins agressifs et violents[25]. D'autre part, il y a de plus en plus d'indices montrant que les animaux font ressortir le meilleur même des adultes les plus violents.

Le deuxième jour de notre séjour à Lima, Patrick, David et moi allons rendre visite au Fraternal Order of Eagles, où près de vingt-cinq anciens employés du Lima State Hospital se retrouvent pour déjeuner une fois par mois. Aujourd'hui, nous dit David, la foire locale est gratuite pour les seniors et donc environ la moitié des habitués seulement devrait être présente au déjeuner.

Notre hôte nous emmène dans une salle qui ressemble à une cantine d'école et nous installe à une table ronde inexplicablement recouverte d'une fine nappe blanche. Alors que je jette un œil au menu, ma belle humeur vacille. Inquiète qu'il n'y ait pas d'options végétaliennes, j'essaie néanmoins de ne pas perdre espoir. Les choix alimentaires sont très importants pour moi.

Le reste du groupe n'est pas encore arrivé. Quelques retardataires prennent place au comptoir. Patrick demande à David : « Est-ce que vous parlez beaucoup de vos années à l'hôpital, entre vous ? »

« Ha ! La plupart du temps, nous nous plaignons de nos articulations et de ce qui tombe en morceaux en ce moment. »

Quand le reste du groupe arrive, c'est exactement ce qu'ils commencent à faire. Alors que nous sirotons nos boissons, Linda prend des nouvelles du cœur de Dan.

« Je dois aller faire un contrôle par moniteur cardiaque », dit-il.

David s'y met. « Je pensais que c'étaient tes genoux qui te causaient des soucis ! »

« Non, non. C'est mon cœur », répond Dan, secouant la tête face à l'injustice de la situation. Son visage de chien basset, agrémenté d'une grande moustache, ajoute à la morosité de son expression.

Bill, arrivé en traînant une bonbonne d'oxygène et respirant à l'aide d'une canule nasale, se tourne vers moi et en arrive au fait : « Il paraît que vous avez des questions pour nous. »

« Euh… oui », lui affirmé-je. Je bois une gorgée de mon thé glacé. Je ne sais pas pourquoi, mais Bill me trouble. « J'aimerais que vous me parliez de votre expérience à l'hôpital. »

« Eh bien, j'ai commencé comme assistant dans le service 20, mais ensuite ils ont eu besoin d'aide au service 21. Ils avaient besoin d'assistants massifs dans ce service superfort. » Il désigne son physique corpulent : « Vous voyez pourquoi ils m'ont choisi. »

Le service 21 était l'un des deux « services superforts », considérés comme les plus sécurisés et où étaient envoyés les détenus les plus violents ou « difficiles ». « Je travaillais la journée, explique Bill. Les détenus devaient rester assis sur une chaise toute la journée. Ils n'avaient pas le droit de parler. Ils n'en avaient pas le droit quand ils allaient prendre leurs repas. Ils n'en avaient pas le droit quand ils revenaient après avoir pris leur repas. Ils n'en avaient pas le droit quand... »

« Ha ha ha ! interrompt Dan. Il serait peut-être plus facile de dire quand ils *avaient* le droit de parler ! »

« Ils devaient s'agenouiller devant mon bureau et chuchoter pour demander s'ils pouvaient aller aux toilettes. » Bill marque une pause. « Je suppose qu'ils pouvaient parler dans les douches. Je ne sais pas. Nous n'y allions pas avec eux. »

D'après Bill, les détenus de ce service superfort avaient pour ordre de littéralement rester assis sur des chaises dures en bois toute la journée, et de ne pas prononcer un mot sauf pour communiquer avec l'assistant. Même alors, ils devaient parler à voix basse. Les détenus devaient chuchoter pour demander qu'on allume la télévision. Il n'y avait pas de livres. Rien d'autre pour faire passer les journées. « Je ne trouvais aucun des détenus très intéressant », dit Bill. Qui pourrait être intéressant s'il n'a jamais rien à faire ?

Le repas arrive et nous commençons à manger. Attablée devant une pomme de terre rôtie toute simple et du brocoli cuit à la vapeur, je regarde avec envie l'assiette de frites de David. Il a l'air glorieusement satisfait, à dévorer ses frites chaudes et salées. Après quelques minutes, Bill se tourne vers moi. « Avez-vous été voir les animaux de David ? » me demande-t-il.

« Oui. Patrick et moi y étions toute la journée hier. Y êtes-vous déjà allé ? »

« Non. Les lamas, ça crache. »

Contrairement aux autres à notre table, Bill ne montre aucun intérêt pour les animaux de David, et au fur et à mesure de la conversation, il devient évident qu'il méprise les animaux. Est-ce pour cela qu'il me met mal à l'aise ?

Dan ramène la conversation aux détenus du service 21. « Une des raisons pour lesquelles les détenus restaient assis à rien faire était tous les médicaments qu'ils devaient prendre. »

Ah oui, les médicaments qui endorment les hommes. Les services superforts étaient considérés par beaucoup de monde comme les endroits les plus cruels de l'hôpital. Les punitions étaient rapides et sévères, et les gardiens mettaient les détenus en isolation totale s'ils n'obéissaient pas aux ordres même si ces derniers étaient triviaux, apparemment. Je suis étonnée d'apprendre que certaines personnes à notre table, Bill en particulier, défendent ces pratiques encore aujourd'hui en disant qu'elles sont nécessaires pour éviter les bagarres et les émeutes chez les détenus. Je ne devrais peut-être pas m'en étonner. Son mépris envers les détenus n'est pas si différent de ses sentiments envers les animaux. Il refuse d'accorder sa compassion aux uns comme aux autres.

Bill me dit que quelques employés seulement « ont peut-être été un peu trop loin ». Les abus allégués, dit-il, étaient l'exception. Ils n'étaient certainement pas la norme.

Néanmoins, certains assistants sociaux, infirmiers et psychiatres, et parfois certains assistants, dénonçaient les mauvais traitements subis par les patients. Ces employés étaient alors ignorés, punis ou soumis à des pressions pour garder le silence. Le Lima State Hospital continua ses pratiques comme si elles étaient normales pendant des décennies, jusqu'à ce que deux journalistes assidus et un photographe du plus grand quotidien de l'Ohio, *The Plain Dealer*, mènent une enquête secrète en 1971.

Au cours de leur enquête qui dura six semaines, les journalistes Richard Widman et Theodore Whelan, et le photographe William Wynne, interviewèrent des patients et des anciens patients ainsi que leurs familles, et se plongèrent dans des milliers d'actes de décès et de rapports de médecins légistes[26]. Ils interviewèrent des assistants hospitaliers, des gardiens de sécurité, des médecins et des assistants sociaux qui auparavant avaient été forcés à garder le silence. Les journalistes trouvèrent que de nombreuses rumeurs étaient bien indicatives de ce qui se passait en réalité. Ils décrivirent des récits de brutalité généralisée au sein de l'institution[27] tels que :

- des patients obligés d'accomplir des actes sexuels, sur ordre d'assistants ;
- des patients battus par des assistants pour avoir commis des « infractions » telles que le fait d'avoir mimé une chanson ;
- des patients, dont une femme enceinte, déshabillés de tous leurs vêtements et enfermés dans des cellules isolées, vides et froides, par des assistants ;
- une jeune femme, dont les mains avaient été attachées au-dessus de sa tête à un grillage recouvrant la fenêtre d'une cellule d'isolement par des infirmiers, battue par un assistant avec un pot de chambre jusqu'à en perdre conscience ;
- les pendaisons suspectes de vingt-six patients, classées dans la catégorie des suicides par des employés.

À la suite de ces indices, ainsi que d'autres, vingt-six hommes et cinq femmes employés par le Lima State Hospital furent inculpés par un grand jury[28]. Une ordonnance ultérieure passée par une juridiction fédérale fut le début d'une série de réformes au sein de l'hôpital[29] dont la première fut l'embauche d'un nouveau directeur, William Balson. L'un des premiers actes de ce dernier fut de fermer les services forts.

« Ensuite, Balson a fait venir six d'entre nous dans son bureau, me dit David en se délectant d'une frite. Balson avait dû entendre dire du bien de nous. Il nous a dit que si nous avions des idées pour l'aider à effectuer des changements, il serait bien heureux de les entendre. »

David envoya un mémo au directeur Balson, demandant que trois perruches en cage et deux aquariums soient autorisés dans deux services pendant une période de soixante jours pour évaluer si ces animaux pouvaient apporter un peu de joie dans la vie des patients. Le lendemain, il retrouva son mémo dans sa boîte aux lettres avec un mot de Balson. Ce mot disait tout simplement : « Allez-y ».

De retour chez David, ce dernier nous montre, à Patrick et moi, des photos d'anciens patients du Lima State Hospital avec différents animaux. « Voici Frank, dit-il en désignant un homme sur une photo avec un chat noir et blanc enroulé autour de ses épaules. Il était "l'homme du FBI". Il parlait dans son poignet pour appeler le quartier général du FBI. Nous avions beaucoup de gars qui disaient qu'ils étaient infiltrés par le FBI ou la CIA ! » David rit et nous sursautons tous ; le signal ferroviaire sonne l'alarme au passage d'une poule. « Bref, continue David, Frank a pris soin de ce chat. Il lui ramenait de la nourriture en cachette. Qu'est-ce qu'il aimait cet animal ! »

Ce chat fut introduit dans l'hôpital bien plus tard. Pour sa période d'évaluation de soixante jours, David commença par des oiseaux et des poissons dans deux services d'hommes : un premier où étaient placés les patients les plus déprimés et suicidaires, et un deuxième qui abritait les hommes les plus âgés. Dès que les patients virent les animaux, ils demandèrent à pouvoir s'occuper d'eux. Alors, David donna à certains la responsabilité de nourrir les poissons, de nettoyer les aquariums ou de soigner les oiseaux. David établit un suivi du progrès et de la santé mentale de chaque patient, et pris soigneusement des notes. Il suivit également le progrès de deux autres services presque identiques en termes de patients, d'employés et de soins – mais sans animaux – en tant que groupe de contrôle.

En trois semaines seulement, David assista à des résultats incroyables. Dès qu'un invité entrait dans l'un des services à l'essai, des patients l'emmenaient voir « mes poissons » ou « mes oiseaux ». Quatre semaines après le lancement du projet, les perruches avaient chacune un prénom, étaient plus souvent en dehors de leurs cages, et passaient leurs journées perchées sur les épaules des patients. L'essai de David fonctionnait.

David nous raconte ainsi : « Je n'en croyais pas mes yeux. Pour comprendre cet hôpital, il faut savoir que c'était l'endroit le plus triste qui soit. D'abord, on y était tout seul. Ensuite, on y purgeait pratiquement une peine à perpétuité sans aucun espoir. Typiquement, les patients n'avaient aucune famille. Or, la solitude est probablement tout aussi dangereuse que la maladie mentale elle-même. Des patients qui passaient habituellement leurs journées à arpenter les couloirs du service, arpentaient toujours les couloirs mais cette fois avec un oiseau sur l'épaule. Et les patients parlaient aux oiseaux et aux poissons, et parlaient *d'eux*. C'était comme ce film – comment s'appelle-t-il ? Celui où tous les gens dans le coma se réveillent ? »

« *L'Éveil* ? » suggéré-je.

« Oui, c'est ça. Des personnes déprimées, pratiquement catatoniques à Lima, étaient soudainement réveillées. »

Dans un endroit où tout et tout le monde était hostile et froid, les détenus virent que les oiseaux et les poissons étaient amicaux et chaleureux. Ces animaux firent battre au plus profond des patients un sentiment de lien qui manquait dans leur vie. Après tout, les animaux sont des êtres vivants avec des personnalités individuelles, des excentricités et des bizarreries, qui s'adaptent à nos comportements et coutumes tout comme nous nous adaptons aux leurs. Des hommes auparavant silencieux roucoulaient aux oiseaux. Des poissons nageaient vers la surface de leur aquarium pour rencontrer les mains qui les appelaient. Des oiseaux se posaient sur les bras des patients et passaient du temps avec eux dans la salle de télévision. Et à travers leur relation partagée avec les animaux, les détenus trouvèrent un terrain d'entente. Tout d'un coup, ces hommes répondaient non seulement aux animaux, mais également à leurs camarades. Les animaux dissipèrent leur morosité et soulagèrent le désespoir de certains détenus parmi les plus désespérés.

Les hommes et les femmes au Lima State Hospital n'étaient pas simplement mentalement malades. Ils n'étaient pas simplement des criminels. Ils n'étaient même pas simplement des criminels dangereux. Ils étaient des individus qui, du moment où ils entraient dans l'institution, recevaient le message d'une manière ou d'une autre qu'ils étaient des rebuts de la société. Dans le meilleur des cas, on les laissait pourrir. Dans le pire des cas, ils étaient avilis, soumis et battus comme si les employés ne voyaient plus que des démons en eux. Quand vous subissez ce genre de campagne systématique et qu'en plus vous êtes conscient des actes violents que vous avez commis dans le passé, il n'est pas si difficile de croire que vous n'êtes effectivement pas tout à fait humain.

J'ai dit précédemment que les animaux ne nous jugent pas. Ce n'est pas tout à fait vrai. Ils ne nous jugent pas de la façon dont nous nous jugeons entre nous, humains. Peu leur importe notre vie passée, nos possessions ou notre apparence – ils passent au-delà de tout ça et vont droit au but. Les animaux à notre charge nous évaluent surtout selon un critère : sommes-nous empreints de bonté ?

Un détenu mineur qui travaillait avec des chiens dans le cadre d'un programme récent pour détenus en prison appelé Project POOCH, dit très justement que « l'étendue de l'amour qu'un chien peut vous donner dépend de vous[30] ». Les animaux ne sont pas simplement des miroirs de la personne que nous sommes. Ils ne reflètent pas simplement nos émotions. Ils ont eux-mêmes des émotions qui leur sont propres et qui répondent aux nôtres. La façon dont les animaux nous répondent peut nous dire beaucoup sur qui nous sommes.

Quand les oiseaux et les poissons répondaient aux détenus en venant manger dans leurs mains et en se posant sur leurs bras, ils leur envoyaient un message que ces détenus avaient désespérément besoin d'entendre : *Je te fais confiance*. Ces animaux disaient à des hommes et des femmes qui avaient été jugés comme étant au-delà de toute rédemption, qu'il y avait encore quelque chose de bon en eux. Venant de la part de créatures qui nous évaluent uniquement sur la base de la douceur dans notre voix et dans nos gestes, c'était un message puissant.

À la fin des soixante jours, l'essai de David était couronné de succès. Le directeur Balson lui donna la permission de continuer le programme et un an plus tard, les résultats étaient irréfutables. En comparaison avec les patients des services qui formaient le groupe de contrôle, les détenus des services avec les animaux avaient besoin de moitié moins de médicaments, étaient impliqués dans moins d'incidents violents et ne firent aucune tentative de suicide. Les autres services comptèrent huit tentatives de suicide.

« La différence était tellement importante, nous dit David en cherchant parmi des piles de photos dans le garage, qu'il était difficile d'y croire. Des hommes qui auparavant passaient dix-huit heures par jour au lit étaient debout et socialement engagés. Ils se vantaient de leurs oiseaux et de leurs poissons ! Oh, c'était tellement génial ! Et c'était dans les années soixante-dix, quand personne n'avait même idée de ces choses. »

David nous raconte l'histoire d'un patient, Lichen, qui avait été condamné pour vol. « C'était peut-être aussi un pédophile », dit David. « Je ne me souviens plus. Mais il était très malade, mentalement. Il y avait un aquarium dans son service avec des poissons-anges, et il mettait sa main dans l'eau et les poissons venaient à lui. À lui seul. Cela ne marchait jamais avec les autres patients. Quand il a enfin dû être transféré à un autre hôpital, il a dit qu'il n'irait pas à moins de pouvoir emmener ses poissons-anges avec lui. » David rit. « Oh, la la ! Je n'avais encore jamais entendu quelqu'un refuser de rentrer chez lui ou au moins d'aller dans un meilleur endroit ! Car je peux vous dire que nous étions les pires ! »

Cet homme considérait ces poissons comme faisant tellement partie de sa famille qu'il refusa de quitter un hôpital pour personnes mentalement aliénées sans eux. Heureusement, David put convaincre le nouvel hôpital d'accepter l'aquarium sous promesse de Lichen qu'il prendrait en charge les soins des poissons.

Après Lichen, d'autres patients refusèrent de quitter l'institution sans leurs précieux animaux, dont un homme qui n'avait pas prononcé un seul mot depuis son entrée à l'hôpital un an auparavant. Les médicaments et la psychothérapie n'avaient eu aucun effet sur lui. « Un jour, après m'être assuré qu'il ne représenterait pas un danger pour l'animal, raconte David, je lui ai donné une perruche calopsitte à garder dans sa chambre. » Quelques jours plus tard, cet homme avait appris à la perruche femelle, qu'il avait curieusement nommée Gilbert, à se poser sur son épaule et il l'encourageait à siffler. « Environ une semaine plus tard, continue David, alors que je passais devant sa chambre, à ma grande surprise il m'a dit : "graines pour oiseaux". C'étaient les premiers mots qu'il prononçait depuis qu'il était là. » Doucement, le patient commença à parler davantage, d'abord et surtout à Gilbert, qui était son compagnon de tous les instants. Deux mois plus tard, l'homme interagissait avec d'autres patients. Quand il fut libéré de l'hôpital, son amélioration était spectaculaire. Sa seule demande à l'institution lui fut accordée : qu'il puisse emmener Gilbert chez lui.

Au cours des années qui suivirent, David étendit le programme d'animaux dans quinze des dix-neuf autres services restants. « L'idée avait tout d'un coup pris feu et tous les services réclamaient des animaux », explique-t-il. Après quelque temps, outre les poissons, plus de deux cents animaux – des chinchillas, des lapins, des cochons d'Inde, différents types d'oiseaux et des chats – se baladaient dans les couloirs de l'institution, prenaient le soleil dans la serre ou dormaient dans les abris et petites granges construits par les détenus. David nous montre des photos d'hommes en train de rire en nourrissant, caressant et jouant avec des lamas, des chevreuils, des chèvres, des moutons, des canards, des poulets et une oie particulièrement bavarde. Les couloirs et les cours de l'hôpital, autrefois stériles, étaient remplis de vie – et d'espoir.

« Mon travail s'en est trouvé facilité, dit David, et il semblait que les gardiens commençaient à voir que leur travail était devenu plus facile car ils ne devaient pas constamment se battre. Les détenus étaient plutôt contents de pouvoir passer le temps avec leurs animaux, tout simplement. »

Aujourd'hui, des études montrent que des programmes d'animaux dans les prisons augmentent le contrôle de soi, la patience et l'estime de soi chez les détenus. D'autre part, la présence d'animaux améliore non seulement le moral des détenus, mais également celui des employés, et diminue la violence et améliore les interactions entre les deux groupes[31]. Quand des animaux sont présents, les tensions entre les deux groupes, qui s'affrontent souvent, se dissolvent.

Dans le cadre d'un programme d'animaux dans une prison, des chercheurs évaluèrent les aptitudes sociales et la sensibilité sociale des détenus, leur capacité à interpréter la communication d'autrui, et leur sensibilité aux normes qui régissent un comportement social approprié[32]. Les enquêteurs séparèrent les détenus en deux groupes, un premier groupe expérimental et un deuxième groupe de contrôle. Les membres du premier groupe participèrent à un programme intensif de dressage de chiens de refuge afin d'améliorer leurs chances d'adoption. Les résultats de l'étude montrèrent des aptitudes sociales et une sensibilité sociale nettement améliorées chez les détenus qui avaient passé du temps avec les chiens.

Les programmes d'animaux peuvent aussi diminuer la criminalité en réduisant le taux de récidive. Un programme de ce type mené dans l'État de Washington[33] rapporta que le taux de récidive dans les trois ans dans cet État est de 28 % en moyenne, mais de seulement 5 % chez les détenus qui ont participé à un programme d'animaux. D'autres programmes montrent des conclusions similaires[34]. Ces études sont peu nombreuses et le taux de récidive diminué n'est probablement pas dû à une seule cause. Néanmoins, l'étude de Washington ainsi que les autres suggèrent que les bénéfices que nous offre la compagnie des animaux se voient au niveau non seulement individuel, mais également sociétal.

Il est possible que les programmes de thérapie avec des animaux comme ceux mis en place au Pendleton Correctional Facility et au Lima State Hospital fonctionnent tout simplement parce qu'ils augmentent la confiance en soi des détenus, améliorent leurs aptitudes professionnelles (ce qui les aide à trouver du travail une fois qu'ils sont libérés), leur enseignent les responsabilités et diminuent leur dépression. L'empathie n'est pas nécessairement la cause de ces améliorations. La question demeure alors : les animaux peuvent-ils renforcer l'empathie chez les personnes qui en sont dépourvues et violentes ?

David montre à Patrick et moi une photo d'un homme, un chevreuil et une oie qui sautent tous ensemble au même moment. Ils ont l'air très heureux. « Souvent, je commençais par confier aux détenus comme cet homme la tâche de prendre soin des animaux dans la grange, avant de leur permettre d'en avoir un dans leur chambre, raconte David. Ils étaient nombreux à demander à avoir leur propre animal de compagnie avec eux dans leur cellule. » David veillait à confier les soins des animaux au fur et à mesure aux seuls patients qui démontraient qu'ils étaient responsables, et qui n'avaient aucun antécédent de maltraitance animale. « C'était ma règle cardinale. La sécurité des animaux avant tout. Nous avions deux cannibales, sourit-il, et je ne les laissais jamais s'approcher des animaux. »

Si on excepte les cannibales, l'image de l'institution changea considérablement après l'arrivée des animaux. Au lieu d'écrire des articles dépeignant des atrocités, des journalistes pour le *Smithsonian Magazine*, « 60 Minutes », le *National Enquirer*, *Reader's Digest*, et « ABC World News Tonight » se précipitaient à l'hôpital pour ensuite rapporter des histoires inspirantes d'animaux qui parvenaient à toucher leurs compagnons humains comme personne d'autre ne le pouvait. En retour, les détenus montraient une tendresse et une patience remarquables à l'égard des animaux.

« Nous avions quelques perruches méchantes, raconte David. *Vraiment* méchantes ! Et dix jours plus tard, ces hommes avaient les perruches sur les épaules et je me demandais : "Mais comment ont-ils fait ?" » Un autre patient avait appris à une gerbille femelle à sonner une cloche quand elle voulait manger : un exploit. Encore un autre détenu, qui caressait une gerbille logée au creux de ses mains arrondies en protection alors qu'il parlait avec des journalistes, expliqua : « Avant, je n'avais jamais eu ce genre de sentiment de compassion très profond pour un animal. Quand j'étais enfant, j'allais souvent chasser et j'abattais des lapins. Je ne pensais même pas qu'ils étaient des animaux. Maintenant, après avoir vu les oiseaux et les cochons d'Inde et les hamsters et les gerbilles et les lapins dans le service, et s'être rapproché d'eux, on comprend réellement la nécessité d'avoir de la compassion pour eux et de ne pas leur faire de mal[35]. »

Un jeune patient qui était devenu suicidaire alors qu'il purgeait une peine pour vol à main armée attribue à un perroquet du nom de Christy le mérite de lui avoir enseigné la bonté. « Je n'avais jamais auparavant ressenti de compassion[36] », dit-il. Quand il fut enfin libéré, il obtint un emploi auprès de l'Atlanta Humane Society pour créer un programme fédéral visant à introduire des animaux dans des institutions pour personnes mentalement malades.

Dans le chapitre précédent, nous avons vu comment les animaux nous aident à revenir au calme en diminuant notre pression artérielle, notre rythme cardiaque et nos hormones de stress. Avec les animaux, nous nous détendons. Ils ne sont pas en concurrence avec nous comme le sont les autres humains, et ils nous offrent une libération émotionnelle et psychologique. En conséquence, les animaux désamorcent une grande partie de la pression d'origine humaine dans nos vies. Prenez par exemple Ron Kirkpatrick, un détenu du Lima State Hospital qui purgeait une peine pour abduction et viol. Il avait pour surnom « le Tueur » car il avait tué un autre détenu dans une prison de Caroline du Nord plusieurs années auparavant. Mais pour le petit cacatoès jaune prénommé Babe, il était l'homme doux qui l'avait adopté et qui prenait soin de lui dans sa petite cellule. Pour Ron Kirkpatrick, Babe était l'antidote à la fureur refoulée qu'il ressentait envers lui-même, et envers les autres détenus et employés. Indiquant Babe, perché sur la branche d'un arbre, Kirkpatrick dit à des journalistes : « Avant, je me querellais avec les assistants. Maintenant, je viens parler à l'oiseau et je ne crie plus après personne[37]. »

David me dit que Ron Kirkpatrick adorait Babe. « Il ne parlait que de Babe. Comment Babe se portait ce jour-là. Quelle nouvelle friandise Babe avait découverte. » À l'époque, la science n'avait pas encore révélé que quand Kirkpatrick était avec Babe, ses niveaux d'ocytocine étaient probablement en augmentation. Similairement, des niveaux de mesotocine, une substance neurochimique semblable à l'ocytocine et qu'on trouve chez les oiseaux, pourraient avoir augmenté chez Babe. Comme nous l'avons vu, l'ocytocine nous met de meilleure humeur, ce qui nous permet de ressentir plus d'empathie pour autrui. Quand nous sommes tendus, blessés ou en colère, l'empathie peut être aussi difficile à retenir qu'un pain de savon mouillé. Les animaux peuvent désamorcer ces émotions négatives. Un autre détenu expliqua à des journalistes : « Je peux vous dire que si quelqu'un venait dans ma chambre et commençait une dispute, je le jetais dehors. J'ai seulement besoin d'aller dans ma chambre et de regarder mes poissons. Si ces poissons peuvent vivre en paix ensemble, je peux le faire[38]. » En augmentant nos niveaux d'ocytocine, les animaux nous aident à nous emparer d'un sentiment d'empathie.

Des études récentes indiquent que l'ocytocine aiguise la compréhension que nous avons les uns des autres. Des niveaux plus élevés peuvent nous aider à mieux décoder la signification émotionnelle de signaux non verbaux.

Par exemple, des chercheurs demandèrent à un groupe de trente adultes d'inhaler de l'ocytocine et ensuite d'examiner des photos montrant les yeux d'autres personnes[39]. En comparaison avec le groupe placebo, le groupe qui avait inhalé de l'ocytocine démontra une meilleure capacité d'interprétation des émotions des personnes sur les photos. Pour reprendre l'expression des chercheurs, l'ocytocine améliore « la lecture des pensées[40] ».

Je me rends compte qu'il y a une autre raison pour laquelle Bill, l'ancien assistant du service 21, m'a perturbée. Son corps et son visage montraient peu d'émotions, et de ce fait il était difficile à « lire ». À plusieurs occasions, je n'ai pas su s'il plaisantait avec moi ou s'il était complètement sérieux. Les deux tiers de la communication humaine sont non verbaux[41] et nous avons besoin de signaux non verbaux pour décoder ce que les autres veulent dire. Nous avons du mal à savoir si quelqu'un est sarcastique, dit une plaisanterie, cherche à blesser ou même pense ce qu'il dit, sur la base des mots seuls. Nous avons besoin de voir si cet individu sourit ou fronce les sourcils, s'il nous regarde franchement dans les yeux ou s'il évite notre regard, s'il croise les bras ou les laisse confortablement à ses côtés. C'est pour cette raison que l'utilisation des émoticônes connaît un grand succès dans plusieurs formes de communication écrite : les mots seuls ne peuvent pas entièrement traduire ce que nous voulons communiquer. D'autre part, les gens peuvent utiliser les mots pour induire en erreur ou pour mentir délibérément. Mais il est très difficile de mentir de façon non verbale. Votre patron peut vous dire que la société ne licenciera personne, mais si vous parvenez à percevoir correctement ce qu'expriment son langage corporel et son visage, vous comprendrez peut-être qu'il est temps pour vous de chercher un nouvel emploi.

Plus nous nous exerçons à déchiffrer les signaux non verbaux, meilleures seront nos aptitudes empathiques. Les animaux sont parfaits pour nous à cet égard. Quand nous sommes avec eux, nous revenons à ce langage plus profond qui traduit nos véritables émotions mieux que les paroles. Afin de former une relation véritablement réciproque avec d'autres animaux, nous devons interpréter les sons qu'ils font ainsi que le sens de leurs mouvements corporels. Nous devons également développer notre aptitude à nous faire comprendre d'eux.

L'empathie à l'égard d'autrui demande une certaine conscience de soi. Pour véritablement percevoir les sentiments d'un autre et comprendre son point de vue, nous devons être capables de déchiffrer les nôtres. Sinon, nous risquons de projeter nos propres émotions sur l'autre. Avec les animaux, nous devons être conscients de la posture de notre corps, du ton de notre voix et de la position de nos mains. Nous devons être conscients de nos propres émotions. Êtes-vous en train de communiquer une énergie menaçante ? Le ton de votre voix est-il calme, ou mordant ? Les animaux ont besoin que nous prêtions attention à nos propres signaux et points de vue verbaux et non verbaux. Quels messages leur envoyons-nous ?

Une synergie complexe d'empathie émotionnelle et cognitive est ce qui nous aide le mieux non seulement à nous comprendre nous-mêmes, mais également à comprendre ce qu'un autre voit, ressent, entend, pense et ce dont il pourrait avoir besoin ou envie. Il s'agit d'un processus continu. Nous utilisons les deux formes d'empathie l'une après l'autre, et la combinaison des informations que nous recevons nous aide à générer la motivation d'agir avec compassion et éthique. Avec les animaux, nous essayons de déchiffrer les points de vue d'êtres qui sont à première vue très différents. Grâce à leur compagnie, les animaux nous apprennent à « lire » dans leurs pensées ainsi que dans les nôtres.

Je suis heureuse d'apprendre qu'au fur et à mesure du temps, David commença à amener à l'hôpital uniquement des animaux qui avaient été blessés ou négligés, ou qui étaient sans-abri comme Tom, le chat mentionné dans la revue *Cats Magazine*. D'autres créatures blessées et sans-abri comprenaient une oie invalide, un pinson à une patte et un petit faon dont la mère avait été tuée lors de la démolition d'une vieille maison par des promoteurs. « Cela faisait sens pour moi, dit David. Les détenus étaient brisés. Les animaux étaient brisés. Je me suis dit que les patients pourraient avoir le sentiment d'aider à sauver ces animaux. Je pense aussi que les détenus s'identifiaient aux animaux invalides ainsi qu'à ceux dont personne ne voulait. »

Les paroles de David me rappellent Daniel, au Pendleton Correctional Facility. Sociabiliser les chats pour les aider à trouver une bonne maison donne un sens à la vie de Daniel, mais son lien avec ces animaux est plus profond. Dans un certain sens – et par là, je ne justifie d'aucune manière le fait que Daniel a tué son demi-frère –, Daniel, comme les chats, était quelqu'un dont personne ne voulait. Peut-être cela fut-il un facteur dans son acte de meurtre soudain et toujours inexpliqué. Avant d'entrer au pénitentiaire, Daniel était traîné de foyer en foyer chaque fois que sa mère se remariait. Pour lui, aider les chats du sanctuaire est particulièrement gratifiant, peut-être en partie parce qu'il s'identifie à eux.

Roscoe était particulièrement aimé des patients du service 4 au Lima State Hospital. Un grand perroquet de l'Amazonie vert avec un seul œil, Roscoe brillait de magnétisme animal. David me raconte que c'était comme si Roscoe pouvait repérer une personne triste et déprimée dans les couloirs, et atterrir sur son épaule. Plus tard, on voyait cette même personne apporter à Roscoe une petite friandise de la cantine ou lui permettre de rester près d'elle alors qu'elle regardait la télévision. « On m'a souvent dit que Roscoe était le meilleur thérapeute de tout l'hôpital », dit David.

Il y a autre chose chez les animaux qui pourrait expliquer comment et pourquoi ils peuvent nous aider à apprendre l'empathie. Il s'agit de quelque chose que la science ne peut pas encore mesurer. Quand nous sommes en relation avec des animaux, nous créons des liens émotionnels avec des créatures qui ne partagent pas nos aspirations et objectifs humains. Les animaux nous sortent de notre égocentrisme. Ils nous permettent de prendre du recul sur les valeurs que nous pensons importantes. Ils nous motivent à devenir moins zélés et obsédés par les objectifs, et plus dans l'acceptation de nos propres défauts et faiblesses. Les animaux nous ramènent les pieds sur terre.

Les interactions éloquentes avec les animaux restaurent en nous un sentiment d'équilibre et d'harmonie. Ils nous aident à nous sentir en lien et en unité avec tout le vivant. Avec cette connexion vient l'empathie véritable, c'est-à-dire la capacité de reconnaître que même avec nos différences, nous ne sommes pas si dissemblables au niveau de ce qui est important. Les animaux, comme Roscoe, nous rappellent que nous aussi, nous sommes des êtres fragiles. Et que ce n'est pas grave.

Au fil des années au Lima State Hospital, il y eut quelques incidents autour des animaux. Dans un service, les patients bouchèrent le tuyau d'évacuation de la fontaine et causèrent une inondation afin que deux perruches calopsitte puissent prendre un bain. Bonehead, la chèvre noir et blanc adorée de tous, ne cessait de déclencher les alarmes de sécurité et d'agacer les gardiens. Billy, une autre chèvre, parvint à entrer dans l'atelier de céramique et renversa les poteries que des détenus avaient mis des heures à réaliser. Les « Jésus en duel » – deux patients schizophrènes chacun convaincu qu'il était Jésus réincarné – se battaient, parfois méchamment, au sujet de qui avait le droit de prendre soin d'un lapin particulier. Mais malgré tous ces petits ennuis souvent drôles, les détenus qui tissèrent un lien avec les animaux vécurent un amour unique et sincère. Et chez nombre d'entre eux, leur ange intérieur put ouvrir ses ailes.

En cette matinée glacée de janvier 1977, les passions s'échauffèrent dans le service 18 comme des électrons dans un accélérateur de particules. Après avoir ligoté les gardiens, les dix émeutiers, la plupart d'entre eux des meurtriers, arpentèrent les couloirs en attendant l'arrivée de l'infirmière du matin. Cette dernière avait conservé l'esprit qui régnait dans l'hôpital avant les réformes et était particulièrement sévère avec les détenus. Malgré cela, la majorité des patients du service refusèrent de participer à l'émeute.

Ce service était dans une zone restreinte, c'est-à-dire qu'à part être escortés à l'extérieur trois fois par jour pour leurs repas, les patients passaient leur vie entre les murs du service. Ce dernier consistait en deux grands espaces, la salle de jour et le dortoir où quarante lits faisaient le tour de la pièce. Prendre l'infirmière en otage serait le billet de sortie des émeutiers leur permettant de quitter ces murs qui les confinaient, et d'atteindre la liberté. Mais où était-elle donc ? Ils s'impatientèrent. Incapables de contrôler leur énergie refoulée, les émeutiers fracassèrent la télévision, renversèrent la fontaine, brisèrent les fauteuils, éventrèrent les canapés et pulvérisèrent les fenêtres.

Ce fut ce dernier acte qui causa leur perte. Des policiers en patrouille circulant à l'extérieur des murs virent les fenêtres cassées et les bris de verre, et le notifièrent au service de sécurité. Au lieu de voir apparaître l'infirmière du matin quand les portes du service s'ouvrirent quinze minutes plus tard, les agitateurs se retrouvèrent face à une équipe de vingt gardiens absolument furieux, matraques à la main. Quand les gardiens pénétrèrent dans le service, ils trouvèrent presque tout détruit et inondé dans la salle de jour. Les seules choses qui n'avaient pas été touchées étaient un aquarium et une cage à oiseaux. Les patients qui avaient refusé de se joindre à l'émeute avaient formé un cercle protecteur autour de leurs poissons et de deux perruches adorées pour les protéger des émeutiers.

PARTIE 2

En rupture avec les animaux

CHAPITRE 4

La genèse d'un meurtrier

Un jour, après avoir terminé mes tâches ménagères après l'école, je me rendis à l'appartement de mes grands-parents, à la recherche de Sylvester. Dès que je franchis la porte, j'entendis Dave hurler et Sylvester pousser des cris perçants. Mon cœur battit la chamade. Que se passait-il donc ? Je les trouvai dans l'une des chambres, et ce que je vis se grava à jamais dans ma mémoire.

Dave était en train de projeter Sylvester contre un mur. Encore et encore. Sylvester n'était pas grand, et il était facile pour Dave de le jeter loin et fort. Sylvester criait à chaque fois que son petit corps s'écrasait contre le mur. Plutôt que de s'enfuir entre chaque projection, Sylvester mettait sa queue entre ses jambes, baissait la tête, et revenait vers Dave en gémissant comme s'il cherchait à l'amadouer.

« Dave ! criai-je. Que fais-tu à Sylvester ? »

« Je le dresse », répondit Dave.

« Il a mal. Tu lui fais mal ! »

« Regarde ce qu'il a fait, là-bas ! » Dave désigna un coin derrière le lit où il y avait une flaque de pipi. « Il doit apprendre. C'est comme ceci que je le dresse. C'est normal de dresser un chien comme ça. »

Je restai jusqu'à ce que Dave ait terminé, pour m'assurer que Sylvester allait bien et pour le réconforter. Mais les paroles de Dave me restèrent à l'esprit quand je quittai l'appartement. Je ressentais un mélange d'émotions que je ne savais pas traiter car j'étais trop jeune. J'adorais Sylvester, et le voir se faire maltraiter me faisait mal à un point que je n'aurais jamais imaginé. J'étais également en colère contre Dave pour avoir fait du mal à Sylvester. Mais Dave était plus âgé que moi ; il était pratiquement un adulte. Je n'étais qu'une enfant. C'était cette même logique que j'appliquais par ailleurs pour garder le silence au sujet des abus que je subissais de mon côté. Peut-être qu'il était effectivement normal de dresser les chiens ainsi.

Au cours des cinq mois qui suivirent, pendant lesquels Dave continua à maltraiter Sylvester, je mis de côté mon empathie. J'adorais Sylvester et je détestais savoir qu'on lui faisait du mal, et pourtant je me rangeai aux raisons émises par Dave pour justifier cette maltraitance. La rationalisation de Dave l'emportait sur mon empathie naturelle envers Sylvester. Comment cela était-il possible ?

Pourquoi acceptons-nous, qui que nous soyons, la cruauté envers les animaux ? Collectivement, c'est quelque chose que nous faisons tous les jours. Quand le cirque Ringling Brothers and Barnum & Bailey annonça, longtemps avant sa fermeture, qu'il éliminait ses numéros d'éléphants, après des décennies de condamnations par des associations de protection des animaux pour son utilisation de crochets, de mise en isolation, de privation de nourriture et d'aiguillons électriques pour briser les éléphants et les obliger à se soumettre, des défenseurs du cirque pleurèrent « la fin d'une ère[1] ». Quand des chiffres font surface au sujet du nombre d'animaux tués sur les routes, les gens en plaisantent. Quand nous sommes confrontés à la vie grossière des animaux qui terminent sur nos assiettes, nous nous disons : « Ces animaux sont là pour nous nourrir. » Chaque fois que nous balayons d'un geste de la main la maltraitance intentionnelle d'un animal, ne cautionnons-nous pas tacitement cette violence ? Malgré notre capacité inhérente en tant qu'êtres humains de nous relier aux autres animaux, nous parvenons tout aussi bien à supprimer en nous toute empathie à leur égard. Pourquoi ?

Dans la première partie de cet ouvrage, nous avons vu comment l'empathie envers les animaux peut contribuer à notre bien-être en améliorant notre santé émotionnelle, physique et sociale. Y a-t-il un revers de la médaille ? Un manque d'empathie envers les animaux nous fait-il du mal, en tant qu'individus et société ? D'autre part et pour commencer, comment l'empathie envers les animaux est-elle perdue ou réprimée ? Afin d'explorer cette question et d'autres, la deuxième partie de cet ouvrage se penche sur les causes et les effets de la rupture de notre empathie envers les animaux.

Pour commencer, il est peut-être possible de trouver des réponses en examinant des formes extrêmes de violence. L'empathie peut jouer un rôle important dans la retenue de comportements agressifs tels que le meurtre. Il existe un lien solide entre la violence envers les animaux et celle envers les humains. Des études publiées suggèrent que de nombreux tueurs en série ou meurtriers de masse (c'est-à-dire ceux qui tuent plusieurs personnes en un seul acte) auraient maltraité des animaux dans leur enfance, et que le fait qu'ils n'aient pas su développer de l'empathie envers les animaux comme à l'égard des humains pourrait trouver son origine dans une même racine. Ces tueurs sont en marge du spectre de la violence humaine, et leurs attitudes et comportements extrêmes envers les animaux (et à l'égard des humains) peuvent contribuer à éclairer les attitudes plus nébuleuses de l'être humain moyen. L'expérience avec les animaux d'un tel meurtrier peut-elle illuminer la façon dont tout un chacun est capable de passer outre son empathie envers les animaux ? D'autre part, si l'empathie peut être apprise, peut-elle être désapprise ?

Malheureusement, les études portant sur la maltraitance animale chez les tueurs en série et les meurtriers de masse ne sont pas très riches en informations. Une limite majeure des examens de la violence humaine envers les animaux est que ces examens sont relativement superficiels[2] et ressemblent plutôt à une liste de contrôle : L'individu a-t-il fait du mal à des animaux ? Si oui, à quel âge et dans quelle circonstance ? J'avais déjà analysé la litanie des études publiées[3], mais elles n'offraient aucun éclairage véritable sur la *raison* pour laquelle des personnes violentes maltraitent les animaux, ni sur la façon dont commence cette violence. Au fil de l'écriture de ce livre, j'ai rencontré des personnes qui ont vécu des situations intenses. Je ne serais pas parvenue à la compréhension que j'ai acquise de leurs circonstances si je ne leur avais pas parlé directement. Cela est certainement vrai quand il s'agit de comprendre les affections et les besoins d'un patient. Les études publiées, bien qu'importantes, ne suffisent pas. Rien ne remplace la valeur d'une discussion en personne avec quelqu'un.

Je prends donc une décision. Je n'ai aucune certitude que mon idée fonctionnera, ou que j'en retirerai quoi que ce soit de valable, mais mon instinct me dit que ma démarche sera couronnée de succès. Plutôt que de me reposer uniquement sur les données publiées pour trouver les réponses à mes questions, je décide de franchir un cap supplémentaire. Je décide de rencontrer un tueur en série et de lui poser la question.

Bien sûr, je ne sais pas par où commencer. Comment fait-on pour rencontrer un tueur en série ? Ce n'est pas quelque chose que l'on m'a enseigné en faculté de médecine. J'entame donc ma quête comme tout le monde : en faisant une recherche sur Google. Au fil de mes recherches, j'apprends l'existence d'un ancien agent spécial de surveillance du FBI, Alan Brantley, qui a travaillé pour l'Investigative Support Unit (également connu sous le nom de Behavioral Science Unit) du FBI. Alan Brantley rejoignit le FBI en 1983 après avoir travaillé au Dorothea Dix Hospital dans le cadre de ses études universitaires et assumé un poste de psychologue au pénitentiaire North Carolina Central Prison. Une fois installé au FBI, Brantley se fonda sur le travail de profilage criminel mené par ses prédécesseurs pionniers, et pendant plus de vingt ans interviewa de nombreux hommes et femmes violents. Il est fréquemment cité pour avoir confirmé le lien entre la maltraitance des animaux et la violence humaine. Si vous êtes à la recherche d'indices sur les tueurs en série et les animaux, c'est à Brantley qu'il faut parler. Il me donne des conseils utiles sur la façon de mettre à profit mon expérience en psychiatrie – un composant critique de la neurologie – pour contacter et interviewer des meurtriers violents.

Je fais ensuite des recherches pour trouver des tueurs en série condamnés, qui ont des antécédents de maltraitance envers les animaux et qui ont reconnu leurs crimes. Ce dernier critère est essentiel car il augmente la probabilité que l'individu me parlera franchement, sans mentir. Parmi les premiers résultats de mes recherches se trouve Keith Jesperson, qui purge actuellement une peine à perpétuité sans possibilité de libération conditionnelle à l'Oregon State Penitentiary[4]. Ses quelques interviews précédentes au sujet des meurtres qu'il a commis m'indiquent qu'il pourrait me parler ouvertement de ses comportements envers les animaux.

Entre 1990 et 1995, Jesperson assassina huit femmes par étranglement après avoir violé la majorité d'entre elles. Auparavant marié et père de trois enfants, Jesperson rencontrait la plupart de ses victimes en traversant le pays dans le cadre de son travail pour une entreprise de camionnage de longue distance. Il ciblait des proies faciles – des femmes vulnérables telles que des prostituées ou des femmes de passage – en pariant sur le fait qu'il pouvait se passer longtemps avant que quelqu'un ne remarque leur disparition.

Assoiffé d'attention, Jesperson laissa un message anonyme sur le mur d'une salle de bains dans un relais routier et envoya une lettre à des journalistes en se vantant de ses meurtres[5]. Parce qu'il signa la lettre d'un visage souriant, les journalistes le surnommèrent « le tueur au visage souriant ». L'épopée meurtrière de Jesperson dura cinq ans et ne prit fin que lorsqu'il tua une femme dont le meurtre mena la police directement à lui[6] : sa petite amie, Julie Ann Winningham.

J'écris à Jesperson en lui expliquant que je suis médecin et que j'étudie l'empathie envers les humains et les animaux, et en demandant à pouvoir le rencontrer pour parler de son histoire. Je suis les conseils d'Alan Brantley et dis clairement à Jesperson qu'il aura le contrôle du contenu de la conversation. D'autre part, après beaucoup d'hésitation et de réflexion, je fais quelque chose que je n'avais pas abordé avec Brantley. Dans l'enveloppe qui contient la lettre, je glisse une photo de moi que j'utilise à des fins professionnelles. Je cours le risque que Jesperson accepte de me parler uniquement parce que je suis une femme (beaucoup de monde ne parvient pas à déterminer si je suis une femme ou un homme sur la base de mon nom et prénom uniquement). Mais je suis prête à courir ce risque si cela peut aider à m'ouvrir cette porte. Comme le suggérait Alan Brantley, il me faut obtenir la confiance de Jesperson. Peut-être sera-t-il plus disposé à répondre à ma lettre s'il voit que je joue cartes sur table, pour ainsi dire, et s'il peut mettre un visage sur mon nom.

Moins d'une semaine après avoir envoyé ma lettre, je trouve un courrier de Keith Jesperson dans la boîte postale que j'ai créée. Stupéfiée qu'il m'ait répondu si vite, je déchire l'enveloppe dans laquelle je trouve un formulaire de visite à remplir. Sa lettre manuscrite, longue de six pages, inclut le passage suivant[7] :

> « *Chère Aysha,*
>
> *Vous dites que vous souhaitez venir me parler ici. Pourquoi pas. Ça fait longtemps qu'une aussi jolie femme ne s'est pas assise en face de moi, avec un aussi joli sourire et de longs cheveux. N'avez-vous pas peur de tomber éperdument amoureuse de moi et de vouloir provoquer en moi un coup de foudre...*
>
> *J'aurai le contrôle ? C'est quoi, ces histoires ? Sérieusement, Aysha, il ne s'agit pas du tout de contrôle. Si nous nous rencontrons, nous devons abandonner ce genre de pensée. Nous devons avancer dans une tâche mutuelle. Tout ce que je demande est que vous soyez honnête avec moi et avec vous-même. Venez avec l'esprit ouvert. On m'a déjà menti.*
>
> *Au début de chaque visite et à la fin, nous pouvons nous prendre dans les bras, nous faire un câlin, nous embrasser, nous serrer la main, plonger notre regard dans celui de l'autre – nous émoustiller,* OU PAS.
>
> *Vous pouvez créer un compte téléphonique avec Telmate. N'allons pas trop vite. Je ne veux pas vous faire perdre votre temps, ni perdre le mien, dans tout ça. J'ai un boulot ici, et entre mon activité artistique, répondre à mon courrier et faire de l'exercice, il me reste peu de temps pour écrire l'histoire d'une vie.*
>
> *À bientôt,*
>
> *Keith* »

Jesperson souhaite d'abord un rendez-vous téléphonique afin de pouvoir me jauger avant de me rencontrer en personne. D'accord. Cela me donnera une opportunité de l'évaluer, lui aussi. Quelques jours après avoir reçu sa lettre, j'entame une série de conversations téléphoniques hebdomadaires avec lui. Ces conversations seront parmi les plus horrifiantes, troublantes, énervantes – et étonnantes – que j'ai jamais connues.

« Tous les tueurs sont des tueurs en série », me dit Jesperson au cours de l'une de nos conversations téléphoniques. Cela fait trois semaines que nous conversons par téléphone et courrier. « C'est juste que la plupart se font prendre la première fois. »

« Pourquoi dites-vous cela ? » lui demandé-je.

« Je pense que n'importe qui a déjà tué quelqu'un désire tuer à nouveau. Ils ont ça dans le sang. »

Keith Jesperson avait moins de neuf ans quand il goûta pour la première fois au meurtre. Né en 1955 à Chilliwack en Colombie-Britannique, Jesperson se situait au milieu d'une fratrie de trois frères et deux sœurs. Il passa son enfance à la campagne, entouré de vergers de pommiers et de terres agricoles. Sa famille avait de nombreux animaux, dont des chiens, des chevaux, des canards et des moutons. D'après Jesperson, tout animal qui n'était pas un chien ou un animal de ferme était considéré comme une nuisance. Son père avait donné des armes à balles BB à Jesperson et ses frères, et les encourageait à chasser les animaux indésirables. Jesperson apprit à utiliser de nombreuses armes, dont des fusils et des arcs, à un jeune âge. « Je pouvais atteindre un gauphre à 45 mètres », se vante-t-il.

Jesperson tua beaucoup d'animaux. Ses victimes les plus fréquentes étaient les gauphres, ou « rats de sauge » comme il les appelle souvent. Des fermiers des environs donnaient quelques pièces de monnaie à Jesperson et ses frères pour tuer des gauphres et d'autres animaux. « Nous avions tous ces rats, et les fermiers voulaient se débarrasser des gauphres, des coyotes et des lapins. Ils demandaient aux gens de les tuer en retour de gages. Nous ne le voyions pas comme de la maltraitance d'animaux. Nous les tuions car ils n'avaient aucune valeur pour la communauté. Tout le monde le faisait. »

Jesperson continue : « Les fermiers nous donnaient des pièges, et nous attrapions [les gauphres]. Nous sortions le piège d'un trou, avec un gauphre pris à l'intérieur, et l'un de mes frères, Brad ou Bruce, ou moi-même, le tabassions à mort avec une massue. »

Parfois, Jesperson « éliminait » les gauphres et autres animaux sans leur accorder une pensée, de façon systématique. D'autres fois, il prenait un grand plaisir à leur faire mal. Jesperson dit qu'à une occasion son père enregistra le bain de sang sur une bobine de 35 millimètres. « Mon père était en train d'enregistrer tout ça sur vidéo et faisait la narration du spectacle. Il riait alors que nous les tabassions à mort. Nous riions tous. À un moment de sa narration, mon père a dit : “Voici des tueurs-nés qui éliminent un gauphre.” »

À l'autre bout du fil, je grimace. « Combien de gauphres pensez-vous avoir tué au total ? » lui demandé-je.

« Des milliers. »

Je ne m'attendais pas à cela. « Des milliers ? »

« Des milliers de gauphres, confirme-t-il. Les week-ends, on sortait et je tirais cinq cents cartouches, et que j'atteigne ou non tous les gauphres – disons que j'en atteignais la moitié –, je tuais deux cent cinquante gauphres en un week-end. »

« Est-ce que vous vous posiez parfois des questions sur le fait de tuer ces gauphres ? Est-ce que vous réfléchissiez parfois à la souffrance que vous leur causiez ? »

« Abattre des gauphres était comme tirer sur des cibles. On tue et on passe à autre chose. »

Jesperson me raconte l'histoire d'un chat qu'il tua dans un parc de résidences mobiles qui appartenait à son père, quand il fut plus âgé. Un locataire avait appelé Jesperson pour réparer la plomberie qui fuyait dans sa maison. « J'étais là, dans le placard, en train de réparer l'évier, raconte Jesperson, et ce chat était dans le placard. J'ai posé ma main, et il l'a saisie avec ses dents… Il griffait ma main à mort. Je suis donc sorti de dessous l'évier avec ce chat accroché à ma main et j'ai essayé de m'en débarrasser. J'ai couru dehors et je l'ai projeté sur le trottoir. J'ai envoyé ma main aussi fort que je le pouvais vers le sol, et j'ai projeté ce chat sur le trottoir. Et ensuite, je me suis baissé, j'ai attrapé le chat et je lui ai tordu le cou. »

« Pourquoi avez-vous tué le chat ? lui demandé-je. Vous vous en étiez débarrassé. Vous auriez pu en rester là et le laisser partir, n'est-ce pas ? »

Jesperson acquiesce. « Le chat aurait pu s'enfuir, mais je l'ai tout simplement tué. Je l'ai attrapé et je l'ai étranglé. J'étais en colère contre lui. J'étais furieux… J'ai des problèmes. »

« Avez-vous ressenti des remords après avoir tué le chat ? »

« Pas à l'époque. Je suis sûr que je ressentais une espèce d'excitation du fait de tuer ce chat, car il m'avait griffé et je lui rendais la monnaie de sa pièce. »

Jesperson me dit que de sa cellule, il écrivit une lettre au sujet de ce chat à un quotidien de l'Oregon, le *Statesman Journal*, « en 1996 ou 1997 ». Il envoya cette lettre en réponse à l'exécution d'un autre chat, commise par deux joueurs de football américain du coin. Intriguée, je note de retrouver cette lettre.

Jesperson avait vingt et un ans quand il tua le chat. Plus tard, il empoisonna une volée de mouettes pour avoir souillé son véhicule. Il leur donna des chips aspergées de strychnine. « J'ai tué environ cinquante mouettes. Je ne me suis jamais attardé sur la question. » Il se souvient également avoir tué un chien au parc de résidences mobiles avec un arc et une flèche. « Ce chien fouillait dans les poubelles et je l'ai chassé jusque chez lui. J'y suis retourné, après ; j'ai trouvé la maison du propriétaire du chien et je lui ai dit de garder son chien dans la maison, et en gros il m'a dit d'aller me faire foutre… Donc, j'ai encoché une flèche et je l'ai envoyée dans le flanc du chien. Le chien s'est retrouvé fiché dans le poteau téléphonique. »

En 1963, le psychiatre John M. Macdonald publia la première étude à suggérer que certains comportements dans l'enfance pouvaient être indicateurs de comportements violents futurs. Quand il était au Colorado Psychopathic Hospital, Macdonald étudia les comportements dans l'enfance de quarante-huit patients psychotiques et les compara à des patients non psychotiques, sachant que tous les patients confondus avaient menacé de tuer quelqu'un. Parmi les patients les plus cruels, certains « se vantèrent de leurs exploits sadiques et se réjouirent de décrire leurs triomphes à la chasse et leur habileté au karaté ou au judo[8] ». Un homme prit plaisir à décrire à sa femme, à maintes reprises, la façon dont il avait éviscéré une vache en l'attachant à son tracteur. Macdonald identifia trois caractéristiques qui se retrouvaient de façon répétée chez les patients les plus violents :

l'énurésie au-delà de l'âge de cinq ans, la pyromanie et la cruauté envers les animaux dans l'enfance. Ces caractéristiques furent surnommées la triade de Macdonald.

À l'époque de l'étude de Macdonald, la cruauté envers les animaux n'était pas considérée comme un élément d'importance par les criminologues, et n'était certainement pas vue comme une question d'ordre psychiatrique. La cruauté envers les animaux ne fut reconnue comme un signe de trouble psychiatrique par l'American Psychological Association (APA) qu'en 1987[9], date à laquelle l'APA publia le *DSM-III*[*] révisé. Dans cette nouvelle édition du *DSM*, la cruauté envers les animaux fut ajoutée comme critère du trouble de personnalité antisociale chez l'adulte (qu'on appelle communément la sociopathie) et du trouble du comportement chez l'enfant et l'adolescent (souvent considéré comme un précurseur du trouble de personnalité antisociale).

Ce ne fut que lorsque Robert K. Ressler apporta de nouveaux éléments à l'étude de Macdonald deux décennies plus tard que les criminologues se mirent à faire plus facilement le lien entre la maltraitance des animaux et d'autres formes de comportements violents. Ressler rejoignit le FBI en 1970[10] après avoir servi en qualité d'officier de police judiciaire auprès du Military Police Corps pour l'armée américaine. C'est à Ressler qu'on attribue l'invention de l'expression *serial killer*, ou tueur en série, et il est connu pour avoir interviewé quelques-uns des meurtriers les plus tristement célèbres des États-Unis. Ressler fut parmi les premiers enquêteurs du FBI à rapporter le lien étroit entre le meurtre violent et la maltraitance animale.

Avec l'aide de ses collègues du FBI et d'Ann Burgess, une spécialiste en soins infirmiers médico-légaux, Ressler conçut et développa le premier programme de recherche en matière de délinquance violente du FBI[11]. Entre 1979 et 1983, Ressler et un autre *profiler*, John E. Douglas, se rendirent dans des prisons à travers tous les États-Unis et interviewèrent des criminels tels que Richard Trenton Chase (aussi connu sous le nom

---

* NdT : Il s'agit du *Manuel diagnostique et statistique des troubles mentaux* (*Diagnostic and Statistical Manual of Mental Disorders*), troisième édition, mentionné précédemment.

du Tueur vampire), Edmund Kemper, Ted Bundy et David Berkowitz (aussi connu sous le nom de Fils de Sam). Au total, ils interviewèrent trente-six tueurs en série et sexuels[12] (c'est-à-dire des meurtriers qui semblent obtenir une satisfaction sexuelle des actes de torture ou de meurtre qu'ils commettent, ou dont les crimes ont un autre élément sexuel). Ressler et ses collègues étudièrent ensuite la fréquence de certains comportements chez ces criminels, tels que la pyromanie, l'énurésie et la cruauté envers les animaux, durant l'enfance et l'adolescence et à l'âge adulte. Plus d'un meurtrier sur trois révéla qu'il avait maltraité des animaux dans son enfance et à l'âge adulte[13]. Près de la moitié d'entre eux avaient eu un comportement cruel envers les animaux durant l'adolescence.

Bien que l'étude de Ressler trouvât des schémas de comportements chez les meurtriers interviewés qui corroboraient certaines des conclusions de Macdonald, des études ultérieures portant sur la triade de Macdonald trouvèrent des résultats inconsistants. Aujourd'hui, il existe un consensus parmi les psychologues que la présence d'énurésie et de pyromanie chez un enfant ne prédit pas un comportement violent futur. Cependant, la maltraitance des animaux ne peut pas être aussi facilement écartée. Contrairement aux deux autres comportements, la cruauté envers les animaux est un acte de violence à l'encontre d'un être vivant. La ramification psychologique de la maltraitance d'une créature qui peut souffrir ne peut pas être simplement regroupée avec d'autres formes de comportements atypiques telles que l'énurésie tardive dans l'enfance. En 2001, le psychologue Frank Ascione, un expert reconnu en matière du lien entre la maltraitance animale et d'autres formes de violence, conduisit une analyse des données existantes et conclut : « Prises dans leur ensemble, ces études suggèrent que la maltraitance des animaux peut être une caractéristique des antécédents développementaux d'un adulte délinquant violent sur quatre jusqu'à près de deux adultes délinquants violents sur trois[14]. »

L'éventail de conclusions dans l'analyse d'Ascione reflète les obstacles inhérents à l'étude de la cruauté envers les animaux. Le premier obstacle est la définition de la maltraitance animale. Nous pouvons raisonnablement définir ce qu'est l'énurésie, par exemple, mais qu'en est-il exactement de la maltraitance animale ? Ascione la définit comme « un comportement socialement inacceptable qui de manière intentionnelle cause de la douleur, de la souffrance ou de la détresse inutiles à un animal, et/ou sa mort[15]. » Il s'agit de l'une des définitions les plus couramment utilisées, mais elle a été critiquée comme étant trop étroite[16]. En vertu de cette définition, étrangler un chat serait considéré comme de la maltraitance envers un animal. Le fait d'abattre un chien ou un chat par plaisir correspondrait également. Mais qu'en est-il de l'acte de tuer des gauphres ou des coyotes ? Est-ce de la cruauté envers les animaux ? Si Jesperson tuait un coyote parce que cet animal était vu comme une nuisance, ce comportement serait probablement considéré comme « socialement acceptable ». Devons-nous inclure la chasse par Jesperson d'animaux sauvages pour le plaisir dans la définition de la maltraitance animale ? Si oui, quelles répercussions cela a-t-il sur notre acceptation de la chasse sportive ? Si non, pourquoi considérons-nous que des actes de cruauté envers certains animaux seulement, comme les chiens et les chats, sont de la maltraitance et que cela ne s'applique pas aux autres animaux ?

La façon dont nous définissons la maltraitance animale dépend fortement de notre vision inconstante des animaux en général. Ce que notre société accepte aujourd'hui pourrait très bien changer demain.

Un second obstacle est la difficulté à déterminer si une personne a commis des actes de maltraitance envers des animaux dans le passé. Les personnes interrogées diront-elles la vérité ? Pourront-elles seulement se rappeler correctement des faits ? Interroger des amis, des anciens professeurs ou des membres de la famille quant au passé d'un individu présente des difficultés similaires. Les parents ont tendance à sous-estimer, et ce de manière significative, l'implication de leurs enfants dans des actes de cruauté envers les animaux[17] et ont tendance à penser qu'« il faut que jeunesse se passe ». Ou alors, ils ne reconnaissent tout simplement pas la cruauté quand ils la voient.

À l'analyse de dossiers médicaux ou judiciaires, les données qui apparaissent dépendent de la personne qui a posé les questions au sujet de la maltraitance des animaux, la façon dont ces questions ont été posées, et comment les réponses ont été décrites dans les dossiers. Plus important encore et pour commencer, l'information disponible dépend de si la question de la cruauté à l'encontre des animaux a été effectivement posée. Malgré la prise de conscience croissante du lien entre la violence envers les animaux et celle envers les humains, de nombreuses personnes au sein des forces de l'ordre, des domaines de la santé et de ceux des sciences sociales, ne posent toujours pas suffisamment de questions permettant d'observer de près ce lien.

Pour cette raison et d'autres, il est probable que les études sous-estiment la fréquence de la maltraitance animale. En réponse à l'étude pour le FBI de Ressler, qui trouva qu'environ la moitié des meurtriers avaient commis des actes de cruauté à l'encontre d'animaux, Alan Brantley dit : « Nous pensons que le véritable chiffre était bien plus élevé[18]. » Néanmoins, quelles que soient les limites des études sur ce sujet, un passé de maltraitance d'animaux demeure l'une des caractéristiques les plus constantes chez les adultes violents[19]. La cruauté envers les animaux dans l'enfance, et en particulier les actes de cruauté répétés, est un signe avant-coureur de violence à l'âge adulte[20].

« Bon sang ! »

Assise dans mon salon, j'ai à la main la dernière lettre de Keith Jesperson. Cela fait un peu plus de deux mois que nous communiquons. Je m'étais fait une tasse de thé « Irish breakfast » bien fort et je m'étais installée dans un fauteuil confortable. J'ai besoin du thé pour me fortifier quand je lis une lettre de Jesperson. Au cours de mes précédentes conversations avec lui, j'avais travaillé dur pour rester impassible quand il décrivait ses meurtres de cette façon détachée qui lui est caractéristique, mais ses descriptions de sa violence commençaient à me peser émotionnellement. Après chaque communication, il me fallait prendre du recul par rapport à ces horreurs et nettoyer mon palais émotionnel. J'allais alors câliner mon mari et mon chat, ou je me reposais l'esprit en regardant des rediffusions de Seinfeld.

D'autre part, bien que Jesperson restât toujours poli, il continuait de me dire des choses sexuellement évocatrices au téléphone et dans ses lettres. Je lui avais plusieurs fois demandé d'arrêter, ce qu'il faisait pendant quelque temps, mais sa retenue ne durait jamais longtemps.

Je m'attendais donc à quelque chose du même acabit quand j'ouvris la dernière lettre de Jesperson, mais au lieu d'une diatribe contre les médias et quelques lignes sur « quand vous viendrez [me rendre visite], vous pourrez me donner une langue » par exemple, il me signifie qu'il ne souhaite plus me parler.

Je suis abasourdie. Je ne comprends pas pourquoi il a tout d'un coup décidé de rompre tout contact avec moi. Nous avions parlé au téléphone la veille de l'écriture de cette lettre. Notre conversation s'était tout à fait bien passée. Il avait l'air de vouloir communiquer avec moi. Que s'était-il passé ?

Je ne suis pas prête à arrêter mes conversations avec lui. Je suis tout à fait consciente que Jesperson n'est peut-être pas toujours honnête avec moi ; je vérifie donc tout ce qu'il me dit et je lui pose les mêmes questions de plusieurs façons différentes pour vérifier la constance dans ses réponses. Je soupçonne qu'il exagère certaines choses, comme le nombre de gauphres qu'il a tués. Quand bien même, nos discussions apportent des éclairages du fait de ce qu'il ne me dit pas tout comme de ce qu'il me dit. Mais nous avons à peine gratté la surface de ce que je souhaite explorer. J'ai mentionné, un peu plus tôt, que la plupart des recherches sur le lien entre la violence envers les humains et celle envers les animaux sont plutôt superficielles. Avec Jesperson, j'ai l'opportunité de creuser plus profondément et d'examiner non seulement pourquoi et comment il est devenu cruel envers les animaux, mais également les nuances plus subtiles de ses relations avec les animaux. Je ne m'attends pas à comprendre de façon définitive la façon dont l'empathie est réprimée sur la base de l'examen d'un seul homme, mais mes conversations avec Jesperson peuvent au moins me révéler si je pose les bonnes questions.

Ce soir-là, je laisse un message vocal à Jesperson. « Bonjour M. Jesperson. Heu... Keith. C'est la D[re] Akhtar. J'ai reçu votre lettre disant que vous ne souhaitiez plus me parler et que vous aviez des préoccupations. Pouvez-vous m'appeler afin que je puisse répondre à ces préoccupations ? »

J'aurais dû m'arrêter là.

« Je ne comprends pas ce qu'il s'est passé, laissé-je échapper. Pouvez-vous m'appeler pour que nous puissions en parler ? Je pense que nous pouvons continuer nos conversations si vous m'appelez pour que je puisse comprendre vos préoccupations. Vous savez comment m'appeler. Appelez-moi ce samedi à notre heure habituelle ou n'importe quel samedi. En fait, vous pouvez m'appeler quand vous voulez et je décrocherai. Voilà. Appelez-moi quand cela vous arrange le mieux. J'espère que vous pourrez m'appeler pour que je puisse avoir l'opportunité de heuuuu… »

Je raccroche. Au milieu de ma phrase. Patrick écoutait et se met à rire. « Aysha, tu étais forte au début mais ensuite tu es devenue désespérée. On aurait dit qu'il était un petit ami qui vient de rompre avec toi, et que tu essaies maintenant de le récupérer ! »

Patrick a raison. Qu'est-ce qui me prend, bon sang ? Au cours de mes conversations précédentes avec Jesperson, je me suis toujours exprimée avec assurance et professionnalisme. S'il essayait de m'agacer, comme il le faisait parfois avec ses commentaires obscènes, j'écartais ces derniers et je continuais avec mes questions. Mais maintenant, je suis nerveuse. Je pensais avoir gagné la confiance de Jesperson. Je me sens rejetée. Par un tueur en série ! Que peut-il y avoir de plus insensé ?

« Quelle idiote je suis, murmuré-je à Patrick. Que vais-je faire ? »

Je fais ce que toute personne rejetée aimerait pouvoir faire après avoir laissé un message vocal gênant. J'appelle la société téléphonique, j'obtiens confirmation que Jesperson n'a pas encore entendu mon message et leur demande s'ils peuvent l'effacer. Ce qu'ils font.

Je laisse alors un nouveau message à Jesperson, mais pas avant de l'avoir rédigé au propre – avec l'aide de Patrick.

Jesperson me rappellera-t-il ?

Cette nuit-là, je réfléchis à la raison pour laquelle Jesperson refuserait soudainement de me parler. L'explication qui me vient à l'esprit est que *lui* craint d'être rejeté par *moi*. Au cours de notre dernière conversation téléphonique, Jesperson m'avait demandé si je comptais lui rendre visite, venir le rencontrer en personne. Je lui avais répondu que je voyageais beaucoup et qu'il pourrait se passer plusieurs mois avant que je puisse me rendre dans l'Oregon. Il est clair que ma réponse l'a agacé. Sa dernière lettre reflète la colère : « Votre [première] lettre suggérait qu'il y avait urgence pour organiser une visite. Et pourtant, vous n'êtes à présent pas pressée de venir ici[21]. »

Il est vrai que je voyage beaucoup actuellement, mais il y a du vrai dans ce qu'il dit. Je n'ai pas encore rempli le formulaire de demande d'autorisations de visite à la prison. J'ai été intérieurement divisée. Intellectuellement, je sais que je pourrais obtenir des éclaircissements importants en m'asseyant en face de Jesperson et en observant ses indices non verbaux. Mais d'un point de vue émotionnel, je n'ai aucune envie de le rencontrer. Je ne suis pas certaine même d'en avoir besoin, maintenant. Nous avons bien avancé grâce à nos conversations téléphoniques. À un moment donné, Jesperson avait mentionné la possibilité d'utiliser Skype, mais il avait très vite écarté l'idée. Il m'avait dit : « Je préférerais vous avoir ici en personne pour pouvoir admirer vos jolis petits globes oculaires. » Cela ne me fait pas exactement envie.

Jesperson a clairement du mal à s'identifier aux femmes. En l'occurrence, il me révèle clairement sa méfiance à leur égard, sa difficulté à accepter un rejet de leur part et son besoin d'exercer un contrôle sur elles. Quand, plus tard, j'aborde ce sujet avec le Dr Eric Hickey, l'un des premiers experts en matière de psychologie criminelle, il confirme mes pensées. « Il n'a pas avec les hommes les problématiques qu'il a avec les femmes, postule-t-il. Avec vous, il doit dominer ; il doit être en contrôle de la relation. Et s'il sent, de quelque manière que ce soit, qu'il perd la main, il vous dira au revoir. Au moins pour jouer avec vous afin de récupérer ce contrôle. Il ne souhaite pas que vous partiez, mais il veut que vous sachiez qu'il a la main sur les interviews. »

Si c'est effectivement ce que Jesperson essaie de faire, sa tentative est tellement amateur que j'ai presque de la peine pour lui. Pire encore, je suis tombée dans le panneau ! Avant d'entrer en contact avec Jesperson pour la première fois et même après, je m'étais armée des bons outils. J'avais fait des recherches exhaustives sur lui. J'avais parlé à de nombreux experts en la matière. J'étais préparée à cette situation. En tout cas, c'était ce que je croyais.

Il m'a atteinte. Jesperson m'a atteinte. Espère-t-il que je le rappellerai et que je lui demanderai de m'accorder une seconde chance comme, finalement, je me suis exactement retrouvée à faire ?

Je n'ai pas à attendre longtemps sa réponse. Le lendemain matin, je reçois un coup de fil de sa part. Je ne lui promets pas de lui rendre visite, mais le fait de lui demander de m'accorder « l'opportunité de répondre à [ses] préoccupations » suffit à me ramener dans ses bonnes grâces, et nous recommençons nos conversations programmées.

« La manipulation. La domination. Le contrôle, écrivit John E. Douglas, *profiler* auprès du FBI. Ce sont les trois maîtres mots des délinquants violents en série[22]. » À travers des séries comme *Esprits criminels* et des films comme *Le Silence des agneaux*, chacun sait aujourd'hui que des meurtriers tels que Jesperson ressentent souvent un besoin de dominer et de contrôler les autres. Ce qu'on sait moins, en revanche, est comment quelqu'un comme Jesperson en vient à ressentir ce besoin.

Ce qui m'étonne le plus en ce qui concerne Jesperson est qu'il ne fut pas toujours cruel envers les animaux, et je soupçonne que ses peurs de rejet et son besoin d'exercer un contrôle sur autrui trouvent en partie racine dans ses premières tentatives de connexion avec les animaux. Sigmund Freud nota que les enfants s'identifient fortement aux animaux : « L'enfant ne montre encore aucune trace de l'arrogance qui par la suite pousse l'homme civilisé adulte à établir une frontière stricte entre sa propre nature et celle de tous les autres animaux[23]. » Cependant, si l'identification aux animaux dans l'enfance peut être gratifiante quand les animaux sont traités avec bonté, elle peut également être démoralisante quand les animaux sont maltraités.

À l'âge de six ans, Jesperson chercha à aider une corneille dont une aile était brisée. « Quand je l'ai ramassée, j'ai vu qu'elle était blessée et j'ai simplement pensé que ce serait la bonne chose à faire, me raconte-t-il. Je pensais que je pourrais la soigner et la guérir. J'essayais de l'aider à aller complètement mieux et je lui donnais à manger. Je pensais qu'elle pourrait devenir mon animal de compagnie. »

Jesperson gardait la corneille dans une boîte dans sa chambre et essayait de la soigner. Un jour, son frère mit un terme aux espoirs de Jesperson de guérir la corneille. « Mon frère passait son temps avec les voisins, qui maltraitaient les animaux et ainsi de suite. Je suis rentré à la maison et ils m'ont dit que je ne lui faisais aucun bien en la maintenant en vie. Et donc ils l'ont tuée. » Les garçons tuèrent la corneille en jetant la boîte dans laquelle elle était par la fenêtre, la faisant s'écraser sur l'allée. Jesperson riposta en jetant les modèles réduits d'avion de son frère par la fenêtre. « Et bien sûr, j'ai été puni, dit Jesperson. Mon père est rentré à la maison et m'a puni pour avoir cassé les avions de mon frère. D'après lui, ma corneille n'était qu'une stupide corneille et c'est tout. »

L'une des relations les plus importantes de Jesperson était celle qu'il avait avec son chien, Duke. Jesperson avait cinq ans quand sa famille adopta Duke. « Duke est devenu mon chien, raconte Jesperson. Je suppose qu'il s'est déclaré comme étant à moi. Duke et moi étions inséparables ; où que j'aille, mon chien était avec moi. Si ma mère voyait Duke quelque part, elle savait que je n'étais pas loin. Il était mon ami. Enfant, je n'avais pas beaucoup d'amis. »

Quand je lui demande ce qu'il y avait de si particulier dans sa relation avec Duke, Jesperson me répond qu'« il n'y avait aucun câlin, aucun bisou, aucune compagnie dans la famille. Les conforts sociaux d'un chien sont vraiment… Les chiens ne retiennent rien, en quelque sorte. Ils donnent sans condition. Et nous étions amis – le chien et moi étions amis. Duke dormait sur mon lit tous les soirs. C'était là qu'il dormait. Il était sur mon lit. »

Je repense à Sylvester. Combien sommes-nous à avoir recherché, enfants, la compagnie d'animaux, quand la compagnie humaine n'était pas présente pour nous ou ne suffisait pas ? D'après un article du *New York Times*, des enfants de sept à dix ans nommèrent chacun en moyenne deux animaux de compagnie quand on leur demanda de lister les dix individus les plus importants dans leur vie[24]. Dans un autre rapport, quand on demanda à des enfants « vers qui vous tournez-vous quand vous êtes tristes, en colère, heureux ou quand vous voulez partager un secret ? », près de la moitié d'entre eux mentionnèrent leurs animaux de compagnie.

Jesperson et moi-même développâmes tous les deux des relations aimantes avec les animaux et, comme moi, Jesperson essaya de soigner des animaux pour les guérir. Nous partageons autre chose : nous fûmes tous les deux témoins d'actes de cruauté envers des animaux. Oui, Jesperson prit part à des actes de maltraitance, mais, comme moi, il fut également témoin de tels actes, en particulier par des figures d'autorité telles que son grand frère et son père. Il fut témoin de leurs actes d'abus avant d'en perpétrer lui-même. D'après le psychologue Randall Lockwood, les enfants qui sont témoins d'actes de maltraitance envers des animaux « sont souvent poussés à réprimer leurs propres sentiments de bonté et de tendresse envers un animal de compagnie parce qu'ils ne peuvent supporter la souffrance que leur cause leur propre empathie envers l'animal maltraité[25] ».

Jesperson l'adulte est incapable d'exprimer la souffrance qu'il éprouva quand son frère tua la corneille, mais Jesperson l'enfant dut la ressentir au plus profond de lui. L'incident demeure un souvenir vivace en lui. Les membres de la famille de Jesperson amputèrent-ils une partie de son empathie chaque fois qu'ils rompirent son lien avec un animal ?

Bien que cela n'offre pas une explication complète car le comportement humain est trop complexe, la théorie de Lockwood pourrait en partie expliquer l'acte soudain de meurtre commis par Daniel. Quand je rencontrai Daniel au sanctuaire pour chats du Pendleton Correctional Facility dans l'Indiana, je fus choquée d'apprendre le meurtre terrible de son demi-frère mais je fus également témoin de sa grande bonté envers les animaux. Comme de nombreuses victimes de violence domestique (comme le suggère son histoire), Daniel puisait du réconfort auprès des animaux. Mais même leur compagnie n'était pas fiable. Daniel me raconta que son beau-père l'obligea à laisser les animaux chez sa grand-mère, dont un chat avec qui Daniel avait tissé un lien particulièrement fort. « Aidan n'était qu'à moi, me dit Daniel. Il restait assis sur mes épaules quand je me promenais dans la maison. Je lui rendais visite chez ma grand-mère après que mon beau-père m'a obligé à le laisser chez elle. Mais une fois, je n'ai pas pu y aller pendant environ une semaine et quand j'ai enfin pu m'y rendre, elle m'a dit qu'Aidan était mort. Il avait été tué par une voiture. » La perte forcée et répétée d'animaux aurait-elle défait certains fils qui maintenaient stable la santé mentale de Daniel, et provoqué son acte impulsif de meurtre ?

Bien que Daniel ait violemment tué un autre être humain, son empathie envers les animaux demeure solide. Jesperson a tué des humains et des animaux sans remords aucun. Pour ma part, enfant, je tentai de réprimer mon empathie envers Sylvester afin d'aligner mon point de vue sur celui de Dave, mais ne fis jamais aucun mal à un animal ou à un être humain. Mon empathie envers toute forme de vie demeura solide et elle l'est encore aujourd'hui. Pourquoi Daniel, Jesperson et moi prîmes-nous des directions différentes ? Le genre seul ne peut pas tout expliquer. Les filles comme les garçons commettent des actes de maltraitance envers les animaux[26]. D'après une théorie, le fait d'être témoin de formes peu fréquentes ou moins sévères de cruauté envers les animaux pourrait mener un individu à avoir plus d'empathie[27], alors que le fait d'être fréquemment exposé à des actes de maltraitance envers les animaux désensibilise un individu quant à la souffrance. D'autre part, des indices suggèrent que plus les enfants sont jeunes quand ils sont témoins d'actes de cruauté envers les animaux, plus ils sont susceptibles de commettre de tels actes à leur tour, et ce, qu'il s'agisse de filles ou de garçons[28]. Jesperson fut témoin d'actes de cruauté envers les animaux à un âge plus jeune et bien plus fréquemment que moi, et Daniel ne fut jamais témoin de tels abus. Cela pourrait expliquer certaines de nos différences.

Je pense qu'il y a encore une autre raison. Mon entourage, et même Dave dans l'ensemble, valida mes relations avec les animaux. Ils ne se moquèrent jamais de mon amour pour Sylvester et me permirent une grande liberté pour jouer avec lui et prendre soin de lui. On ne peut pas dire la même chose des parents de Daniel. Quant à la famille, les voisins et les amis de Jesperson, les choses allèrent encore plus loin. Non seulement ne soutenaient-ils pas la bonté de Jesperson envers les animaux, mais ils la mutilèrent. Par leur exemple ou les punitions qu'ils infligèrent (comme en tuant la corneille et puis en punissant Jesperson pour sa riposte), ils encouragèrent activement Jesperson à débrancher son empathie.

Jesperson me dit que ses amis et ses voisins n'éprouvaient aucune difficulté à maltraiter et à tuer des animaux. « J'ai connu des voisins qui mettaient des chats dans des sacs avec des pierres et ensuite les jetaient dans la rivière. » Certains, dit-il, tuaient des bébés pigeons en les écrasant de leur pied. Même si cet exemple particulier n'est pas vrai, Jesperson fut témoin de nombreux actes de cruauté envers les animaux par d'autres moyens. Or, les enfants qui grandissent en voyant les animaux se faire négliger ou maltraiter sont plus susceptibles de considérer de tels traitements comme acceptables et d'émuler ces schémas d'abus[29].

De tous les facteurs d'influence, ce fut probablement le père de Jesperson qui écrasa le plus son empathie envers les animaux et nourrit le plus sa cruauté à leur égard. Jesperson me raconte ainsi : « J'ai vu mon père prendre un morceau de bois et tabasser un cheval qui l'avait mordu. Il pensait toujours que les animaux étaient sa propriété et qu'il pouvait faire ce qu'il voulait. »

Le père de Jesperson était présent quand Jesperson, jeune adulte, étrangla le chat dans le parc à résidences mobiles. Je demande à Jesperson quelle fut la réaction de son père.

« Laissez-moi vous expliquer comment était mon père. Mon père disait qu'il avait tout vu, et je pense que ça l'a calmé un peu. Mais à partir de ce jour-là, il s'en vantait ou le racontait comme une histoire drôle. Il disait aux gens : si vous avez un chat à éliminer, donnez-le simplement à Keith. »

Jesperson est très ambivalent concernant son père, qui est décédé depuis plusieurs années maintenant. Jesperson le décrit parfois comme son mentor et parfois comme quelqu'un de tellement dominant qu'il « prenait tout l'air dans la pièce ». Jesperson décrit comment son père faisait parfois des crises de rage alcooliques. Quand Jesperson faisait quelque chose qui déplaisait à son père, la punition qui s'ensuivait était parfois sévère. « Il ne me battait pas souvent, dit Jesperson, mais quand il le faisait, il le prenait très au sérieux. Il me battait avec une ceinture de façon scientifique. Il commençait par mes fesses et me battait jusqu'aux genoux, et puis il remontait. Je ne pouvais plus marcher, après. Mes vêtements me collaient à la peau à cause de tout le sang et tout le fluide qui s'écoulaient des plaies. »

La violence engendre la violence. Les individus qui commettent des actes d'abus envers des animaux ou d'autres humains viennent souvent de familles perturbées[30] dans le sein desquelles ils ont été témoins de violences ou sont eux-mêmes victimes d'abus physiques, émotionnels ou sexuels. La violence à l'encontre d'un autre est une façon puissante d'exercer un contrôle, en particulier quand le contrôle qu'a l'individu en question sur d'autres aspects de sa vie est fragile. Pour Daniel, ce besoin de contrôle se manifesta peut-être par le meurtre de son demi-frère. Pour Jesperson, cela prit la forme du massacre d'innombrables animaux et de huit femmes.

Quand Jesperson était jeune, son père tenta de dominer la seule relation sur laquelle le garçon pouvait compter. « Un jour, mon père et moi étions partis chasser avec Duke, raconte-t-il, mais Duke ne voulait pas chasser. Il ne voulait pas s'attaquer aux animaux. J'ai vu mon père prendre Duke et le jeter dans le ravin. Je lui ai dit : "Duke n'est pas un chien de chasse. Il n'a jamais été dressé pour ça. Tu ne peux pas t'attendre à ce qu'il se mette tout d'un coup à chasser." Je pensais que mon père avait tué Duke en le jetant dans le ravin, mais Duke est remonté en rampant et ne s'est plus jamais approché de mon père. Je n'ai plus laissé mon père l'approcher non plus. »

Mais à la fin, le père de Jesperson exerça le contrôle ultime sur Duke. Quand Jesperson avait seize ans, son père lui dit que Duke avait mangé du poison et qu'il avait dû « abattre le chien ». Il dit à Jesperson qu'il avait enterré Duke dans le parc voisin. Jesperson avait des soupçons. « Papa ne voulait pas me donner une réponse claire. Je suis retourné au parc quinze jours plus tard et j'ai essayé de trouver l'endroit où il avait enterré le chien. J'y suis allé, et il n'y avait aucun lieu de sépulture. J'ai alors senti la chair en décomposition. J'ai fait quelques pas, j'ai traversé un ruisseau, et Duke était là, mort contre un monticule. »

Quatre mois environ après notre première conversation téléphonique, Jesperson m'informe que les documents que j'ai décidé de soumettre pour obtenir une autorisation de visite ont été validés. Il m'écrit :

« *Aysha,*

J'ai 61 ans aujourd'hui. Mon frère Bruce a 63 ans aujourd'hui... Vous avez été approuvée !! Yahoooo ! De la compagnie féminine !!! »

C'est une « visite privilégiée » qui m'a été validée, c'est-à-dire que je serai dans une salle de visite sans aucune barrière entre Jesperson et moi.

« *Nous pouvons nous serrer dans les bras*, écrit Jesperson. *Et peut-être que je vous serrerai fort contre moi, ou peut-être pas. On verra comment ça se passe...* »

Sur la dernière page de sa lettre, il a transposé le contour de sa main.

Mais ensuite, Jesperson rompt tout contact avec moi pour la deuxième fois. Moins de deux semaines après avoir écrit cette lettre, il m'envoie un nouveau courrier : « *Je vous ai retirée de ma liste de visiteurs. Ne prenez pas la peine de m'écrire à nouveau. C'est terminé entre nous*[31]. »

Même si mon autorisation de visite avait été validée, je n'avais encore pris aucun engagement envers Jesperson. Bon, d'accord, si prendre cet engagement est ce qu'il faut pour pouvoir continuer mes conversations avec lui, allons-y. Je lui laisse un message vocal en lui demandant à nouveau si je peux « répondre à ses préoccupations » et en lui disant que j'aimerais organiser une visite à la prison. Cette fois-ci, il prend un peu plus de temps à me répondre. Quand, trois jours plus tard, il m'appelle, je lui dis que je suis maintenant prête à lui rendre visite.

« Nous pourrons nous marier quand vous serez là », me dit-il.

« Vous savez que je suis mariée, Keith. »

« Est-ce que vous porterez un habit pakistanais traditionnel ? J'aime ces vêtements longs et amples sur les femmes. Ils sont si féminins. »

« Je ne ferai pas cela, Keith. »

Après un coup de fil de dix minutes, je suis à nouveau dans le coup. Trois semaines plus tard, je suis au volant d'une voiture de location et je prends la direction du sud de Portland, cap sur l'Oregon State Penitentiary.

La ville de Salem est le siège du gouvernement d'État de l'Oregon. Les personnes locales l'appellent également la capitale pénitentiaire de l'Oregon. Salem compte cinq prisons, parmi lesquelles l'Oregon State Penitentiary est la plus ancienne et la plus grande. Située sur un terrain de plus de 78 hectares au cœur de la ville, cette prison à sécurité maximale et pour hommes uniquement est le lieu du couloir de la mort de l'Oregon, où les exécutions sont effectuées par injection létale.

Ce jeudi après-midi-là, je contemple le mur en béton armé de plus de 7,6 mètres d'épaisseur qui encercle la prison. J'entre dans le bâtiment principal et me joins à un petit groupe de visiteurs : des épouses, des petites amies, des pères et des grands-parents. Une fois passée la sécurité, nous sommes escortés par un employé qui nous fait emprunter une rampe et deux portes en acier verrouillées, et qui nous accompagne jusqu'à la salle des visites. Je ne m'attendais pas à une pièce comme celle-ci. Grande, bien éclairée et divisée en deux espaces principaux, elle est accueillante avec ses canapés, ses fauteuils confortables et ses tables basses. Des distributeurs de sodas et de snacks occupent un mur de la salle et une série d'étagères avec des livres et des jeux de société en occupe un autre. Quand je pénètre dans la pièce, je vois des détenus déjà assis dans les canapés et les fauteuils en attente de leurs visiteurs.

Jesperson est assis dans un fauteuil sous une fenêtre. Je me dirige vers lui et il se lève. Bon Dieu, cet homme est énorme. Vous pourriez me caser trois fois dans son corps, comme des poupées russes.

« Keith ? » demandé-je, la main droite avancée.

« Aysha ? »

Nous nous serrons la main. « Je vous ai tout de suite reconnu de vos photos sur Internet, lui dis-je. Merci de me recevoir. » Je m'assieds de l'autre côté de la petite table basse, dans le fauteuil qui fait face au sien.

Nous restons silencieux quelques instants, prenant la mesure l'un de l'autre. Ses cheveux grisonnants sont rasés de près et il porte des baskets blanches, un pantalon en denim bleu et une chemise bleue à manches longues estampillée du nom « Détenu de l'Oregon State Penitentiary ». Je porte un pantalon sombre, un chemisier gris et un cardigan. Le visage de Jesperson reste de marbre alors qu'il me fixe du regard.

« Vous êtes plus foncée que sur votre photo », me dit-il.

« Oui, cette photo a été prise en hiver. Je suis plus foncée en été. »

Je suis un peu nerveuse. J'ai traversé tout le pays pour venir le voir, et tout à coup je ne sais pas quoi lui dire. Je me lève d'un bond et je lui propose : « Voulez-vous une boisson du distributeur ? »

« Est-ce qu'ils ont du Mountain Dew ? Je ne peux pas me lever. Je suis censé rester ici pendant la visite. »

Je jette un regard aux deux gardes assis dans des coins opposés de la pièce. Je me dirige vers les distributeurs et achète un Mountain Dew.

« Merci », me dit-il quand je le lui tends.

« Je vous en prie. » Je repars à nouveau vers les distributeurs. Il y a aussi des snacks.

« Voulez-vous quelque chose à manger ? » lui demandé-je.

« C'est vous que j'aimerais manger. »

Je m'arrête et le regarde. « Que voulez-vous dire par là, Keith ? »

« Rien. Je rigole, c'est tout. »

« Hum. » Je me prends un jus de canneberges et reviens m'asseoir.

« Comme vous pouvez le voir, je suis un rencard radin », dit-il, levant de la main son Mountain Dew. Il m'observe alors que je prends une gorgée de ma boisson. « Comme s'est passé votre vol ? »

« Sans problème. »

« À quel hôtel êtes-vous ? »

« Au Howard Johnson. »

« Vous devez voyager à peu de frais. Comment est votre chambre ? »

Je ris doucement. Je ne vais certainement pas lui décrire ce qui est d'abord et avant tout une chambre à coucher. « Ce n'est pas un endroit dans lequel on souhaite passer du temps », lui dis-je.

Il me regarde un instant. Il semble comprendre que je ne dirai plus un mot au sujet de ma chambre.

« Ça fait très longtemps qu'une femme ne m'a rendu visite. Je suis tellement excité que vous soyez là. »

Il n'a pas l'air excité. Il a l'air… rien du tout. Son visage ne trahit aucune émotion.

« Est-ce que des membres de votre famille viennent vous voir ? » lui demandé-je.

« Pas depuis longtemps. J'ai rarement des visiteurs. Est-ce que votre mari est contrarié que vous soyez ici pour me voir ? »

Je ne dis pas à Jesperson qu'effectivement, Patrick est bien contrarié. Le comportement de Jesperson à mon égard le met mal à l'aise et il est inquiet de l'effet que cette rencontre pourrait avoir sur moi, connaissant mon passé avec Talup et la façon dont j'ai si mal géré ce message vocal à Jesperson. Mais de cette manière cavalière qui m'est typique, j'ai balayé de la main les inquiétudes de Patrick. J'ai raisonné avec lui, et avec moi-même, pour conclure que je me suis maintenant construit une armure solide.

J'ignore la question de Jesperson et tends l'oreille aux nombreuses conversations qui se réverbèrent sur les murs de la salle et fusionnent en un bourdonnement sonore. Un détenu assis près de nous parle attentivement avec une femme habillée en tailleur qui lui montre des documents. Son avocate ? Dans un coin, une jeune femme tient la main d'un détenu et lui fait des caresses. Un visiteur joue aux cartes avec un autre détenu.

Alors que je maintiens mon silence, Jesperson demande instamment: « Est-ce que votre mari est inquiet que vous m'épousiez ? »

À cela, je réponds un sourire narquois. « Pas d'inquiétude à cet égard-là, Keith. »

Il me surprend en souriant en retour. Dans nos discussions au téléphone, je n'ai jamais entendu de sourire dans sa voix. Maintenant, ses yeux bleu-gris se plissent et forment de minuscules rides. Il lui manque une dent au milieu de ses mâchoires supérieure et inférieure. Je suis tout à fait à l'aise maintenant. Je laisse notre conversation couler naturellement, comme à chaque fois que nous parlions au téléphone. Je lui demande des nouvelles de Felix, un chien qui avait été amené dans la prison pour chasser des pelouses les oies mais qui depuis lors est devenu la mascotte officieuse de la prison.

« Felix amène beaucoup de vie ici, dit Jesperson. Il nous permet de nous sentir plus humains. Il ne juge personne. Il nous sort de cet endroit. Parfois, il prend beaucoup de poids car tous les gars lui refilent à manger. »

« Keith, vous avez apprécié et même aimé certains chiens mais vous en avez tué d'autres. Pourquoi cette différence ? »

« C'est une question de contexte. Je ne sortais pas abattre tous les animaux des environs. Je tuais certains animaux. Pas tous les animaux. Je tuais des animaux parce que c'était la chose à faire à l'époque, comme avec les rats de sauge – je tuais ces animaux et je ne pensais à rien. Sinon, j'en tuais certains pour une raison. »

« Quel genre de raison ? »

« Dans le parc de résidences mobiles, mon père me fournissait des armes à feu pour chasser du terrain les chats et les chiens. Ils revenaient toujours car leurs propriétaires étaient des locataires dans le parc, mais ils n'étaient pas gardés en laisse et mon père estimait qu'ils devaient l'être. Un jour, j'étais en voiture et je passais devant le parc. J'ai vu un chien qui traînait et je lui ai tiré dessus. Il a poussé un hurlement et a atterri dans les bras de son propriétaire. Je n'avais pas remarqué le propriétaire. Je m'en fichais de tuer le chien. Mais quand le propriétaire m'a vu faire du mal à cet animal sous ses yeux, je me suis senti petit comme ça. » Jesperson forme un petit espace entre son pouce et son index.

Faire du mal à des animaux ne pesait pas sur la conscience morale de Jesperson à l'époque, mais être pris à le faire, oui. Je ramène la conversation vers Felix. Jesperson vit dans le bloc A de la prison, aussi connu sous le nom de bloc d'honneur, et peut voir Felix souvent. C'est une chose étrange. Les tueurs en série sont souvent considérés comme des prisonniers modèles. Ils ont tendance à rester dans leur coin et à ne pas causer d'ennuis. « Le tueur de la I-5 [Randall Woodfield] vit aussi dans le bloc A, me dit Jesperson. Je l'ai rencontré et je lui ai parlé. Il est arrogant. »

« Pourquoi dites-vous cela ? » Je suis curieuse de connaître les impressions d'un tueur en série au sujet d'un autre.

« Parce qu'il dit qu'il n'est pas coupable. » Jesperson secoue la tête. « Mon œil. Ils disent tous qu'ils ne sont pas coupables. »

« Vous pensez juger correctement les gens ? »

« Il n'y a pas grand-chose à juger… Je sens bien quel type de personnes sont les gens. » Avant que je puisse comprendre ce qui se passe, Jesperson se penche en avant et attrape mes mains, qui se retrouvent englouties dans les siennes. Je remarque un bandage vert et une attelle sur le petit doigt de sa main gauche. « Je sais que vous êtes une bonne personne », me dit-il.

Je retire mes mains des siennes et indique de la tête son bandage. « Qu'est-il arrivé à votre doigt ? »

« Je l'ai coincé dans le chariot à linge et je l'ai cassé. »

Une image de ses grandes mains et de la souffrance qu'elles ont causée me vient à l'esprit. Je suis maintenant prête à mettre de côté le bavardage et à avancer.

« Pourquoi des femmes ? » lui demandé-je.

« Pardon ? »

« Pourquoi avez-vous tué des femmes ? »

Il se cale contre le dossier de son siège et réfléchit un instant. « Il y a une sorte d'arrogance. Elles pensent qu'elles peuvent dire et faire ce qu'elles veulent, et que rien ne leur arrivera. Les hommes me voient, voient la taille que je fais, et me laissent tranquille. » Il se penche en avant. « Aussi, je suis vulnérable face aux femmes. J'aime les femmes – leur apparence, le goût qu'elles ont, leur toucher et leur odeur. Je suis un homme romantique. Donc, quand je pense que quelque chose pourrait être romantique et puis que les choses ne se passent pas comme ça, je me fâche. »

La pluie coule contre les fenêtres ouvertes au-dessus de nous et un souffle de vent froid entre dans la pièce. Je serre mon pull contre moi.

Depuis le début de nos conversations téléphoniques, Keith refuse de discuter des meurtres qu'il a commis sur ces femmes. Je pense qu'il me faisait miroiter ces informations comme une récompense qu'il m'offrirait seulement si je venais le voir en personne. Même maintenant, je sens qu'il n'est pas prêt à entrer dans les détails de ses meurtres avec moi. Je change de sujet.

« Keith, laissez-moi vous poser à nouveau la question. Pourquoi avez-vous écrit cette lettre à ce quotidien à propos du chat que vous aviez tué ? » Je n'ai toujours pas trouvé sa lettre au sujet du chat qu'il avait étranglé dans le parc de résidences mobiles. Les archives du quotidien avant l'année 2000 ne sont pas très bien organisées.

« Ce chat était l'animal de compagnie de quelqu'un. »

« Et s'il n'avait pas été l'animal de compagnie de quelqu'un ? Verriez-vous les choses autrement ? »

« Il aurait quand même été l'animal de quelqu'un. Les animaux restent des membres de la communauté. Tous les animaux appartiennent à quelqu'un ou à la société dans son ensemble. »

La société dans son ensemble. Je réfléchis à ces mots. Quand ma sœur se rendit au Costa Rica, l'employé à la société de location de voitures lui dit, en lui tendant les clefs de sa voiture : « S'il vous plaît, ne faites pas de mal à nos animaux. » Pendant tout son séjour, ma sœur rencontra un sentiment de responsabilité partagée chez les Costaricains quant au fait de prendre soin des animaux. Si nous suivions l'exemple du Costa Rica et considérions tous les animaux comme appartenant à la société – comme *nos* animaux dont *nous* avons la garde –, accepterions-nous beaucoup moins la violence envers eux ?

Je demande à Jesperson : « Parmi tous les animaux que vous avez tués, pourquoi écrire au sujet de ce chat-là ? »

« Ce n'était pas n'importe quel chat. C'était *le* chat. C'était le point de bascule qui avait changé ma vie. Il n'y a pas une grande différence entre tuer un chat et tuer un humain. Je pense que cet incident a eu un effet sur moi plus tard, quand je suis devenu un meurtrier. La strangulation avait déjà marché, donc je me suis dit que ça marcherait à nouveau. Le fait de tuer ce chat m'avait désensibilisé. »

Je ne suis pas d'accord avec Jesperson. Il était désensibilisé longtemps avant de tuer le chat. Mais le fait de tuer le chat et les huit femmes par étranglement a pu lui donner une plus grande satisfaction que s'il les avait tués d'une autre manière. Une étude se pencha sur les tueurs en série les plus sadiques[32], c'est-à-dire ceux qui avaient torturé leurs victimes avant de les tuer. Parmi ces meurtriers, près de deux tiers avaient dans le passé blessé ou tué des animaux d'après les rapports, et la moitié d'entre eux avaient torturé les animaux avant de les tuer. Ces tueurs prenaient plaisir à faire souffrir leurs victimes et utilisaient souvent les mêmes techniques de torture et de meurtre à l'encontre de leurs victimes animales et humaines. Alan Brantley du FBI me dit que les meurtriers comme Jesperson « aiment à engager tous leurs sens. La vue, l'ouïe, l'odorat, le toucher et le goût. Et ils se rapprochent le plus près possible de leurs victimes, d'un point de vue physique et très personnel. Quand on étrangle quelqu'un, on voit littéralement la vie qui quitte ses yeux et son visage, et on le voit se débattre. On voit la peur et la panique, la terreur absolue. Pour nombre de ces hommes qui ont cette caractéristique très sadique, cela améliore considérablement l'expérience. C'est très émoustillant pour eux ».

Jesperson continue : « Les gens ont tendance à séparer les deux, les animaux et les humains, mais une vie équivaut à une autre. L'animal comme l'humain lutte pour rester en vie. »

« Tuer n'est pas bon marché », me dit Jesperson tout à fait sérieusement le lendemain matin. Je comptais sur lui pour parler de ses meurtres. S'il ne le faisait pas, ma compréhension de ses comportements resterait incomplète. Je m'étais présentée à la prison dès l'ouverture aux visiteurs afin d'avoir le plus de temps possible en personne avec lui. On dirait que ce geste lui a fait plaisir. Il est maintenant disposé à parler des femmes.

Jesperson me raconte comment il loua une machine pour nettoyer tout le sang dans son salon après avoir tué Taunja Bennett, sa première victime humaine. « Je l'ai rencontrée dans un bar et je l'ai ramenée chez moi. Je pensais qu'elle était intéressée. Mais je recevais des signaux contradictoires. Quand elle m'a fait comprendre qu'une relation sexuelle ne l'intéressait pas, je me suis fâché. Je lui ai mis un coup de poing dans la figure. »

Mon regard se porte sur le mur derrière Jesperson. Le dessin animé *Moi, moche et méchant* est projeté à la télévision sur un grand écran plat monté au mur. Je regarde à nouveau l'homme assis en face de moi. J'avais lu toutes les informations disponibles sur ses meurtres. Mais être là en face de lui et l'entendre me décrire ces meurtres est une expérience très différente. Et rester assise et l'écouter est l'une des choses les plus difficiles que j'ai jamais eues à faire.

Sans émotion, Jesperson me raconte comment il continua à rouer Taunja Bennett de coups. Il mit son visage en sang et lui cassa le nez. Le sang éclaboussait les murs et le plafond.

Oh, mon Dieu.

« Quand j'ai enfin cessé [de la battre], dit-il, apparemment sans remarquer la répugnance que reflète mon visage, j'ai vu ce que j'avais fait et je me suis dit : "Je n'ai pas envie d'aller en prison." Et donc, je l'ai tuée. Ça m'a pris environ quatre minutes pour l'étrangler. Mes mains étaient aussi blanches que ça. » Il indique le plateau de faux marbre de la table entre nous.

J'ai la nausée. Je me lève et m'excuse un instant, sachant qu'il me suit du regard. Je me rends aux toilettes et essaie de vomir, mais je n'ai que des haut-le-cœur. En tant que neurologue qualifiée, j'ai déjà eu à m'occuper de patients atteints de maladies psychiatriques et de troubles de la personnalité sévères, dont des sociopathes. Certains étaient violents. Mais j'ai toujours su maintenir une attitude froide et clinique. J'avais un rôle clair à jouer, celui d'aider à les guérir. Ici, c'est différent. Je ne suis pas le médecin de Jesperson. Il n'y a aucune blouse blanche, aucun *clipboard* entre nous. Pendant notre conversation, Jesperson reste assis dans une immobilité étrange. Son regard quitte rarement mon visage et il suit de près mes expressions. Si Jesperson cherche à obtenir une réaction de ma part, je ne la lui donnerai pas. Pas cette fois. Je me lave les mains et le visage à l'eau froide et retourne dans la salle.

Je ne fais aucun commentaire alors que je me rassieds, le visage impassible. Jesperson reprend là où il s'était arrêté, et décrit en détail comment il a violé et tué les autres femmes. Pendant qu'il décrit ses meurtres, je songe que la vie de Jesperson est sinistrement proche de l'histoire de Tom Nero, le personnage principal de l'œuvre *Les Quatre Étapes de la cruauté* de William Hogarth. Artiste et critique social, Hogarth publia ces quatre gravures en 1751. Chaque gravure représente une étape de la vie du personnage fictif, Nero – qui tient peut-être son nom de l'empereur romain tyrannique du même nom (Néron) –, pour dépeindre comment la maltraitance animale fait partie d'un schéma plus vaste et social de violence.

La « Première étape de la cruauté » montre un groupe de garçons dont la plupart participe à, ou encourage, une forme ou une autre de violence envers des animaux. Nero enfonce une flèche dans le rectum d'un chien terrifié pendant qu'un autre garçon le supplie d'arrêter. Dans la « Deuxième étape de la cruauté », les abus envers les animaux sont encore plus généralisés et institutionnalisés. Nero, l'ancien écolier qui commettait des actes de cruauté envers des animaux pour s'amuser, est devenu un homme qui leur inflige des sévices dans le cadre habituel de son travail. Cette deuxième gravure montre Nero en train de rouer de coups son cheval qui s'est écroulé sous le poids de la charrette à laquelle il était attelé. Un autre homme bat un agneau à mort. Un taureau en colère projette de ses cornes son bourreau. La violence envers les humains est également représentée. Un conducteur dort contre une charrette alors qu'un enfant se fait écraser sous la roue de l'engin, et des panneaux en arrière-plan font la publicité de combats de coqs et de matchs de boxe. Dans « La cruauté parfaite », Nero est un bandit de grand chemin qui a assassiné son amante enceinte. Le corps de la femme gît au sol, prostré ; elle a la gorge tranchée, et son poignet et index gauches sont presque sectionnés. Dans la dernière gravure, « La récompense de la cruauté », Nero est condamné et pendu pour meurtre ; son corps est disséqué en public et dans un moment de justice ironique, un chien dévore son cœur.

À la fin des heures de visite du matin, Jesperson me demande si je reviendrai l'après-midi. Je le regarde. *Que fais-je donc ici ?* J'ai envie de laisser Jesperson loin derrière moi et de l'oublier complètement. Mais je lui réponds simplement : « Je ne sais pas. »

Je reviens dans l'après-midi. Je sais que je m'en voudrai, plus tard, si je n'utilise pas le temps que j'ai à ma disposition pour en apprendre autant que possible au sujet de Jesperson. Quand j'entre dans la salle des visites, je vois qu'il a installé le jeu de Crib sur la table. Hier, nous avions évoqué l'idée qu'il pourrait m'apprendre à jouer. Mentalement épuisée de notre discussion de ce matin, je n'ai de toute façon pas très envie de parler tout de suite. Je pourrai peut-être l'observer quelque temps pendant que nous jouons.

Cependant, nous avons à peine entamé une partie que Jesperson déclare qu'il ne pense pas pouvoir m'apprendre à jouer correctement dans le temps que nous avons. Nous jouons à « Sorry » pendant environ vingt minutes avant d'abandonner également. C'est une version nouvelle et augmentée du jeu, et les règles ne sont pas dans la boîte. Nous inventons nos propres règles de jeu, mais ni lui ni moi n'avons très envie de jouer. Jesperson a envie de parler.

D'accord. Parlons. Mais d'abord, il me faut une tasse de thé. Je me lève et achète un gobelet de thé noir et brûlant au distributeur. J'en prends une gorgée et grimace. Le thé a un goût d'eau chaude agrémentée de huit granules de café instantané décaféiné.

« J'ai envie de partager un secret avec vous », me dit Jesperson alors que je me rassieds.

« D'accord. » Désespérément, j'avale une gorgée de « thé ». Que va-t-il me raconter maintenant ?

« Quand j'avais treize ans, mes frères et moi étions assis autour d'un feu de camp et mon père nous a raconté qu'une nuit, il avait eu une prémonition. Il était sur une route, et il avait eu une prémonition que quelque chose de mauvais venait de se passer à cet endroit. Il s'était garé sur le bas-côté, et un policier lui avait dit que ce n'était pas un endroit sûr pour se garer : un homme avait été renversé par une voiture et était décédé à cet endroit même la nuit précédente. Quand papa nous a raconté ça, on s'est tous dit, "Oh, ça fait peur, ça". Mon père nous a raconté la même histoire quand j'avais quatorze et puis quinze ans. Puis une nuit, quand j'avais dix-huit ans, Papa était saoul et il m'a dit qu'il était au volant de sa voiture, sur cette route et à cet endroit précis, la nuit où l'homme avait été tué. Papa pensait avoir accroché quelque chose mais avait continué sa route. Le lendemain, il s'était rendu à ce même endroit et c'était là qu'il avait entendu qu'un homme y avait été tué la nuit précédente. »

« Pensez-vous que votre père avait renversé cet homme ? »

« Quand je lui en ai parlé le lendemain, une fois qu'il était à nouveau sobre, je lui ai demandé pourquoi il n'avait pas été voir la police pour leur dire ce qui s'était passé, et que c'était un accident. Il m'a répondu : "Écoute, oublie tout ce que tu as entendu ; ça ne s'est jamais passé." Mon père m'a appris que tant que nous faisions les choses derrière une porte fermée et que personne n'était au courant, tout allait bien. »

Oui, je vois. Sylvester fut maltraité derrière une porte fermée. On abusa de moi derrière une porte fermée.

« Avez-vous déjà entendu un chevreuil pleurer ? » me demande Jesperson, changeant tout à coup de sujet.

« Non. Je ne savais pas qu'ils pouvaient le faire. »

« Oui, les chevreuils peuvent pleurer et sangloter... Avez-vous déjà entendu un lapin pleurer ? »

« Non. »

« Un lapin peut hurler, vraiment pleurer ou hurler. C'est ce qui attire les coyotes pour le tuer. Le lapin sanglotera. On a tellement l'habitude de voir les animaux rester silencieux. Avez-vous déjà vu ce film, *Powder*, où le gamin a des superpouvoirs ? Où quand il pose les mains sur un animal, il peut voir et sentir sa peur ? »

« Vous m'avez déjà parlé de ce film. Je ne l'ai jamais vu. »

« Il agrippe cette personne qui a abattu le chevreuil et pose la main sur l'animal, et ce garçon parvient à ressentir ce que vit le chevreuil. Et à partir de ce moment-là, ce gars n'a plus envie de chasser le chevreuil. »

« Parlez-moi du chevreuil que vous avez entendu pleurer. »

« Quand je lui ai tiré dessus, j'ai tiré trop haut et vers l'avant. J'ai dû le traquer pendant des heures avant de pouvoir le viser à nouveau et le tuer. Il sanglotait. Il pleurait. C'est comme ça que j'ai pu suivre sa trace – parce qu'il pleurait du fait que la flèche était entrée dans son omoplate et n'avait percé aucun organe vital. Il boitait d'une jambe. Tôt ou tard, un coyote ou un autre animal l'aurait eu, mais j'ai dû le traquer pendant des heures avant de pouvoir le viser correctement et l'achever. Après ça, j'ai toujours refusé d'aller chasser le chevreuil ; je le refusais, tout simplement. J'ai toujours refusé d'aller chasser des wapitis et des chevreuils après cet épisode au Canada à l'automne de 1982. »

« Pourquoi pensez-vous que cela vous a affecté ? »

« Parce que je l'ai entendu pleurer. Je suis parti chasser en pensant que ces animaux ne font aucun bruit et que donc il n'y avait pas de mal. Entendre le chevreuil sangloter était écœurant. À ce moment-là, je l'ai entendu et j'ai entendu qu'en réalité ils ont une voix. »

Au haut-parleur, une voix nous informe que les heures de visite sont terminées pour la journée. Je prends l'avion du retour le lendemain matin et je ne reverrai plus Jesperson. Nous nous levons, nous serrons la main et faisons nos adieux. Il se dirige vers l'endroit où les détenus font la queue pour retourner à leurs cellules, et je prends la direction opposée. Quelque chose me pousse à me retourner et j'observe Jesperson, qui boite légèrement à cause d'une blessure ancienne à la jambe et de l'arthrose dans ses genoux. Pendant un court instant, je le vois non pas comme le meurtrier brutal qu'il est très certainement, mais comme un homme vieillissant et seul.

« Au revoir, Keith », lui dis-je à nouveau.

Il s'arrête et se tourne vers moi. Il a l'air surpris. « Au revoir », me répond-il à voix basse.

Patrick a encore raison. Deux nuits plus tard, pour la première fois en vingt ans, je rêve d'Oncle Talup.

Pourquoi ai-je fait tout ça ? Ai-je obtenu ce que je voulais ? De retour à la maison, je médite sur mon attitude plutôt cavalière concernant cette rencontre avec Jesperson. J'en viens à la conclusion que malgré le bouleversement émotionnel qu'il m'a causé, la rencontre en valait la peine. J'ai appris bien plus que ce à quoi je m'attendais, non seulement à son sujet mais également en ce qui me concerne.

Je dois admettre que quand j'écrivis à Jesperson pour la première fois, j'avais des idées préconçues sur ce qu'il me dirait. Je m'attendais à ce que les seules relations que Jesperson ait entretenues avec des animaux aient été fondées sur la cruauté. Cependant, bien que Jesperson ait montré une cruauté et une apathie immenses envers les animaux qu'il tua, il lui arriva également d'avoir des moments d'humanité inattendue. Ces deux aspects étaient présents chez nombre des hommes qui étaient détenus au Lima State Hospital et dont j'avais lu les histoires, mais je ne m'attendais pas à trouver cette dichotomie chez un tueur en série. Je suis tombée dans les filets de mes propres préjugés.

Jesperson avait une empathie naturelle envers les animaux quand il était enfant, et même occasionnellement en tant qu'adulte. Cela transparaît quand il parle de ce chevreuil qu'il tua et qui pleurait. Mais Jesperson apprit très tôt que la bonté envers les animaux a des conséquences douloureuses : une punition pour sa riposte après que son frère a tué sa corneille, et la duperie de son père qui tua Duke. D'autre part, les voisins et la famille de Jesperson, et plus important encore, son père, lui apprirent que la violence envers les animaux était acceptable. Chaque fois que Jesperson traita un animal avec cruauté et s'en tira sans conséquence ou fut récompensé par l'attention de son père son comportement se vit renforcé. Finalement, l'empathie naissante de Jesperson fut grandement écrasée par le poids de toutes les années au cours desquelles il se montra cruel.

Aucun psychiatre n'a formellement examiné Jesperson en émettant le diagnostic qu'il serait atteint d'un trouble de la personnalité tel que le trouble de personnalité antisociale. Ce trouble, communément associé à la sociopathie ou la psychopathie – deux troubles de la personnalité distincts qui se chevauchent à certains égards –, se caractérise par, entre autres choses, un manque d'empathie à l'égard d'autrui et peu ou pas de remords. Cependant, même si Jesperson était diagnostiqué comme atteint d'un trouble de personnalité antisociale, ce serait bien trop facile de lui coller cette étiquette pour expliquer sa violence. Le trouble de personnalité antisociale cause-t-il la violence ? Ou la violence cause-t-elle le trouble ? Lequel vient en premier ?

Nous devons prendre la vie de Jesperson dans son ensemble, et y inclure ses relations avec les animaux. En 1964, Margaret Mead nota : « L'une des choses les plus dangereuses qui puissent arriver à un enfant est qu'il tue ou torture un animal, et qu'il n'en soit pas tenu pour responsable[33]. » Il n'existe aucun lien de corrélation direct entre la violence à l'encontre des animaux et celle à l'encontre des humains. Après tout, Dave n'a jamais fait de mal à des humains bien qu'il maltraita Sylvester. De nombreux facteurs de complication doivent être pris en compte, tels que les dynamiques familiales, les états mentaux et la génétique. Néanmoins, il y a une vague grandissante d'indices vérifiant que les individus qui infligent des actes de cruauté envers les animaux, et qui sont activement ou même passivement encouragés à le faire, sont plus susceptibles de se comporter de la même manière envers les humains.

L'empathie est une composante essentielle de notre développement moral. Sans elle, nous sommes incapables d'imaginer la vie des autres et leur souffrance, et incapables d'avoir le désir de soulager cette dernière. Dans ce sens, soutient le professeur en criminologie Piers Beirne, il existe probablement un lien solide entre l'empathie envers les animaux et celle à l'égard des humains[34]. En ce qui concerne Jesperson, les animaux et les femmes partageaient une vulnérabilité qu'il exploita. Les femmes qu'il assassina, pour la plupart des prostituées et sans-abri, vivaient en marge de la société. Elles étaient facilement oubliées. Un peu comme la plupart des animaux. Si quelqu'un était intervenu tôt dans la vie de Jesperson et avait nourri sa bonté inhérente envers les animaux, il aurait peut-être appris à ressentir de l'empathie à l'égard des femmes, plutôt que de les voir comme des cibles pour son venin.

Jesperson réveilla une réaction émotionnelle aux abus que je subis moi-même quand j'étais enfant – quelque chose que je pensais, avec arrogance, être loin derrière moi. Naturellement, ses descriptions des viols et meurtres qu'il commit sur ces femmes jouèrent un rôle à cet égard. Mais les choses vont au-delà de cela. Je n'avais pas anticipé que j'apprendrais autant de choses me concernant, au contact d'un tueur en série.

La violence est non seulement le produit de la psychologie d'un individu, mais également des influences sociales et culturelles. Au sein de la culture qui l'environnait, Jesperson fut habitué à accepter la violence. Il en fut de même pour moi. On m'apprit à être une bonne petite fille pakistanaise et à respecter mes aînés, l'autorité et les traditions. Si un aîné vous dit de faire quelque chose, vous le faites. Si un adulte vous emmène par la main vers la chambre à coucher, vous le suivez. Même si le comportement d'Oncle Talup me dérangeait, j'en vins au fil du temps à le considérer comme quelque chose d'ordinaire. C'était ma vie, tout simplement. C'était de l'ordre du quotidien.

Je comprends aussi maintenant pourquoi je ne questionnais pas trop Dave quand il faisait du mal à Sylvester.

« C'est normal », me disait Dave.

À travers l'Histoire, ces deux mots ont appuyé l'ignorance délibérée. Ces deux mots ont excusé la discrimination. Ces deux mots ont alimenté la domination des impuissants. Et ces deux mots me firent accepter les abus subis par Sylvester et moi-même.

Il est difficile de reconnaître la violence quand elle est considérée comme ordinaire. Enfant, je ne reconnaissais pas véritablement la violence dans ma vie, perpétrée à mon encontre et envers Sylvester, et il en fut de même pour Jesperson. Cependant, je peux examiner *sa* vie et voir les signes avant-coureurs qui menèrent à ses meurtres. Jesperson sait faire la différence entre le bien et le mal, et il a une logique toute prête pour justifier chacun de ses meurtres. Quelle part de sa capacité à justifier d'avoir tué des femmes trouve-t-elle ses racines dans le fait qu'il apprit à justifier chaque acte de cruauté envers les animaux ? Comme pour ses meurtres, il a dans son esprit une explication raisonnable pour chaque occasion où il tua un animal. D'autre part, il défend nombre de ses actes à l'encontre des animaux en se déférant à des attitudes culturelles (dont celles de ses voisins et de sa famille). « Tout le monde le faisait » ou « Ça faisait partie du travail ». Quand les normes culturelles négligent ou justifient une forme de cruauté, ouvrons-nous les portes à toutes les formes de cruauté ? Sommes-nous, en tant que société, coupables de la genèse de Jesperson ?

« Les meurtriers violents comme Jesperson sont la face émergée de l'iceberg, me dit plus tard le Dr Hickey. Ils sont le signe avant-coureur des choses à venir. Ils nous montrent ce qu'il se passe au niveau de notre société. »

Un mois après ma rencontre avec Jesperson, je retrouve enfin la trace de la lettre qu'il avait envoyée au quotidien le *Statesman Journal*.

Le 23 novembre 1996, à Salem dans l'Oregon, la police arrêta deux lycéens du lycée McNary pour avoir battu à mort un chat tigré[35]. D'après la police, Thomas Shepard et Darle Dudley, tous deux alors âgés de dix-huit ans, tuèrent le chat avec des massues en bois quand il s'aventura dans le domicile de Shepard. Le chat était l'un des nombreux errants à qui la belle-mère de Shepard donnait à manger. Quand la belle-mère trouva la dépouille du chat dans une poubelle, elle appela la police.

Ce ne fut pas tant l'arrestation des deux lycéens qui causa un violent débat dans le quotidien de la ville, mais plutôt une remarque de la part de l'entraîneur de l'équipe de football américain du lycée, Tom Smythe. Après avoir appris la nouvelle de l'arrestation de Shepard, qui était l'un de ses meilleurs joueurs, Smythe dit aux journalistes[36] : « Prenons un peu de recul sur cette histoire. [Shepard] n'a pas violé, mutilé ou pillé qui que ce soit. Il a commis une action stupide qui a coûté la vie à un bête animal. »

Pendant près de deux semaines, le *Statesman Journal* reçut plus de lettres à propos du meurtre du chat et des remarques de Smythe qu'à propos de tout autre sujet. Parmi les lettres, il y avait celle de Jesperson[37] :

> « *On le retrouve dans les revues criminelles de toutes les grandes autorités policières. Le comportement violent à l'égard des animaux est l'un des symptômes sur le chemin qui mène à devenir un meurtrier.*
>
> *C'est quand j'étais jeune adulte que mon agressivité envers les animaux s'est renforcée.*
>
> *Mon père m'a vu projeter un chat sur le trottoir et puis l'étrangler à mort. Nous étions les propriétaires de la maison de location dans laquelle le chat avait été trouvé.*
>
> *Au lieu de me dire que c'était mal, mon père était plutôt fier de la façon dont j'avais géré ça. Il s'est même vanté de la manière dont je m'occupais des chats et chiens errants dans notre parc de résidences mobiles.*
>
> *Cela n'a servi qu'à faire naître en moi le désir de tuer à nouveau. J'ai commencé à me demander ce que ça ferait de tuer un être humain. Cette pensée m'est restée pendant des années, jusqu'à ce qu'un soir, je franchisse le pas.*
>
> *J'ai tué une femme en la battant presque à mort et puis en l'étranglant pour l'achever. Après, je ne cherchais plus d'animaux à maltraiter. Je cherchais des humains à tuer. Ce que j'ai fait.*
>
> *J'ai tué encore et encore jusqu'à ce que je sois pris. Maintenant, j'en paie le prix en passant le reste de ma vie derrière les barreaux.*
>
> *Nous devrions faire cesser la cruauté envers quiconque avant que ça ne devienne un problème plus important comme moi. La violence et l'agression peuvent causer des problèmes plus importants que le simple meurtre insensé d'un chat.*
>
> *Keith Jesperson* »

CHAPITRE 5

Ce n'est qu'un animal

Dave continua de maltraiter Sylvester. Il disait que son caractère turbulent était la cause de ses os fracturés et de ses blessures. Chaque fois qu'il projetait Sylvester contre un mur, lui mettait un poing dans la figure ou donnait des coups de pied dans son petit corps, je versais des larmes en secret. Mais je gardais le silence.

Quatre mois plus tard, j'eus l'idée d'appeler la police. Je recherchai le numéro du poste de police local, puis hésitai. Que dirais-je à la police ? J'aimais Dave et malgré ce qu'il faisait subir à Sylvester, je ne voulais pas qu'il ait des ennuis. Et que se passerait-il si la police ne se préoccupait pas de ce qui arrivait à Sylvester ? Que se passerait-il si la police ne voyait aucun mal dans ce que faisait Dave, et partageait l'avis qu'il ne faisait que dresser un chien ? J'avais déjà vu de nombreuses fois la police arriver à nos immeubles pour parler aux habitants ou pour effectuer des arrestations. La possession et la vente de substances illicites et d'armes étaient des activités courantes. Dans mon quartier, les officiers de police étaient nos ennemis. Même si nous ne faisions rien d'illicite, nous craignions toujours que la police trouve *quelque chose* à nous reprocher.

Malgré cela, à la vue de la police, des voisins gardaient cruellement des chiens à la chaîne pendant des heures dans le froid ou la chaleur extrêmes, et des chats munis de colliers et exhibant des blessures béantes se baladaient librement. Beaucoup de monde maltraitait ouvertement des animaux sans craindre la police.

Je ne passai jamais cet appel. J'étais nerveuse à l'idée d'appeler la police et je me convainquis qu'ils n'auraient de toute façon cure de la situation. « Ce n'est qu'un animal », diraient-ils. J'avais probablement raison.

Néanmoins, les attitudes ont évolué depuis cette époque. Dans une certaine mesure.

À l'extérieur d'un vaste auditorium au septième étage, je contemple le panorama de Manhattan. L'académie de police de Queens, un arrondissement de la ville de New York, tient aujourd'hui une formation sur la cruauté envers les animaux pour ses forces de l'ordre. J'avais contacté le New York Police Department (NYPD) pour me renseigner sur la façon dont la police de New York gèrerait aujourd'hui un appel au sujet d'un cas de maltraitance envers un animal. Il s'avère que la ville de New York est en avance sur son temps. Sous la direction du sergent Mike Murphy, l'Animal Cruelty Investigation Squad du NYPD est la première unité aux États-Unis de détectives dont le travail à plein temps est d'enquêter sur des affaires de cruauté envers des animaux.

Le sergent Murphy m'invita à assister à cette formation, qui est conjointement donnée par le NYPD et l'American Society for the Prevention of Cruelty to Animals (ASPCA), une association sans but lucratif qui lutte pour la prévention de la cruauté envers les animaux à l'échelle nationale et dont le siège se situe à New York. La police a toujours eu l'obligation légale d'investiguer sur les actes de cruauté envers les animaux si elle était témoin d'un acte ou si un acte leur était signalé. Mais jusqu'il y a quelques années, l'essentiel de ce rôle policier était rempli par l'ASPCA. Quand la police recevait un appel au sujet d'un cas de maltraitance envers un animal, cet appel était généralement redirigé vers l'ASPCA. Grâce à une collaboration nouvelle, le NYPD assume aujourd'hui le premier rôle d'investigation des actes de cruauté envers les animaux, et d'exécution des lois en la matière, à New York. Cette évolution a eu des effets propagateurs. Tout d'un coup, le nombre d'hommes et de femmes enquêtant sur les cas de maltraitance d'animaux est passé d'environ dix-huit employés de l'ASPCA aux trente-quatre mille officiers de police présents dans les cinq arrondissements de la ville de New York. D'autre part, le NYPD a formé une nouvelle unité de détectives dont le rôle unique est d'enquêter sur des cas de violence envers des animaux. Aujourd'hui, l'ASPCA peut concentrer son énergie et son expertise sur un rôle de soutien instrumental, par exemple pour former toutes les unités de police dans l'identification d'un cas de maltraitance d'un animal, la compréhension des lois de protection des animaux et la procédure à suivre dans le cas d'un appel demandant de l'aide pour un chien, un chat ou tout autre animal qui en aurait besoin.

En ce samedi matin, l'auditorium est rempli de trois cents hommes et femmes, allant des novices à des sergents principaux et détectives. Je m'assieds près du premier rang, un gobelet de café noir brûlant à la main. Le premier à prendre la parole est le sergent Murphy. Sa voix douce avec son léger accent de Brooklyn ne correspond pas tout à fait à son type physique. Je m'attends toujours à entendre une grosse voix sortir de son cou et de son corps épais.

« Ted Bundy. Jeffrey Dahmer. Dennis Rader, annonce-t-il à l'assistance. Ils avaient tous des antécédents de maltraitance envers les animaux avant de tuer, de manger et d'estropier des humains. Quand ils infligent des sévices aux animaux, ils infligent des sévices aux humains. Quand vous enquêtez sur ces crimes, soyez curieux. Quand vous enquêtez sur des gens, observez les animaux. Quand vous enquêtez sur des animaux, observez les gens. »

Après la brève introduction de Murphy, une jeune femme de l'ASPCA prend la parole. « Si vous avez un cas impliquant un animal, appelez l'ASPCA. Nous vous aiderons. Nous avons une assistance téléphonique. Nous vous expliquerons le processus à suivre. » L'assistance téléphonique de l'ASPCA est de permanence vingt-quatre heures sur vingt-quatre pour soutenir le NYPD et expliquer aux officiers de police comment gérer et transporter des animaux. L'ASPCA invite la police à emmener les animaux à leur hôpital animalier situé sur Ninety-Second Street à Manhattan ou alors à l'un des nombreux hôpitaux vétérinaires partenaires dans les environs. Dans ces hôpitaux, des vétérinaires offriront leurs services médicaux en cas de besoin et lanceront des examens médico-légaux ainsi que la constitution d'un dossier. Cette dernière action a joué un rôle déterminant dans la poursuite et la condamnation de personnes ayant commis des abus contre des animaux.

« Soyez préparés : la médiatisation d'une affaire est possible, dit la représentante de l'ASPCA. Un homme [a été filmé] alors qu'il projetait un chat sept mètres en l'air d'un coup de pied. Cette vidéo est devenue virale. »

Ensuite, une avocate avec l'ASPCA se lève et demande à l'assistance : « Qui parmi vous a déjà enquêté sur un cas impliquant un animal ? » Je jette un coup d'œil dans la salle. Quelques mains seulement sont levées. « Les formes les plus courantes de cruauté envers les animaux que vous verrez sont des conditions de logement inadéquates, l'abandon, l'enfermement dans un véhicule, un animal laissé dans une température extrême et des combats entre animaux. La cruauté envers les animaux peut prendre la forme d'un acte délibéré ou d'omission, et elle concerne tous les animaux. » L'avocate présente ensuite des photos. Les participants, dont le regard était devenu vide, se réveillent d'un coup. Une photo montre un chat noyé dans de l'eau de Javel et une autre, un écureuil dont le corps est perforé de trous de balle. « Des actes délibérés », dit-elle. L'avocate projette d'autres photos, qui montrent des animaux émaciés et des animaux exhibant des blessures ouvertes et visiblement douloureuses. « La cruauté par négligence. Les propriétaires ont l'obligation de fournir des soins vétérinaires. "Je n'en ai pas les moyens" n'est pas une excuse. »

Pendant toute la matinée, des photos et des vidéos pitoyables sont projetées sur l'écran. Des images de chats battus, ensanglantés. Des ratons laveurs empoisonnés. Des lapins brûlés. Un intervenant projette ensuite une série de photos d'arènes et d'équipements pour combats d'animaux : une fosse en béton pour combats de chiens remplie d'excréments et de sang, des tapis roulants sur lesquels des chiens sont obligés de courir jusqu'à trois heures d'affilée pour se préparer à un combat, des appareils de viol utilisés à des fins d'élevage, des machines à poids, de lourdes chaînes et des éperons.

Tous ces équipements sont faits dans le seul but d'observer des animaux se blesser entre eux et s'entre-tuer. C'est un business très lucratif.

Quelques-unes des plus grosses affaires menées par le NYPD concernent des cercles de combats d'animaux. Ces cercles opèrent de manière très clandestine avec de vastes réseaux à travers les États-Unis et même à travers le monde. Le sergent Murphy m'expliqua qu'un homme, actuellement sous enquête par son unité pour l'opération d'un réseau de combats de coqs à New York, fait des allers-retours fréquents au Mexique. Il est soupçonné de superviser d'autres cercles de combats d'animaux là-bas, et peut-être d'autres crimes. « Le crime ne se produit pas dans le vide, déclara John Goodwin de la Humane Society of the United States. Quand des gens violents parient de grosses sommes d'argent, les problèmes suivent[1]. »

Les combats de chiens et de coqs, et d'autres activités similaires, vont main dans la main avec le blanchiment d'argent, les cartels de la drogue, la traite des humains, la prostitution, le jeu et les gangs. Murphy envoie fréquemment des membres de son équipe en infiltration afin de pénétrer les lourdes défenses qui entourent les réseaux de combats d'animaux. Ces investigations prennent des mois, parfois même des années, et impliquent souvent des détectives extérieurs à sa brigade qui se concentrent chacun sur des crimes reliés différents. « Là où il y a des combats d'animaux, dit l'un des intervenants, il y a des gangs, des armes, des drogues et énormément d'argent qui circule. »

Tout à coup, la salle explose de rire et je lève le nez de mon gobelet de café. Le grand écran montre une image d'accessoires de combats de coqs, dont un livret bleu qui ressemble à un passeport avec un texte en lettres majuscules dorées sur la couverture qui dit : « Le coq livre officiel des records*. »

Je ris avec tout le monde, mais nous perdons tous rapidement notre hilarité devant une vidéo d'un combat de coqs. Je n'en ai jamais vu un, et je

* NdT : Le mot « coq » peut se traduire par *cock* en anglais, mais *cock* est également une traduction vulgaire de « pénis ». La mention originale sur le livret est « *El cock official record book* », ce qui pourrait être entendu comme « Le pénis livre officiel des records ».

suis choquée par leur violence et leur rapidité. Dans la vidéo, des hommes munissent deux coqs d'éperons, les placent dans une fosse en béton, se retirent et observent. En à peine une minute, les deux volatiles s'attaquent, et à peu de chose près s'anéantissent. Des plumes, des morceaux de peau et d'os, du sang, sont projetés partout. « La vache ! » j'entends s'exclamer quelqu'un dans l'assistance. Le présentateur explique : « Dans un combat de coqs, le perdant est celui qui perd le plus de sang. »

Alors que je contemple l'image de la fosse de combat ensanglantée et imagine l'état d'esprit qui permet à des êtres humains de causer une telle souffrance, je me dis : « Non, le présentateur a tort. Tout le monde est perdant dans ce combat. »

Pendant la pause déjeuner, je prends place avec les autres détectives de la brigade de Murphy dans une salle privée réservée pour les intervenants et les organisateurs. La brigade, formée en 2015, est composée de huit détectives qui, avant de l'intégrer, avaient déjà travaillé plusieurs années pour le NYPD ; certains sur des affaires d'homicide, d'autres sur les violences de gangs, d'autres encore sur des crimes liés à la drogue. Ce sont tous des détectives chevronnés. Ils ont tellement hâte de partager avec moi leurs expériences d'enquêtes concernant des animaux que j'ai le sentiment que de nombreux autres policiers doivent maintenant les déconsidérer sous prétexte qu'ils ne travaillent plus sur des « affaires sérieuses ».

L'une des détectives, Lisa Bergen, me montre une photo sur son téléphone portable de ses chiens, Paco et Pebbles. Les deux chiens sont étalés dans une piscine pour enfants dans le jardin et Paco, l'air extrêmement satisfait, tient dans sa gueule un tuyau d'arrosage qui crache de l'eau. « Cela faisait près de sept ans que je travaillais dans la police, me dit Lisa, mais quand j'ai entendu parler de cette nouvelle unité, j'ai demandé à l'intégrer. »

Quand je lui demande pourquoi, Lisa me montre une autre photo sur un autre téléphone. Je grimace. La photo montre le corps d'un chien, brûlé et calciné. Quelqu'un avait enroulé le chien dans une couverture et puis l'avait incendié. « Pour des raisons telles que celle-là, dit-t-elle. Ils sont innocents. On est la voix de ceux qui n'en ont pas. Écoutez, j'ai beaucoup travaillé sur des affaires de violence domestique. Une victime appelle à l'aide. On y va, et puis la victime abandonne les poursuites. Elle appelle à l'aide une nouvelle fois et puis abandonne les poursuites à nouveau. Les victimes ne veulent pas engager de poursuites. Avec les animaux, on n'a pas besoin qu'ils portent plainte. On les aide, et ils sont toujours tellement reconnaissants de l'aide qu'on leur donne. Peu importe à quel point ils ont été maltraités ; ils montrent toujours de l'amour quand on les aide. »

Ce dernier point est réitéré presque mot pour mot quand je parle à un autre détective de la brigade. Tara Cuccias me dit ainsi : « Dans notre unité, nous avons des flics de rue endurcis, et notre travail est la chose la plus gratifiante que nous ayons jamais faite. Les animaux sont tellement reconnaissants. Peu importe à quel point ils ont été maltraités ; ils sont toujours tellement reconnaissants. »

Après notre pause déjeuner, nous retournons dans l'auditorium pour voir des images de radiographies de fractures d'os, de côtes brisées et de traumatismes crâniens. Je n'ai plus envie de regarder de tristes photos, donc je passe plus de temps à observer les membres de l'auditoire ; je suis curieuse de leurs réactions. Certains policiers ont l'air de s'ennuyer. D'autres sont penchés en avant sur leur siège, les yeux fixés sur l'écran en prenant des notes. La plupart des participants ont l'air de se situer entre les deux. Howard Lawrence, qui travailla pour le NYPD pendant vingt-cinq ans avant de rejoindre l'ASPCA et devenir leur agent de liaison avec le NYPD, me dira plus tard que les réactions qu'il a reçues concernant la formation vont de demandes de « voir moins d'images ; elles sont dégoûtantes » à des retours tels que « c'est l'une des meilleures formations que j'ai jamais reçues ». Howard Lawrence m'explique : « Au début, nous avions beaucoup de retours négatifs. Les gens disaient que nous avions déjà suffisamment à faire. Je travaillais dans la police depuis 1983 et à l'époque, la conduite en état d'ébriété, la violence domestique, ce n'était pas pris au sérieux. Maintenant, ça l'est. C'est de l'ordre de la routine. Je pense qu'il en sera de même un jour pour la cruauté envers les animaux. De plus en plus de policiers commencent à comprendre. »

Ce qu'un plus grand nombre de policiers commence à comprendre est que la cruauté envers les animaux fait partie d'une image sociale bien plus vaste de la violence, et il ne s'agit pas uniquement des formes de violence les plus extrêmes. Les Keith Jesperson de ce monde sont l'exception et ils se situent au bout du spectre du comportement humain. La plupart des affaires de maltraitance envers les animaux sont liés à la criminalité « de tous les jours ».

Les personnes qui commettent des actes de cruauté envers des animaux sont plus susceptibles de commettre d'autres actes violents. Une étude de 261 hommes incarcérés dans des prisons à sécurité moyenne et maximale trouva que 43 % de ces détenus avaient commis des actes de cruauté envers des animaux[2]. Une autre étude trouva que la cruauté envers les animaux était particulièrement répandue chez les criminels les plus violents[3]. Les enquêteurs de cette étude divisèrent 117 détenus en deux groupes : un premier constitué des délinquants violents et un deuxième des délinquants non violents. Les délinquants violents avaient commis des actes de maltraitance d'animaux bien plus fréquemment que les délinquants non violents (63 % contre 11 %).

La Massachusetts Society for the Prevention of Cruelty to Animals (MSPCA) et des psychologues de l'université Northeastern publièrent conjointement l'une des études les plus notables dépeignant le lien entre la cruauté à l'égard des animaux et d'autres crimes[4]. Les chercheurs identifièrent 153 personnes condamnées pour mauvais traitements à l'encontre d'animaux à la suite des poursuites engagées par la MSPCA entre 1975 et 1986, et examinèrent si ces personnes avaient des antécédents d'autres comportements criminels. Ils trouvèrent qu'en comparaison avec un groupe de contrôle, 70 % des personnes qui avaient commis des actes de cruauté envers des animaux avaient également commis d'autres crimes dans les dix années précédentes, dont des actes de violence interpersonnelle, des dégâts aux biens et des crimes liés à la drogue. Les auteurs de l'étude conclurent que les personnes qui maltraitent les animaux sont trois fois plus susceptibles de commettre des délits d'ébriété ou de trouble à l'ordre public, quatre fois plus susceptibles de commettre des crimes contre la propriété, et cinq fois plus susceptibles d'infliger des actes de violence à d'autres personnes.

Le Chicago Police Department trouva des résultats similaires dans une étude plus récente[5]. Sur 332 arrestations pour actes de cruauté commis sur des animaux, 86 % des suspects avaient des antécédents d'arrestations multiples. 70 % avaient des antécédents d'accusations de délits ; 68 % avaient des antécédents d'arrestations liées à la drogue ou au trafic ; 65 % avaient déjà été accusés de blessures aggravées à l'encontre d'autrui ; 59 % étaient soupçonnés d'appartenir à des gangs ; 27 % avaient été accusés de délits liés aux armes à feu et 13 % avaient déjà été arrêtés pour des crimes sexuels. Les enquêteurs déclarèrent que l'étude « révéla que les délinquants accusés de crimes contre des animaux avaient une prédisposition étonnante à la commission d'autres délits violents à l'encontre de victimes humaines[6] ».

Le lien entre la violence envers les animaux et d'autres crimes est si fermement établi que le FBI a récemment procédé à des modifications majeures dans son processus de dépistage d'abus commis contre des animaux[7]. Auparavant, quand la police locale à travers les États-Unis rapportait des cas de maltraitance d'animaux au National Incident-Based Reporting System du FBI, ces crimes étaient classés dans la catégorie « autre ». En conséquence, très peu de données étaient collectées sur les abus commis envers les animaux – si elles l'étaient. Dans le cadre des modifications récentes, le FBI rassemble aujourd'hui les données sur les affaires de cruauté à l'encontre d'animaux tout comme il le fait pour les affaires de meurtre et de viol. La cruauté envers les animaux est classée comme un crime de catégorie « Groupe A » et inclut quatre sous-divisions : la négligence simple ou grossière, les abus et la torture intentionnels, les abus organisés tels que les combats de chiens, et enfin les abus sexuels commis sur des animaux. Grâce à ces nouvelles catégories, le FBI peut obtenir des données plus riches et plus granulaires sur les circonstances des abus.

Ce qu'il y a peut-être de plus encourageant à entendre de la part de Howard Lawrence de l'ASPCA, est que non seulement les autorités policières sont de plus en plus conscientes du lien solide entre les crimes à l'encontre des animaux et ceux à l'encontre des humains, mais que les officiers de police se soucient également du bien-être des animaux *pour eux-mêmes*. Plus que jamais auparavant, des policiers amènent toutes sortes d'animaux à l'ASPCA pour qu'ils y soient aidés. Des chiens, des chats, des poulets, des cochons d'Inde, des hamsters, des oiseaux et plus encore. Et souvent, les policiers finissent par ramener nombre de ces animaux chez eux et les adopter comme nouveaux membres de leur propre famille.

Néanmoins, j'apprends que certains changements au sein des forces de police tardent toujours à se concrétiser. Quand Lisa Bergen fait sa présentation plus tard dans l'après-midi, elle montre une série de photos, toutes intitulées : « Coupables de cruauté envers des animaux ». Nombre de ces photos présentent les mêmes tueurs en série que Mike Murphy avait montrés le matin. Dahmer, Bundy. Mais ensuite, Lisa Bergen projette une photo de Michael Vick, ancien quart-arrière de l'équipe de football américain Atlanta Falcons, et l'assistance explose de rire. Je regarde autour de moi, désorientée, ne comprenant pas cette fois l'origine de cette hilarité. En 2007, Vick fut condamné pour le traitement brutal et le meurtre de chiens[8] qu'il avait « dressés » pour son cercle de combats d'animaux. Vick affamait les chiens pour les rendre plus agressifs, et les combats se terminaient quand un chien se rendait ou mourait. En outre, Vick exécuta par pendaison, noyade, strangulation, électrocution, par balle ou en les écrasant au sol, les chiens qui n'atteignaient pas les objectifs. Une perquisition sur la propriété de Vick permit la découverte des restes de sept des chiens assassinés. Vick plaida coupable et passa moins de deux ans dans une prison fédérale avant de rejoindre la National Football League (NFL) avec l'équipe Philadelphia Eagles. Vick joua ensuite avec plusieurs autres équipes avant de quitter la NFL en 2016.

Sur l'estrade, Lisa Bergen souligne que nous sommes dans une nouvelle ère en ce qui concerne les combats d'animaux. Ce ne sont plus simplement quelques individus qui organisent des combats dans leurs jardins. Comme l'illustre Vick, explique Lisa Bergen, des personnes fortunées dans les mondes du sport et du divertissement sont en train d'y plonger.

Après plusieurs nouvelles présentations, la fin de la formation est annoncée et l'assistance applaudit, acclame et siffle en réponse. Alors que tout le monde se lève pour quitter la salle, je reste. Il y a quelque chose que je dois savoir. Pourquoi tout le monde a-t-il ri devant la photo de Michael Vick ?

À cinq heures du matin, quatre mois après la formation du NYPD, Nick me tend un gilet pare-balles et me dit que nous sortons procéder à quelques arrestations. Pendant quatre jours, j'accompagnerai l'Animal Cruelty Investigation Squad du NYPD dans son travail, et aujourd'hui est ma première journée. Je mets le gilet. Il est environ quatre tailles trop grand. Nick s'excuse et dit : « C'est tout ce que nous avons avec nous. » Je reste dubitative mais tant que le gilet ne tombe pas, je suppose que ça ira.

Je m'installe sur la banquette arrière d'un Ford Explorer noir banalisé. Nick conduit pendant que Mike, un cadet, l'aide à naviguer dans les rues congestionnées. Il est très tôt et il fait encore noir, mais la circulation est très dense. Nous traversons le pont Whitestone qui relie l'arrondissement de Queens à celui du Bronx, passons les Jardins botaniques de New York, et nous arrêtons devant un immeuble de logements sociaux dans le 40e Precinct* dans le sud du Bronx. Un autre véhicule utilitaire sport noir transportant les détectives Charlie, Tara et Ron nous rejoint.

Nick, Mike et moi sortons de notre véhicule et rejoignons les autres. Tout le monde est vigilant et sur ses gardes. Les détectives sécurisent leurs gilets pare-balles et posent la main sur le semi-automatique qu'ils portent à la ceinture. « Hier, me dit l'un d'eux, nous avons tout laissé tomber en pleine journée pour enquêter sur ce qui était peut-être un cercle de combats de chiens. Nous avons trouvé de la cocaïne et des armes. C'était un endroit comme celui-ci. »

Les trois autres détectives pénètrent dans le bâtiment pendant que Nick, Mike et moi restons dehors. Je vois ces derniers observer les fenêtres du quatrième étage, côté rue, avec attention. Je me tourne vers Nick et lui demande pourquoi ils fixent ainsi les fenêtres. Sans détourner les yeux de sa cible, il me répond : « Au cas où quelqu'un là-haut commence à causer des ennuis. Commence à vouloir tirer. »

Je fais un pas en arrière et fixe à mon tour les fenêtres. Elles sont sombres et tranquilles.

---

* NdT : Dans ce contexte, un « Precinct » est une zone géographique policière.

« Parfois, quand ils nous voient arriver, ils jettent leurs armes, leur crack, leur coke... par la fenêtre », ajoute Nick.

Est-ce un gang de combats de chiens que nous nous apprêtons à saisir ? « Qui allez-vous arrêter ? » lui demandé-je, gonflant ma poitrine en anticipation.

« Une femme âgée. Soixante-huit ans. »

Qui maltraite les animaux ?

J'apprends que cette femme âgée commit un délit de négligence concernant deux tortues d'eau. Elle les donna aux services de contrôle des animaux car elle n'en voulait plus, ne sachant pas qu'elle avait commis un délit. Les services de contrôle des animaux appelèrent la police.

« Une tortue avait perdu une patte, me dit Nick. L'autre avait la carapace complètement aplatie. » Les tortues étaient tellement malades que les services de contrôle des animaux durent les euthanasier. L'une des pattes d'une tortue était devenue toute noire et était tombée, ce qui se produit souvent quand des personnes achètent des tortues aquatiques dans une animalerie sans connaître les soins dont elles ont besoin. Forcées de vivre vingt-quatre heures sur vingt-quatre dans une eau immonde sans aucun endroit où faire sécher leurs membres, les tortues attrapent souvent des infections. La deuxième tortue, dont la carapace s'était aplatie, souffrait probablement du syndrome de la carapace molle. Ce syndrome, une maladie osseuse métabolique due à un manque de calcium dans l'alimentation à cause d'une malnutrition sévère ou d'une exposition insuffisante à la lumière du soleil, cause une déformation de la carapace[9]. La tortue grandit, mais pas sa carapace. Au fil du temps, la tortue s'affaiblit et éprouve du mal à marcher à cause de son ossature ramollie, qui se fracture facilement. Les deux maladies, en particulier celle de la carapace déformée, prennent des jours, des mois et même des années à se développer. Toutes deux causent à la tortue une souffrance terrible. La femme âgée ne pouvait pas ne pas remarquer que ses deux tortues étaient sévèrement malades. Elle devait certainement passer tous les jours devant l'aquarium immonde où les deux petites tortues se languissaient ; elle devait les voir littéralement pourrir sous ses yeux mais elle ne fit rien. Cette femme ne maltraita probablement pas ces tortues par malveillance. Mais est-ce que la souffrance qu'elle causa à ces animaux qui dépendaient entièrement d'elle constitue un abus ? Aux yeux de cette femme et de beaucoup de monde, probablement pas.

Il est facile de penser aux tueurs en série, aux personnes atteintes de troubles mentaux sévères, aux marginaux, comme les auteurs de violences. Il y a un confort tordu dans la croyance que les monstres tapis dans les sombres souterrains de la société sont le problème ; ce sont des personnes qui sont clairement anormales. Mais si les personnes « normales » maltraitent les animaux, que cela révèle-t-il de l'humanité ?

À la fin de la formation donnée par le NYPD, alors que tout le monde quittait la salle, je m'étais tournée vers plusieurs officiers de police plus âgés et leur avais demandé pourquoi tout le monde avait ri quand la photo de Michael Vick avait été projetée. Les policiers m'avaient répondu : « On a la photo d'un joueur de football américain sur la même diapositive que des tueurs en série. On ne s'attend pas à ce que quelqu'un comme lui maltraite les animaux. Ils n'y croient toujours pas. » Lisa Bergen a fait écho à la réponse donnée par les deux policiers. « Quand j'ai commencé à donner cette présentation, m'a-t-elle dit, j'ai été étonnée de voir que la plupart des gens réagissaient de la même manière chaque fois que je montrais la photo de Vick. Ils le voient comme l'un des leurs. Ils me disaient : "Oui, mais bon, c'est un si bon joueur de football." »

La cruauté est subjective. À travers les âges, les cultures du monde ont modelé la définition de la violence comme de la pâte à pain. Elle a été pincée, étirée, écrasée, étendue. Cela est particulièrement vrai pour les définitions de la violence domestique et de la maltraitance des enfants. Notre façon de définir l'abus est influencée par nos croyances, nos mœurs culturelles et peut-être plus important encore, les préjugés de ceux qui tiennent les rênes du pouvoir. Pour ces raisons, la violence domestique a été dédramatisée et n'a seulement été reconnue comme une préoccupation légitime, même par les autorités policières, qu'au cours des dernières décennies. À travers l'Histoire, ce sont les hommes qui ont décidé de ce qui constitue des actes de violence envers les femmes. Ce sont les adultes qui décident de ce qui constitue de la maltraitance à l'égard des enfants. Pire encore, les victimes ont souvent cru à ces définitions.

Pendant trop longtemps, toute suggestion d'abus sexuels d'enfants a été enterrée, en particulier quand ces abus sont commis par des membres de la famille (ou, dans mon cas, par un ami proche de la famille). Cela a été tabou. Cela a été gardé sous silence. Cela a été ignoré. Si vous pensez qu'obtenir la reconnaissance d'abus sexuels commis sur un enfant par un membre de la famille a été difficile en Occident, imaginez la situation dans une famille pakistanaise. Les radars de mes parents étaient fixés sur les inconnus, pas sur les amis et la famille. Quand j'étais enfant, mon père me réprimandait chaque fois que je tentais de quitter la maison en short et manches courtes. Il pensait sincèrement qu'en me disant de me couvrir, il me protégeait des regards d'hommes inconnus. L'ironie de cette situation ne m'échappait pas, même quand j'étais enfant.

Même s'il reste encore beaucoup à faire, il y a eu de grandes améliorations dans notre vision de la violence commise à l'encontre des personnes moins puissantes. Aujourd'hui, les femmes, les personnes de couleur, les personnes homosexuelles et parfois les enfants, appellent la violence par son nom. Mais qu'en est-il de la violence envers les animaux ? Elle est définie par les humains. Nous décidons si un animal a été maltraité ou non. Quant à déterminer qui maltraite un animal, c'est encore nous qui tenons les pinceaux. Pour de nombreux officiers de police de la NYPD, un joueur de football américain émérite ne correspond pas au portrait d'un homme violent. Pour la plupart d'entre nous, probablement, les vieilles dames qui préparent des gâteaux ne correspondent pas au portrait d'une personne violente. Mais si nous laissions les pinceaux aux chiens et aux tortues qui connurent tant de souffrance aux mains de ces individus, je pense que nous obtiendrions un tableau capable de rivaliser avec *Le Cauchemar* de Johann Heinrich Füssli.

Après dix minutes à chercher la femme âgée dans l'immeuble de logements sociaux, Tara et les autres détectives ressortent bredouilles. « La femme n'est pas chez elle », explique Tara à ceux d'entre nous restés dehors. « Elle est déjà partie travailler. »

Nous remontons en voiture et faisons une demi-heure de route dans une circulation dense pour procéder à la deuxième arrestation de notre liste. La femme n'est pas là. Nous faisons alors encore quarante-cinq minutes de route pour procéder encore à une autre arrestation et... l'individu n'est pas là. Il est déjà parti travailler. Dans les films, quand on nous montre les détectives, torse gonflé, fracasser d'un coup de pied la porte d'un domicile ou d'un hangar pour arrêter les méchants, on ne nous montre jamais les tentatives plus mondaines probablement déjà effectuées par les policiers.

Nous reprenons la voiture. Cette fois-ci, je grimpe dans celle de Tara. « Allons-nous maintenant sur leurs lieux de travail ? » lui demandé-je au sujet des délinquants que nous n'avons pas trouvés chez eux.

« Je n'ai pas leurs adresses sur moi. Nous devrons y aller une autre fois. »

Je réfléchis à cela alors que nous rentrons, au pas d'homme dans la circulation toujours congestionnée, au bureau satellite du Queens. Nous avons fait tout ce chemin pour rien. Pourquoi les policiers ne gardent-ils pas sur eux les adresses des lieux de travail des délinquants avec celles de leurs domiciles ? J'aurais imaginé que c'était la chose évidente à faire. Je garde mes pensées pour moi.

Dans l'après-midi, j'accompagne le sergent Murphy, le cadet Mike et Nick au bureau du procureur du district de Queens à Kew Gardens pour rencontrer Nicoletta Caferri. À ce poste depuis vingt-sept ans, Caferri est le premier substitut du procureur de district de la ville de New York à travailler à plein temps sur des affaires de maltraitance d'animaux.

« Hier soir, je suis allée voir une projection du film *Unlocking the Cage* », me dit-elle après que Murphy nous a présentées. « Est-ce que vous le connaissez ? » Oui, effectivement. Le documentaire suit Steven Wise, avocat de défense des animaux, dans son travail visant à obtenir du système judiciaire une reconnaissance du statut juridique de personne pour les chimpanzés. Le statut de personne permettrait aux avocats et défenseurs des animaux de défendre des chimpanzés maltraités et confinés, à l'aide de moyens juridiques. L'Habeas Corpus, par exemple, est une procédure juridique en vertu de laquelle une personne peut signaler une détention ou un emprisonnement illégal, et demander qu'un prisonnier puisse être amené devant la cour pour déterminer si la détention est illicite. Actuellement, seuls les humains disposent de ce droit. « Il y avait une séance de questions-réponses avec Steven Wise, après la projection, me dit Nicoletta Caferri. C'était fascinant. »

Avant 2015, Caferri ne se serait jamais penchée sur des questions comme celle du statut juridique de personne pour des animaux, mais elle changea d'avis après sa première affaire de maltraitance envers un animal. Caferri me raconte ainsi : « Je travaillais sur une affaire qui est montée jusqu'à la cour d'appel, la plus haute juridiction de New York. C'était une affaire de négligence simple et au début, tout le monde me demandait : "Pourquoi te charges-tu de cette petite affaire de délit ?" »

Cette affaire portée en appel en 2015 concernait Curtis Basile, le défendeur, et un chien dont il avait la garde[10]. À partir d'une information anonyme, un agent de l'ASPCA découvrit un berger allemand à poils longs et de race mixte confiné dans un jardin rempli de déchets et attaché à un grillage à l'aide d'une laisse d'un peu plus d'un mètre seulement. L'agent ne vit aucune nourriture, pas d'eau et aucun abri à proximité du chien. Ce dernier était tellement émacié que le vétérinaire qui l'examina plus tard dit qu'il était « à deux doigts de la mort ». Basile fut condamné pour délit, avec une sentence de trois ans en liberté conditionnelle et quarante-cinq jours de travail communautaire. Il fit appel du jugement en disant que le parquet n'avait pas démontré qu'il « avait en toute connaissance de cause privé le chien des premières nécessités indispensables à sa santé, ou avait négligé ou refusé de lui fournir lesdites nécessités ». C'est l'argument tendant à dire que « je ne savais pas que je faisais quelque chose de répréhensible ».

Cette affaire reçut beaucoup d'attention de la part du public, peut-être du fait du caractère ridicule de l'argument de défense. « C'était la première fois que la cour d'appel statuait sur une affaire de cruauté envers un animal, dit Nicoletta Caferri. Les avocats n'ont pas pour habitude de s'entraider sur des affaires, mais tout d'un coup, tout le monde donnait un coup de main sur celle-ci. Des avocats, des chargés de protection animale, des policiers. »

L'argument de défense de Basile ne convainquit pas les juges. Il perdit l'appel. À la suite de l'affaire, Nicoletta Caferri se rendit chez le procureur du district et lui dit qu'ils devraient faire ce travail à plein temps. Le procureur donna son accord et créa l'Animal Cruelty Prosecutions Unit au sein du service des enquêtes du bureau du procureur du district de Queens. Cette unité de poursuites pour les crimes de cruauté envers les animaux est la première dans son genre à New York. Caferri y tient maintenant le poste de premier directeur et son enthousiasme remplit la salle. « Je ne me suis jamais vue faire ce travail. J'allais prendre ma retraite. Mais aujourd'hui, je suis si heureuse de faire quelque chose de tellement nouveau et innovant. C'est comme une deuxième carrière. »

Nick hoche la tête. « Je pense qu'on a tous ce sentiment-là. »

Et Murphy d'ajouter : « C'est comme une bouffée d'air frais. Tout le monde partage la même préoccupation. Tout le monde collabore afin d'aider. »

« Les gens commencent à reconnaître que ce travail est nécessaire », dit Nicoletta Caferri.

Caferri connaît les études faisant le lien entre la violence envers les animaux et celle à l'égard des humains. En plus d'autres crimes, la cruauté envers les animaux est associée à des comportements et traits de personnalité antisociaux[11] ainsi qu'à des comportements non criminels mais destructeurs tels que la toxicomanie. Sur la base de résultats provenant du National Epidemiological Survey on Alcohol and Related Conditions (NESARC), des enquêteurs examinèrent les corrélations sociodémographiques, psychiatriques et comportementales de la cruauté envers les animaux[12]. Le NESARC est un échantillon représentatif au niveau national de plus de 43 000 adultes interviewés en personne. L'une des questions posées était : « De toute votre vie, avez-vous jamais intentionnellement fait du mal à, ou été cruel envers, un animal de compagnie ou tout autre animal ? » Les enquêteurs trouvèrent que la cruauté envers les animaux était considérablement associée à tous les comportements antisociaux évalués et en particulier le vol, le harcèlement et la menace de violence. Par ailleurs, la propension pathologique au jeu, les antécédents de troubles du comportement dans l'enfance, le trouble de la personnalité obsessionnel compulsif et mélodramatique, et l'abus d'alcool à vie, étaient fortement associés à des antécédents de cruauté envers les animaux.

Une autre étude examina l'âge auquel les participants s'étaient engagés dans leurs premiers abus de substances ainsi que le lien pouvant exister entre cet âge et la cruauté envers les animaux. Les chercheurs interviewèrent 193 adolescents en centre de traitement de jour pour abus de substances[13]. Leur étude trouva une association importante entre des premiers abus de substances ou des actes criminels à un âge précoce, et un comportement cruel envers les animaux et les humains.

Le lien le plus fort entre la violence envers les animaux et celle à l'égard des humains est probablement celui qui existe dans le cadre de la violence domestique et la maltraitance des enfants. La cruauté envers les animaux, et en particulier à l'égard des animaux de compagnie, est disproportionnellement présente dans les foyers également touchés par la violence interhumaine[14]. Dans une étude, 60 % des personnes qui avaient été témoins de violence envers les animaux ou qui avaient commis de tels actes dans leur enfance rapportèrent des antécédents de maltraitance à leur égard ou de violence domestique quand ils étaient enfants[15]. Cela inclut les abus physiques et sexuels sur enfants, la violence entre frères et sœurs et la violence entre parents (que ceux-ci soient hétérosexuels ou homosexuels). Dans une étude menée en Caroline du Nord[16], des enquêteurs comparèrent des rapports de police concernant des incidents de troubles, de violence domestique et d'agression, avec des rapports d'actes de cruauté commis sur des animaux. Ils trouvèrent que presque tous les rapports d'actes de cruauté commis sur des animaux provenaient des mêmes domiciles que les rapports de police.

« Les gens ne se sentent pas en sécurité dans leurs communautés si un crime contre un animal est en train de se produire, explique Nicoletta Caferri, et si on y fait quelque chose, les gens viendront vers nous. Nous avions peu de cas au début, mais cela a beaucoup changé. Les gens signalent les incidents. Ils savent que nous enquêterons. »

Le sergent Murphy acquiesce. « Depuis que nous avons commencé à travailler, il y a eu une augmentation d'environ 500 % des arrestations. »

Et Nicoletta Caferri de renchérir : « Beaucoup de monde adore les animaux. Nous bénéficions d'un grand soutien maintenant. De la part du public. De la part d'officiers de police. Je pense que c'est dû à la vulnérabilité des animaux. Ils sont tellement innocents. »

Caferri me parle d'autres procureurs de district qui travaillent maintenant à plein temps sur des affaires de cruauté envers les animaux. Il y en a un dans l'Oregon et un au Texas. « Mais ils n'ont pas une brigade spéciale de détectives avec qui collaborer, et ils n'ont pas l'extraordinaire ASPCA et leur travail médico-légal, explique-t-elle. New York est la plus grande juridiction à avoir construit un modèle, et nous y avons alloué beaucoup de ressources. Il y a des années, les gens ne se faisaient pas arrêter pour des actes de violence domestique. Maintenant, nous avons tout un bureau dédié à cette forme de violence. Je pense que ce sera la même chose pour les crimes envers les animaux. Tout le monde a ce modèle à l'œil. »

Alors que nous prenons la voiture pour nous rendre à Brooklyn afin d'enquêter sur une plainte, le sergent Murphy me parle un peu plus de sa brigade. « Actuellement, nous avons huit détectives, un superviseur – moi-même – et un civil », me dit-il. Il indique de la tête le cadet Mike, assis près de moi. « Je reçois tout le temps des coups de fils de policiers qui voudraient nous rejoindre car ils adorent les animaux. Mais ils doivent être des enquêteurs qualifiés. Je ne recrute que des détectives expérimentés. » Quand un appel entre au sujet d'un incident de cruauté envers un animal, des policiers de rue locaux iront d'abord examiner la situation. Si l'affaire a l'air complexe avec peut-être d'autres facteurs en jeu, elle sera transmise à la brigade de Murphy. Son équipe de détectives couvre tout New York.

Quand nous arrivons à destination, Murphy me dit que cette affaire concerne un raton laveur. « Bon, docteure, au sujet de cette affaire qu'on investigue maintenant, quelqu'un a appelé la police pour un autre incident impliquant des animaux. On a reçu un appel anonyme disant que le surintendant brûlait des rats. Quand les flics sont arrivés, ils ont trouvé un raton laveur pris dans un piège, tout ensanglanté et recouvert de ce qui ressemblait à un liquide. »

« Que s'est-il passé ensuite, pour ce raton laveur ? » demandé-je.

« Il a été envoyé chez le vétérinaire. Nous attendons le rapport de pathologie pour voir s'il a été brûlé avec de l'acide. »

Oh non, ce pauvre, pauvre animal.

Nick gare le véhicule devant un immeuble à appartements dans une rue très fréquentée. Une porte grillagée et verrouillée bloque notre entrée dans l'immeuble. Murphy tente plusieurs méthodes pour ouvrir la porte, mais sans succès. Le conducteur d'un camion de livraison de cuisine chinoise garée contre le trottoir nous observe avec intérêt avant de nous indiquer une allée sur le côté gauche du bâtiment. Nous empruntons l'allée, passons au-dessus d'un grand tas de cartons aplatis et d'une benne à ordures, et nous dirigeons vers l'arrière du bâtiment.

Une espèce de jardinet encadre l'arrière du bâtiment, mais il ressemble plutôt à une décharge. Vu le bruit qui régnait à l'avant du bâtiment au niveau de la rue, le silence ici est étonnant. Nous faisons le tour du bâtiment et trouvons une petite porte qui s'ouvre sur quelques marches donnant sur un couloir en courbe. « Restez ici », demande Murphy, à Mike et moi.

La main sur le Glock noir à sa ceinture, Murphy entre dans le sous-sol, suivi de Nick. Mike et moi les observons emprunter le couloir courbé, puis disparaître de notre vue. Plusieurs minutes s'écoulent. Nous nous regardons puis reportons notre regard vers le couloir en essayant de voir ce qui se passe. Tout d'un coup, nous entendons des éclats de voix provenant de l'intérieur. Quelqu'un est en train de crier. Je ne parviens pas à comprendre la plupart de ses propos, mais ses obscénités sont sans équivoque. « Putain !... Putain de... Putain !... » J'entends la voix de Murphy rugir une réponse. Plusieurs minutes s'écoulent à nouveau et puis Murphy, Nick et un grand homme maigre émergent. Ce dernier est vêtu d'un pantalon large, d'un tee-shirt sale et d'une casquette. C'est le surintendant de l'immeuble.

Le surintendant fait les cent pas dans le jardinet. Son corps ne s'arrête jamais. Tout comme sa voix, d'ailleurs. Il ne parle pas ; il râle. Ses enjambées frénétiques contrastent vivement avec le calme du sergent Murphy. J'aime beaucoup Murphy. Il est d'une nature facile et modeste. Néanmoins, sa voix tranquille peut rapidement changer et faire preuve d'autorité. Murphy calme le surintendant et lui pose des questions au sujet du raton laveur.

« Ben ouais, quoi, dit le surintendant. Je piège des ratons. Des opossums. Je dois garder le bâtiment propre, vous comprenez ? J'avais une locataire, une femme, qui a dit qu'un raton laveur était grimpé jusqu'à sa fenêtre au troisième étage et l'avait attaquée. Je ne peux pas laisser les choses se passer comme ça, vous comprenez ? Les ratons ont la rage. Ça fait longtemps que je travaille ici. »

« Il n'y a plus de rage ici depuis longtemps déjà », lui dit Murphy, mais le surintendant continue de jacasser.

« J'ai un boulot ici. Je dois garder l'endroit propre, vous comprenez ? Ils ont la rage, vous m'entendez ? Pas possible d'accepter ça. »

« Regardez-moi, dit Murphy. Il n'y a eu aucun rapport de cas de rage ici. *Pas de rage.* »

« Oui, bon, si vous le dites, mais je dois faire mon travail, moi. Ouais, je piège les ratons. Je les brûle. Je les saigne. Mais j'ai gardé le dernier là-dedans. » Il désigne un petit piège en métal couché dans un coin du jardinet.

« Vous l'avez gardé dans ce piège ? » lui demande Murphy.

« Ouais, ouais, j'ai rien fait… Il est mort dans le piège. Je lui ai rien fait. »

« Combien de temps a-t-il été vivant dans le piège ? »

« Je ne sais pas combien de temps il a été vivant, vous savez ? Je l'ai pris samedi. Quand je suis revenu hier pour jeter un œil, il était mort. » Trois jours.

Nick demande le nom et les coordonnées du surintendant pendant que Murphy et moi inspectons le piège. « C'est triste, en fait, docteure, me dit Murphy. Un animal pris dans ce piège, en train de mourir, de devenir fou.

Peut-être que je deviens libéral. Je ne sais pas. » Il me jette un regard et rit sans conviction. « Mais c'est bien triste. »

Murphy peut arrêter le surintendant aujourd'hui s'il le souhaite. Le fait de laisser un animal seul dans un piège pendant plus de vingt-quatre heures est un délit à New York. Cependant, Murphy souhaite attendre les résultats de l'examen pathologique pour savoir comment l'animal est mort. Mais même si le rapport montre que le raton laveur a été brûlé vivant avec de l'acide ou est mort autrement, cela ne changera pas la nature du délit que Murphy pourra amener à l'encontre du surintendant. La raison à cela n'est pas la manière dont le raton laveur est mort, mais quelque chose de bien plus inconstant.

Qui est un animal ?

Les humains sont des animaux, bien sûr, bien que nous fassions de notre mieux pour le nier. Cette considération mise de côté, ce qu'est un animal dépend en partie de l'État américain dans lequel il ou elle vit.

D'après l'État de l'Oregon, un animal est « tout mammifère non humain, tout oiseau, tout reptile, tout amphibien et tout poisson[17] ». Le Missouri définit les animaux comme « tout vertébré vivant, à l'exception de l'être humain[18] ». Cela exclut donc les crabes, les poulpes et les homards, qui à ma dernière vérification de mes livres de biologie sont des animaux. Je ne comprends pas le raisonnement qui sous-tend la définition du Texas : « Une créature vivante domestiquée, dont tout chat ou chien errant ou sauvage, et toute créature vivante sauvage précédemment capturée[19]. » Sont donc exclus les animaux vivants sauvages jamais capturés (toute la faune, en fait) ainsi que les bovins, les chèvres, les porcs et les poulets, qui n'entrent pas dans la définition des « animaux » mais dans celle des « animaux d'élevage ».

On ne peut pas vraiment blâmer les États américains pour leur confusion dans leur qualification de l'animal. Les rédacteurs de l'Animal Welfare Act (AWA) ne s'en sortaient pas non plus. L'AWA est « la seule loi fédérale des États-Unis qui régule le traitement des animaux dans le cadre de la recherche, de l'exposition, du transport, et par les négociants[20] ». L'AWA définit un animal comme « tout chien, chat, singe (mammifère primate non humain), cochon d'Inde, hamster, lapin ou tel autre animal au sang chaud, vivant ou mort, qui selon la détermination du secrétaire est utilisé ou est destiné à être utilisé à des fins de recherche, de tests, d'expérimentation ou d'exposition ou en tant qu'animal de compagnie ; toutefois, ce terme exclut (1) les oiseaux, les rats du gène *Rattus* et les souris du gène *Mus*, élevés à des fins de recherche, (2) les chevaux qui ne sont pas utilisés à des fins de recherche, et (3) les autres animaux de ferme qui comprennent, sans toutefois s'y limiter, les animaux de bétail et de volaille utilisés ou destinés à être utilisés à des fins de nourriture ou de fibre, ou les animaux de bétail et de volaille utilisés ou destinés à être utilisés à des fins d'amélioration de la nutrition animale, d'élevage, de gestion ou pour l'efficacité de la production ou pour l'amélioration de la qualité de la nourriture ou de la fibre[21] ». En voilà un casse-tête.

Heureusement, les États américains peuvent donner à l'animal une définition plus vaste que celle élaborée par les rédacteurs de l'AWA. L'État de New York définit ainsi les animaux comme « toute créature vivante à l'exception de l'être humain[22] ». Ainsi, dans l'État de New York, le raton laveur que le surintendant aurait tué est bien un animal. Cela signifie que le surintendant pourrait avoir enfreint la loi.

La question qui s'ensuit alors est : quelle loi le surintendant aurait-il enfreinte ? D'après les lois de l'État de New York, quiconque « torture ou bat cruellement, ou blesse, estropie, mutile ou tue un animal sans justification, que l'animal soit sauvage ou apprivoisé...[23] » est coupable d'un délit mineur de classe A. La peine encourue pour un tel délit est jusqu'à un an d'emprisonnement et/ou une amende qui ne doit pas excéder 1 000 dollars[24]. Quelle que soit la façon dont le surintendant ait pu maltraiter et tuer le raton laveur, l'infraction maximale dont il pourrait être accusé est un délit mineur.

Mettons que le raton laveur n'était pas un raton laveur mais un chien. Dans ce cas, le surintendant pourrait se voir inculper pour cruauté aggravée, ce qui est le cas quand un individu « pour aucune raison justifiable... intentionnellement tue ou cause une blessure physique sérieuse[25] » à un animal. La cruauté aggravée envers les animaux est un crime passible d'emprisonnement pour une durée maximale de deux ans. La peine d'emprisonnement n'est pas tellement plus longue que pour un délit mineur, mais dans le cas d'une inculpation pour crime, la juridiction compétente peut choisir d'imposer une période probatoire d'une durée de cinq ans, pendant laquelle le surintendant aurait l'interdiction de posséder, de vivre ou d'entrer en contact avec des animaux de compagnie.

Pourquoi le surintendant pourrait-il être inculpé pour crime s'il versait de l'acide sur un chien plutôt qu'un raton laveur ? Tout est dû à la manière dont nous définissons nos relations avec les animaux. À New York, un raton laveur n'est qu'un raton laveur, mais un chien est classé dans une catégorie particulière. Un chien est automatiquement considéré comme un animal de compagnie. Il en va de même pour un chat. Cela peut également s'appliquer à tout « animal domestique normalement gardé dans le domicile, ou près du domicile, du propriétaire ou de la personne qui prend soin de cet autre animal domestique[26] ». Seule la maltraitance d'animaux de compagnie peut remplir les critères de la cruauté aggravée envers les animaux. Bien sûr, la définition des animaux de compagnie peut être vaste. Les lapins, les souris, les gerbilles, les oiseaux ou même les ratons laveurs pourraient être inclus dans cette définition si un humain déclarait qu'ils sont ses animaux de compagnie.

Il est possible que si quelqu'un logeait et prenait soin de ce raton laveur, il pourrait être considéré, d'un point de vue juridique, comme un compagnon et sa souffrance pourrait déclencher une inculpation pour crime. Mais puisque le raton laveur vivait sa vie dans ce monde tout seul, le châtiment de sa mort ne sera pas aussi sévère.

Similairement, si une femme empoisonne intentionnellement le chat de son amie parce que cette amie l'a mise en colère, elle pourrait se retrouver derrière les barreaux pour deux ans. En revanche, si cette même femme empoisonne un chat au nom de la recherche dans un laboratoire, elle est protégée. Dans l'État de New York et dans tous les autres États, aucun animal dans les laboratoires d'expérimentations, chiens et chats inclus, n'est juridiquement considéré comme un animal de compagnie.

Pourquoi les lois de protection animale devraient-elles être fondées sur la question de savoir si les humains considèrent tel ou tel animal comme un compagnon ? Bien sûr, les personnes qui aiment leurs animaux subissent également un dommage du fait de la souffrance de ces derniers. Mais est-ce une raison logique et suffisante pour la différence qui existe entre les lois qui protègent les animaux de compagnie et celles qui s'appliquent aux autres animaux ? Si un enfant orphelin est tué, la peine encourue pour son meurtre ne serait pas réduite du fait que l'enfant n'avait aucune famille. C'est le dommage causé à l'enfant qui compte, pas sa relation avec les autres.

Pourquoi ne pas simplement fonder les lois de protection animale sur le type de dommage causé à l'animal en question ? Les réglementations concernant les animaux sont schizophrènes car, *in fine*, tous les animaux sont considérés comme des biens. Malgré les progrès faits dans la reconnaissance des crimes perpétrés à l'encontre des animaux, encore aujourd'hui un animal n'est qu'un animal. Sa protection juridique éventuelle et la forme que peut prendre cette protection dépendent de l'utilisation que nous choisissons de faire de lui. Est-il un compagnon ? Un outil d'expérimentation ? Un en-cas ?

Je pense qu'un chat se soucierait comme d'une guigne de savoir si une femme l'empoisonne au nom de la science ou parce qu'il est le compagnon d'une autre femme qui l'a mise en colère. Pour lui, l'effet est le même.

Prenons un instant pour décortiquer un peu plus les lois américaines. Au-delà de l'État de New York, comme nous l'avons vu, de nombreux États omettent carrément d'inclure certains animaux dans leurs lois de protection animale. Par ailleurs, l'AWA exclut les oiseaux, les rats, les souris, tous les animaux à sang froid et les animaux de ferme. La question ne peut alors que se poser : quand est-ce qu'un animal n'est finalement pas un animal ?

La réponse est à la fois simple et complexe. La réponse facile est qu'un animal n'est pas un animal si les humains qui rédigent les lois décident qu'il n'en est pas un. La réponse épineuse est qu'un animal n'est pas un animal s'il est commode de ne pas l'inclure dans la définition des animaux.

En refusant d'accorder à un animal même cette identité la plus basique, nous plaçons cet être dans un vide brumeux et vague où il n'est pas tout à fait une chose, mais pas tout à fait *pas* une chose non plus. En plaçant des animaux dans cette catégorie autre, nous pouvons assurer la continuation des activités que nous souhaitons voir continuer, quel que soit le dommage que ces activités causent à ces animaux. Les choses ou les presque choses n'ont pas besoin de manger ou d'avoir de la place pour bouger, ne ressentent ni le plaisir de la chaleur du soleil ni une douleur en cas de blessure, ne connaissent pas l'anxiété, la tristesse ou l'amour. Ou alors, nous nous avouons peut-être que ces presque choses ont effectivement ces besoins et la capacité de ressentir le bien-être et la douleur – mais *pas tant que ça*.

Il s'agit d'un « fait alternatif » commode que nous racontons à nos enfants et à nous-mêmes.

Après trois de mes quatre journées passées à accompagner la brigade de Murphy, j'ai établi une bonne relation avec les détectives, comme si nous nous connaissions depuis bien plus longtemps. On plaisante beaucoup et l'ambiance est très amicale. Aujourd'hui, je suis dans un véhicule utilitaire sport Dodge avec Charlie et Chris. Sur la route, nous parlons des films que nous avons vus récemment et des livres que nous aimons. Comme je peux passer mes journées à parler cuisine, notre conversation se tourne inévitablement vers ce sujet. Je mentionne certains des grands restaurants de Manhattan que j'aimerais tenter. « Maintenant que vous êtes à New York depuis quelques jours, me demande Charlie, à quels restaurants êtes-vous allée ? »

Je ris. Je suis tellement fatiguée à la fin de mes journées que je cherche invariablement une solution rapide et de proximité. « Taco Bell ! » dis-je.

Je demande à Chris comment il s'est retrouvé à travailler pour cette brigade. « Je suis un amoureux des animaux, me dit-il immédiatement. J'avais un lien très fort avec mon chat, quand j'étais enfant. » Les détectives de la brigade ont tous des histoires d'animaux qu'ils ont aimés.

L'affaire sur laquelle nous travaillons ce matin nous emmène de l'autre côté de la ville. Charlie me précise : « C'est une femme qui a porté plainte. Elle dit qu'une de ses voisines s'est disputée avec elle, lui a arraché son chien et l'a jeté au sol. »

Quand nous nous garons devant un immeuble à appartements dans le Bronx, le visage d'une femme apparaît à une fenêtre barrée du rez-de-chaussée. Elle ouvre ensuite la porte et se présente ; elle s'appelle Aida. Vêtue de pantoufles et d'un peignoir, elle nous fait entrer dans son appartement où nous trouvons un petit chihuahua timide qui lui tourne autour des pieds. Un autre petit chien aux oreilles molles est assis sur le canapé et nous observe en jappant. Nous entendons des oiseaux gazouiller dans la chambre à l'arrière. « J'ai de petites perruches, nous dit Aida. J'en ai cinq. Avant, j'en avais sept, mais elles aiment sortir de leur cage. »

« C'est pareil pour moi », marmonne Charlie.

Cette femme est l'image même du cliché de la folle à chats, mais en l'occurrence avec des chiens et des oiseaux. Son appartement est bourré de cartons et de bibelots. Malgré cette désorganisation, Aida est préparée. « J'ai les documents du vétérinaire, faisant état des blessures du chien », nous dit-elle en prenant un dossier d'un tiroir de la cuisine et en le donnant à Charlie.

J'observe la scène, debout à l'extérieur de la minuscule cuisine ; le chihuahua vient vers moi en boitant et me renifle la jambe. « Salut, bonhomme ! » lui dis-je, et puis reporte mon attention sur Charlie et Aida. J'entends des bribes de leur conversation alors qu'Aida montre à Charlie le rapport du vétérinaire : « La SPCA veut des radios… anesthésie… pourrait ne pas se réveiller… » Pendant la conversation, mon esprit enregistre que Chris essaie d'attirer mon attention. « Heu, je pense… » l'entends-je dire, mais mon attention est trop focalisée sur Aida pour saisir le reste de ce que me dit Chris.

Aida nous emmène à un petit parc de l'autre côté de la rue. « J'étais assise là avec mon chien, dit-elle en désignant un banc. Elle est venue par là. Elle m'a dit : "Si votre chien me mord, je vous mordrai en retour." Pourquoi me dire ça ? Mon chien n'était même pas près d'elle. Elle continuait à venir vers moi. Je marchais à reculons avec mon chien. Elle s'est approchée, a saisi la laisse de mon chien, l'a tournée comme ça (elle montre avec ses bras) et a jeté le chien ici. » Cela expliquerait la boiterie du chihuahua.

« Le petit ami de cette femme, dit Aida, il me cause des ennuis en ce moment. Pourquoi ? J'ai déjà suffisamment à gérer ! »

« Comment les connaissez-vous ? » lui demande Chris.

« Je ne les connais pas. Ils habitent ici, c'est tout. Il faut garder les gens à l'œil dans ce coin. L'autre jour, j'avais posé un drapeau sur ma porte d'entrée et il a disparu. Il faut tout surveiller ici. »

« Il y a des drogues qui circulent dans le coin », dit Charlie à Chris.

Charlie regarde autour de nous et remarque deux caméras de vidéo-surveillance à chaque extrémité de l'immeuble. « Allons voir si les caméras ont pu filmer l'incident. »

Charlie s'éloigne. Chris vient vers moi et me dit : « Je crois que le chien vous a fait pipi dessus. » Je baisse le regard sur ma jambe gauche. Zut.

Après avoir obtenu d'Aida toutes les informations nécessaires, nous reprenons le chemin du Precinct n° 105. Dès que nous franchissons la porte du bureau satellite, Murphy se lève et vient vers moi. « Docteure, j'ai appris qu'on vous a fait pipi dessus. »

« Quoi ? Nous venons d'arriver ! Et je n'ai pas entendu les autres vous le dire au téléphone. Comment l'avez-vous appris si vite ? » Mais Murphy part d'un petit rire et retourne à son bureau. Une heure plus tard, tous les détectives sont au courant qu'« un chien a fait pipi sur la docteure ».

Comme il n'y a plus aucune plainte à traiter cet après-midi, j'ai un peu de temps libre. J'appelle le Dr Robert Reisman, que j'avais rencontré à la formation du NYPD des mois auparavant. Dr Reisman est vétérinaire et le directeur de médecine légale de l'ASPCA. Je lui demande s'il a des cas intéressants à l'étude aujourd'hui.

« Nous allons procéder à une nécropsie qui pourrait vous intéresser. Il s'agit d'un chien qui nous a été amené par son propriétaire. Mais le cas est suspect. Nous commençons tout de suite après le déjeuner. Vers treize heures. »

Il est actuellement midi trente. Impossible pour moi de faire le trajet du Queens jusqu'au centre de Manhattan en une demi-heure, mais je saute dans ma voiture et conduis aussi vite que la loi me le permet.

Quand j'arrive dans la salle des nécropsies au sous-sol du centre clinique de l'ASPCA, le Dr Reisman vient de commencer. Vêtu d'une blouse et d'un pantalon chirurgicaux, il est penché sur le corps d'un petit chihuahua allongé sur un tapis de caoutchouc gris posé sur une table en inox. « Entrez, entrez, dit-il quand je franchis la porte. Vous avez de la chance. Nous avons démarré un peu en retard. »

Il me présente à deux étudiants vétérinaires de l'université de l'État de l'Ohio qui font leur internat avec lui. Un employé de l'ASPCA, Javier, rentre des données dans un ordinateur et prend des photos. De la musique joue en arrière-fond : *Roxanne* de The Police.

Le corps sur la table est minuscule. Émacié. Des plaques de peau à vif au niveau du coup et le pelage emmêlé sur le flanc ont l'air d'avoir été douloureux. Les côtes proéminentes du chien nous lancent un regard noir, nous mettant au défi d'exposer une histoire d'abus. « Le chien a été amené dans le refuge de la ville en tant que chien errant abandonné, m'informe le Dr Reisman. Ils l'ont euthanasié. Plus ils ont parlé avec la femme qui l'avait amené, plus le récit s'est modifié. Au début, elle a dit qu'elle avait trouvé le chien près de chez elle. Ensuite, elle a admis que son mari et elle avaient eu le chien pendant deux à quatre ans. Elle pensait que le chien devait avoir dix ans. Si j'avais eu un chien pendant deux à quatre ans, je saurais si c'était deux ou quatre ans. Ils ont probablement eu ce chien pendant les dix ans. »

Le Dr Reisman fait partie d'une poignée de vétérinaires qui conduisent des enquêtes médico-légales formalisées sur des animaux. Après avoir obtenu son diplôme du College of Veterinary Medicine de l'université Cornell, le Dr Reisman pratiqua en tant que vétérinaire généraliste pendant de nombreuses années avant de rejoindre l'ASPCA dans les années 1990. À l'hôpital de Manhattan de l'ASPCA, Reisman prit soin de nombreux animaux amenés par le NYPD ou par des enquêteurs de l'ASPCA à la suite de soupçons de maltraitance. Mais Reisman se rendit vite compte que les autres vétérinaires et lui pourraient faire bien plus pour soutenir les investigations de cas de cruauté envers des animaux.

« La police nous amenait les animaux et nous les soignions, me dit-il, mais nous n'avions pas l'impression d'avoir la responsabilité de participer au processus d'une véritable affaire criminelle. Les dossiers ne comportaient, pour ainsi dire, qu'une feuille de papier manuscrite disant que l'animal était en sous-poids et avait besoin d'être nourri. C'était tout. Il n'y avait rien d'autre. »

Bien que de nombreux vétérinaires pratiquent la médecine légale sous une forme ou une autre depuis des décennies, il n'existe aucune formation formalisée et aucun domaine d'expertise proprement dit. Le Dr Reisman apprit la technique tout seul en étudiant des textes sur la médecine légale pratiquée sur les humains et en cherchant des parallèles dans les cas de maltraitance d'enfants. Comme les animaux, les enfants sont souvent incapables de donner voix à leur histoire. À l'aide de manuels expliquant comment enquêter sur des cas de maltraitance d'enfants, Reisman créa un processus similaire pour les examens d'actes de cruauté envers des animaux. Parmi d'autres choses, Reisman et son équipe documentent maintenant l'état corporel général de l'animal, l'état du pelage, le poids, toute blessure physique et tout signe de déshydratation et de famine. Leur travail est de trouver chaque indice que le corps pourrait révéler leur permettant de déterminer si un animal a été maltraité, et le cas échéant, comment et pendant combien de temps.

Le Dr Reisman place le corps du chien sur une balance : 1,2 kilo. Le poids moyen d'un chihuahua adulte est de 2,2 à 2,7 kg. Au mieux, ce chien pesait environ la moitié de son poids normal. Reisman ouvre la mâchoire de l'animal. « Il manque toutes ses dents. Une partie de sa mâchoire inférieure… il manque l'aspect rostral de la mandibule. » Il prend un petit instrument et détache un morceau de peau. Il continue à prélever des échantillons de peau à partir de différentes parties du corps du chien, et les dépose un à un dans des pots stériles de formaldéhyde. Il informe Javier des étiquettes à apposer sur chaque pot. « Thorax latéral droit. » *Plop*, un échantillon dans un pot. « Lombaire dorsale. » *Plop*. « Inguinal droit. » *Plop*.

Le Dr Reisman prend ensuite un scalpel et fait une longue incision en remontant le long du corps du chien. Il éponge les fluides et le sang qui s'en écoulent à l'aide d'un morceau de gaze. « L'une des différences entre une nécropsie médico-légale et une nécropsie régulière est que nous prenons beaucoup de photos, explique-t-il aux étudiants. Alors, on éponge le sang au fur et à mesure afin de pouvoir prendre des photos claires. » Le corps du chien est tellement minuscule que je ne sens aucune odeur émaner de sa cavité ouverte. À cette étape, quand je participais à des autopsies humaines, je devais bloquer ma respiration pendant de longues périodes.

Reisman plonge des mains gantées dans la longue incision et en ressort une partie de patte arrière. « Comme je parviens à exposer ainsi la tête du fémur, cela signifie une perte de masse musculaire importante », dit-il. Il secoue la tête. « Le chien n'a aucune graisse sous-cutanée. »

Il lève la tête vers les étudiants. « C'est ma propre playlist », dit-il à propos du morceau inconnu qu'on entend en arrière-plan. « Savez-vous de qui est cette musique ? » Les deux étudiants ont l'air perplexe. « Vous ne les connaissez pas ? Ils viennent de l'Ohio. » Il se tourne vers moi.

« Je ne les connais pas du tout », lui dis-je.

« Ce sont les Black Keys. » La voix profonde du Dr Reisman exprime sa désapprobation alors qu'il se tourne à nouveau vers le tout petit corps.

Reisman ouvre grand la mandibule du chien et la détache de la tête. « Regardez ça, dit-il. La mâchoire n'est même pas reliée. Il n'y a que des tissus mous ici. » Il me montre la mâchoire : elle est pratiquement inexistante. « Il s'agit probablement d'ostéomyélite due à une négligence grave, dit-il. Vous savez comme ça fait mal, une rage de dents ? Pouvez-vous imaginer la douleur si on souffre de cette condition ? Je vais soumettre ça pour un examen d'histopathologie. Ils ne vont pas aimer ça. »

« Qui n'aimera pas ça ? » demandé-je.

« Cornell. Je leur envoie tous les tissus. Ils n'aiment pas quand on leur envoie de gros morceaux. Allez, prenons encore une photo. » Le Dr Reisman dépose la mandibule sur le tapis d'examen parallèle à une petite règle afin d'en documenter la taille. Pendant que Javier photographie la mandibule, Reisman explique : « Parfois, on trouve des indices dans la masse osseuse. Il y a eu une affaire de combats de chiens dans le cadre de laquelle on a trouvé des trous dans le crâne d'un chien. »

Reisman tient la mandibule entière dans ses mains pendant que Javier prend une vidéo. « C'est avec ceci que ce chien vivait », dit-il en bougeant la mâchoire de l'avant vers l'arrière. « Rien n'est attaché. Ça ressemble plus à du cartilage. Il n'y a aucune force. Aucune substance. Cette mâchoire est très malade. Je ne pense pas que ce chien pouvait manger correctement. Si cette affaire va jusqu'au procès, pouvez-vous imaginer la puissance d'effet qu'aura cette vidéo ? »

Le Dr Reisman et d'autres vétérinaires travaillant pour l'ASPCA témoignent régulièrement dans le cadre d'affaires de maltraitance d'animaux, fournissant ainsi un soutien médical solide qui auparavant faisait défaut. Aujourd'hui, avec le partenariat qui existe entre l'équipe médico-légale de l'ASPCA, l'Animal Cruelty Investigation Squad et les procureurs de district, cette triade d'acteurs médicaux, policiers et judiciaires forme une équipe puissante et sans pareille dans le reste des États-Unis.

La médecine légale vétérinaire continue d'évoluer. Dans le cadre d'affaires plus compliquées, le Dr Reisman collabore souvent avec des scientifiques spécialisés en médecine légale humaine. « Il y a eu le cas d'une chienne. Elle était morte de faim, me dit Reisman, mais dans certains cas, c'est difficile à prouver. Elle était sévèrement décomposée, au point d'être momifiée. En fonction des conditions de l'environnement dans lequel meurt un animal, le corps se décomposera de différentes façons. Dans les endroits très secs, une momification se produit. La peau se tend et tout s'assèche comme une momie. On pouvait voir qu'il s'agissait d'un chien, mais seuls les os et la peau restaient. On s'est donc tournés vers une anthropologue légiste pour qu'elle nous aide. » Le Dr Reisman contacta Amanda Fitch, une analyste de scènes de crime avec des années d'expérience en matière d'investigation de crimes humains, et également anthropologue légiste. Ils firent des radiographies du corps de la chienne. « Nous avons trouvé que la chienne mangeait des bris de verre. Les animaux mangeront n'importe quoi pour rester en vie, et son estomac était littéralement rempli de bris de verre. »

Quand il examine les restes d'un animal, Reisman appelle parfois le Dr Jason Byrd, un entomologiste légiste à l'université de Floride à Gainesville. Le Dr Byrd étudie les schémas d'insectes sur les restes humains afin d'aider à déchiffrer le moment et le lieu du décès (différents schémas d'insectes apparaissent dans différentes régions climatiques), et parfois la cause sous-jacente. Depuis quelque temps, le Dr Byrd propose son expertise pour apporter son aide dans le cadre d'affaires impliquant des animaux. En 2008, en partenariat avec Byrd et les autres scientifiques spécialisés en médecine légale à l'université de Floride, l'ASPCA organisa la première conférence aux États-Unis sur le thème de la médecine légale vétérinaire. Reisman me dit qu'ils attendaient environ quarante participants, mais que près de deux cents personnes arrivèrent ce jour-là. « L'intérêt était tellement plus grand que ce que nous aurions pu imaginer. Et cela ne fait que commencer. » La conférence mena à la création de l'International Veterinary Forensic Sciences Association, qui organise maintenant des événements annuels.

Javier termine de filmer la mandibule et le Dr Reisman la dépose dans un pot à spécimens propre. « L'école vétérinaire de Cornell étudie actuellement la possibilité de créer un programme de bourse vétérinaire d'un an en médecine légale, me dit-il. Cela n'existe encore nulle part. »

Le Dr Reisman prend ensuite une scie Stryker (du nom du chirurgien qui l'a inventée), dont le moteur oscille à grande vitesse. « Je dois maintenant sectionner le fémur afin que Cornell puisse faire un examen de la moelle osseuse et montrer qu'il n'y a aucune graisse. La moelle osseuse est le dernier endroit où la graisse disparaît. Je pense que quand ils étudieront l'échantillon, ils verront qu'il manque l'essentiel du gras. C'est une façon de montrer qu'il s'agissait d'un processus chronique, si même le contenu graisseux de la moelle osseuse était atteint. »

Avec la scie Stryker, Reisman commence à sectionner le fémur droit du chien. L'odeur est inévitable. Patrick a une scie oscillante, qu'il utilise pour son travail sur bois. Mais là où la scie de Patrick produit une odeur propre de chêne, de cèdre ou de pin, celle du Dr Reisman libère une puanteur semblable à des cheveux brûlés.

Reisman prend ensuite une paire de ciseaux pour séparer complètement le fémur des tissus environnants.

« Puis-je voir cela ? » demande la jeune étudiante.

« Quoi donc ? » répond le Dr Reisman.

« La moelle osseuse. Il y a des gens qui la mangent, n'est-ce pas ? »

Ignorant sa question, le Dr Reisman pratique ensuite des incisions dans les côtes du chien afin d'exposer et écarter l'épiploon, un pli de tissu qui recouvre les organes abdominaux. Il examine les intestins. « Ça a l'air normal. » Il se tourne vers une étagère, attrape plusieurs planches à découper en plastique bleu-vert et les dispose sur la table devant lui. « J'achète ces planches dans le rayon cuisine d'Ikea », me dit-il en voyant l'interrogation sur mon visage.

Il sort les organes internes un à un et les dépose sur les planches à découper. Reins, poumons, cœur, intestins, foie, rate, estomac et vésicule biliaire. Je n'en reviens pas : tous ces organes sont si petits. On dirait des jouets du jeu « Operation ».

Une chanson de K. D. Lang se met à jouer. « Savez-vous de qui est cette chanson ? » demande le Dr Reisman à ses étudiants. Quand ils ne disent rien, il reprend : « Vous ne vous débrouillez pas très bien, les jeunes. Votre note s'en ressentira. » Il plaisante, mais sa voix ne change pas pour le refléter. Il dissèque chaque organe sur les planches à découper. Au fur et à mesure, il continue à éponger le sang qui s'écoule des organes. « Est-ce que vous cuisinez ? » demande-t-il à personne en particulier.

« Parfois », répond l'un des étudiants.

« Est-ce que vous nettoyez tout au fur et à mesure ? Ou est-ce que vous laissez tout s'empiler ? J'ai horreur de voir les choses sales s'empiler. Je dois faire le ménage au fur et à mesure. » *Moi aussi*, pensé-je intérieurement. Mais je n'ai pas grand appétit à cet instant et je suis certaine qu'il en va de même pour les étudiants en observation.

Le Dr Reisman place l'œsophage dans un pot. Après avoir ouvert l'estomac et les intestins, il dit : « Il n'y a rien là-dedans. Aucune nourriture. Ce n'est pas normal. Je pense que ce petit gars était complètement compromis. Il ne pouvait pas manger correctement, pas avec cette mâchoire. Les propriétaires le savaient forcément. Ils auraient dû l'emmener se faire soigner. » *Plop*, une tranche d'intestin est placée dans un pot. « La souffrance due à la faim est quelque chose de réel. La recherche le dit. Cet animal était en souffrance constante. »

Pour la première fois depuis qu'il a commencé la nécropsie, le Dr Reisman s'arrête et ne bouge plus. Il regarde le petit corps sur la table. Le comportement froid et clinique qui était le sien pendant toute la procédure est soudainement remplacé par une vague d'émotion spontanée.

Mais ce soupçon de chagrin se dissout tout aussi rapidement qu'il est venu, et Reisman se remet au travail. Après avoir retiré les organes abdominaux internes et les avoir découpés en échantillons pour les analyses, il ouvre le crâne du chien à l'aide de la scie Stryker et d'un ciseau. Une forte odeur de cheveux brûlés se dégage maintenant du corps. Reisman soulève le dessus du crâne et je vois immédiatement qu'il y a des problèmes. L'hémisphère droit du cerveau est ratatiné et montre beaucoup moins de vaisseaux sanguins supérieurs que l'hémisphère gauche.

« Puis-je examiner le cerveau ? » demandé-je, alors que le Dr Reisman le sort de la boîte crânienne. Il hoche la tête. Je mets une paire de gants et prends le cerveau dans mes mains. L'hémisphère gauche est plus mou et assez gélatineux. L'hémisphère droit est dur. Cette atrophie de l'hémisphère droit pourrait être due à des maladies naturelles sous-jacentes, mais également à un traumatisme crânien ancien. Qu'a-t-on fait à ce chien ?

Cette nuit-là, à l'hôtel, je ne parviens pas à trouver le sommeil. Allongée sur les draps, je reste éveillée, l'esprit complètement agité, pensant au chien que le Dr Reisman a autopsié et les autres animaux impliqués dans les affaires dont j'ai été témoin. Quelle souffrance ont-ils endurée ?

Jusqu'à il y a dix ans environ, ces animaux n'auraient même pas reçu un regard. Ils auraient disparu avec à peine un gémissement. Comme je suis reconnaissante d'avoir rencontré l'équipe du sergent Murphy, le Dr Reisman et toutes les autres personnes merveilleuses qui s'assurent qu'aucun mal infligé à un animal ne soit aujourd'hui trop insignifiant pour être remarqué. Même deux petites tortues dont la vie fut triste et courte capturèrent leur attention.

Il ne fait pas de doute que notre système judiciaire a besoin d'améliorations en ce qui concerne la reconnaissance des crimes commis envers les animaux. Même si des lois existent pour protéger de nombreux animaux d'au moins certaines formes de maltraitance, ces lois traitent néanmoins différemment certains animaux par rapport à d'autres. Nous élevons à un niveau supérieur les animaux qui rentrent dans notre définition d'animal de compagnie, et rabaissons à un niveau inférieur ceux à qui nous n'appliquons pas cette définition. Mais quoi qu'il en soit, compagnons ou non, les animaux ont le statut juridique de chose, de possession, comme les voitures, les montres et les chaises. Aux États-Unis, les animaux jouissent d'une protection inférieure même à celle dont bénéficient les sociétés, concernant lesquelles la Cour suprême des États-Unis a affirmé le statut de « personne morale » en 2010. Les sociétés jouissent d'une personnalité juridique séparée de leurs actionnaires. De manière générale, les lois de protection animale ne considèrent pas les animaux indépendamment de leurs relations humaines. Ces lois n'ont pas encore accordé aux animaux leur propre individualité. Tant que nous ne reconnaîtrons pas, universellement, que les animaux sont les êtres vivants qu'ils sont, les lois resteront confuses.

Il y a des prémices de changements. À travers les États-Unis, les intérêts des animaux sont de plus en plus pris en considération. Grâce à une donation d'un million de dollars de la part de Bob Barker de l'émission télévisée The Price is Right[27], la faculté de droit de l'université de Virginie ouvrit son premier programme couvrant exclusivement le droit animal en 2009. D'autres facultés de droit enseignent maintenant le droit animal.

Dans certains cas, les juridictions commencent lentement à considérer les animaux non pas comme des biens, mais comme des êtres proches de la personne humaine. Depuis 2000, certains États ont commencé à autoriser des personnes à laisser des successions ou des fidéicommis dans l'objectif que leurs animaux de compagnie adorés soient bien pris en charge. Dans le cadre de conflits de garde d'animaux, les juridictions traitaient traditionnellement les animaux comme des possessions, mais les choses sont en train de changer. Des juridictions ont déjà accordé des gardes partagées, des droits de visite et des pensions alimentaires à des gardiens d'animaux. Dans le cadre d'une procédure de divorce à New York en 2013, un couple était en conflit concernant la garde d'un teckel prénommé Joey[28].

La plaignante soutint que Joey était sa propriété car elle l'avait acheté avec son propre argent avant le mariage. Le juge statuant sur la procédure, Mathew F. Cooper, rejeta l'application d'un raisonnement de propriété au chien, comme presque toutes les juridictions l'avaient fait précédemment. En lieu de quoi, le juge Cooper utilisa un critère semblable au raisonnement des « meilleurs intérêts de l'enfant », utilisé dans le cadre de conflits de garde d'enfants, pour accorder une audience sur l'affaire. Avant la date fixée pour l'audience, cependant, le couple parvint à un accord.

En janvier 2016, l'Alaska devint le premier État américain à légiférer sur la question de la « garde des animaux de compagnie »[29]. La loi adoptée permet à une juridiction de prendre en considération le bien-être de l'animal pour décider qui, dans une affaire de divorce, doit avoir le droit de garder le chien, le chat, le perroquet gris d'Afrique, l'iguane, la tortue et même le python, de la famille. L'État de Rhode Island réfléchit actuellement à une loi similaire.

En dehors des juridictions, la reconnaissance du caractère individuel des animaux avance plus vite. Il y a quelques mois, mon demi-frère à Charlottesville en Virginie fut étonné lorsque son programme télévisé fut interrompu pour annoncer une alerte lancée au sujet d'un chien perdu. En 2017, la police de Boston demanda l'aide du public pour retrouver un chien perdu, et quelques mois plus tard un chiot perdu, en plaçant des appels dans le quotidien *Boston Globe*[30].

Nous commençons doucement à reconnaître le caractère individuel et unique de chaque animal. Nous commençons à reconnaître qu'un animal n'est pas quelque chose, mais quelqu'un.

Par ailleurs, ce ne sont pas uniquement les animaux de compagnie qui un jour se verront rendre l'individualité que nous leur avons retirée. En 2013, Steven Wise, avocat et président du Nonhuman Rights Project, lança une série d'actions en justice au nom de quatre chimpanzés new-yorkais[31]. Deux des chimpanzés, Tommy et Kiko, appartenaient à des personnes privées[32]. Quand il fut trouvé, Tommy vivait seul dans une cage, dans une remise sur un terrain de maisons mobiles d'occasion. Kiko était détenu dans une cage dans une devanture en béton. Les deux autres chimpanzés, Hercules et Leo, avaient été utilisés à des fins d'expérimentations et appartenaient à l'université Stony Brook. En vue d'obtenir la libération et le placement en sanctuaire des quatre chimpanzés, Steven Wise intenta des procès visant à leur faire reconnaître la qualité de « personne juridique ». Dans un jugement de la Cour suprême de l'État de New York en 2015 concernant les deux chimpanzés utilisés par Stony Brook, la juge Barbara Jaffe rejeta la demande de Steven Wise. Elle se sentait liée par le précédent juridique établi dans une affaire précédente impliquant le chimpanzé Tommy.

Néanmoins, la décision de la juge Jaffe ne fut pas un revers absolu. Indirectement, elle laissa un défi à l'intention de futurs juges. La juge Jaffe exprima sa sympathie pour les arguments de Steven Wise[33]. Elle écrivit qu'aux yeux de la loi, quelque chose n'a pas besoin d'être un être humain pour être traité comme une personne, et nota le statut de personne morale accordé aux sociétés. La juge Jaffe déclara également que le concept de personne juridique continue d'évoluer : « Il n'y a pas si longtemps, seuls les citoyens mâles d'origine caucasienne et propriétaires de biens jouissaient de l'entière panoplie de droits juridiques en vertu de la Constitution des États-Unis[34]. »

La juge Jaffe écrivit notamment dans sa conclusion : « Néanmoins, les juridictions sont lentes à accueillir le changement, et semblent parfois réticentes à s'engager dans des interprétations plus vastes et inclusives de la loi... Comme le juge Kennedy l'observa justement dans l'affaire Laurence v. Texas [une affaire de droits pour les personnes homosexuelles de 2003], "les temps peuvent nous aveugler à certaines vérités, et les générations futures peuvent voir que des lois qui auparavant étaient considérées comme nécessaires et correctes, ne servent en réalité qu'à opprimer"[35]. »

Pour ma dernière journée avec le NYPD, je vais à Manhattan avec les détectives John et Tara. Nous arrivons à Sky Towers, un immeuble à appartements de grande hauteur moderne et chic. Quand nous pénétrons dans le vestibule, je suis stupéfaite. Cela ressemble plus à un hôtel luxueux qu'à des appartements. Le bâtiment comprend une piscine intérieure et une piscine extérieure, un terrain de basket, une crèche, un centre de physiothérapie, une salle de yoga, une salle de billard et un spa pour animaux. Marbre et or décorent les cheminées au gaz et les lustres éclatants du vestibule ainsi qu'un grand bureau oblong derrière lequel des employés sont là pour nous accueillir. John explique la raison de notre visite et un employé appelle un gardien de sécurité pour nous emmener dans une petite pièce au sous-sol de l'immeuble.

Nous venons visionner une vidéo prise par les caméras de vidéo-surveillance derrière l'immeuble il y a une semaine. Le gardien de sécurité nous lance la vidéo sur un petit écran de télévision. Tara, John et moi nous penchons vers l'écran et observons l'image d'un éboueur ouvrant le couvercle d'une des bennes à ordure, puis reculant d'un bond avec une expression de choc sur le visage. Il regarde autour de lui, abasourdi, et disparaît de la vue de la caméra.

Le gardien de sécurité rembobine la vidéo et indique de la tête l'homme sur la vidéo. « Il vous a appelés, c'est ça ? »

« Oui », répond John.

L'employé de l'immeuble appela immédiatement la police. Ce qu'il avait vu en ouvrant la benne à ordures était un sac-poubelle déchiré duquel sortait la tête ensanglantée d'un petit chien. Les officiers de police qui répondirent à l'appel retrouvèrent le « gardien » du chien. L'homme avoua tout de suite avoir poignardé le chien dans le poitrail avec un couteau, mis le corps dans un sac-poubelle et jeté le tout dans le vide-ordures.

Cet analyste de recherche de vingt-quatre ans raconta qu'il avait tué le chien par légitime défense – un petit terrier de sept kilos. Le terrier, dit-il, « se comportait de façon irrationnelle » et l'avait griffé aux bras[36]. Plus tard, à la suite d'une courte audience pour entendre les poursuites pour cruauté aggravée et torture envers un animal, le procureur décidera que les griffures présentées par le défendeur étaient « très petites et légères[37] ». Un examen médico-légal révélera qu'en plus des coups de couteau, le corps du chien présentait « des bleus, une hanche disloquée et une fracture au pelvis due à un choc violent[38] ». Cependant, le défendeur ne pensait apparemment pas qu'il y avait quoi que ce soit de répréhensible concernant son traitement du chien. Heureusement, beaucoup de monde n'est pas du même avis.

Après nous avoir montré de nouveau la vidéo, le gardien de sécurité nous dit : « Ça fait quinze ans que je suis à ce poste. On voit beaucoup de choses insensées, mais jamais une horreur de ce genre. » Il se renverse contre le dossier de sa chaise et ajoute : « Vous avez arrêté ce type ? »

« Oui », répond John.

« Oui ? C'est bien. »

CHAPITRE 6

Souffrons-nous avec les animaux ?

Je tentai de réconcilier mon inaction avec le mal que Dave faisait à Sylvester. Je me convainquis que le corps de Sylvester ne souffrait pas beaucoup quand il était projeté contre les murs. Je me convainquis que je prenais mon tourment pour le sien. Peut-être, me dis-je, qu'il ne souffre pas tant que cela. Peut-être qu'à cet égard, les animaux sont différents des humains.

C'était une fable rassurante que je me répétai pendant plusieurs mois, jusqu'au jour où un événement m'en fit perdre le fil.

Après une semaine de tempêtes torrentielles, le ciel brillait comme s'il avait été récuré. Je suppliai Tante Fiza de nous emmener, Sylvester et moi, au ruisseau qui se situait à quelques kilomètres de nos appartements. Ce ruisseau ressemblait plutôt à une petite rivière ; il était si large et si profond qu'à certains endroits, l'eau atteignait mon menton. Sylvester et moi allions souvent nager là-bas. Ce jour-là, par un temps merveilleux, Tante Fiza, Sylvester et moi descendîmes la colline, traversâmes les avenues encombrées, et pénétrâmes dans l'oasis verte située au milieu des rues jonchées de déchets. Sylvester, qui n'était pas en laisse comme d'habitude, partait en avant et revenait vers nous en bondissant. Je pense que lui et moi devions arborer le même grand sourire d'anticipation un peu niais. J'avais hâte de sentir le courant frais du ruisseau glisser sur ma peau comme les écharpes en mousseline de soie de ma mère.

Cependant, quand nous arrivâmes au ruisseau, celui-ci était gonflé et turbulent. Nous décidâmes donc de nous promener sur sa rive. Sylvester ne se satisfaisait pas d'une simple promenade. Il essayait sans cesse de sauter dans l'eau, et Tante Fiza et moi le retenions comme nous pouvions. Après environ une demi-heure, nous vîmes un homme un peu plus haut sur les berges avec un chien en laisse. À notre horreur, Sylvester se mit à pourchasser le chien. Mais il ne s'en tint pas là. Frustré, peut-être, de ne pas avoir été autorisé à nager dans le ruisseau, il continua à courir. En moins d'une minute, il avait disparu dans les bois.

Fiza et moi arpentâmes le ruisseau en appelant Sylvester. Nous fîmes le tour de toutes les boutiques, de toutes les maisons, en demandant si quelqu'un avait vu un petit chien marron. Nous le cherchâmes toute l'après-midi. Sylvester était perdu.

Nous rentrâmes à la maison, complètement déprimées. Je me roulai en boule sur mon lit en pleurant toutes les larmes de mon corps. J'avais perdu mon bébé. Et c'était de ma faute. Ma plus grande peur était que Sylvester ait cherché à nager dans le ruisseau et qu'il se soit noyé. Le chagrin affectait ma perception des choses. Dans l'esprit de la petite fille de neuf ans que j'étais, le ruisseau ressemblait à une rivière agitée. J'imaginais Sylvester roulant dans les eaux vives, son petit corps projeté contre des rochers alors qu'il luttait pour garder la tête hors de l'eau. Alors que je me représentais la peur et la panique que Sylvester devait ressentir, j'avais l'impression qu'une immense main tordait mon ventre en deux. J'avais tellement mal que je ne pouvais plus quitter mon lit. Je restai allongée, agrippée à mon ventre, et me rendis compte que je m'étais fourvoyée. Pendant tous ces mois où Dave battait Sylvester, je ne souffrais pas seulement *pour* Sylvester, mais *avec* lui.

Il y a environ dix ans, j'assistai à une présentation sur les lésions médullaires lors d'une conférence sur les neurosciences. L'assistance comprenait environ trois cents neuroscientifiques et neurologues comme moi. Quand l'un des intervenants se leva pour faire sa présentation, il nous montra une courte vidéo qui à ce jour me hante encore.

La vidéo présentée par ce chercheur était tirée d'une expérience qu'il avait menée : il avait écrasé la moelle épinière d'une chatte et enregistré ses mouvements sur un petit tapis roulant. Dans la vidéo, la chatte tigrée orange, des électrodes implantées dans le cerveau, luttait pour rester debout. Elle traînait ses pattes arrière paralysées sur le tapis roulant en marche. Elle n'arrêtait pas de tomber du tapis et le chercheur la remettait dessus chaque fois.

À un moment, le chercheur souleva la chatte pour la repositionner sur le tapis roulant, et elle fit quelque chose de complètement inattendu. Elle frotta sa tête contre la main du chercheur.

Je me redressai sur mon siège. Je jetai un regard vers le chercheur pour voir s'il reconnaîtrait, d'une manière ou d'une autre, ce qui venait de se produire dans la vidéo. Mais il continua sa présentation sans discontinuer, ne remarquant apparemment aucune question ou implication éthique dans ce qui était montré dans la vidéo. Je jetai alors un coup d'œil circulaire dans la salle pour voir si quelqu'un d'autre dans l'assistance avait remarqué la même chose que moi. Même au pic de sa souffrance, la chatte cherchait du réconfort auprès de la main qui lui causait cette douleur.

Depuis ce jour-là, je me suis souvent demandé : ce chercheur souffrit-il jamais lui-même, dans ses moments les plus tranquilles et privés, du tourment qu'il infligea à cette chatte ?

Quand je rends visite à mes parents, je fais une heure de route le long de rivières sinueuses, entre des collines boisées et à travers des villages historiques. À l'approche de la maison de mes parents, il y a un grand terrain avec quatre longs bâtiments en retrait de la route. Ces bâtiments rectangulaires sont dénués de fenêtres et de parements. Ils n'ont aucun détail architectural pouvant attirer l'œil. Tout cela est fait exprès. Pendant des années où je fis le trajet sur cette route de campagne, je ne me posai jamais la question de savoir ce qu'il y avait dans ces bâtiments nus – jusqu'à un certain jour que j'aimerais pouvoir oublier.

Dans le cadre d'une conférence dans l'État de l'Oklahoma, je faisais une présentation sur les dangers pour la santé publique que représente l'élevage animal à échelle industrielle, ou l'« élevage intensif » comme on l'appelle généralement. Chaque année, plus de 64 milliards d'animaux sont élevés et tués à des fins alimentaires dans le monde[1]. Ne serait-ce qu'aux États-Unis, un million d'animaux sont tués toutes les heures. Les élevages intensifs ont remplacé la plupart des élevages traditionnels partout dans le monde, en grande partie en réponse à la demande croissante de produits animaux bon marché. La transformation de l'agriculture animale est tellement spectaculaire[2] qu'elle a été surnommée la « révolution de l'élevage ». Cette évolution sans précédent dans la relation que les humains entretiennent avec les animaux a pour résultat non seulement une souffrance des animaux sans pareille dans l'histoire de l'humanité, mais également des dommages dévastateurs sur la santé humaine[3].

À la conférence, je présentai des données montrant comment l'agriculture animale (et l'importante consommation de produits animaliers qui en résulte) cause des émissions de gaz à effet de serre plus importantes que celles générées par tout le secteur des transports. Par ailleurs, l'agriculture animale pollue la terre et l'eau, et augmente les risques chez les humains de cancers, d'obésité, d'accidents vasculaires cérébraux et de maladies infectieuses telles que la salmonelle, *Escherichia coli* et les grippes aviaires[4]. Tout au long de ma présentation, une femme aux cheveux auburn coupés court, arborant des lunettes et une expression sérieuse, ne cessait de secouer la tête en désaccord. Quand je terminai ma présentation et invitai le public à poser des questions, cette femme se lança à l'attaque. Elle contesta tout ce que j'avais dit. Il n'y a aucun danger environnemental, aucun risque de maladie infectieuse, aucun problème de bien-être animal.

« Êtes-vous déjà allée voir l'un de ces élevages ? » me demanda-t-elle avec une colère évidente.

Je lui répondis que je ne l'avais pas pu car ces lieux ne sont pas ouverts au public. Néanmoins, mes données provenaient d'études réputées, publiées par des institutions comme la Johns Hopkins Bloomberg School of Public Health et l'Organisation des Nations unies pour l'alimentation et l'agriculture. Les indices sont tellement importants que l'American Public Health Association a appelé à un moratoire sur les élevages intensifs[5].

Cette femme, Jean Sander, était la doyenne du Center for Veterinary Health Sciences de l'université de l'État de l'Oklahoma. « Vous devez venir voir nos élevages, me répondit-elle. Ils ne ressemblent en rien à ce que vous dites. »

Trois mois plus tard, j'acceptai la proposition de Joan. Ce que je vis lors de mes visites me permit de conclure que ces élevages sont pires que tout ce que j'avais pu lire.

Un matin triste de fin novembre, je retrouve la D^re Sander sur le parking d'un fast-food Sonic à Bristow dans l'Oklahoma. Après nous être dit bonjour et nous être plaintes du temps qu'il faisait, je grimpe dans sa voiture. Nous partons voir une exploitation de poules pondeuses situées à environ une demi-heure de route. Cet élevage n'est pas celui que Jean avait à l'origine prévu pour ma visite. Elle voulait m'emmener voir une exploitation de poulets à griller, où les poulets sont produits pour leur viande, sous contrat avec Tyson Foods*. Cette exploitation de poulets est l'une des plus grandes de l'Oklahoma.

Cependant, quelques jours avant que je ne prenne mon vol pour Tulsa, le directeur de l'exploitation Tyson changea d'avis. Il informa Joan qu'une enquête sous couvert menée dans un élevage de poulets dans le Tennessee avait récemment capturé l'attention de journalistes. En conséquence, il refusait maintenant l'entrée à toute personne extérieure. Les enquêteurs infiltrés avaient filmé des employés de l'élevage dans le Tennessee en train de battre des poulets malades avec des massues cloutées[6]. Tout comme

* NdT : Tyson Foods est une multinationale de l'industrie alimentaire.

l'exploitation de l'Oklahoma, celle du Tennessee était sous contrat avec Tyson Foods et était l'un de ses fournisseurs de poulets.

Le plus étonnant est que le directeur de l'élevage Tyson dans l'Oklahoma ait initialement accepté de me laisser entrer. Quand j'avais dit à Jean, lors de ma présentation, que les élevages intensifs n'autorisent pas les visites du public, je n'exagérais pas. Au cours de la dernière décennie, des États américains ont adopté des lois visant à protéger les exploitations d'agriculture animale de toute attention extérieure. En particulier, les lois « Ag-gag » criminalisent les journalistes et les associations de protection des animaux[7], et empêchent pratiquement quiconque de filmer des vidéos sous couvert pour documenter ce qui se passe dans les élevages. De telles investigations ont révélé non seulement une cruauté galopante à l'égard des animaux, mais également des violations de la loi qui ont mené à des rappels de viande parmi les plus importants aux États-Unis. Comme le déclara un éditorial dans le média *The Atlantic*, les lois Ag-gag « illustrent à quel point ces industries cherchent désespérément à empêcher toute fuite de ces informations[8] ».

Jean Sander est la seule raison pour laquelle on m'a autorisé des entrées. Son affiliation avec l'université de l'État de l'Oklahoma, qui est l'une des facultés d'agriculture les plus importantes aux États-Unis, a permis à Jean de connaître de nombreux directeurs d'élevage d'animaux dans l'Oklahoma. Ils la voient comme une alliée. Grâce à mon lien avec Jean, ils ont dû considérer que je ne représentais pas une menace. Malgré cela, il a fallu à Jean plusieurs mois pour trouver des exploitations qui accepteraient de nous recevoir.

En conduisant, Jean me décrit la première exploitation que nous allons visiter comme une opération plus petite et familiale. Elle n'a encore jamais rencontré cet exploitant indépendant ni vu son élevage, mais il accepte très volontiers notre visite. Jean et moi parlons de nos familles et de nos carrières. Elle est amicale et chaleureuse, mais je me prépare mentalement à la visite. J'ai vu des photos et des vidéos de ces endroits et je n'ai aucune envie de les voir de près. Cependant, Jean avait raison sur un point : si j'obtiens l'autorisation de venir voir en personne à quoi ressemblent ces élevages intensifs, je dois la saisir.

Nous suivons les instructions fournies par M. Wendell. Après nous être trompées plusieurs fois, nous trouvons enfin le « grand rocher au coin sur la droite », tournons à gauche et descendons une colline. De loin, nous voyons les longs bâtiments posés près d'une maison en bardages blancs à deux étages. Lorsque nous pénétrons dans l'allée de la ferme, nous voyons un homme aux cheveux gris, légèrement courbé, se diriger vers nous d'un pas prudent comme si ses genoux le gênaient. Quand nous sortons de la voiture de Jean, la première chose que je remarque est l'appel d'une foule de poules à l'intérieur du bâtiment devant lequel nous nous trouvons. Ensuite, je suis confrontée à une odeur familière. Ai-je été transportée en arrière dans le temps, aux immeubles à appartements d'Arlington ? L'air est lourd d'une odeur de transpiration, d'oignons et de toilettes bouchées.

Herbert Wendell s'approche et nous serre la main avec ferveur. Avec ses joues colorées et son accueil joyeux, il me rappelle immédiatement mon beau-père. Il nous présente, Jean et moi, à des membres de sa famille. Contrairement à ses deux fils timides, sa petite-fille est bavarde. Elle a récemment obtenu son diplôme de la faculté de vétérinaire et est venue à la ferme aujourd'hui pour aider Herbert à nous montrer les lieux. Herbert vient d'une famille d'agriculteurs de cultures et il fut le premier à bifurquer vers l'agriculture animale. En 1957, il acheta une poule qui fut le départ de son élevage. Aujourd'hui, il est le propriétaire d'environ 30 000 poules pondeuses.

Après quelques minutes de bavardage, Jean me tend une combinaison, des protège-souliers et des gants jetables. Ces habits de protection font partie d'un plan de confinement biologique et ont pour fonction de nous empêcher d'amener par inadvertance des agents infectieux dans les installations. Ces méthodes sont clairement inefficaces au regard de la fréquence des épidémies de grippes aviaires et bovines dans les élevages intensifs aux États-Unis[9]. Jean et moi revêtons les habits de protection. Ensuite, nous suivons Herbert et sa petite-fille dans le bâtiment le plus proche et… oh, mon Dieu !

L'odeur qui flottait dehors me tombe dessus et tente de m'étouffer. Je me détourne immédiatement des autres, me penche en avant et m'appuie sur mes genoux, saisie de hauts-le-cœur. Ma tête est secouée de spasmes.

J'ai une telle nausée que je pense vomir. En tant que médecin, j'ai souvent côtoyé de mauvaises odeurs, mais ce n'était rien en comparaison avec ceci. La meilleure façon pour moi de vous décrire cette puanteur est la suivante : prenez le bac de litière d'un chat qui n'a pas été changée depuis un mois. Ensuite, ajoutez-y les litières de dix autres chats qui n'ont également pas été changées depuis un mois. Ensuite, ajoutez un œuf pourri. Puis, un corps en décomposition. Et enfin, juste pour bonne mesure, une bonne dose de soufre. Maintenant, plongez la tête dans cette litière géante et vous aurez une idée de l'odeur dans ce bâtiment. Juste une idée.

Je me cache le visage afin que les autres ne me voient pas soulevée de hauts-le-cœur. Je crains d'offenser Herbert si je vomis. Je suis stupéfaite que personne d'autre n'ait l'air dérangé par l'odeur. La puanteur de l'ammoniaque et des excréments me remplit la bouche comme un ballon. Elle me remonte dans le nez, me descend dans la gorge, se gonfle dans mes poumons. Je ne goûte plus rien à part cette odeur. Je ne sais plus rien à part cette odeur.

Je fais un effort immense, ravale la bile qui m'est remontée au fond de la gorge et me relève. Lentement, mes autres sens se réveillent. D'abord le toucher. Des mouches m'atterrissent sur le visage. Je tente de les balayer de mon front, de mon nez et de mes oreilles, sans succès. Ensuite vient l'ouïe. Je n'entends pas les sons individuels de caquètements, de gloussements et de petits cris, mais un rugissement. Une clameur individuelle.

Puis, la vue. À travers le faible éclairage, je distingue des rangées et des rangées de cages métalliques empilées sur deux étages. Chaque cage contient cinq poules. Ce bâtiment contient déjà vingt-cinq mille oiseaux en cage. Les poules sont tellement serrées les unes contre les autres que leurs têtes ressortent du dessus, des côtés et même du dessous des cages. Leurs pattes sont posées sur des grillages. Elles n'ont nulle part où aller. Elles ne peuvent même pas étendre leurs ailes.

Jean me dit qu'auparavant, la norme était de 54 pouces carrés (348 cm^2) par oiseau en cage. La norme est actuellement en train d'être augmentée de 60 à 65 pouces carrés (387 cm^2 à 419 cm^2) par oiseau pour faire un geste à l'égard du bien-être de l'animal. Soixante-cinq pouces carrés correspondent à environ deux tiers de la taille d'une seule feuille de papier à lettres standard. Une poule est obligée de passer sa vie entière dans un espace équivalent à l'écran de mon ordinateur portable, mais cela est vu comme un progrès par l'industrie agricole.

Les murs du bâtiment sont composés de bâches en plastique qui offrent une isolation quasi inexistante du froid extérieur. Malgré le froid, l'air intérieur est humide. Alors que nous avançons dans les allées, je respire par la bouche afin de me préserver quelque peu de la puanteur ambiante. Les oiseaux se bousculent et se grimpent les uns sur les autres pour se cacher au fond des cages. Ils sont terrifiés, par nous. J'ai peur, moi aussi. Peur qu'ils s'écrasent mutuellement, ce qui d'après les dires d'Herbert s'est déjà produit. En regardant de plus près, je vois des plaques rouges à vif sur la plupart des oiseaux, où leurs plumes ont été arrachées par frottement contre les parois des cages. Je ne peux même pas imaginer à quel point cela doit être douloureux.

« Je suis désolée », leur murmuré-je. « Je suis tellement désolée. »

Quand les oiseaux sont serrés les uns contre les autres de cette manière, ils deviennent en général fous et se donnent des coups de bec jusqu'à s'entre-tuer. Les oiseaux sur cette exploitation ont donc été débecqués. Le débecquage est une pratique selon laquelle on attrape les poussins d'une main, on leur glisse le bec entre deux lames brûlantes de l'autre main et on leur sectionne entre un tiers et deux tiers du bec alors qu'ils sont pleinement conscients. L'industrie appelle cela « l'épointage ». Cependant, le sectionnement du bec d'un oiseau avec une lame brûlante ou un appareil à ciseau, comme cela se fait souvent, n'a rien à voir avec le fait pour nous, humains, de nous couper les ongles. Le bec d'un oiseau est sensible, hautement innervé et capable de ressentir la douleur et d'autres sensations[10]. L'équivalent pour nous serait de nous faire sectionner les orteils sans anesthésie. Non seulement les poulets dépendent de leur bec pour de nombreuses fonctions, mais le débecquage leur cause une douleur immense, aiguë et souvent à vie.

Pendant que nous déambulons dans le bâtiment, Herbert décrit le fonctionnement des installations. Des tapis roulants font le tour des installations et récoltent automatiquement les œufs qui tombent sous les poules. Des tranchées placées sur les côtés des cages contiennent des granulés alimentaires. Tout est mécanisé. Aucune main humaine ne devra jamais toucher un oiseau avant l'heure de sa mort. Voilà donc ce qu'est une vie de poule : se serrer au fond d'une cage, recroquevillée sur une autre poule, pendant un an et demi avant d'être tuée par quelqu'un.

Jean me rappelle qu'il s'agit ici d'une petite exploitation. Les élevages de taille moyenne comprennent 100 000 oiseaux. Les plus grands peuvent contenir jusqu'à 200 000 oiseaux. Je suis tellement submergée par l'odeur de la saleté et de la peur dans cet endroit que je ne peux même pas imaginer à quoi doivent ressembler ces plus grands élevages.

« Nous gardons empilées les rangées supérieure et inférieure des cages, dit Herbert en interrompant mes pensées, pour que tous leurs excréments tombent à travers les grillages jusqu'au sol en dessous. » Pour la première fois, je regarde le sol sous les cages. Il grouille.

Des asticots. Des centaines, des milliers d'asticots se tortillent sur le sol. Je fais un bond et lève les pieds. Des asticots écrasés sont collés sur la semelle des couvre-souliers jetables qui protègent mes baskets. Alors que je saute d'un pied à l'autre pour inspecter mes semelles, je glisse.

Et je tombe au sol.

Quand je repense à ce moment, l'image qui me vient à l'esprit est une scène du film *Poltergeist* (l'original, bien sûr), où le sol sous la maison de la famille hantée éclate, libérant les squelettes hurlants et les crânes ouverts qui y étaient enterrés. Une tempête fait rage et sous la pluie torrentielle, la mère cherche désespérément à sauver ses enfants pris au piège dans la maison. La mère court dans le jardin, appelant au secours, et son pied glisse sur le bord d'un énorme trou boueux. Elle chute dans une mare mortelle.

Ma propre chute n'est pas aussi spectaculaire, mais si cet endroit n'est pas hanté par des âmes en souffrance, quel endroit le serait ?

J'ai un voisin qui se dit réalisateur de films documentaires. Quand je lui posai des questions sur ses films, il me dit qu'il crée des publicités vidéo pour des sociétés fournisseuses de produits biologiques, qui vendent des animaux à des laboratoires. Pas que des animaux, en réalité. Leurs catalogues proposent également des instruments stéréotaxiques, des decapicones*, des chambres d'irradiation, des packs de conditionnement à la peur et des chambres de choc. Des catalogues de fournitures agricoles vendent des entraves, des stalles de gestation, des aiguillons électriques, des machines à échauder les volailles, des tables à saignées et des tapis à écorchement. Je me suis souvent demandé : quand quelqu'un s'assoit pour commander une table à saignée dans un catalogue, n'est-ce pas un cas de violence préméditée ?

La relation la plus courante que les humains ont avec les animaux est le fait de les manger. Ensuite vient le fait de porter des animaux sous forme de vêtements, de faire des expériences sur eux et de les vendre dans un but lucratif. L'essentiel de la maltraitance animale n'est pas imputable à des meurtriers rebelles, à des époux violents ou à des gangs de trafiquants, mais aux industries et au gouvernement. Aux laboratoires de recherche, aux élevages d'animaux à fourrure, aux ranchs de chasse, aux commerces d'animaux, aux usines à chiots et aux élevages intensifs. Ces formes institutionnalisées de violence sont plus perfides que toute autre forme de violence car elles sont devenues normalisées. En mangeant des animaux, en faisant des expériences sur eux et en les portant comme vêtements, nous avons ancré la pratique de la violence dans nos routines quotidiennes. Avec nos impôts, nos achats et nos appétits, nous avons dit à nos gouvernements et à nos sociétés d'aller de l'avant pour faire du mal aux animaux et que nous en détournerions le regard.

Il nous faut détourner le regard ; sinon, notre empathie naturelle à l'égard des animaux se verrait confrontée. Ces pratiques institutionnalisées sont cachées à notre vue précisément parce que la souffrance qu'elles causent

* NdT : Il s'agit de poches en plastique souple et fin, en forme de cône, dans lesquelles on coince de petits animaux pour les restreindre, rendant plus faciles les injections et la décapitation.

nous bouleverse. Nous cachons ces formes de cruauté envers les animaux de notre réalité quotidienne afin de nous sentir à l'aise. Cependant, nous ne nous arrêtons pas là : nous devons également détourner nos pensées. Les mots ont de l'importance. Non seulement ils reflètent notre façon de penser, mais ils influencent également celle-ci. Nous utilisons le langage pour développer des modèles mentaux qui deviennent la lunette à travers laquelle nous percevons, interprétons et réagissons au monde. Pour couper notre lien émotionnel inhérent avec les animaux, nous pratiquons une forme de duperie linguistique.

À travers les mots, nous classons les animaux selon des catégories fabriquées. La tendance à classer des concepts, des objets et des êtres vivants est enracinée dans la nature humaine. C'est ainsi que nous trouvons un sens au monde. Néanmoins, le danger de nos schémas est qu'ils font plus qu'organiser les informations : ils les filtrent également. Quand nous pensons à un objet ou un être à travers la lunette de catégories, nous nous attachons à quelques éléments préconçus d'information qui dictent ce que nous devrions ressentir à l'égard de cet objet ou de cet être. Chaque mot est un schéma à part entière. Si je vous dis que j'ai vu un écureuil, quelles pensées et quels sentiments vous viennent immédiatement à l'esprit ? Et quand vous voyez écrits les mots « arabe », « australien », « végétalien », « femme », « rat », « chien », « républicain », « athée » ?

La catégorisation enferme notre pensée et peut mener aux stéréotypes et aux préjugés. Des études révèlent qu'avec la catégorisation, nous nous engageons inconsciemment et immédiatement dans des stéréotypes. Prenons par exemple la couleur de la peau, qui est l'une de nos catégories les plus problématiques. Pourquoi ne pas regrouper les gens en fonction de la longueur de leurs cils ou de la forme de leurs oreilles, au lieu de la couleur de leur peau ? Ces critères sont tout aussi arbitraires. Le psychologue Joshua Correll étudia la façon dont la couleur de la peau affecte les décisions dans la vraie vie[11]. Dans son étude, des participants jouèrent à un jeu vidéo dans lequel ils rencontrèrent des personnages armés et non armés qui étaient noirs ou blancs, et durent décider rapidement s'ils allaient leur tirer dessus ou non. Les participants, dont aucun n'était noir, tirèrent plus vite si les personnages étaient noirs et prirent un peu plus de temps à tirer s'ils étaient blancs.

Noir. Blanc. Nos systèmes de classification les plus simples sont binaires et créent ainsi des divisions rigoureuses. Bon ou méchant. Intelligent ou stupide. Homme ou femme. Moi ou vous. Humain ou animal. Nous ou eux. Les divisions simples entre les groupes affectent notre empathie d'une manière que nous commençons tout juste à comprendre. Il y a de plus en plus d'indices tendant à montrer que l'empathie peut être modulée par notre catégorisation d'autrui[12]. Des études par imagerie montrent que les fonctions exécutives du cerveau (c'est-à-dire la partie « qui pense ») peuvent atténuer nos réactions empathiques en fonction de nos attitudes inhérentes envers d'autres groupes. Une étude publiée en 2011[13], par exemple, montra que la manière dont nous identifions les groupes sociaux – en tant que nous ou eux – active directement les parties du cerveau qui influencent notre empathie à l'égard d'autrui. En étudiant des « supporteurs avides » des équipes de baseball Red Sox et Yankees, les enquêteurs trouvèrent que les supporteurs ressentaient du plaisir en réaction à l'infortune de l'équipe rivale (et de la douleur en réaction à leur succès). Quand nous perpétuons la mentalité « nous contre eux », notre esprit génère un vide empathique.

Quand nous catégorisons, nous polarisons. Combien de fois avons-nous suivi la mentalité « nous contre eux » pour justifier des actes de violence envers un autre ? Dans les cas les plus extrêmes, la préférence pour le groupe « nous » mène à une déshumanisation d'autrui. La déshumanisation est à l'origine de quelques-uns des chapitres les plus sombres de l'histoire de l'humanité. Dans presque tous les cas, des humains ont été dévalorisés en étant comparés à des animaux. Le fait de dépeindre le « groupe externe » comme comparable à des animaux et moins capable d'émotions et de pensée le rend moins digne de compassion[14].

Néanmoins, la déshumanisation ne fonctionne que lorsque nous « désanimalisons » les animaux. Quand nous retirons aux animaux leur qualité « d'être », nous les transformons en objets, en brutes qui n'agissent que par instinct, incapables de ressentir la douleur ou le plaisir, incapables de penser. De cette manière, l'antipathie et l'empathie envers les autres humains et les animaux ont quelque chose d'important en commun. Plus nous percevons un autre comme « autre », plus nous pouvons, en tout confort, ignorer sa souffrance. Notre catégorisation d'êtres vivants, qu'ils soient humains ou non humains, nous empêche de voir l'interconnexion qui existe entre nos vies.

Une étude conduite à l'université Brock[15] examina comment les croyances au sujet des animaux non humains affectaient la tendance des gens à déshumaniser et à rejeter les immigrés. Les enquêteurs trouvèrent que les participants qui voyaient les humains et les animaux comme plus différents avaient des attitudes plus négatives envers les immigrés. En revanche, quand les participants lisaient des récits qui soulignaient les similarités qui existent entre les humains et les animaux, ils développaient une plus grande empathie envers ceux-ci. Les conclusions suggèrent que non seulement notre catégorisation mentale des animaux influence notre perception d'autres humains, mais également que nos catégorisations peuvent se dissoudre. C'est la bonne nouvelle.

La mauvaise nouvelle est que, si aucun effort n'est fait pour les altérer, nos schémas sont autonomes et donc nos croyances qui découlent de ces schémas le sont également. Dans son livre *On Being Certain*, le neurologue Robert Burton présente un argument convaincant tendant à montrer que l'essentiel de ce que nous pensons savoir n'est pas fondé sur des pensées conscientes et rationnelles mais sur des pulsions inconscientes et involontaires[16]. Face à des preuves du contraire, nous nous raccrochons instinctivement encore plus fort à nos schémas et croyances. Si quelque chose ne correspond pas à notre préconception, comme une preuve du contraire par exemple, cette information est réprimée, ignorée, écartée ou révisée. Burton cite, par exemple, une observation faite par le professeur de psychologie sociale Leon Festinger, qui décrivit une secte qui pensait qu'un déluge viendrait détruire la Terre. Quand le déluge ne vint pas, les membres les plus investis de la secte, qui avaient quitté leurs emplois et leurs foyers, réinterprétèrent les indices pour montrer qu'ils avaient eu raison, mais que la Terre n'avait pas été détruite du fait de leur loyauté. Comme l'écrit Burton :

> *« Plus nous sommes engagés envers une croyance, plus cette dernière est difficile à abandonner, même face à des preuves contraires écrasantes. Au lieu de reconnaître une erreur de jugement et d'abandonner ladite croyance, nous*

avons tendance à développer une nouvelle attitude ou croyance qui justifiera la rétention de l'ancienne[17]. »

En ce qui concerne nos croyances au sujet des animaux, nous sommes des gymnastes de niveau olympique. Les acrobaties mentales que nous accomplissons afin de nous convaincre nous-mêmes que les singes dans les laboratoires ne souffrent pas, que les vaches en Californie sont heureuses et que les cols en renard ne sont pas de la véritable fourrure, sont tout simplement remarquables. Et lorsque nos acrobaties anciennes ne nous impressionnent plus, nous en inventons de nouvelles.

Historiquement, une nette séparation entre les humains et les animaux peut avoir été suffisante pour émousser notre empathie envers ces derniers. Cela peut avoir été utile à notre survie – les chasseurs devaient pouvoir mettre de côté leur empathie afin de nourrir leurs familles. Mais aujourd'hui, nous n'avons pas besoin de faire du mal aux animaux[18]. Nous avons d'autres options. Par ailleurs, comme la plupart des gens aujourd'hui ont des animaux de compagnie, il nous est plus difficile de nous bercer d'illusions avec le simple modèle de croyance binaire. D'expérience directe et grâce aux preuves grandissantes fournies par les études de comportement animalier, nous savons que les animaux ne sont pas si différents des humains que nous le croyions auparavant. À partir de là, comment réconcilions-nous le fait de chérir certains animaux avec celui d'en maltraiter d'autres ?

Nous divisons les animaux en groupes. Quand j'étais au lycée, je travaillais les week-ends à un hôpital vétérinaire d'urgence. Un après-midi où nous étions peu occupés, je discutais avec une technicienne et j'appris que du lundi au vendredi, elle faisait des expériences sur des chiens et des chats dans un laboratoire de recherche. Je fus franchement choquée. Je lui demandai comment elle pouvait travailler à l'hôpital vétérinaire les week-ends, à soulager les souffrances des chiens et des chats, et puis la semaine causer cette même souffrance. Elle me regarda comme si la réponse était évidente : « Ces animaux sont élevés pour la recherche. »

Aujourd'hui, nous classons les animaux en différentes catégories : animaux destinés à la recherche, à la consommation, à la fourrure, à la chasse, au labeur, animaux sauvages et animaux de compagnie. Ces étiquettes déterminent le discours que nous affectons à ces animaux. Un chat de laboratoire ? Il est né pour avoir des électrodes implantées dans son cerveau. Un agneau destiné à la consommation ? Il est né pour être découpé sur la table des fêtes de Pâques. Un vison ? Il est né pour être écorché afin que sa fourrure puisse orner nos manteaux. Vous comprenez l'idée. Aucune question n'a besoin d'être posée. Les étiquettes nous disent quoi savoir, quoi penser et quoi ressentir concernant ces animaux.

Dans une étude de 2011, un groupe de psychologues trouva que la simple identification d'animaux comme « destinés à la consommation » a un effet important sur la vision que nous avons de ces animaux[19]. Les psychologues demandèrent aux participants de lire des textes dépeignant des actes de maltraitance commis contre des animaux selon différents scénarios. Le fait d'étiqueter des animaux comme destinés à la consommation diminua considérablement la perception des participants quant à la capacité de souffrance de ces animaux, et diminua également leur souci moral à leur égard.

Cependant, nos étiquettes sont artificielles ; elles ne sont que des schémas fondés sur notre connaissance actuelle du monde, sur des préjugés et des caprices. De plus en plus, même ces étiquettes que nous collons sur différents groupes d'animaux ne suffisent pas à émousser notre empathie. Depuis quelque temps, les gens apprennent que les porcs peuvent être optimistes ou pessimistes, que les vaches montrent de l'excitation quand elles apprennent quelque chose de nouveau, que les poulets partagent entre eux l'information quand il y a à manger, que les singes s'entraident à donner naissance et que les rats aiment à être chatouillés[20]. Confrontés à ces nouvelles connaissances, nous sommes obligés d'inventer des contorsions mentales toujours plus tortueuses.

Une étude fondatrice se pencha sur la façon dont différentes manières de présenter des informations influencent l'altruisme[21]. Les chercheurs examinèrent comment des gens donnaient de l'argent à une association de lutte contre la faim en fonction de trois plaidoyers différents. Le premier plaidoyer était l'histoire d'une fille, Rokia, qui était en train de mourir de faim. Le deuxième plaidoyer présenta des faits et des statistiques concernant les millions d'enfants qui mouraient de faim à l'époque. Le troisième plaidoyer mélangea des histoires et des statistiques. À votre avis, quel plaidoyer donna lieu au plus grand nombre de donations ? Le premier. Les gens donnèrent deux fois plus après avoir lu l'histoire de Rokia qu'après avoir lu le deuxième plaidoyer, qui ne présentait que des faits. Le troisième plaidoyer, quant à lui, ne fit pas tellement mieux que le deuxième. Les conclusions suggèrent que des abstractions telles que des statistiques diminuent notre empathie. En revanche, les histoires rendent l'abstrait concret ; elles font d'un chiffre un individu auquel nous pouvons nous identifier.

Une autre étude examinant la volonté des gens de manger de la viande[22] trouva que moins l'on nous rappelle l'individualité des animaux, plus notre empathie est diminuée et plus nous sommes prêts à manger ces animaux. Ainsi, afin de réduire encore plus l'individualité des animaux, nous les détaillons en morceaux. Vaches, poulets, dindes et porcs deviennent des steaks, du veau, du bœuf, des filets mignons, des côtelettes, des nuggets, des ailes, des cuisses, du blanc, du bacon, du jambon, des saucisses, des rôtis et des longes. Ou alors, nous renommons carrément les animaux concernés. Les expérimentateurs désignent les animaux dans les laboratoires sous le nom de modèles, des outils, des systèmes et des préparations.

Nos vérités concernant les animaux sont des créations de langage. Nous avons divisé les animaux en catégories séparées ; nous les avons découpés en morceaux et réduits à des abstractions. Et tout cela, afin de soulager notre conscience. Cela fonctionne-t-il réellement ?

Étalée par terre dans le grand poulailler, j'ai une meilleure vue de ce qui jonche le sol. Dans les quelques secondes qu'il me faut pour me relever, j'aperçois des excréments, des plumes, des larves, d'autres bestioles et des flaques de liquide suspectes. Je me relève le plus vite possible, frissonne et arrache mon habit de protection jetable. Gênée, je regarde autour de moi, m'attendant à ce que les autres rient de ma sottise. Cependant, ils ont déjà avancé sans moi. Au milieu de la clameur des poules, j'entends Herbert parler à Jean une rangée plus loin. Il doit crier afin d'être entendu. Je cherche un endroit où placer mon habit jetable. Comme je ne vois aucune poubelle, je le roule en boule avec mes gants et je mets le tout par terre dans un coin. Finalement, ces habits jetables ont bien une fonction : me protéger, moi. Un peu. Mon jean est tout collant, et je n'ai aucune envie de savoir ce qui m'a trempé le fessier.

Je me dépêche de rejoindre les autres et demande ce que sont les plus grosses larves que j'ai vues se tortiller au sol. La petite-fille d'Herbert m'explique qu'il s'agit de larves de guêpes. Ils achètent les guêpes pour qu'elles mangent les mouches dans le bâtiment. Cela ne fonctionne pas. L'air ambiant est tellement humide à cause de l'ammoniaque et de la saleté, que les mouches doivent adorer cet endroit. Je sens un mal de tête me gagner, et mes yeux et ma gorge me brûlent. J'ai désespérément envie de me frotter les yeux, mais je ne sais pas ce que j'ai touché dans ce bâtiment. Je ne peux pas laisser mes mains s'approcher de mon visage.

Herbert me dit quelque chose que je ne parviens pas à entendre.

« Pardon ? » lui demandé-je.

« *J'ai dit, avez-vous déjà entendu parler du* Rapport Campbell ? »

« Oui, bien sûr. » *Le Rapport Campbell** est un ouvrage écrit par T. Colin Campbell, professeur émérite en biochimie nutritionnelle à l'université Cornell. Cet ouvrage se fonde sur une étude menée par le professeur pendant vingt ans, évaluant les taux de décès dus au cancer et à d'autres maladies chroniques en Chine.

« Qu'en savez-vous, de cette étude ? » me demande Herbert.

« Heu… je l'ai lue il y a longtemps. » Je suis trop gênée pour admettre que je ne me souviens pas des détails.

« Ils ont étudié différents groupes, et ce que ces groupes mangeaient. Savez-vous quel groupe avait la plus longue durée de vie ? »

« Heu… » Je ne comprends pas où Herbert veut en venir. Pourquoi parle-t-il du *Rapport Campbell* ? J'ai la tête qui cogne, maintenant. « Je ne sais pas. »

---

* NdT : Voir T. Colin Campbell et Thomas M. Campbell, *Le Rapport Campbell*, Éditions Ariane (2006).

« Les paysans ! crie-t-il triomphalement. Et vous savez pourquoi ? » Cette fois, il n'attend pas que je lui réponde. « Parce qu'ils ne mangeaient presque pas de produits animaux. Chez nous, on meurt d'accidents vasculaires cérébraux, de cancers, d'arrêts cardiaques – parce qu'on mange trop de viande ! » Herbert se gratte le menton. « Moi, je suis végétarien. Enfin, reprend-il, je suis plutôt végétalien, maintenant. Avant, je buvais du lait trois fois par jour. Mais j'ai supprimé ça de mon alimentation, à cause de problèmes aux articulations. Savez-vous que le lait et les produits animaux augmentent l'inflammation dans le corps ? J'ai aussi dû réduire ma consommation d'œufs. J'adore les œufs, mais maintenant je vois comment ça m'affecte. »

« Comment cela vous affecte-t-il ? » lui demandé-je. Cette conversation est l'une des plus étranges que j'aie jamais eues. Jamais je n'aurais prédit qu'un producteur d'œufs me décrirait leurs méfaits.

« Mon taux de cholestérol était élevé jusqu'à ce que je devienne végétalien, mais aujourd'hui il est d'environ 140. J'adore les œufs, mais tant que mon cholestérol ne dépasse pas les 140, eh bien... Je prends peut-être un œuf par-ci, par-là... Mais plus personne ne pense à ces choses. Les gens mangent ce dont ils ont envie et puis vont chez le médecin pour demander une pilule afin de guérir ce qui ne va pas. J'ai plusieurs amis d'université qui sont devenus médecins spécialisés en chirurgie à cœur ouvert. Est-ce que vous savez ce qu'ils font dans le cadre d'une chirurgie à cœur ouvert ? »

« Oui. »

« Ils vous ouvrent au milieu du sternum et écartent vos côtes pour atteindre votre cœur. Je peux à peine en supporter l'idée. C'est une des raisons principales pour lesquelles j'ai décidé de devenir végétalien. Je ne veux pas subir une chirurgie à cœur ouvert. »

Je regarde Herbert, la bouche grande ouverte, l'air idiot.

Herbert nous emmène dans le bâtiment suivant, où sont logées 5 000 de ce qu'il appelle ses « poules biologiques élevées en liberté ». Comme le public est de plus en plus mal à l'aise face aux images de poulets et de dindes serrés dans des cages industrielles, l'élevage en liberté est devenu un argument de vente à la mode. Mais à quoi correspond l'élevage en liberté ?

Si on leur posait la question, la plupart des gens dépeindraient probablement une scène bucolique de poulets se baladant dans des prés verts et ensoleillés, profitant d'une vie en accord avec des normes gouvernementales strictes, exempte de douleur et de souffrance (jusqu'au jour où ils sont suspendus par les pattes et égorgés à l'abattoir, évidemment).

La réalité est souvent bien différente. D'après le US Department of Agriculture, l'élevage en liberté signifie simplement que « les producteurs doivent démontrer à l'agence que la volaille a eu accès à l'extérieur[23] ». La définition du terme « extérieur » est fragile et soumise à l'interprétation des producteurs[24]. L'« extérieur » pourrait correspondre à de grands pâturages, ou à une dalle de béton. La définition d'« accès à » est également nébuleuse. Cela pourrait signifier une fenêtre à travers laquelle les poulets pourraient théoriquement passer, ou une petite ouverture donnant sur une dalle de béton clôturée où seuls quelques oiseaux peuvent pénétrer à la fois. L'étiquette « biologique » est encore plus vague[25].

Pour Herbert, « élevé en liberté » signifie une vie dans un poulailler divisé en deux sections. La moitié des poules vit dans la partie droite du bâtiment et l'autre moitié dans la partie gauche. Une poutre en bois traverse chacune des deux sections. Certains oiseaux sont perchés sur les poutres, mais il n'y a pas la place pour tout le monde. La plupart des poules restent debout sur le même type de grillage métallique qui enferme les oiseaux dans le premier bâtiment. Ici, ces animaux ne bénéficient même pas du critère minimal d'« accès à l'extérieur ». Leur urine et leurs excréments chutent dans un espace sombre sous le grillage. Même si le nombre de poules est inférieur dans ce bâtiment par rapport au premier, la puanteur est presque aussi forte et des asticots se tortillent également sous nos pieds. Tout au fond de chaque « pièce », il y a une longue rangée de nichoirs disponibles pour quelques poules.

« Quand elles sont prêtes à pondre leurs œufs, elles aiment aller se mettre dans les nichoirs où il fait plus sombre », explique Herbert.

Il n'y a rien d'autre pour les oiseaux dans ce bâtiment. Rien pour enrichir leur vie. Non seulement ces poules se voient refuser une vie libre de souffrance quotidienne, mais il n'y a aucune joie dans leur quotidien.

Quand j'étais au lycée, je soutins à mon professeur de biologie que garder des grenouilles dans des petits pots en verre dont la contenance devait être d'environ 355 ml leur était nocif. Il me répliqua que les grenouilles étaient nourries, protégées du froid et hors de danger de tout prédateur (à part les humains). Elles préféraient les pots en verre, me dit-il. Je suggérai d'ouvrir les pots et de voir quelle serait la décision des grenouilles. Le professeur n'eut pas très envie de tenter l'expérience.

Les biologistes et les spécialistes du comportement animal ont mis longtemps à admettre que les animaux aiment avoir quelque chose à faire. Le fait d'être protégés des éléments ne leur suffit pas. Comme l'écrivit le biologiste Jonathan Balcombe, « il y a seulement trente ans, l'idée d'imputer des émotions comme le délice, l'ennui ou la joie à un non-humain était une hérésie scientifique… Des chercheurs partout dans le monde ont découvert que les animaux ont une capacité de pensée et de sentiment bien plus profonde que ce que les humains ont jamais pu imaginer[26]. » La nature est économe. Elle n'aime pas jeter des choses qui fonctionnent, comme le câblage neurologique fondamental qui cause la douleur, le chagrin, l'anxiété, la joie, la solitude, l'ennui et le délice. Pour redéfinir une phrase de Carl Sagan, nous sommes faits du même tissu. Nous partageons bien plus de choses avec les animaux que ce que nous ne partageons pas.

Ces poules « biologiques élevées en liberté » n'ont aucune occasion de montrer ce qu'elles partagent avec nous. Leurs poulaillers sont un peu mieux que ceux du premier bâtiment, mais finalement ces oiseaux vivent dans des cages plus grandes et c'est tout.

J'en ai vu assez. Cela ne fait qu'une demi-heure que nous sommes ici, mais j'ai une impression comme si les asticots m'étaient remontés le long des jambes, avaient pénétré dans mon crâne et s'étaient installés dans les plis de mon cerveau. J'ai envie de rentrer dans ma chambre d'hôtel, prendre une douche et une aspirine, et me rouler en boule dans le noir. Cependant, Herbert veut nous montrer quelque chose au sujet du système de ventilation dans le premier bâtiment, donc nous reprenons le chemin de celui-ci, dans les immondices. Je remarque alors quelque chose qui m'avait auparavant échappé. Quand je questionne Herbert, sa réponse et la conversation qui s'ensuit me choquent plus que tout ce qu'il a pu dire jusqu'à présent.

Dans un coin du premier bâtiment, un grillage de fortune clôture un peu moins d'1,5 m^2 de surface au sol et cinq poules. Ces poules n'ont pas les pattes posées sur un grillage métallique, mais sur un vrai sol en terre dure. Elles ont de la paille fraîche et mangent dans un bol de la nourriture qui leur est apportée à la main.

« Pourquoi ces poules sont-elles ici ? » demandé-je à Herbert.

« Vous voyez cette poule, là-bas ? » il désigne une poule qui garde une patte levée du sol. « Elle a un problème aux pattes. C'est la même chose pour les autres. Je n'ai pas le cœur de les mettre en cage. »

« Pourquoi pas ? » demandé-je, en regardant une autre poule s'installer confortablement dans la paille.

« Si quelque chose arrive à une poule, elle n'est pas capable de se défendre face aux autres dans la cage. »

Herbert appelle cet enclos son unité médicale ; il y place les oiseaux malades, qu'il soigne personnellement. Je ne comprends pas. C'est gentil de la part d'Herbert d'isoler ces poules blessées et de leur offrir un traitement préférentiel, mais qu'en est-il de toutes les autres ? Même si elles ne boitent pas visiblement, comment savoir qu'elles ne sont pas blessées quand elles sont serrées dans des cages au point de pouvoir à peine bouger ? L'envie d'Herbert d'aider ces quelques poules ignore la question plus vaste de son traitement de tous ses oiseaux dans leur ensemble. Je lui demande plus d'informations sur cette unité pour oiseaux malades.

« Nous mettons ici tous les oiseaux qui ne peuvent pas se tenir debout dans une cage. Il est probable que 25 % d'entre eux soient dans un état de faiblesse. »

« Mais vous ne voyez aucun mal à garder toutes les autres poules dans ces cages ? »

Tout à coup, Herbert est sur la défensive. « Il y a toutes sortes d'hystéries à ce sujet. C'est sans fondement. La manière la plus efficace d'élever des poules est dans une cage. On n'avait aucun problème avec ça, il y a quarante ans. En Amérique, tout le monde dans les campagnes avait des poulaillers. Et on connaissait les poules dans les fermes, les poules dans les basses-cours. Elles mangeaient du fumier, et on voulait des œufs de poules en cage car ces poules-là étaient hygiéniques. Les œufs de poules en cage coûtaient plus cher. Mais maintenant, des défenseurs de droits d'animaux débarquent et tentent de convaincre les gens que c'est inhumain de mettre des poules en cage, que c'est inhumain d'enfermer des poules dans une maison. Maintenant, on est cruel parce qu'on ne les laisse pas courir en liberté dans les prairies. Mais dès qu'on les laisse courir en liberté dans les prairies, on doit commencer à s'inquiéter des vers et de la possibilité qu'elles attrapent des mites, et de tous ces autres problèmes. Et ce n'est pas confortable pour les poules quand il fait froid dehors. » Les paroles d'Herbert me rappellent celles de mon professeur de biologie.

« Mais, Herbert, j'ai remarqué que les poules sont toutes debout avec leurs pattes posées sur un grillage métallique. Vous ne... »

Herbert anticipe ce que je m'apprête à dire. « Oui, c'est dur pour leurs pattes, mais ça ne les déforme pas tant que ça. »

« Vous ne pensez pas ? Vous ne pensez pas qu'être debout sur des fils de fer pendant des mois est douloureux ? »

« Ce n'est pas aussi confortable que lorsqu'elles ont les pattes au sol, mais dès qu'on les sort des bâtiments il faut les vermifuger à cause des parasites intestinaux. »

« Vous n'avez pas besoin de les vermifuger lorsqu'elles sont en cage ? »

« Quand elles sont en cage, on n'a jamais besoin de les vermifuger. »

Je ne suis pas prête à baisser les bras sur ce point. Je me souviens des chiens et des chats que j'ai vus gambader dans la cour. « Laissez-moi vous poser une question. Vous avez des chiens et des chats... »

« J'adore les chats et les chiens. »

« Est-ce que vous les mettriez en cage comme vous le faites avec vos poules ? »

« Non. »

« Pourquoi pas ? »

« Laissez-moi vous poser, *à vous*, une question, me répond Herbert. Comment décider quelles créatures peuvent être mangées et quelles créatures sont des animaux de compagnie ? »

« Je ne sais pas. »

« Eh bien, voilà. »

Herbert s'en tient là comme si ma réponse en quatre mots expliquait tout. Peut-être que dans un certain sens, c'est bien le cas. Quelqu'un parmi nous le sait-il ?

Notre conversation devient encore plus intéressante lorsque la petite-fille d'Herbert, qui était partie, revient. Herbert achète ses poules chez un éleveur quand elles ont 18 semaines. Quand les poules atteignent l'âge de 18 mois environ, leur utilité est épuisée ; elles ne produisent plus assez d'œufs pour justifier la dépense de les garder en vie.

« Avant, nous vendions les poules à une usine d'équarrissage et nous en obtenions cinq centimes pour 450 g de produit, dit Herbert. Les poules étaient réduites en farines d'os, des choses comme ça. Je pense qu'elles étaient données à manger à d'autres poulets. Mais aujourd'hui, si on emmène des poules à une usine d'équarrissage, il faut payer. »

« Que faites-vous donc des poules aujourd'hui ? » lui demandé-je.

« On a dû commencer à les abattre nous-mêmes, et on a obtenu la permission de les enterrer sur notre terrain. On rassemble les poules en grands groupes et on les met dans un camion-benne où on les gaze avec du CO_2. Mais les poules deviennent terrifiées quand on les met dans le camion-benne. Tellement terrifiées qu'elles se grimpent dessus. Elles commencent à paniquer et elles se grimpent dessus, les unes sur les autres. 90 % d'entre elles meurent d'étouffement avant même qu'on n'allume le CO_2. »

Je suis horrifiée par la scène que me décrit Herbert. Cependant, je suis surprise de voir à quel point l'opération l'horrifie également, ainsi que sa famille.

« On ne supporte pas de les tuer, dit-il. Mes fils, ma petite-fille, on ne le supporte pas. Mes fils refusent absolument de les tuer. »

« Si cela vous dérange tellement, comment parvenez-vous à les tuer ? »

« Nous fermons les yeux et ne pensons à rien. Nous ne supportons pas de penser. »

La petite-fille d'Herbert hoche la tête. « La dernière fois, nous avons eu de la chance. Un autre exploitant a acheté deux mille oiseaux d'un coup. Nous n'avons pas eu besoin de les tuer. Nous étions tellement heureux que nous avons tous fêté ça en allant au restaurant ce soir-là. »

Dans son livre *Perpetration-Induced Traumatic Stress*, la psychologue Rachel MacNair suggéra que l'acte d'infliger à un autre un traumatisme cause, chez l'auteur de l'acte, une constellation de symptômes qui chevauchent le trouble de stress post-traumatique (TSPT)[27]. Parmi les symptômes, l'on trouve l'abus de substances et d'alcool, la paranoïa, l'anxiété, la panique, la dépression et la dissociation. Rachel MacNair définit le stress traumatique induit par perpétration comme une forme de TSPT qui survient lorsque des personnes ont l'obligation de perpétrer des actes – et même des actes socialement autorisés – qui vont à l'encontre de leur tendance naturelle de ne faire aucun mal à – et de ne pas tuer – un autre. MacNair découvrit que de nombreux soldats disent ressentir un inconfort profond du fait de tuer, et ne le font que lorsqu'ils sont sous pression.

Une analyse de soldats de la Seconde Guerre mondiale montra que la plupart d'entre eux ne tiraient pas sur l'ennemi, du fait d'une résistance innée à l'acte de tuer[28]. De plus, de nombreuses études suggèrent que les soldats qui ont tué au combat, comme le capitaine Jason Haag que je rencontrai il y a peu, souffrent d'un TSPT plus sévère que les soldats qui n'ont pas tué. La théorie de Rachel MacNair se montra si convaincante que des psychiatres ajoutèrent au *DSM-5* que la participation active à un acte faisant du mal à un autre est une cause de TSPT.

Bien que MacNair se fût focalisée sur des vétérans de combat, des nazis, des policiers, des bourreaux et des tortionnaires, elle se posa une question : les personnes qui font du mal à des animaux d'une façon culturellement acceptée souffrent-elles de stress traumatique induit par perpétration ?

Au premier regard, la question de la psychologue pourrait sembler étrange. Après tout, cela fait des siècles que les êtres humains tuent des animaux pour les manger, à des fins de labeur et pour leur peau. Tuer des animaux n'est pas nouveau. Pourquoi alors les humains ressentiraient-ils un traumatisme en le faisant ?

En 1972, la série télévisée *La Famille des collines* illustra le conflit vécu par de nombreuses familles concernant les animaux dont elles ont la charge. Dans l'épisode « The Calf », la vache de la famille Walton donne naissance à un veau auquel les enfants s'attachent. Les enfants sont dévastés quand, pour des besoins urgents d'argent, leur père vend le veau à un fermier voisin qui compte tuer l'animal. Finalement, le père reconnaît la perte vécue par ses enfants et par la maman vache, Chance, qui passe ses journées à meugler en pleurant son bébé. À la fin de l'épisode, le père va voir l'autre fermier et plaide : « Vous comprenez, ce veau n'est que de la viande sur la table pour vous, mais pour mes enfants, il est devenu un compagnon de jeu et un membre de la famille. » Le père négocie un accord avec le fermier et rachète le veau, et l'épisode se termine sur une note heureuse.

Pour la famille Walton et les deux bovins, c'est l'empathie qui l'emporte. Cependant, les humains ont la plupart du temps étouffé leur empathie afin de résoudre tout conflit intérieur concernant la maltraitance animale. Nous nous convainquons nous-mêmes que l'empathie est une faiblesse et nous durcissons notre cœur. Le problème, quand nous tentons de réprimer une réaction naturelle, est que cette dernière ne disparaît jamais pour de bon. Comme une mauvaise herbe dont nous pensons nous être débarrassés, l'empathie a des racines très profondes qui attendent le bon moment et le bon endroit pour refaire surface. Plus nous essayons d'empoisonner cette mauvaise herbe, plus elle est susceptible de revenir dans une forme plus indisciplinée.

Il est bien connu que les abattoirs ont un taux de roulement d'employés élevé[29], qui peut atteindre 200 % la première année d'opération. Bien que la plupart des sociologues montrent du doigt la nature dangereuse du travail, le risque élevé de blessure, les salaires inférieurs et le traitement terrible des employés, plusieurs enquêteurs posèrent la question de savoir si l'impact psychologique de tuer des animaux pourrait également contribuer au taux de roulement élevé.

Dans une étude, des enquêteurs demandèrent à des employés d'abattoirs quelle était la pire section dans laquelle travailler. Les employés devaient choisir entre le local de réception (où les employés réceptionnent les oiseaux quand ils arrivent à l'abattoir), la salle d'abattage (où les employés tuent les poulets), l'atelier d'éviscération (où les employés retirent les entrailles des oiseaux), les locaux de saignée (où les travailleurs drainent les poulets de leur sang), l'atelier de plumage (où les employés retirent les plumes des oiseaux), la salle de conditionnement (où les employés conditionnent les poulets pour le consommateur) ou les chambres de réfrigération (où les employés réfrigèrent les poulets). La première place fut accordée à la salle où les employés tuent les poulets. « Aha ! » pourriez-vous dire. La salle d'abattage fut choisie parce qu'elle est la plus dangereuse. Peut-être. Néanmoins, il pourrait y avoir une autre explication.

Deux psychologues qui conduisirent des interviews approfondies avec des employés d'abattoirs notèrent que « les employés d'abattoirs se souviennent inévitablement de leur première expérience dans la salle d'abattage et d'avoir dû procéder à des abattages. Ils se souviennent d'images vives de sang et décrivent l'expérience comme traumatisante[30]... » Les employés rapportèrent s'être sentis peinés, tristes et honteux. Nombre d'entre eux eurent des cauchemars récurrents remplis de peur et d'anxiété. Ils rapportèrent des rêves dans lesquels ils fuyaient devant des vaches vengeresses, étaient confrontés à des vaches abattues qui n'étaient pas mortes, voyaient des animaux en souffrance, se battaient avec des animaux et étaient observés par eux.

Dans son blog, feu Virgil Butler, qui avait travaillé pendant neuf ans pour un abattoir Tyson, dépeint le traumatisme mental qu'il vécut longtemps après avoir quitté son poste. Dans un aveu, il décrit une nuit sur le plancher d'abattage[31] :

> *« Les poulets sont en panique. Ils sont nombreux à pousser des cris perçants ; d'autres restent à trembler sans bouger. Parfois, on en voit un qui nous regarde dans les yeux, et on sait qu'il est terrifié… Personne ne peut me convaincre que ce poulet ne savait pas ce qui l'attendait. »*

Comment les employés d'abattoirs gèrent-ils cette angoisse ? Ils sont nombreux à démissionner, mais certains ne peuvent pas se le permettre. Comme le dit un psychologue, « l'industrie est devenue assez experte dans le recrutement des populations les plus marginalisées, qui sont assez vulnérables[32] ». Les abattoirs ont tendance à employer des travailleurs migrants, dont nombre sont là illégalement, ainsi que d'autres personnes qui ont désespérément besoin d'un emploi. Pour le conserver, la survie des employés dépend de leur capacité à se détacher de la réalité de la situation. Temple Grandin montra que l'approche psychologique la plus courante utilisée par ces travailleurs est celle qu'elle appelle « l'approche mécanique » : « Celui qui tue aborde sa tâche comme s'il agrafait des cartons transportés sur un tapis roulant. Il ne ressent aucune émotion concernant son action[33]. » Elle trouva que la deuxième approche la plus fréquente est celle du sadisme : le travailleur aime tuer et causer plus de souffrance. « En dévalorisant l'animal, écrivit-elle, la personne justifie, dans son esprit, les actes cruels qu'elle lui inflige. »

Dans son livre *Slaughterhouse*, écrit en 1997, Gail Eisnitz interviewa des douzaines d'employés d'abattoirs aux États-Unis au sujet de leur vécu. Elle rencontra de nombreux exemples de détachement et de sadisme parmi les travailleurs. Un employé décrivit ainsi :

> *« La pire chose, pire que le danger physique, est le fardeau émotionnel. Si vous travaillez dans cette fosse [où les porcs sont tués], pour quelque durée que ce soit, vous développez une attitude qui vous permet de tuer mais qui ne vous laisse pas être gagné par les sentiments. Vous croiserez peut-être le regard d'un porc dans la fosse sanglante et vous penserez peut-être : "Dieu, cet animal n'a*

pas si mauvaise allure." Vous aurez peut-être envie de le caresser. J'ai déjà eu des porcs sur le plancher d'abattage qui venaient me donner des petits coups de nez, comme un chiot. Deux minutes plus tard, il me fallait les tuer – les battre à mort avec un tuyau. Je ne peux pas laisser les sentiments me gagner[34]. »

Rien ne prend plus d'énergie que ce que nous réprimons. Comme pour les soldats qui ont tué au combat, des indices solides suggèrent que les employés d'abattoirs souffrent du mal qu'ils font aux animaux. Des signes de stress traumatique induit par perpétration, tels que l'abus de certaines substances, s'observent régulièrement chez les employés d'abattoirs[35]. Il y a eu plusieurs cas d'employés ayant été emmenés en hôpital psychiatrique être traités pour leurs rêves récurrents de violence. Une vaste étude sur près de mille employés au Brésil[36] trouva des taux plus élevés d'anxiété, de dépression, et d'autres problèmes d'humeur chez les employés d'abattoir en comparaison avec des personnes qui travaillaient dans d'autres types de situations stressantes. Les troubles mentaux étaient plus élevés chez les employés qui travaillaient sur le plancher d'abattage. De nombreux employés s'étaient mutilés au cours d'une crise de rage et étaient suicidaires.

Il n'y a pas suffisamment d'études permettant de conclure de manière définitive que les employés d'abattoir souffrent généralement de stress traumatique induit par perpétration, mais des examens d'autres types de travailleurs soutiennent cette idée. Parmi les employés qui de façon routinière tuent des animaux dans des refuges et des laboratoires, 39 % ont montré des symptômes légers suggérant un stress traumatique induit par perpétration et 11 % ont montré des symptômes modérés[37]. Bien que le sujet ait été gardé sous silence pendant des décennies, des indices commencent à émerger, suggérant que de nombreux employés de laboratoire qui de leurs mains manipulent et font des expériences sur des animaux, souffrent de traumatismes émotionnels profonds[38]. Ces personnes affirment ressentir de la culpabilité, du chagrin, de la tristesse, de la colère et de l'anxiété, et disent souffrir de maux de crâne, d'insomnie, de désespoir, de suralimentation et d'accès de rage. Marqués par la souffrance qu'ils avaient causée à des animaux, une équipe d'anciens employés de laboratoire ont créé un groupe de soutien pour les chercheurs traumatisés par leur travail[39].

Un malaise est en train de grandir. Faire du mal aux animaux, de manières qui ont pu être tolérées dans le passé, devient lentement plus difficile à endurer. Notre empathie envers les animaux serait-elle en train de se renforcer ?

Avant de quitter l'exploitation, Jean et moi nous lavons les mains au savon. Je me récure également le visage en espérant laisser derrière moi cette puanteur. Nous remercions Herbert et sa famille pour notre visite de leurs installations, et sautons dans la voiture de Jean pour nous rendre à notre prochaine destination. À ma consternation, l'odeur me suit. Elle ne me lâche pas. Mon jean, mon pull, mes cheveux et ma peau : tout empeste.

Je demande à Jean si l'odeur dans les bâtiments l'avait dérangée. Pas le moins du monde. Je lui demande ensuite comment elle a trouvé l'exploitation d'Herbert, en comparaison avec les installations plus modernes qu'elle a pu voir. Elle dit que les installations plus nouvelles sont un peu plus propres, mais elle admet que les oiseaux eux-mêmes sont dans un état similaire : débecqués, avec la peau à vif et les pattes gonflées. En d'autres termes, des oiseaux dans un état tout aussi pitoyable, mais en bien plus grand nombre.

Jean espère que notre prochaine halte me montrera à quoi ressemblent des installations de pointe. Nous nous rendons au Department of Animal & Food Sciences de l'université de l'État de l'Oklahoma dans la ville de Stillwater. Jean me dit qu'il s'agit d'un établissement de recherche et d'enseignement, et que les installations sont une version à très petite échelle de ce que je pourrais voir dans des établissements commerciaux.

Le gérant de la porcherie – un homme grand et large – n'est pas heureux de notre présence sur les lieux. Les jambes écartées et fermement plantées dans le sol, les poings serrés à ses côtés, il m'examine en particulier d'un œil très soupçonneux. Je lutte pour ne pas froncer les sourcils, et lui souris. Il pousse un énorme soupir pour nous faire comprendre à quel point nous le dérangeons. « D'accord. Justin va vous montrer les lieux. » Il désigne l'étudiant d'université présent dans la pièce. « Mais ne touchez à rien. » Il braque un doigt sur moi. « Compris ? »

« Bien sûr », affirmé-je. Lorsque nous entrons dans la première salle, qui héberge des truies, je commence immédiatement à prendre des photos.

Le bruit dans cette salle me secoue. C'est comme si un groupe de cinquante fanatiques était en train de battre du tambour et de hurler autour d'un feu. Environ vingt truies sont debout dans des stalles, face à l'allée centrale. Leur corps remplit entièrement et de tous côtés ces enclos de gestation. Les truies ne peuvent que rester debout. Elles ne peuvent pas se retourner. Même pas pour se gratter. Chaque truie crie et se tape la tête et le groin contre la paroi de la cage, de haut en bas, encore et encore. C'est à peu près le seul mouvement qu'elles peuvent faire.

Les truies sont debout sur un sol formé de lames en métal, afin que leurs excréments tombent en dessous. Même avec seulement une vingtaine d'animaux, la puanteur est forte. Jean me dit que c'est du sulfure d'hydrogène que je sens ici, contrairement à l'ammoniaque qu'on sentait dans les bâtiments où étaient logées les poules. Mon nez, non formé, ne parvient pas à faire la différence entre cette puanteur et la précédente.

Cette salle ressemble à une installation moderne. Stérile, sans vie. Comme un laboratoire. Il n'y a rien dans cette salle, à part les truies. Néanmoins, il ne s'agit que d'un avant-goût de ce à quoi ressemble une installation de taille moyenne, où des milliers d'animaux peuvent être confinés dans un seul bâtiment. 97 % de la population porcine est emprisonnée dans des élevages intensifs[40].

Je retire mon gant droit, m'accroupis devant la truie qui se trouve le plus près de moi, la regarde dans les yeux, lui caresse le groin et lui dit : « Pauvre bébé. Quelle mignonne petite tu es. » Mais le réconfort de la part d'un humain n'est pas quelque chose que la truie reconnaît. Son regard se dirige vers autre chose, plus loin. De la tête, elle bute de haut en bas les barrières de sa cage, la bave aux lèvres, comme les autres truies. De concert, elles produisent un tambourinage presque assourdissant qui se réverbère contre les murs stériles. Aucune personne saine d'esprit ne pourrait observer ces truies et ne pas immédiatement comprendre qu'elles sont devenues folles.

Justin nous informe que Tyson Foods finance le programme de recherche de l'école, dans le cadre duquel des recherches sont menées sur de nouvelles mesures de contrôle des infections et sur comment élever des porcs plus gras. Avant d'être tuées par des employés, les truies restent debout dans des stalles de gestation pendant trois à quatre ans. Dans cette première salle, des employés inséminent les truies avec du sperme porcin environ deux fois par an. Justin nous conduit ensuite dans la salle suivante, où les mères mettent bas. Des employés autorisent les nouvelles mères à rester dans cette salle pendant environ deux semaines afin d'allaiter leurs petits. Dans cette deuxième salle, les enclos qui emprisonnent les porcs portent un nom différent. Ces cages de mise bas sont un peu plus grandes que les stalles de gestation, mais de peu. Elles comportent de petites allées latérales afin d'accommoder la portée de six à neuf porcelets par mère. Justin me dit que les allées latérales empêchent les mères d'écraser leurs bébés, quelque chose qui, dit-il, est sinon inévitable.

Même si cela est occasionnellement le cas, l'argument de Justin est trompeur. Ces truies sont d'abord gardées en cage afin d'économiser de l'argent. Je pousse Justin un peu plus loin.

« Pensez-vous que ces cages soient cruelles ? » lui demandé-je.

« Vous savez, il y a des groupes de défense des animaux et de leur bien-être qui s'émeuvent des stalles de gestation. Mais en réalité, il est bien plus humain de garder ces animaux dans ces enclos. De cette façon, nous pouvons garder un œil sur chacun et surveiller toute possibilité de maladie. » Comme lorsqu'on garde des grenouilles dans des pots.

La troisième salle abrite les porcelets. Dix à quinze porcelets vivent ensemble dans une cage sans leurs mères. Les mères ont été ramenées dans la salle de gestation, où elles seront à nouveau inséminées et recyclées de salle en salle. Quand je m'accroupis devant une cage, les porcelets se précipitent vers ma main et me permettent de caresser leur groin et leurs oreilles soyeuses à travers les barreaux. Ces garçons et ces filles sont encore jeunes. La folie ne les a pas encore gagnés.

D'ici, les porcs sont acheminés de salle en salle selon une chaîne de montage qui les place chaque fois dans de plus petits groupes par cage.

Quand ces animaux atteignent près de 130 kg, ils sont sélectionnés pour l'élevage ou pour l'abattoir.

« Ceux qui sont vendus pour abattage terminent en produits comme des saucisses, du bacon et d'autres produits transformés », explique Justin. Quant aux truies destinées à l'élevage, elles sont envoyées dans la première salle où elles vivront côte à côte avec leur mère mais dans une stalle de gestation séparée. Ces truies resteront dans cette salle jusqu'à ce qu'il soit temps de les emmener dans la salle de mise bas pour qu'elles donnent naissance.

Je demande à Justin : « Comment amenez-vous les truies de la salle de gestation jusqu'à la salle de mise bas ? Est-ce que cela n'est pas difficile pour elles – qui n'ont pas marché depuis des mois – d'aller jusqu'à la salle à côté ? »

Justin part d'un petit rire et dit l'une des choses les plus tristes que j'ai jamais entendues. « Eh bien, c'est plutôt facile. Vous seriez surprise de voir à quel point elles aiment marcher. »

La biologiste et auteure Rachel Carson a dit : « Jusqu'à ce que nous ayons le courage de reconnaître la cruauté pour ce qu'elle est – que la victime de cette cruauté soit un humain ou un animal –, nous ne pouvons pas nous attendre à ce que les choses s'améliorent considérablement dans ce monde[41]. »

Le fait d'ignorer la façon dont nous traitons les animaux a des implications profondes. Dans les années 1980, une équipe de sociologues se pencha sur la question de savoir si la violence socialement acceptée pouvait avoir un « effet d'entraînement » dans d'autres sphères de la vie[42]. La théorie de l'équipe était fondée sur des études précédentes montrant que le soutien culturel de l'action de tuer en temps de guerre coïncidait avec des taux augmentés de meurtre et de maltraitance d'enfants. Afin de mettre leur théorie à l'épreuve, les sociologues mesurèrent la violence acceptée dans les cinquante États américains ainsi que dans la ville de Washington. Ils examinèrent des facteurs tels que l'approbation publique de la peine de mort, le nombre de permis de chasse, la popularité de médias violents et l'approbation de la violence policière. Les résultats furent troublants. Dans les États où le soutien des formes légales de violence était très élevé, le nombre de viols était particulièrement important. L'étude n'évalua pas la causalité, et donc ne pouvait pas démontrer que les taux plus élevés de viols étaient spécifiquement dus à l'acceptation d'autres formes de violence. En revanche, l'étude ajouta son poids à la théorie de l'effet d'entraînement culturel : plus une société légitime l'utilisation de la violence afin d'atteindre des objectifs pour lesquels il y a une approbation sociale généralisée, plus la violence illégitime devient probable.

Existe-t-il un effet d'entraînement de la violence en ce qui concerne la cruauté envers les animaux ? Depuis des décennies, les sociologues remarquent que lorsque des abattoirs s'installent dans les villes, les taux de criminalité violente – dont les dégâts matériels, les crimes liés à la drogue, la violence conjugale et la maltraitance des enfants – augmentent. Dans le comté de Finney dans l'État du Kansas, par exemple, la criminalité violente augmenta de 130 % dans les cinq ans qui suivirent l'ouverture de deux abattoirs[43], cette augmentation ne pouvant être que partiellement expliquée par la croissance de 33 % de la population. Plusieurs raisons ont été proposées pour expliquer l'augmentation des taux de criminalité, telles que les caractéristiques démographiques des travailleurs (ces dernières étant souvent utilisées pour justifier le racisme à l'encontre des immigrés), une désorganisation sociale résultant de la croissance soudaine de la population, les taux de chômage secondaires par rapport au roulement élevé et des emplois physiquement stressants et exigeants.

La psychologue Amy Fitzgerald était d'un avis différent. De nombreuses interviews avec des employés d'abattoirs suggèrent que la violence qu'ils infligent aux animaux infiltre d'autres aspects de leur vie. Un employé, qui décrivit ses pensées de meurtre sur femme, dit ainsi :

> *« J'ai mauvais caractère. Quand je suis seul, assis, à penser… Je tue des milliers de bovins ; bon, je tue 800 ou 900 vaches, ce n'est pas ça qui va m'empêcher de tuer une seule personne[44]. »*

Un autre employé, qui se décrit comme un piqueur de porcs, c'est-à-dire quelqu'un qui poignarde les porcs et les fait saigner jusqu'à ce que mort s'ensuive, dit :

> « *Tous les piqueurs que je connais ont une arme sur eux, et ils vous tireraient tous dessus. La plupart des piqueurs que je connais ont déjà été arrêtés pour agression. Ils sont nombreux à avoir des problèmes d'alcoolisme. Ils* doivent *boire ; ils n'ont aucun autre moyen de gérer le fait de tuer des animaux vivants toute la journée. Si on y réfléchit un instant, on tue plusieurs milliers d'êtres par jour*[45]. »

Sur la base d'anecdotes telles que celle-ci, Amy Fitzgerald se demanda si l'augmentation de la criminalité associée aux abattoirs aurait un lien avec la théorie qu'elle appelle « l'effet Sinclair ». Dans son ouvrage révolutionnaire *La Jungle**, Upton Sinclair observa un lien entre l'abattage routinier d'animaux et d'autres formes de violence. Afin de mettre à l'épreuve l'effet Sinclair, Amy Fitzgerald compila des informations de la base de données Uniform Crime Report du FBI, des données de recensement et des rapports de police provenant de 581 comtés américains de 1994 à 2002[46]. Elle étudia les taux de criminalité dans les comtés où il y avait des abattoirs et les compara aux taux dans les comtés avec des populations comparables employées dans des établissements similaires à des usines, tels que des constructeurs automobiles et l'industrie de l'acier. Ces comtés avaient une force ouvrière similairement composée, et des taux de blessure et de maladie similaires. Cependant, les industries dans ces comtés comparables affichaient une différence clé : elles n'impliquaient pas le massacre d'êtres vivants.

Après avoir compilé les chiffres, Amy Fitzgerald trouva qu'un abattoir qui employait 175 personnes pouvait augmenter le nombre d'arrestations de 2,24 points et le nombre de rapports de police de 4,69 points. Dans des comtés comprenant 7 500 employés d'abattoir, les arrestations et les taux de rapports d'infractions telles que les dégâts matériels, la maltraitance d'enfants et les infractions sexuelles, étaient plus de deux fois plus élevés que dans les endroits où il n'y avait pas d'employés d'abattoirs. L'étude de

* NdT : Voir Upton Sinclair, *La Jungle*, Le Livre de Poche, 2011.

Fitzgerald indique fortement que ce n'est pas le travail répétitif et dangereux qui cause une augmentation de la criminalité, mais le massacre d'animaux.

Les taux élevés de maltraitance d'enfants et de viols dans les comtés où il y avait des abattoirs étaient particulièrement parlants. Les industries de forge de fer et d'acier avaient également un effet significatif sur les arrestations pour viol, mais celui-ci était négatif. L'emploi dans ces industries était associé à une *diminution* des arrestations pour viol. Amy Fitzgerald en déduisit que les taux élevés de violence à l'encontre d'enfants et de femmes pouvaient peut-être être expliqués par la perception que les employés d'abattoirs développaient concernant les êtres moins puissants, dont les animaux.

Une étude plus récente en Australie testa les niveaux d'agression chez les employés d'abattoir[47]. Les enquêteurs trouvèrent que les niveaux d'agression chez les employés d'abattoir étaient « si élevés qu'ils étaient similaires aux résultats… dans les populations incarcérées[48] ». Il est intéressant de noter que les femmes employées montraient les taux d'agression les plus élevés.

La question évidente qui ressort de cette étude et de celle de Fitzgerald est : les abattoirs désensibilisent-ils les gens, ou attirent-ils des personnes moins empathiques dès le départ ? Fitzgerald ne pense pas que cette deuxième option soit la bonne. « Ce que les employés d'abattoir ont en commun est qu'ils ont, en quelque sorte, désespérément besoin de travailler », me dit-elle. Les études mentionnées plus tôt, menées par Temple Grandin et d'autres, suggèrent certainement que l'empathie de nombreux employés d'abattoirs est réduite à peau de chagrin par cette industrie.

La plupart des savants ont négligé l'effet d'entraînement potentiel de la violence acceptée à l'encontre des animaux vers d'autres formes de violence ; ils craignent peut-être les conclusions qui pourraient émerger de telles études. À ce jour, l'étude d'Amy Fitzgerald est la seule à avoir systématiquement abordé la question. Cependant, au vu du lien important entre la cruauté individuelle envers les animaux et d'autres formes de violence, est-il si farfelu de penser que cela pourrait être également le cas en ce qui concerne la maltraitance systémique des animaux ?

À la fin de la journée, je me sens vidée et exténuée. Sur la route du retour au parking du restaurant Sonic, Jean a tout autant d'énergie que ce matin. Avec une fierté évidente, elle m'explique que les établissements de l'université sont impliqués dans des recherches de pointe visant à augmenter l'efficacité de la production de viande et de lait, et qu'ils sont des modèles de bien-être animal. Je ne comprends pas Jean. Je ne peux qu'imaginer les contorsions mentales qu'elle se crée. Je pensais qu'elle me faisait visiter des lieux aujourd'hui pour dissiper les « mythes » que j'avais lus. Au lieu de quoi, je ressors de cette journée plus convaincue que jamais que ces établissements sont cruels envers les animaux et une menace pour la santé humaine. Ne serait-ce que les vapeurs dans les bâtiments où étaient gardés les animaux continuent de danser dans mon crâne comme des lutins malveillants.

Dès l'instant où je pénètre dans ma chambre d'hôtel, la cage que j'avais érigée autour de mes émotions s'effondre. J'arrache mes vêtements, saisis vivement le sac en plastique qui double l'une des poubelles et y enferme mes vêtements, comme si je pouvais conditionner la puanteur et la misère de cette journée. Sous la douche brûlante, je me lave les cheveux trois fois et je récure à fond ma peau. À l'aide d'une brosse à dents de rechange neuve, je brosse vivement sous mes ongles. Va-t'en ! Va-t'en ! hurlé-je à l'odeur qui, je le jure, me nargue encore.

Après, habillée de vêtements propres, j'envoie un message à Patrick, qui a attendu de mes nouvelles toute la journée pour savoir comment les choses s'étaient passées. Je lui dis que j'ai terminé et que je lui raconterai à mon retour demain. Assise au pied de mon lit, le regard perdu en direction de la télévision devant moi, je sens mon ventre se retourner. J'ai faim. Plus que faim. Je suis affamée. Cela ne m'étonne pas. Quand je suis bouleversée, je mange. Quand Patrick a perdu son emploi, j'ai mangé. Quand mon père a eu un cancer du pancréas, j'ai mangé. Quand ma grand-mère est décédée, j'ai mangé. Maintenant, j'ai envie de manger.

Je reprends ma voiture et me rends à un Taco Bell près de l'hôtel. Non, j'ai aussi envie de boire un verre. J'aperçois un restaurant de chaîne et vais me garer sur son parking. Quand j'entre dans le restaurant, il n'y a personne à l'accueil pour me saluer. Je jette un œil dans la salle. Un barman est occupé à préparer une boisson et je ne vois aucun autre employé. Je m'assieds dans un box et j'attends. Il y a peu de monde à dîner ce lundi soir. Trois hommes assis dans le box derrière moi parlent à voix basse. L'un d'entre eux se tourne vers moi, hoche la tête et me dit bonjour.

« Bonjour », lui dis-je, et reporte mon regard vers l'avant. C'est toute la conversation que je souhaite avoir. Je reste assise, le regard droit, jusqu'à ce qu'un serveur me remarque. « Mince, dit-il, vous êtes si tranquille dans ce box que je ne vous avais pas vue ! »

Quand mon repas arrive – un burger végétarien, un verre de vin rouge de la maison et deux assiettes de frites –, j'avale le tout en dix minutes. Je fais à nouveau signe au serveur et lui demande l'addition.

« Vous devez être pressée de quitter les lieux ! » rit-il. Quand il revient avec l'addition, je vérifie le montant et puis regarde le serveur d'un air interrogateur.

« Oui, dit-il. Ce type assis derrière vous a payé pour votre verre de vin. Il ne voulait pas que je vous le dise avant qu'il ne parte, mais j'ai pensé que vous aimeriez le savoir. »

Je me tourne vers l'homme assis derrière moi pour le remercier. Il est en train de se lever pour partir avec ses amis. Cette fois, je le regarde de plus près. Il a les yeux sombres et des cheveux noirs, raides et longs, qui descendent jusqu'aux épaules.

« Monsieur heu… » commencé-je.

« Tom Perry », me répond-il.

« Merci beaucoup pour le vin. C'est très gentil de votre part. »

Il hoche la tête. « Vous aviez l'air si triste. » Sur ces mots, il quitte le restaurant avec ses amis.

Le lendemain matin, je prends le premier vol de retour. Il y a seulement six autres passagers ; j'ai donc la rangée pour moi. Assise dans le noir qui précède l'aube, je tente de trouver un sens à ma journée d'hier. Je me souviens d'une des dernières choses qu'Herbert m'a dites, quand je lui ai demandé s'il recommencerait tout et ferait les choses différemment s'il le pouvait.

« J'aurais probablement aimé avoir une très grande exploitation, m'a-t-il répondu. Quelques milliers d'hectares de cultures, et ne pas avoir à me soucier de… de tuer des poules. »

Je repense à ce que m'a dit Tom Perry. Comment a-t-il su ? Je *suis* triste. Triste pour les animaux dont leur vie ne leur appartiendra jamais. Triste pour Herbert, qui se sent piégé dans une industrie sombre. Triste pour Jean, qui croit en cette relation tordue avec les animaux. Triste pour moi-même, qui ai été témoin d'une telle cruauté. Triste pour ce fichu monde entier.

Dans la chaleur sombre et vibrante de l'avion, je pleure doucement.

De retour chez moi, je pleure. Et je pleure. Pendant deux, trois, quatre semaines. Je tombe dans une sorte de dépression. Comme avec tout épisode de dépression précédent, je le cache aux autres, à mes amis et à mes collègues. Je lutte pour garder droits mes genoux, mes épaules et ma colonne vertébrale, afin de ne pas laisser mon corps s'effondrer sur lui-même. Surtout cette fois-ci. Combien de personnes compatiraient de mon désespoir pour les créatures les plus humbles ? Je pleure quand je suis seule. Sous la douche. Au volant. Dans le placard. Mais Patrick n'est pas dupe. Un jour, il me retrouve recroquevillée sur le sol de la salle de bains, en train de sangloter. Il me regarde, les yeux remplis de douleur. Sans un mot, il me soulève dans ses bras, me porte jusqu'au lit et me tient contre lui pendant que mes larmes coulent librement.

Le chagrin, le désespoir et le traumatisme sont contagieux. En 1981, une psychologue publia une analyse des réactions émotionnelles des thérapeutes qui accompagnaient des survivants de la Shoah[49]. Ces thérapeutes, écrivit-elle, « se retrouvaient souvent à partager les cauchemars des survivants qu'ils accompagnaient[50]. » Le traumatisme par procuration était une idée nouvelle à l'époque, mais depuis lors il y a de nombreux indices suggérant que les gens souffrent quand ils entendent parler de la violence infligée à autrui, quand ils en sont témoin, ou quand ils lisent des choses à ce sujet.

Le personnel humanitaire souffre fréquemment de problèmes de santé mentale. Un sondage mené par le quotidien britannique *The Guardian*[51] révéla que près de 80 % des personnes travaillant dans l'humanitaire ont des problèmes de santé mentale, et que près de la moitié d'entre elles ont reçu un diagnostic de dépression. Certains symptômes vécus par les travailleurs humanitaires peuvent être dus à la menace qui pèse sur leur sécurité personnelle ainsi qu'au fait de travailler dans des régions dangereuses et démunies. Néanmoins, les personnes interrogées citèrent fréquemment le fait d'être témoins de tragédies humaines comme la cause de leur propre souffrance.

Le traumatisme par procuration cause un risque de burn-out élevé[52].

Les journalistes forment un autre groupe qui subit un traumatisme par procuration. Plus les journalistes passent du temps à étudier des images et vidéos violentes – telles que celles qui montrent les suites d'un tremblement de terre, d'un attentat à la voiture piégée ou d'un viol collectif –, plus ils sont susceptibles de développer des symptômes de trouble de stress post-traumatique[53]. On commence également à comprendre que les pilotes de drones militaires souffrent de traumatisme par procuration. Ces pilotes sont ceux qui mènent des « missions de vol » dans différentes régions du monde pour collecter des photos et des vidéos, transporter des bombes, conduire des frappes meurtrières en temps de guerre et accomplir des missions d'assassinat pour la CIA. Ces individus mènent ces missions à partir du confort de leur bureau et sont très loin de tout danger. La surprise fut donc réelle lorsque des enquêteurs apprirent que les pilotes de drone souffrent d'anxiété, de dépression, d'abus de certaines substances et de pensées suicidaires au même titre que les pilotes de combat[54].

Pourquoi les pilotes de drone souffriraient-ils d'un traumatisme ? Il y a deux écoles de pensée à cet égard. Selon la première, les longues heures de travail et les rotations rapides fréquentes sont une cause de burn-out. Selon la deuxième, les pilotes de drone sont témoins du carnage qui résulte de leur action, contrairement aux pilotes de combat qui arrivent dans une zone, lâchent une bombe et puis ressortent aussi vite que possible. Les pilotes de drone passent des heures chaque jour devant un écran. Ils deviennent très proches, d'une manière très personnelle, des situations, d'une façon que les pilotes de combat ne vivent jamais. La violence dont les pilotes de drone sont témoins leur est, de façon ironique, plus réelle.

Les pilotes de drone peuvent souffrir de « blessures morales », qui chevauchent le stress traumatique induit par perpétration. La blessure morale est définie comme « le fait de perpétrer, de ne pas empêcher, d'être témoin ou d'apprendre la nouvelle, d'actes qui transgressent des croyances et attentes morales profondément ancrées[55] », et peut causer une souffrance sur le long terme « sur le plan émotionnel, psychologique, comportemental, spirituel et social ». Les pilotes de drone qui observent les conséquences sur des hommes, des femmes et des enfants touchés par leurs actes, peuvent subir des dommages psychologiques car les actes qu'ils ont commis violent leur conception du bien et du mal. Comme le déclara un pilote de drone : « Un pilote [de drone] prédateur aura observé sa cible ; il la connaît intimement ; il sait où elle se trouve et ce qui l'entoure[56]. » Le fait de connaître leurs cibles – de les voir en tant qu'individus plutôt qu'une catégorie collective, « eux » – peut causer chez les pilotes de drone un traumatisme moral qui confronte leur empathie naturelle.

Le traumatisme n'est pas qu'un problème privé. Il est la conséquence d'une civilisation qui a mal tourné et il plonge ses racines dans les cruautés collectives de l'humanité. Des études portant sur la couverture médiatique de tragédies telles que l'attentat à la bombe du marathon de Boston ou les attentas du 11-Septembre montrent que nous sommes émotionnellement affectés par la souffrance des autres[57]. Une exposition répétée à de telles couvertures médiatiques augmente considérablement le risque de souffrir d'un traumatisme collectif, un phénomène qui se produit au niveau d'un groupe d'individus ou d'une société entière. Le traumatisme est mondial. Les actes de cruauté à l'encontre des autres s'implantent dans notre propre conscience. Même les actes de cruauté infligés sur les animaux.

Nous avons un penchant naturel pour la connexion avec les animaux, et pourtant nous agissons continuellement à l'encontre de ce penchant. Quand nous allons à l'encontre de notre empathie naturelle envers les animaux et que nous leur infligeons des violences, que ce soit de manière individuelle ou systématique, nous nous ouvrons à toutes les formes de violence. Par ailleurs, au fur et à mesure qu'évolue notre compréhension de qui sont les animaux, notre empathie évolue également. Quand les animaux souffrent, nous souffrons.

Un jour, je discutais avec le Dr John Gluck, psychologue et professeur émérite à l'université du Nouveau-Mexique, de ses expériences passées sur des singes avec Harry Harlow. Bien que le Dr Gluck ait grandi en aimant les animaux, il s'était systématiquement désensibilisé afin de pouvoir conduire des expériences sur eux. Lorsqu'il travaillait avec Harlow pendant son doctorat, Gluck assistait ce dernier dans des expériences sur le comportement ; ils plaçaient des bébés singes dans des chambres d'isolation pour une durée pouvant aller jusqu'à deux ans afin d'étudier les effets de la privation sociale (sans surprise, les singes développèrent des troubles profonds). Harlow était considéré comme une figure d'autorité respectée parmi ses collègues, mais ses expériences cruelles lui attirèrent les foudres du public. Dans les années 1970, des gens commencèrent à envoyer au Dr Gluck des lettres de protestation contre les expériences. La plupart des lettres n'eurent aucun effet sur lui, mais certaines heurtèrent sa sensibilité et le mirent sur un chemin qui le mènerait à la défense des droits des animaux. « Des gens m'écrivaient en disant : "Sachant que vous êtes là à faire ce que vous faites… ça m'a fait du mal", me dit Gluck. J'étais entrée dans cette profession pour soulager le mal, pas pour le créer. »

Quand j'étais au lycée, mon frère me fit découvrir Mozart, dont je tombai profondément et passionnément amoureuse. J'ai déjà mentionné que la plupart de mes dépressions se nourrissent de nouvelles de la brutalité et de l'injustice humaines. Pendant d'innombrables épisodes dépressifs, Mozart vola à mon secours. Ne désespère pas, me chantait sa musique. Ne perds pas espoir ! Et il parvenait à me convaincre. L'humanité ne peut pas être si mauvaise si elle peut créer une musique d'une telle magnificence qu'elle peut m'arracher des larmes non pas de tristesse mais de joie.

Ce n'est pas que Mozart. C'est aussi mon mari, qui m'envelopperait dans ses bras pour toujours s'ils pouvaient me préserver du chagrin. Ce sont les Tom Perry qui offrent un verre de vin à une inconnue parce qu'elle a l'air triste. Ce sont les humanitaires qui risquent leur vie pour guérir des réfugiés. Ce sont les garçons qui font signe aux voitures de s'arrêter afin de pouvoir sauver une tortue. Ce sont les créateurs de Seinfeld.

Ce sont tous ceux qui apportent beauté, bonté et rires au monde, qui me sauvent. Ultimement, ils nous sauvent tous.

Chaque fois que je sors d'un épisode dépressif, j'ai l'impression d'avoir traversé une épreuve. Des inquiétudes, des peurs, des chagrins et des doutes m'ont attaquée de leur mieux mais je suis parvenue à l'autre rive, cabossée mais me sentant un peu plus forte, un peu plus puissante, car j'ai survécu.

J'émerge de cette dépression avec une arme qui m'appartient : une nouvelle compréhension. Les circonvolutions mentales que nous traversons afin d'anesthésier notre empathie envers les animaux ne doivent pas nous consterner. Elles doivent nous faire espérer. Notre compassion est tellement forte que nous devons aller très loin pour l'emporter sur elle. Ces circonvolutions mentales veulent se redresser. Elles veulent nous amener à nous poser la question : y a-t-il un autre moyen ? Tout comme je compris à une époque la réalité des abus que Sylvester et moi subissions, un jour nous comprendrons, en tant que société, qu'il y a effectivement un autre moyen – si nous avons le courage de chercher à le trouver.

En attendant ce jour, je ne peux pas offrir une meilleure vie aux animaux que j'ai rencontrés dans l'Oklahoma. Mais je peux leur donner autre chose : un nom, à chacun d'entre eux. Avec un nom, je leur rends des histoires de vie que nous leur avons volées. Je ressors les photos que j'ai prises dans les établissements que j'ai visités. Dans cette photo prise sur l'exploitation d'Herbert, je prénomme les cinq premières poules Henrietta, Geraldine, Hilda, Ethel et Isabella. Dans les histoires de mon imagination, elles n'ont jamais connu une vie en cage. Elles ont grandi ensemble dans un sanctuaire et se quittent rarement. Henrietta est la première à se réveiller dans leur nid de paille douce ; elle sort du poulailler et sous le soleil, elle étend ses ailes. Geraldine et Isabella sortent bientôt à leur tour, appellent Henrietta et ensemble les trois poules partent explorer le pâturage.

Quand un nom est prononcé, une lumière dans un coin sombre du monde se met à chanter. Il y a Trixie, Kamala, Sir Foggington-Smythe, Gertrude, Ramsey, Cedric, Yoshi, Angelica, Oscar, Bacchus, Mlle Mabel, Asami, Felix, Snowy, Licorice, M. Wellington, Raj, Edwina, Winston, Buttercup, Willow Tree, Earl Grey, Sparkles, Miss Matilda, Esther, Peanuts, Olaf, Bongo, Eduardo, Loki, Wally, Beatrice, Suki, Yvonne, sir McCutcheon, Fenton, Big Blanche, Magnolia, Keiko, Blackbeard, Napoleon, Juan, Arya, Gandhi, Veronica, Petunia, Nicholas, Milton, Mortimer, Clover Meadow, Romeo, Dr Zhivago, Wenona, Princesse Kwame, Chamomile, Sage, Bruno le Magnifique…

PARTIE 3

S'unir aux animaux

CHAPITRE 7

Défendre les animaux

Sylvester.

Il avait disparu. Je ne pouvais pas dormir. Je ne voulais pas aller à l'école. Je voulais passer chaque heure possible à le chercher. Était-il encore en vie ? Avait-il faim ? Avait-il peur ? Après l'école, je sortais avec ma tante, mon frère ou Dave, frapper à toutes les portes, demandant si quelqu'un avait vu un petit chien qui adorait donner la patte si on la lui demandait.

La nuit, ma plus grande peur tournait et se retournait dans ma tête. Sylvester s'était-il enfui parce que Dave lui faisait du mal ? Cette question me hantait ; cependant, ma pire pensée ne portait pas sur ce que Dave avait fait à Sylvester mais sur ce que *je n'avais pas fait pour lui*. Quand Sylvester avait eu le plus besoin de moi, je ne l'avais pas défendu.

En août 2004, six vaches s'échappèrent de l'abattoir Nebraska Beef, Ltd., situé à Omaha dans l'État américain du Nebraska[1]. La police d'Omaha et des employés de l'abattoir rattrapèrent rapidement quatre des vaches, mais les deux dernières se montrèrent plus insaisissables. On vit la cinquième galoper le long de la plus grande avenue de la ville en direction du parc ferroviaire, et la sixième, de couleur crème, cavaler dans Thirty-first Street en écartant des piétons sur son passage. La circulation se ralentit et des foules se rassemblèrent pour observer le spectacle pendant que la police et les employés de l'abattoir s'engageaient dans un combat de volonté avec les deux vaches qui refusaient de se laisser tranquillement pousser dans le van qui les ramènerait à l'abattoir. Pendant ce temps, souligna un journaliste, d'autres vaches à proximité meuglaient haut et fort comme en signe de soutien aux fugitives.

« C'est une grincheuse, celle-là », dit le sergent de police Deb Campbell au sujet d'une des vaches récalcitrantes. « Elle a un caractère très indépendant. »

Après près d'une heure, la police coinça la cinquième vache contre une clôture en chaînes de métal. Trois officiers de police munis de fusils de chasse tirèrent six coups. La vache courut encore quelques mètres puis s'effondra et mourut. La foule poussa un gémissement. Peu de temps après, la police abattit la dernière vache. Les deux animaux furent tués lors d'une pause de dix minutes pendant laquelle des employés de l'abattoir étaient sortis prendre l'air et fumer une cigarette. De nombreux employés virent la police abattre les deux vaches.

En soi, cette histoire n'a rien de remarquable. Des sites d'actualités rapportent souvent des instances où des porcs, des vaches et d'autres animaux tentent une sortie désespérée pour essayer d'échapper à leur destin. Cependant, ce qui fut curieux en l'occurrence fut que le lendemain de l'abattage des deux vaches par la police, la nouvelle se répandit rapidement parmi les employés de l'abattoir[2], alimentée par une employée qui avait été témoin de la scène et qui la racontait avec force détails. « Ils lui ont tiré dessus, genre, dix fois », dit-elle. Elle était en colère, tout comme plusieurs autres employés. Elle compara l'abattage de la vache au récent massacre d'un Mexicain non armé par la police d'Omaha. De nombreux employés de l'abattoir étaient des immigrés et s'inquiétaient des préjudices et des menaces de la police. Aux yeux des employés, le fait qu'une vache sans défense avait été tuée par la police était injuste – même si cette vache s'échappait d'un endroit qui lui réservait exactement le même sort.

Souvent, la terre dans laquelle notre empathie profonde est enfouie s'ouvre juste ce qu'il faut pour permettre à un fil empathique ou deux de s'échapper. Pour les employés de l'abattoir, dont l'empathie collective était émoussée par le caractère normal et routinier de l'abattage, il fallut quelques vaches sorties de leur contexte habituel pour que la terre s'ouvre. Le fait de voir et d'entendre parler de vaches qui, au lieu d'être dépecées sur le plancher d'abattage, avaient été tuées dans les rues de la ville par la police, secoua et poussa les employés à porter un regard nouveau sur leur situation et celle des vaches. Ce jour-là, alors que des informations passaient d'une oreille en colère à une autre, les employés ressentirent de la solidarité à l'égard des vaches.

Rien ne suscite autant un sentiment de camaraderie avec un autre être qu'une lutte partagée pour la survie. Pour Steven Peterson, ce sentiment émergea alors qu'il traversait en rampant une rivière gelée dont la glace menaçait de se briser à tout moment.

Dans la famille de Steven, la chasse est une tradition. Steven chassait le chevreuil depuis son enfance et n'avait jamais remis en question son activité, jusqu'au jour où, un après-midi d'hiver, il risqua sa vie pour sauver une jeune biche.

Ce jour-là, Steven traversait le pont sur la rivière Kettle au sud de Duluth, dans l'État du Minnesota, quand il remarqua quelque chose d'étrange. En cette journée glacée de décembre, Steven, âgé de cinquante ans, rentrait chez lui à Duluth après avoir passé les vacances de Noël avec sa famille dans le Missouri. Steven avait récemment été licencié de son poste d'instructeur de travail de bois auprès de la Michigan School for the Deaf et il avait déménagé dans le Minnesota afin d'entamer une nouvelle vie. Steven rentrait chez lui sans aucun emploi vers lequel se précipiter et observait tranquillement le paysage enneigé. Alors qu'il traversait la rivière Kettle sur le pont de l'Interstate 35, son œil capta un mouvement dans la rivière en dessous, quelque chose qui ressemblait à un rocher et qui s'agitait dans l'eau. Incertain de ce qu'il voyait, Steven continua sa route.

« J'ai tenté d'oublier ce que j'avais vu, me dit Steven, mais en continuant ma route, je ne pouvais me débarrasser d'un sentiment qu'il y avait quelque chose qui clochait. » Devenu incapable d'ignorer le doute qui grandissait en lui, Steven accéléra et fit demi-tour à la sortie suivante. Quand il revint au pont et sortit de sa voiture, il vit clairement le haut du corps d'une toute jeune biche, encore un faon. « Ses jambes arrière et la plus grande partie de son corps étaient invisibles sous la surface de l'eau. Elle était coincée dans un trou de glace dans la rivière et elle luttait pour se sortir de là par la force de ses sabots avant. Malheureusement, elle n'arrivait pas à trouver de traction sur la glace. »

La réaction immédiate de Steven fut d'appeler la police, mais comme il est sourd, il pensa que le temps qu'il lui faudrait pour parvenir à communiquer avec l'opérateur serait trop long. La température ce jour-là n'allait pas au-delà de –5 degrés Celsius, et la petite biche semblait à deux doigts de s'effondrer de fatigue et de se noyer à tout moment. « Le temps pressait, me raconte Steven. Je me suis donc dit, on oublie la police. Je savais que c'était à moi d'agir. »

Steven prit une sangle dans son pick-up, quitta le pont et dévala la pente abrupte sur environ 400 mètres en glissant entre les buissons emmêlés. Quand il arriva à la rivière, gelée et calme, ce qu'il vit le fit hésiter. La rivière était presque aussi large qu'un stade de football et était recouverte d'une fine couche de glace. Au milieu de la rivière, l'eau que la jeune biche avait agitée dans ses tentatives de se hisser hors du trou avait formé des monticules gelés à la surface de la couche de glace. Les stalactites qui pendaient des cils, des joues et du menton du faon avaient transformé son visage en un paysage glacé.

« La biche était absolument exténuée, dit Steven. Elle luttait dans la rivière probablement depuis le petit matin. On était maintenant l'après-midi ; l'eau se refroidissait et le trou rapetissait. La biche allait se noyer à tout moment. Je me suis dit : “Si je marche au mauvais endroit, je pourrais aussi me retrouver à l'eau.” »

Mais le petit faon tourna la tête et regarda Steven dans les yeux. C'est alors que l'homme se décida. Steven se prit en vidéo avec son téléphone pour, grâce au langage des signes, laisser un message à sa famille et ses amis en leur disant qu'il allait risquer sa vie pour tenter de sauver cette petite. Steven rangea son téléphone et attrapa la sangle et une grande bûche de bois. En plaçant son corps en ligne verticale et en poussant la bûche devant lui pour former un T afin d'avoir un meilleur équilibre, Steven rampa centimètre après centimètre sur la glace. Alors qu'il s'approchait du milieu de la rivière, il vit l'eau bouger sous lui. La glace devenait plus fine.

Plus Steven avançait vers le milieu de la rivière, plus la glace se faisait translucide. Quand il arriva près de la biche, elle cessa de lutter et le regarda. « Elle voulait s'échapper, me raconte Steven, mais elle n'avait nulle part où aller. La glace formait un cercle parfait autour d'elle. La biche me regardait dans les yeux et elle tremblait. J'ai presque eu le sentiment qu'elle me demandait de l'aider. » En répétant au faon, dans sa tête, qu'il était là pour l'aider, Steven jeta la sangle autour de la tête de l'animal en prenant soin d'éviter qu'elle ne se resserre autour de son cou par peur qu'il ne s'étrangle. Après plusieurs tentatives, Steven parvint à enserrer la sangle autour du dos et de l'épaule droite de la biche. Dès qu'il vit son torse se soulever en une grande inspiration, Steven tira. Fort. Et il sortit la petite du trou.

La petite biche était hors du trou mais elle n'était pas encore sortie d'affaire. Ni Steven, d'ailleurs. Tant qu'ils n'avaient pas quitté la glace, tous deux pouvaient encore se noyer. À part les tremblements de son corps, la biche ne bougeait pas. Steven essaya de la pousser sur la glace mais il n'alla pas loin. C'était comme pousser un sac de sable de 20 kg sur un chemin de terre. Steven s'assit sur la glace et attendit à nouveau que le faon prenne une grande inspiration. En poussant de ses jambes contre la glace pour se propulser vers l'arrière, Steven tira sur la sangle. Cela sembla fonctionner. Steven continua ainsi, en calant ses mouvements sur la respiration de la biche. Les torses se gonflaient, les jambes poussaient et les bras tiraient. C'était comme s'ils luttaient de concert. Dans la vallée profonde, les seuls sons qu'on pouvait entendre provenaient d'eux. « Chaque fois que je tirais en grognant, elle beuglait », raconte Steven.

Petit à petit, Steven parvint à traîner le faon jusqu'au talus. Il était fou de joie. Mais quand il leva les yeux, son cœur se serra. De ce côté de la rivière, le talus faisait près de 8 mètres jusqu'au sommet et la pente était dangereusement abrupte. La petite biche, qui montrait maintenant plus d'entrain, tenta de gravir le talus mais elle glissa et se retrouva à nouveau étalée sur la glace. « Elle s'est relevée, a de nouveau essayé de grimper et est de nouveau retombée aussi vite, me raconte Steven. Encore et encore, elle commençait à gravir le talus mais retombait sur la glace. Je me suis dit : “À tout moment maintenant, elle va finir par briser la glace et retomber dans un trou.” » Steven était exténué. Ses mains tremblaient de froid. Il ne leur restait aucune force. Comment allait-il remonter la jeune biche ? Après tous ses efforts, allait-il la voir mourir ?

Non, se dit-il. Jamais. Steven prit l'extrémité de la sangle et gravit le talus jusqu'à un endroit proche du sommet. Quand il regarda en bas, il se sentit à nouveau gagné par le désespoir. La rivière était si loin ! Avec ses dernières forces, Steven fit un dernier effort. Il retira ses gants mouillés, qui ajoutaient maintenant à son inconfort, et tira sur la sangle avec tout ce qui lui restait de forces. Steven tira jusqu'à ce que la petite biche, allongée sur le côté et n'offrant aucune résistance, fut hissée jusqu'au plateau ferme et en sécurité.

Après m'avoir décrit cette scène, Steven reste silencieux un long moment, comme s'il devait se préparer psychologiquement à affronter un souvenir qui reste particulièrement poignant pour lui. Lorsqu'il reprend le fil, il me dit : « J'ai trébuché jusqu'à la biche et je me suis écroulé à ses côtés. Nous étions tous les deux gelés, éreintés, trempés, à respirer bruyamment. Elle ne cessait de me regarder, et moi de même. Nous sommes juste restés l'un près de l'autre. »

Le temps s'arrêta. Et dans le silence, il n'y avait aucune différence entre l'homme et le faon.

Il y a un épisode mémorable de la série télévisée *Star Trek : La Nouvelle Génération*, intitulé « The Measure of a Man », un jeu de mots sur le titre de l'ouvrage *La Mal-Mesure de l'homme** de Stephen Jay Gould qui critique

* NdT : Voir Stephen JAY GOULD, *La Mal-Mesure de l'homme*, Odile Jacob, 1997.

l'utilisation de l'hérédité biologique pour soutenir le racisme, le sexisme et les barrières de classe. Dans cet épisode, un scientifique souhaite démonter l'androïde Data afin de comprendre son fonctionnement, selon une procédure qui pourrait lui coûter la vie. Ce dernier n'a aucune envie d'être démonté et tué, mais le scientifique soutient que Data n'est qu'une machine et n'a ainsi pas voix au chapitre. Pendant tout l'épisode, en accord avec sa vision de l'insensibilité de Data, le scientifique parle de lui comme s'il était une chose*.

Le destin de Data est décidé au cours d'un grand procès devant un juge. Pour défendre Data, le capitaine Picard monte un argument fondé sur les possessions personnelles de Data et son attachement à leur égard : ses médailles Starfleet, un livre que Picard lui a offert, un hologramme d'un compagnon de bord et son ancienne amante (Data prenait également soin d'un chat qu'il avait prénommé Spot – un autre signe de son humanité). Ces démonstrations de la personnalité de Data étonnent non seulement la juge, mais également le scientifique. Picard met ensuite le scientifique au défi de prouver que le capitaine est sensible mais que Data ne l'est pas, exercice auquel le scientifique échoue.

La décision du juge est en faveur de Data. Quand la juge approche le scientifique déçu, ce dernier déclare de Data : « Il est remarquable. »

La juge, une femme astucieuse, regarde le scientifique et lui répond : « Vous ne parlez plus de lui comme d'une chose**. »

Ce moment fut décisif, non seulement pour Data mais également pour le scientifique. Ce dernier n'avait aucune idée que depuis le début de sa rencontre avec Data, il avait commencé à doucement effacer, tout au fond de lui, la ligne nette qui le séparait de l'androïde. À chaque révélation de la sensibilité de Data, l'opinion du scientifique à son sujet évoluait. À la fin du

* NdT : L'auteure explique que le scientifique désigne Data par le pronom *it*, qui n'a pas tout à fait d'équivalent en français et qui est utilisé en anglais pour désigner ce qui est inanimé et dépourvu de sensibilité. Certaines personnes désignent d'ailleurs les animaux par *it* au lieu de *he* (« il ») ou *she* (« elle »).

** NdT : En utilisant le pronom anglais *it*, dans la version originale.

procès, Data avait cessé d'être un objet inanimé aux yeux du scientifique. Il était devenu une personne.

Parfois, notre capacité à voir un autre non pas comme quelque chose d'abstrait mais comme un individu qui n'est pas si différent de nous, demande une vie entière de leçons pour se développer. Parfois, une après-midi suffit.

Je remarque qu'à un moment donné dans le récit de Steven, ce dernier a cessé de parler de la petite biche comme d'une chose* et a commencé à la désigner par le pronom « elle ». Je ne pense pas que Steven ait conscience de cette évolution de langage. Cela n'a pas été une décision consciente de sa part ; cette évolution est venue naturellement, comme si le fait de revivre son sauvetage de la biche avait transformé sa perception de celle-ci.

Nous compatissons avec la lutte d'un autre pour sa propre survie. Quand je demande à Steven pourquoi il prit de telles mesures pour sauver ce faon alors qu'il tuait souvent des chevreuils, Steven me répond simplement : « Elle se battait pour sa vie. » La capacité de se voir soi-même en l'autre, et *vice versa*, est un profond facteur de démocratisation. Cela fait tomber les barrières sociales, les barrières de richesse, d'éducation, de genre, de statut professionnel et même d'espèce. Avec une bonne dose d'empathie, les frontières entre « vous » et « moi » se dissolvent. Pas au point que vous ou moi nous retrouvions perdus dans le processus (cela serait malsain), mais suffisamment pour que nous devenions quelque chose de plus grand que nous-mêmes. Nous devenons, très littéralement, « nous ». L'empathie harmonise nos rythmes séparés.

Allongé près de la petite biche, Steven lui toucha le visage. Il brossa la neige de son visage et de son corps, et souleva une à une ses jambes et puis ses épaules pour voir si elle était blessée. Il trouva plusieurs coupures qui saignaient, mais aucune qui eût l'air profonde. Arrivé à la conclusion qu'elle n'avait aucune blessure sérieuse, Steven souleva la biche et la mit doucement sur ses jambes. Elle trembla comme un veau nouveau-né, fit quelques pas précaires, revint vers Steven et se mit sur ses genoux pour

* NdT : En utilisant le pronom anglais *it*, dans la version originale.

s'accroupir sur le sol. Pendant près d'une heure, Steven resta à ses côtés à la caresser doucement pendant qu'elle recouvrait son énergie. Enfin, quand les jambes de la petite retrouvèrent leur stabilité, il la caressa une dernière fois et lui dit : « Adieu. »

Steven prénomma le faon Miss Ice River, et il est possible que son sauvetage ait allumé en lui la flamme d'un changement radical. Quand je lui pose la question de son activité de chasse, il me dit : « Je pense que je vais emporter mon fusil chez un forgeron, faire forger le baril en un nœud fermé, et l'accrocher au mur. Ce sera mon dernier trophée. »

Steven honorera-t-il la promesse qu'il s'est faite de ne plus chasser ? Je ne sais pas si sa rencontre unique avec le faon suffira à modifier l'habitude d'une vie. Néanmoins, il existe tant d'histoires où un petit instant insignifiant s'avère avoir, au fil du temps, des retombées considérables. Ce fut le cas pour James Guiliani.

Je rencontre pour la première fois James Guiliani dans son animalerie, le Diamond Collar, à Brooklyn dans la ville de New York[3]. La boutique consiste en deux petites allées bourrées de marchandises du sol au plafond : de la nourriture pour animaux, des colliers, des bacs à litière, des lits pour animaux, des vêtements, des nœuds… Mais pas d'animaux, ou du moins, pas d'animaux en cage. James et sa copropriétaire et amour de sa vie, Lena Perrelli, ne vendront jamais d'animaux. Ceux qui se baladent librement dans le magasin ont été sauvés et peuvent être adoptés. Il y a trois chats – Boots, Oreo et Lexi – qui dorment dans différents endroits sur les étagères et dans la literie. Il y a aussi trois chiens de différentes tailles et couleur placés derrière une barrière pour chiens près du comptoir de caisse.

La cloche à la porte de la boutique résonne toutes les quelques minutes ; les clients affluent, souvent accompagnés d'un chien : des petites vieilles dames à la coiffure bouffante et en chaussures chics, des hommes couverts de tatouages et arborant un dentier, des femmes en tenue de yoga, des hommes divas portant dans leurs bras des chiens divas de poche. James accueille tous ses clients comme s'il les connaissait déjà. Il appelle tout le monde bébé, chérie et mamma – que les clients soient jeunes ou âgés, femmes ou hommes. Des lavabos, des coupe-ongles, des brosses, des shampooings, des sèche-cheveux et des serviettes attendent au fond de la pièce, prêts à l'emploi. En ce frais samedi matin, plus de vingt-cinq personnes en moins d'une heure amènent leurs chiens pour un bain et une coupe. Cette boutique est peut-être le salon de coiffure le plus demandé de tout New York.

Si vous avez un jour la chance de rencontrer James, il est probable que votre première impression de lui sera la même que la mienne. Il se pavane et se vante, mais à l'intérieur de cette apparence infatuée se trouve une douceur solide comme le roc.

James se tient derrière la caisse. Il fait 1,87 m et pèse environ 110 kg. Vêtu d'une combinaison de velours bleu et d'un marcel blanc, il a les cheveux marron gominés, un menton carré avec une fossette, un collier de chaînons tatoué autour du cou et une Marlboro Silver allumée dans la main droite. Exactement l'image que je me faisais d'un ancien gangster.

James se mouche et s'en excuse auprès de moi. « Je me sens bien mal mais je ne peux pas me permettre d'être malade, mamma, me dit-il. Ça fait bientôt trois cents jours de suite que je travaille. Je n'ai même pas pris un jour de congé pour Noël. Non. Pardon, j'ai pris une journée. Il n'y a personne d'autre qui fera tout ça, mamma. » « Ça » n'est pas la boutique Diamond Collar. Les revenus de l'animalerie soutiennent la véritable passion de James : son refuge pour animaux. Aujourd'hui, il s'épanche sur le sujet de ses « bébés » alors que dans le passé, il vous aurait dit qu'il n'aimait pas les animaux. Qu'il ne voyait pas de raison à leur existence. Que c'étaient des nuisances sales et malodorantes. Cependant, ce fut l'une de ces nuisances qui lui donna une leçon qui changea sa vie.

James ne grandit pas avec des animaux. Né en 1967 d'une mère d'origine allemande et d'un père d'origine italienne, il était le quatrième d'une fratrie de cinq garçons et d'une fille plus âgée. Ils vivaient à Richmond Hills, communément surnommé la Jamaïque, dans l'arrondissement de Queens à New York. C'était une famille unie, d'un milieu ouvrier et catholique.

L'argent était toujours un problème. Leur père fut souvent licencié dans les années 1980 car il y avait peu de travail à l'époque pour les charpentiers syndiqués. Avec peu de jeux et de télévision, les cinq frères cherchent à se divertir autrement.

Guiliani et ses frères intégrèrent le gang de rue du 112, Nutso Park, dont l'objectif général semble avoir été de faire un maximum de graffitis dans le quartier afin de marquer son territoire et de défendre celui-ci des autres gangs de rue, essentiellement par bagarres à coups de poing. Les occasionnels yeux au beurre noir, points de suture et arrestations pour troubles à l'ordre public et menus larcins étaient des prix dérisoires à payer pour une vie d'alcool, de cigarettes et de respect de la part des autres gamins. Moins d'un an plus tard, la vie de rue de James fut brisée net lorsqu'un homme du nom de « Fat George » DiBello le présenta au fils de John Gotti Sr., l'un des chefs de mafia les plus puissants et dangereux des États-Unis.

À l'âge de dix-sept ans, James intégra la bande de John Gotti Jr., le fils du patron Gotti Sr., en qualité d'homme de main dont le travail était « de faire des menaces et de briser des jambes ». « Je devais accompagner quelqu'un pour faire des collectes et punir ceux qui étaient lents à payer ou qui avaient manqué de respect à quelqu'un en lien avec la famille », dit James. La plupart du temps, James était un homme à tout faire ; il faisait les commissions pour les membres seniors de la famille, participait au trafic de cigarettes, de stéroïdes et de narcotiques illégaux, et cambriolait des maisons, en particulier les domiciles de femmes seules. « Ce n'était pas difficile pour moi de rencontrer [des femmes], me dit-il. Je les convainquais de me ramener chez elles, et puis quand elles dormaient, je cambriolais leur maison. » La mafia prenait 10 % de tout ce que « gagnait » James. En retour, elle lui fit la promesse de l'aider en cas d'ennuis. Alors que James s'intégrait à la mafia, ses frères abandonnèrent leur vie de criminalité mineure et prirent le chemin de carrières respectables. James devint un paria dans sa fratrie. Il fit alors de la bande Gotti sa nouvelle famille.

En décembre 1985, le patron John Gotti Sr. organisa l'assassinat de Paul Castellano, qui était alors à la tête de la famille Gambino (qui portait le nom de son ancien patron, Carlo Gambino). Le règne qui s'ensuivit de John Sr. sur la famille Gambino – la plus connue des « cinq familles » qui dominèrent la criminalité organisée à New York pendant la plus grande partie du XXe siècle – ouvrit la voie aux meilleures années de la bande Gotti. L'argent coulait à flots et c'était le bon temps. Quand James n'était pas en mission, il passait son temps avec la bande au *Our Friends Social Club*, un club où des gangsters venaient souvent conduire leurs affaires. Le club avait un règlement intérieur. D'abord, pas de moustache. « Les rats et les flics portent la moustache », dit John Jr., le fils, à James quand il vit la moustache de ce dernier, et lui donna l'ordre de la raser. Pas de boucles d'oreilles. Ne jamais discuter de ce qui se passe au club à l'extérieur du club. Ne jamais mentionner le mot « drogue ».

John Jr. ne tolérait pas l'abus de substances. Ce fut la règle la plus difficile à suivre pour James. Il était devenu un cocaïnomane et un alcoolique sévère. Il allait se cacher dans la salle de bains de John Jr. pour renifler de la cocaïne. « S'il m'avait pris, dit James, il m'aurait tué sur-le-champ. » Si d'autres membres de la bande avaient remarqué les addictions de James, ils détournaient le regard. À cette époque, on pardonnait les offenses.

La fête perpétuelle des Gotti prit fin lorsque le patron, John Sr., fut arrêté en décembre 1990. Deux ans plus tard, il était jugé coupable de cinq meurtres, d'extorsion, de racket et d'autres crimes. Avec la perte du puissant patron Gambino, le bon temps était terminé à plus d'un point de vue. En 1993, James devint inattentif. « J'étais défoncé à la coke pour un détournement à l'autre bout de Long Island », se souvient-il. Deux autres membres de la bande étaient avec lui. Ils portaient tous une arme chargée, « ce qui n'avait aucun putain de sens parce que le détournement était censé être une mission de l'intérieur. Nous devions détourner un camion de Game Boys très populaires, un coup énorme si tout se passait comme prévu. » Quand, à minuit, ils parvinrent au quai de chargement où devait arriver le camion, des officiers de police du comté de Suffolk entourèrent leur voiture, l'arme au poing. Le contact de la bande pour le détournement avait été pris quelques semaines plus tôt dans le cadre d'une saisie de drogues et « nous avait servis sur un plateau d'argent en échange d'un accord favorable pour lui ».

James fut arrêté à cause d'un « équipement de kidnapping » consistant en un sac contenant des gants, du ruban adhésif, des masques de ski et des menottes, en plus des outils de cambriolage et des armes qu'ils avaient avec eux. James fut inculpé pour complot en vue de commettre un cambriolage, un kidnapping et un meurtre. Il fut condamné et envoyé au Riverhead Correctional Facility. Deux ans plus tard, quand James sortit de prison, « Fat George » était là pour l'emmener dans « l'une des limousines les plus grandes et longues que j'avais jamais vues ». Fat George tendit à James un sachet de 3,5 g de cocaïne et un petit rouleau de billets de vingt dollars. James était de retour dans la bande Gotti et revenait à ses mauvaises habitudes. Il recommença à se droguer de plus belle, au point que moins d'un an plus tard, John Gotti Jr. en eut assez et le mit dehors.

N'ayant nulle part où aller, James retourna à la rue où il continua à faire des trafics de crack, de cocaïne, de marijuana et de stéroïdes anaboliques afin de soutenir ses propres addictions. Il ne restait jamais longtemps dans le même logement. Après la vie prestigieuse de gangster, la nouvelle vie de James était très déprimante. Il regardait les hommes et les femmes de soixante et soixante-dix ans qui vivaient d'une bouteille à la suivante, et se demandait si c'était là son avenir. Pour la première fois, James regarda sa vie droit dans les yeux. À trente-cinq ans, se souvient-il, « je n'avais rien à montrer de mon temps sur cette planète à part du chagrin pour ceux qui m'aimaient, des tatouages de prison et un casier judiciaire ». Alors, par une chaude soirée d'août 2002, James alla à Rockaway Beach dans le Queens avec un « semi-automatique .25 Raven de mauvaise qualité » qu'il gardait sous son lit. À l'écart des gens qui s'amusaient sur la plage, James marcha vers la mer, ferma les yeux et dit quelques prières pour expier le dernier crime qu'il s'apprêtait à commettre : « Mon propre meurtre. »

Deux choses allaient permettre à James de reprendre sa vie en main : l'amour d'une femme et un petit chien.

À la plage, alors que James murmurait ses prières, il entendit glousser derrière lui. Un groupe de jeunes femmes l'invita à se joindre à elles et, comme elles étaient jolies, James estima qu'il ne pouvait refuser. Ce soir-là, alors qu'il faisait la fête avec elles, l'une des filles le prit à part et lui dit qu'elle avait remarqué son arme. Elle avait une idée de ce qu'il s'apprêtait à faire quand ils s'étaient rencontrés, et elle le supplia de lui promettre quelque chose avant de se quitter ce soir-là. « Je veux que tu parles à une de mes amies. » Quand cette amie, Lena Perrelli, appela James sur son téléphone portable quelques heures plus tard, l'entente fut immédiate. Pour la première fois, James s'ouvrit sur sa vie à une autre personne. Ils commencèrent à se voir et, une semaine plus tard, James déménagea des rues du Queens à Brooklyn dans une maison où il y avait déjà cinq chiens et environ douze chats.

Lena Perrelli était surnommée la folle à chats de Brooklyn. Lena adorait les animaux et était incapable de refuser son aide à un animal qui en avait besoin. Quand elle acheta sa maison à Brooklyn, elle remarqua une portée de chatons dans son jardin. Elle commença à les nourrir et puis d'autres chiens et chats affamés trouvèrent le chemin de son jardin, et souvent de sa maison et de ses canapés, de ses fauteuils et de ses lits.

Lena accueillit James chez elle comme elle accueillait les autres errants, mais James n'abandonna pas sa vie de rue. Il continua à boire, à se droguer et à vendre des substances illicites. Pendant les deux années qui suivirent, James plongeait et disparaissait pendant quelques jours, puis revenait pour trouver ses affaires posées devant la maison et supplier Lena de lui pardonner. Ils se querellaient aussi au sujet des animaux.

« Je ne les acceptais pas, dit James. J'avais chassé tous les animaux de la chambre. Je ne voulais pas d'eux où je dormais. Je ne voulais pas d'eux où je mangeais. Je ne les aimais pas, c'est tout. Ils étaient sales. Lena n'arrêtait pas de me pousser à les aimer, mais je n'en avais rien à foutre. » Quand Lena le taquina, disant qu'il tomberait un jour amoureux d'un chien, James se moqua en reformulant des paroles d'un dessin animé de Bugs Bunny : « Oh, quel mignon petit chien. Exactement ce que j'ai toujours voulu. Un petit chien tout à moi. Je l'appellerai Bruno et je le câlinerai, et je le caresserai, et je le serrerai contre moi. » James ignorait que ses paroles étaient une prédiction.

En 2006, Lena quitta son emploi pour ouvrir une animalerie. Elle proposa à James un partenariat dans la société. « Une animalerie ? lui demanda-t-il. C'est quoi, ça, putain ? » Le Diamond Collar serait une boutique qui vendrait « des produits haut de gamme. Des laisses, de la nourriture, des vêtements et de la literie ». James savait que Lena commençait à en avoir marre de lui, donc il accepta à contrecœur le partenariat.

Lors d'une belle journée de printemps, James et Lena buvaient un café en terrasse à quelques rues de leur nouvelle animalerie lorsque Lena remarqua quelque chose de bizarre à l'extérieur de l'hôpital vétérinaire de l'autre côté de la rue. « Elle a vu quelque chose, me raconte James, et elle m'a dit, "Oh, mon Dieu ! C'est quoi, ça ?" Je lui ai répondu : "C'est un tapis", car ça ressemblait à un tapis. Et elle m'a dit : "C'est pas un tapis ! C'est pas un tapis ! Va voir ce que c'est." Donc, j'ai traversé la rue et j'ai vu que c'était un chien. Un chien complètement foutu. »

Le chien était un petit shih tzu émacié. Son pelage était tellement emmêlé que James grimaça en pensant à quel point cela devait être douloureux. Le chien avait la mâchoire de travers et son pelage était d'une couleur putride à cause du vomi et de la diarrhée. « Le chien était vert et jaune, me dit James. Je le jure devant Dieu. » Des asticots se tortillaient dans des plaies ouvertes et une corde épaisse était enroulée autour du cou du chien. L'autre bout de la corde était attaché à un parcmètre. Le chien remuait à peine.

James pensa que quelqu'un avait dû déposer le chien devant l'hôpital pour qu'il soit euthanasié, mais que les employés du cabinet vétérinaire ne l'avaient pas encore vu ou alors faisaient semblant de ne pas l'avoir vu. James ramassa le chien inerte. Il sentit sa peau bouger à cause des asticots. Quand il entra dans l'hôpital avec le chien dans les bras, le vétérinaire s'approcha de lui et lui demanda : « Est-ce que c'est votre chien ? » Quand James répondit non, le vétérinaire lui dit : « Alors sortez-le d'ici à moins que vous ne preniez en charge ses soins. »

James jura contre le vétérinaire, mais Lena le supplia de payer pour les soins du chien. À contrecœur, James tendit le chien au vétérinaire. Ils reviendraient après l'examen de l'animal. De retour à la maison, James fulmina d'abord contre le vétérinaire et puis contre la personne qui avait abandonné le chien. Comment pouvait-on l'abandonner dans cet état, se demanda-t-il, malade à ce point ?

James ne s'en rendit pas compte à l'époque, mais sa colère mit des roues sur son empathie bloquée. L'empathie ne se limite pas au fait de ressentir la tristesse ou la joie d'un autre. Elle peut être une réponse émotionnelle à la détresse d'un autre qui s'exprime par la colère plutôt que le chagrin[4]. La colère est une motivation puissante. Les étudiants qui ressentent une plus grande colère empathique concernant diverses questions sociales, par exemple, sont plus susceptibles d'agir et de plaider pour que des changements soient apportés aux systèmes injustes[5]. Plus que toute émotion peut-être, la colère empathique exprime un sentiment de camaraderie avec un autre. Elle dit : « Je vais te défendre. »

À présent, une petite impulsion était tout ce dont l'empathie de James avait besoin. Quelques heures plus tard, les nouvelles que donna le vétérinaire étaient, comme il fallait s'y attendre, mauvaises. Après avoir rasé le chien, les employés de l'hôpital le trouvèrent atteint de nombreuses tumeurs. Par ailleurs, quelqu'un avait fracturé sa mâchoire et avait laissé celle-ci se remettre sans être réalignée. Le chien n'avait pas longtemps à vivre. Quand James et Lena retournèrent à l'hôpital chercher le petit shih tzu qui ne pesait que trois kilos, ils le trouvèrent rasé, propre, et les yeux illuminés de vie. Un technicien donna le chien à James, et c'est alors que l'impulsion se produisit.

Le chien lécha le visage de James.

Sans même y penser, James lui déposa un baiser sur la tête. Le chien se mit à agiter la queue et continua à lui lécher le visage. « Tu m'aimes bien ? » demanda James au chien. Pour toute réponse, le chien lui donna un coup de langue sur la bouche, et James rit. Sa propre réaction l'emplit de confusion. « Il se lèche le cul, me dit-il. Il se lèche les burnes, et je le laisse me lécher le visage. Avant, je n'aurais jamais laissé un animal me lécher le visage. »

Lena regarda James câliner le chien et dit : « Je pense que tu sais comment on va l'appeler. »

« Tu parles. On va l'appeler Bruno. »

La nouvelle empathie de James à l'égard de Bruno l'envoya dans une existence alternative dont le fil directeur n'était pas l'égocentrisme mais la bonté et l'envie de faire le bien. Néanmoins, l'empathie a-t-elle un revers de médaille ? Il est maintenant bien établi que l'empathie forme notre sens moral en ce qu'il est lié à notre désir d'éviter la souffrance à autrui. C'est ce qui pousse des gens à entrer dans un bâtiment en feu afin d'en sauver un autre. Le fait de voir une personne terrifiée, piégée dans un bâtiment en feu, éveille nos émotions et notre souci empathique. Cependant, l'empathie peut être changeante. Elle peut être facilement influencée par les tendances et par le moment présent. Si une question ou une personne en besoin d'aide est loin des yeux, elle est également bien trop souvent loin du cœur. C'est pour cette raison que les associations caritatives inondent constamment l'antenne d'images d'enfants mourant de faim dans le monde, de chats grelottant dans le froid et de familles peinant dans des camps de réfugiés. Les associations caritatives ont besoin de nous rappeler constamment les faits et de nous toucher au cœur.

Néanmoins, si notre cœur est trop touché, cela peut donner lieu à un altruisme inefficace[6]. Lors de l'ouragan Katrina, par exemple, de nombreuses personnes se précipitèrent pour adopter des animaux abandonnés dont les tristes visages avaient été affichés partout sur Internet. Bien que cela ait été un acte de compassion, le fait de déplacer ces animaux par hélicoptère à travers tout le pays pour les amener à leurs nouvelles familles n'était peut-être pas la meilleure utilisation qui aurait pu être faite de cet argent. Une utilisation plus efficace de ces ressources, sur un plus long terme et qui aurait pu aider un bien plus grand nombre d'animaux, aurait pu être de les consacrer à des campagnes de stérilisation ainsi qu'à des formations à destination des gardiens d'animaux sur la meilleure façon de prendre soin des animaux en cas d'urgence. Le philosophe Peter Singer désigne l'acte de charité impulsif comme un altruisme qui fait chaud au cœur, qui cause un élan intérieur temporaire grâce auquel on se sent bien. En revanche, Peter Singer nous dit que l'altruisme efficace se fonde plus sur la raison que sur les émotions, permettant aux ressources d'être utilisées pour le mieux. Parce que l'impact n'est pas immédiat, le fait de donner de l'argent à une campagne éducative plutôt que d'ouvrir son foyer à un chiot peut ne pas être aussi gratifiant d'un point de vue personnel. Cependant, cette campagne d'éducation a le potentiel de sauver des milliers de chiots.

Une autre limite de l'empathie est que les réactions fondées uniquement sur les fortes émotions peuvent causer un préjudice en faveur du groupe interne, comme cela a déjà été mentionné, plutôt qu'une vision juste et équitable. C'est ce qui pousse de nombreuses personnes à agiter des drapeaux nationaux en temps de guerre et à négliger la souffrance causée aux populations civiles « ennemies ». Une expression a été trouvée qui nous aide à surmonter cette dissonance cognitive : le dommage collatéral. Par ailleurs, le préjudice en faveur du groupe interne explique pourquoi nous pouvons combler de soins nos animaux de compagnie tout en croquant une aile de poulet. Notre partialité peut nous aveugler aux besoins d'autrui.

Pour ces raisons et d'autres, l'utilisation de l'empathie en tant que guide moral, en particulier en ce qui concerne l'émotivité, est souvent critiquée[7]. Cependant, sans l'empathie, les concepts que sont le sens moral, l'éthique, la justice, la justesse et l'équité, n'existeraient même pas. Même si nombre d'entre nous aspirent à devenir plus cérébraux, nous sommes des créatures émotionnelles. Ce n'est pas toujours une mauvaise chose. Pensez comme les Jeux olympiques seraient ennuyeux à regarder si ce n'était pour ce sentiment de connexion émotionnelle avec les athlètes. Sans empathie, nous ne pourrions partager la joie d'un patineur artistique quand il réussit un quadruple axel. Ou sa déception quand il échoue.

D'autre part, nous devons nous souvenir que les formes d'empathie les plus avancées demandent un élément cognitif ainsi qu'un élément émotionnel. Notre utilisation de la raison, de la compréhension et de l'imagination nous permet de comprendre les expériences et les besoins d'un autre, mais c'est l'élément émotionnel de l'empathie qui nous pousse à l'action. Lorsqu'elles sont utilisées en combinaison avec nos facultés rationnelles, nos émotions peuvent nous aider à comprendre le point de vue d'un autre et nourrir un altruisme le plus efficace possible.

Ainsi, la réponse à la question de comment créer un monde éthique n'est pas de déraciner l'empathie mais de nourrir ses pousses tendres afin qu'elles puissent devenir fortes – inflexibles face aux vents de la mode, de l'impulsivité et des préjudices. Plutôt que de critiquer la chaleur émotionnelle que nous ressentons quand nous aidons un autre, nous devrions l'accepter comme le départ d'un plus grand voyage. Les personnes qui adoptèrent des animaux abandonnés lors de Katrina financèrent peut-être ensuite des campagnes éducatives. Souvent, une connexion émotionnelle avec un seul individu est nécessaire pour pouvoir étendre notre empathie à un groupe entier. Ce fut le cas pour James.

Lorsque James donna un prénom au chien, il s'était déjà engagé dans son cœur et son esprit non seulement envers Bruno, mais également envers tous les animaux dans la même souffrance. *Je te vois*, promit James, *non pas comme une nuisance, une catégorie ou un nombre. Je te vois pour qui tu es. Et je suis avec toi.*

James resta auprès de Bruno dans la santé comme dans la maladie. La première nuit, il amena Bruno à l'animalerie parce que le carlin de Lena, Brock, n'acceptait pas cette nouvelle addition canine à la maison. À la boutique, James donna à manger à Bruno avec une petite cuiller, lui donna ses médicaments, lui fit un lit de serviettes et lui laissa un bol d'eau. Quand il fut l'heure pour James de partir, Bruno le raccompagna à la porte. Quand James sortit et jeta un œil à la fenêtre en devanture de la boutique, Bruno était toujours là, à agiter la queue.

Ils laissèrent Bruno à l'animalerie la nuit suivante, et James eut l'impression de faire vivre au chien un nouvel abandon. Cependant, quand il se leva tôt le troisième matin, les pensées de James n'étaient pas pour Bruno mais pour la drogue. Tremblant comme un camé, il avait besoin de trouver des stéroïdes. Mais d'abord, il devait aller nourrir Bruno. Quand il arriva à l'animalerie, il trouva Bruno qui l'attendait en agitant la queue « comme si j'étais la plus belle chose qu'il ait jamais vue de sa vie ». La drogue sortit de l'esprit de James et il passa le reste de la journée avec Bruno. James ne toucha plus jamais aux drogues ou à l'alcool.

« Le voilà, mon bébé. » James interrompt son histoire et montre une photo accrochée au mur derrière lui d'un petit chien au menton grisonnant, avec un pelage à ras tacheté gris et beige. James reprend le fil : « Donc, j'étais là à me balader avec ce petit shih tzu abîmé de trois kilos, qui avait un téton qui lui pendait du torse, qui saignait des fesses et qui avait un visage de travers. Et j'étais heureux. Ça ne devait pas se passer comme ça, mamma, vous comprenez ? »

Quand je lui demande pourquoi, il me répond : « J'étais censé être un gros dur, un gangster, un méchant. »

Bruno ne vécut que deux mois de plus. « C'était le week-end du Memorial Day et quand je suis entré dans la boutique, Bruno n'a pas couru vers moi, raconte James. J'ai tout de suite su que quelque chose n'allait pas. » James et Lena amenèrent Bruno à l'hôpital d'urgence pour animaux. Après avoir examiné Bruno, le vétérinaire informa James que le chien devrait rester à l'hôpital pendant au moins trois jours, ce qui coûterait entre 3000 et 4000 dollars. J'avais une tonne d'argent des stéroïdes sur moi, dit James. « Je lui ai dit : "Tenez." Et j'ai sorti environ 10 000 dollars de ma poche que j'ai posés sur le comptoir. Le vétérinaire m'a regardé comme si j'étais fou. Je lui ai dit : "Prenez. Prenez tout. Quand je reviens dans trois jours…" – la voix de James se coupe d'émotion – J'ai dit… J'ai dit : "Y a intérêt à ce que Bruno me revienne en bonne santé à 100 %." »

Il fut impossible de sauver Bruno. Le lymphome emporta ses organes vitaux. Quand Bruno mourut, James lui lava le corps et l'enterra dans leur jardin.

Je demande à James pourquoi, avec tous les chiens et chats avec qui il vivait, Bruno l'avait touché si profondément.

« Il était écrasé. » James se mouche. Je ne sais pas s'il renifle à cause de son rhume ou à cause de ses émotions. « Il était brisé. Il avait subi des abus. Je suis revenu à l'hôpital, on me l'a rendu et il m'a léché le visage. On aurait pu penser qu'il me mordrait. C'était un humain qui lui avait fait tout ça. Mais il m'a pardonné. »

Alors que j'observe James se moucher continuellement, accueillir des clients et se balader avec un chat ou un autre dans les bras, je comprends pourquoi Bruno eut un tel effet sur James, bien plus que tout autre animal avant lui. Comme les employés de l'abattoir s'étaient identifiés aux vaches échappées, James s'était identifié à Bruno. Ils étaient tous les deux meurtris

– différemment, bien sûr, mais comme Bruno, James avait été écrasé jusqu'à presque devenir un tapis sans vie. Sauf que, en ce qui le concernait, James s'était écrasé lui-même.

Le théoricien social Jeremy Rifkin écrivit : « L'on ne peut ressentir une empathie véritable à l'égard de la vulnérabilité et des difficultés d'un autre à moins d'être capable de reconnaître les mêmes vulnérabilités et difficultés en soi-même[8]. » Pour comprendre les sentiments d'un autre, nous devons être capables de comprendre les nôtres. Les dirigeants d'entreprise qui ont une bonne connaissance d'eux-mêmes, par exemple, ont des employés plus engagés et connaissent un meilleur succès[9]. Ces dirigeants ont une bonne compréhension de leurs propres besoins et émotions, et sont capables d'une meilleure empathie envers autrui.

Quand Bruno lui lécha le visage pour la première fois, James vécut une compréhension profonde, même si ce n'était qu'à un niveau subconscient. Il avait jusqu'alors vécu une vie qui lui causait une honte profonde : un camé qui vivait au jour le jour pour la prochaine dose, un ancien sbire, un gangster raté. Quand Bruno pardonna à James le mal qu'un autre lui avait fait, James apprit à se pardonner à lui-même.

Grâce au pardon, l'empathie de James décolla à pleine vitesse. Cela fait plus de dix ans maintenant qu'il vit sans alcool et sans substances addictives, et il n'a aucune intention de retomber dans ses travers. Les animaux sont sa nouvelle addiction. Aujourd'hui, James dirige Keno's Animal Sanctuary, un refuge pour animaux qui porte le nom d'un autre chien battu qu'il a aimé. Partout dans Brooklyn et même plus loin, des gens appellent James quand il y a un animal en besoin d'aide. Il a sauvé des centaines d'animaux négligés, blessés et maltraités : des chiens, des chats, des pigeons, des ratons laveurs, des lapins, des écureuils, des lézards, des opossums et des cochons. James a une vie bien remplie. Tous les matins, il se lève et donne à manger à son nouveau gang d'animaux qui miaulent et aboient pour attirer son attention. Ensuite, il fait le ménage dans les salles du refuge ; un étage est consacré aux chats et l'autre aux chiens. Les animaux courent librement dans le sanctuaire, où le mot d'ordre est « des canapés, pas des cages ». Le soir, James recommence tout.

Quand il ne s'active pas à sauver et soigner des animaux, James donne des interviews à la télévision et à la radio, ainsi que des conférences dans des librairies et des écoles, pour enseigner la compassion envers les animaux. Aujourd'hui, James ne se laisse plus passivement couler dans ce que la vie aurait à lui offrir ; il mène sa propre barque.

« J'ai baisé plus de filles, sniffé plus de coke, bu plus de bière et plus profité de la vie en trente-neuf ans que personne ne le fera jamais, me dit-il. Ça ne m'intéresse plus. Vous savez ce que je veux faire ? Je veux donner un petit quelque chose à mon tour, parce que j'ai tellement pris. Vous comprenez ? C'est fou. On m'a mordu, griffé, pissé dessus, vomi dessus. Et je m'en fiche complètement. J'aime qu'on me morde. J'aime qu'on me griffe. Ça donne de la réalité à tout ça. J'adore interagir avec les animaux. J'adore nettoyer leur merde, même si ça semble fou. On a besoin l'un de l'autre. Car je vais vous dire, chérie, si je ne les avais pas, je ne serais pas ici. Je serais dans un hôpital psychiatrique ou en prison. Ou sinon, je finirais comme Charlie Sheen. »

Il revint à la maison !

Trois nuits plus tard, Dave retrouva Sylvester, tremblant et ébouriffé, derrière un buisson près des appartements. Sachant que je serais à la maison, le visage enfoui dans un oreiller, Dave m'amena Sylvester immédiatement. Quand ils franchirent le pas de notre porte, Sylvester s'échappa des bras de Dave et se rua sur moi. Nous nous serrâmes dans les bras l'un de l'autre comme si nous nous promettions de ne plus jamais nous décevoir. Alors que j'embrassais son visage duveteux et inspectais chaque patte pour d'éventuels bleus ou blessures, une décision fut prise, sinon dans ma tête, du moins dans mon cœur.

Un vendredi après-midi, je me fis un sang d'encre à la maison en attendant que Dave rentre de son travail au magasin, à mettre les achats des clients en sacs. Quand j'eus rassemblé suffisamment de courage pour aller à l'appartement de mes grands-parents, je trouvai Dave seul dans sa chambre, en train de faire tourner ses nunchakus.

« Dave, commençai-je, Sylvester est presque mon chien, à moi aussi. Il *est* aussi mon chien. Tu ne peux plus lui faire de mal. Si tu le fais, je le dirai à ma mère. Je le dirai. »

Dave ne frappa plus jamais Sylvester.

Il est assez incroyable de voir comment l'être le plus vulnérable au monde peut avoir le pouvoir de nous transformer complètement. Un petit chien propulsa James Guiliani dans une nouvelle vie : aujourd'hui un homme changé, il consacre sa vie à sauver des animaux. Sylvester allait également me transformer : de petite fille passive, j'allais devenir une fille qui prend les choses en main. L'union que je sentais avec Sylvester, tous deux à lutter contre nos propres démons, allait me pousser à m'engager dans un combat contre la cruauté quelle qu'en soit la forme.

Nous avons besoin d'empathie. Elle nous donne le courage de commander notre destin. Dans les pays ravagés par la destruction, l'empathie est une prise de position contre la nature même de la violence et de la souffrance. Depuis le début de la guerre civile en Syrie en 2011, 6,5 millions de personnes, d'après les estimations, ont été déplacées et la ville d'Alep a souffert d'une des plus graves dévastations du conflit. Alors que la plupart des habitants ont déserté la ville, certains Syriens risquent les tirs et les bombes afin de prendre soin de ceux restés sur place, dont les milliers d'animaux pris au piège entre les tirs croisés. Il y a par exemple la poignée de bénévoles de la Syrian Association for Rescuing Animals (SARA), qui risquent leur vie au quotidien pour « les parias, les nécessiteux, les oubliés[10] ». Il y a aussi l'homme à chats d'Alep[11], Mohammed Alaa al-Jaleel, un ambulancier qui est resté pour nourrir et soigner des centaines d'animaux blessés et mourants de faim. Pour ces individus, le fait de s'occuper des animaux victimes de la guerre est leur propre cri de protestation à l'encontre de la cruauté qui les entoure.

C'est cette solidarité avec les animaux qui poussa Naoto Matsumura à signer son propre arrêt de mort de son plein gré. En 2011, un tremblement de terre et le tsunami qui s'ensuivit causèrent une fusion radioactive dans la centrale nucléaire de Fukushima Daiichi au Japon. Ce fut le pire désastre nucléaire depuis Tchernobyl en 1986. Près de 57000 personnes dans la zone de radiation prirent la fuite et ne revinrent jamais. Mais Naoto Matsumura, un ancien agriculteur de riz, revint sur place et n'est plus jamais reparti[12]. Matsumura vit sans électricité et tire son eau d'un puits à proximité. Des examens ont été menés sur lui pour voir s'il est atteint de contamination radioactive et les résultats, dit-il, montrent que son corps est « complètement contaminé[13] ». Bien que les effets de l'exposition à la radiation ne soient pas clairs, des changements sont en train de se produire au plus profond de ses cellules : ces dernières se divisent lentement en mutants cancéreux qui un jour prendront son corps en otage – s'il ne décède pas avant.

Matsumura ne laisse pas la radiation l'affecter. Il reste sur les lieux parce qu'il aime les animaux qui y sont encore. Quand il revint à la petite ville de Tomioka, à 16 km seulement de la centrale nucléaire, il ne trouva pas la ville fantôme à laquelle il s'attendait. Il trouva un troupeau de vaches, de cochons, de chiens, de chats, de chevaux, de poulets et même d'autruches. Quand les habitants avaient abandonné la ville, ils avaient laissé derrière eux des milliers d'animaux. Matsumura trouva des animaux morts ou mourants pris au piège dans leurs granges, ou enchaînés sans avoir à manger ou à boire. La pire scène dont il se souvient est celle d'une vache qui n'était qu'un tas de peau et d'os[14]. Son veau, qui mourait de faim par manque de lait, était en train de pleurer. « Le veau suçait de la paille comme si c'était le mamelon de sa mère[15] », dit Matsumura. Le lendemain, la mère et son petit étaient morts.

Cette scène d'animaux mourants mit Matsumura en colère. Le gouvernement japonais, dit-il, les a abandonnés et a abandonné le village à son triste sort. « Nous sommes les victimes[16] », dit-il aux journalistes. Matsumura s'est uni aux animaux dans un acte de fraternité. Des années ont passé depuis le désastre et il fait de son mieux pour offrir une vie meilleure aux animaux qui vivent encore en leur donnant à manger et des soins, en particulier aux vaches, que le gouvernement veut faire abattre. « Je ne pouvais pas laisser les animaux, expliqua Matsumura à des journalistes. À mes yeux, les animaux et les gens sont égaux[17]. »

Si la mort est un égalisateur, l'empathie l'est aussi.

L'empathie est quelque chose de puissant. Elle fore des trous dans nos murs mentaux et unifie ce qui semble distinct. L'empathie nous montre que nos difficultés individuelles ne sont pas si différentes de celles d'un autre, même celles des animaux. Nous partageons le même combat.

Oncle Talup était arrivé hier soir. Je dormais déjà quand son avion atterrit de Londres. Mais je savais qu'il avait dormi dans le lit près du mien, dans la chambre que je partageais avec ma sœur Sahar et mon frère, Kamran. Avant son arrivée, Sahar et moi avions joué à pierre-papier-ciseaux pour décider laquelle d'entre nous laisserait son lit à Talup et irait dormir avec nos parents. J'avais perdu. Je pouvais garder mon lit.

Le soleil de fin de matinée perçait à travers les persiennes quand je me levai et jetai un œil au lit vide près du mien. Le lit dans lequel Talup avait dormi était fait et bien rangé, comme lui. J'enlevai ma chemise de nuit – en polyester jaune avec des volants sur le bas – et la rangeai sous mon oreiller, puis m'habillai. Je fis ma toilette dans la salle de bains et me rendis au salon. La pièce était vide. Peut-être que tout le monde était chez mes grands-parents, à côté. L'odeur du thé, du pain grillé et de la marmelade flottait encore dans l'air. J'entrai dans la cuisine à la recherche de quelque chose à manger, et m'arrêtai net. Talup y était.

Il me tournait le dos et s'occupait de la théière sur le comptoir. Il se tourna en m'entendant entrer. Il était vêtu à l'occidentale : un pantalon sombre et une chemise bleu ciel à col et longues manches. Bizarrement, au milieu de la panique qui grandissait en moi, je pensai qu'il avait l'air beau. Des cheveux noirs et épais, un visage à la Jimmy Stewart rasé de près.

« *Kanwal* ! » dit-il. Il continuait à m'appeler par mon prénom de naissance. Comme les Anglais avaient eu tant de mal à le prononcer, ma famille avait décidé de le changer et de m'appeler Aysha au moment de notre déménagement aux États-Unis. Un nouveau prénom, m'avait dit ma mère, et un nouveau départ.

« J'espérais que tu serais réveillée pour mon arrivée hier soir », dit Talup.

Je restai sans bouger, glacée d'effroi.

« Tu n'es pas heureuse de me voir ? Ton frère et tes sœurs sont heureux. Est-ce que tu ne veux pas venir me dire bonjour ? » Il ouvrit les bras.

Je ne bougeai toujours pas. Je ne cessai d'espérer que quelqu'un arriverait sur-le-champ. Que quelqu'un viendrait me sauver.

« Allez, dit-il. Je suis peiné. »

Comme hypnotisée, j'allai dans ses bras. Il portait l'odeur de son produit après-rasage habituel au citrus. Il mit ses bras autour de moi, m'attira contre lui et m'embrassa, profondément et longuement. Deux secondes, trois… Cinq. Quand il me relâcha, il me dit : « Tu ne t'endormiras pas ? Tu m'attendras ce soir ? »

Je ne répondis pas. Je gardai les yeux sur mes pieds nus. Pourquoi n'avais-je pas mis des baskets ?

Il resserra sa main qui agrippait mon bras.

« Oui, bredouillai-je. Je vous attendrai. »

Il lâcha mon bras. Je courus au placard à chaussures. Vite. Vite. Avant qu'il ne sorte de la cuisine. Avant qu'il ne veuille plus.

Je rentrai mes pieds dans mes baskets. Pas le temps de mettre des chaussettes. Pas le temps de nouer mes lacets. Je sortis en trombe de l'appartement, dans le couloir, dans les escaliers, dans le hall d'entrée et dehors. Avec mon bras, je frottai durement mon visage pour y enlever sa bave. Presque en sécurité. Mais il me fallait encore quelque chose.

Je m'arrêtai à l'appartement de mes grands-parents, dit un rapide bonjour et partis avec mon compagnon. Nous allâmes à ma cabane de jeux, cachée des adultes à la périphérie du complexe d'immeubles, en bas de la colline, au-delà des balançoires. À travers une ouverture dans les arbres et les buissons qui l'encadraient, nous entrâmes dans la plus grande pièce, le « salon ». Nos pas faisaient craquer les feuilles brunies, les petits cailloux et les brindilles qui jonchaient le sol. Dans le coin gauche du salon il y avait un petit garde-manger où les branches épineuses des mûriers s'enchevêtraient.

Bien que le temps fût clément pour la mi-octobre, les mûres étaient finies depuis longtemps et mon ventre gronda.

Je retins les branches, ne prêtant aucune attention à la douleur qu'elles me provoquaient en retenant et griffant mes bras. Je m'agenouillai au centre du bosquet et me mis à pousser une grosse pierre, de l'arrière vers l'avant, encore et encore jusqu'à ce qu'elle bouge tout juste suffisamment pour découvrir le petit trou que j'avais creusé dans la terre avec une pierre pointue au printemps. J'en sortis une canette de boisson gazeuse violette. Je jouais souvent dans cette maison imaginaire avec mes sœurs, mais je ne leur avais jamais parlé de mon garde-manger secret. Je roulai à nouveau la pierre pour qu'elle recouvre le trou et allai dans ma « chambre ». Mon lit était en hauteur, dans le plus grand chêne. Je grimpai comme un singe jusqu'à la branche qui offrait le meilleur siège de la maison. Elle devait être à quinze mètres de haut. J'ouvris la canette et pris une gorgée gourmande. C'était comme si l'air retenu prisonnier dans un ballon se remettait à couler dans ma gorge. Rassis et chaud. Il n'y avait plus de bulles, mais ce n'était pas grave. La saveur sucrée du raisin me calma le ventre. Je devais me souvenir de remettre une canette sous la pierre pour la prochaine fois.

Perchée sur cette branche, je pus observer les autres enfants sur le terrain de jeux sans être dérangée. Le seul ami qu'il me fallait patientait en montant la garde pour moi près des épaisses racines du chêne, en attendant que je sois prête à redescendre.

CHAPITRE 8

Amis

Les odeurs de viandes fumées, de gâteaux frits, de maïs grillé, d'humains en sueur, de musc animal et de fumier se mélangeaient au Houston Livestock Show and Rodeo annuel au Texas. En mars, sur une durée de trois semaines, plus de deux millions de visiteurs se rendaient aux nombreuses scènes et arènes pour assister aux concerts de musique, spectacles de tracteurs, ventes aux enchères d'animaux et rodéos du festival. Des enfants aux mains collantes, des hommes en jeans serrés et des femmes arborant des chapeaux de cow-boy se promenaient à la recherche d'un nouvel en-cas ou du prochain événement. Dans l'arène principale, des milliers de personnes assises dans les gradins encourageaient les hommes et les femmes qui tentaient leur chance sur un taureau qui décochait ruade sur ruade. À l'écart des festivités principales, une jeune fille de quinze ans assise à l'ombre dans une écurie tenait dans ses bras un cochon de 135 kg et pleurait.

Enfant unique, Alena Hidalgo grandit entourée d'animaux dans sa ville natale de Pearland, au Texas, et rêvait de devenir vétérinaire. Quand son lycée lui offrit l'opportunité de participer à Future Farmers of America (FFA) pour se former dans le domaine des animaux et de l'agriculture, Alena la saisit à pleines mains. FFA est le plus grand programme de formation orienté technique et carrière pour collégiens et lycéens aux États-Unis[1], avec près de 8000 branches dans des écoles situées dans les cinquante États américains, à Puerto Rico et dans les îles Vierges. Les programmes de FFA sont au cœur de nombreuses écoles, dont celle d'Alena. La jeune fille pensait que FFA lui apprendrait à prendre soin des animaux.

Le premier jour de sa formation avec FFA, un enseignant emmena Alena et ses camarades de classe dans une grange où ils furent accueillis par de jeunes chèvres. Mais au lieu d'enseigner aux élèves les bonnes pratiques pour interagir avec les animaux et les soigner, l'enseignant leur demanda d'évaluer et juger les chèvres comme si elles étaient des carcasses accrochées tête en bas chez un boucher. « Ils ne nous apprenaient pas grand-chose sur les animaux, me dit Alena. S'ils nous enseignaient quoi que ce soit, c'était sur des animaux morts. »

Malgré cette première introduction à l'élevage animal, Alena restait très excitée à l'idée d'élever un animal elle-même, ce qui était prévu plus tard dans le programme. Quelques jours avant le début de cette nouvelle phase, elle rentra à la maison en courant pour dire à sa mère que ce serait un cochon qu'elle aurait à élever. Quand sa mère lui répondit que le cochon serait un jour tué, Alena se dit : *Bon, c'est comme ça dans ce monde*. Elle se dit qu'au moins, elle traiterait le cochon avec bonté. *Offrir à un cochon une belle vie pendant quelques mois suffira*, se dit-elle. C'est alors qu'elle rencontra Chubbles.

Alena tomba éperdument amoureuse du gros cochon. Chubbles était si rond pour son âge que les professeurs d'Alena lui imposèrent plusieurs régimes, sans succès. C'était un grand garçon et il se délectait de ce qu'Alena lui donnait à manger, tout comme il semblait adorer les autres aspects de sa relation avec elle. Pendant plusieurs mois, Alena passa chaque après-midi avec Chubbles dans la grange agricole de son école. Quand elle n'était pas en train de lui donner un bain ou de nettoyer son enclos, elle lui faisait des câlins. Chubbles mettait sa tête sur les genoux d'Alena et poussait de doux grognements quand elle lui caressait la tête et le ventre. Alena le laissait souvent sortir de son enclos pour qu'il puisse courir. Ils jouaient à se pourchasser ; Alena le poursuivait jusqu'à ce qu'il se retourne et la prenne en chasse à son tour, aboyant comme un chien d'après les dires de la jeune fille, comme s'il riait.

Les professeurs d'Alena ne voyaient pas d'un bon œil le temps qu'elle passait à jouer avec Chubbles. Les autres élèves étaient en train de se préparer pour le Houston Livestock Show and Rodeo qui aurait lieu au printemps. L'exposition de bétail dans le cadre du festival serait le point culminant du cursus de l'année. À cette occasion, les élèves de FFA auraient à présenter leurs cochons devant un panel de juges qui donneraient une note aux animaux en fonction de leur posture, de leur corpulence et de leur démarche. Les notes auraient une influence sur le prix auquel les élèves pourraient ensuite vendre leurs cochons lors de la vente aux enchères. Plus la note serait élevée, plus le prix serait important.

Durant les semaines qui précédèrent l'exposition, les élèves passèrent l'essentiel de leurs journées à dresser les cochons en préparation de leur présentation de trente secondes devant les juges. La meilleure façon de dresser des animaux, d'après les instructeurs de FFA, était de les fouetter. Cependant, Alena refusa de fouetter Chubbles.

Quelques jours avant l'exposition, l'un des enseignants d'Alena remarqua que Chubbles ne marchait pas comme devait le faire un cochon dressé. « Tiens, laisse-moi t'aider », dit-il à Alena. Il attrapa son fouet, qu'elle faisait seulement semblant d'utiliser, et battit à plusieurs reprises Chubbles avec l'embout en métal. « Il frappait mon cochon si fort qu'il a commencé à pleurer, me raconte Alena. Je me suis mise à pleurer, moi aussi, et tout le monde me regardait comme s'ils se demandaient ce qui m'arrivait car tous les jeunes ont tellement l'habitude de tout ça. » Furieuse, Alena arracha le fouet des mains de l'enseignant et lui dit qu'elle en restait là.

Alena ne retourna plus jamais aux sessions de dressage. Alors que les autres élèves passèrent leurs après-midi à fouetter leurs cochons jusqu'à ce qu'ils apprennent une posture correcte, Alena resta dans l'enclos de

Chubbles, à jouer avec lui et à tenter de se réconforter. Elle savait ce qui allait bientôt arriver et elle vécut dans un brouillard mental atténué par un sentiment vague que, d'une manière ou d'une autre, tout finirait bien. Néanmoins, une boule d'inquiétude s'était formée en elle.

Le jour de l'exposition de bétail, la boule se solidifia en une véritable crainte. Tout alla si vite qu'aujourd'hui encore, Alena a des difficultés à donner un sens aux événements. Quand vint son tour de présenter Chubbles, Alena conduisit son cochon devant les juges. Contrairement aux autres élèves, elle n'utilisa jamais son fouet. « Chubbles me faisait tellement confiance qu'il avait seulement envie de marcher près de moi », raconte Alena. Malgré son manque de dressage, Chubbles fut très bien placé dans sa catégorie. Mais avant qu'Alena ne puisse comprendre ce qui se passait, quelqu'un avait rapidement acheté Chubbles, tendu un chèque de 2 000 dollars à Alena, et posait pour une photo de groupe avec elle et son cochon. « Je ne comprenais pas ce qui se passait. Ils m'ont photographiée avec un prix dans les mains. Dans cette photo, je suis en train de pleurer, et ce ne sont pas quelques larmes ; je pleure réellement. Mes parents étaient debout près de moi et ne disaient pas un mot. Je tenais mon cochon, qui commençait à paniquer, et les gens me disaient de ne pas le toucher. Que ce n'était pas professionnel. Sur la photo – le cochon est devant moi, donc vous ne pouvez pas le voir –, je suis en train de le toucher et de le caresser. » Alena eut peu de temps pour réconforter Chubbles. Dès que la photo fut prise, Chubbles fut mis dans un camion et emmené. Ce fut la dernière fois qu'Alena le vit.

Alors qu'Alena restait à regarder le camion quitter les lieux avec ses parents auprès d'elle, un autre élève de FFA vint la voir. « Tu as reçu tout cet argent et ton cochon a été bien placé, dit-il. Pourquoi pleures-tu ? » Alena ne parvenait pas à comprendre comment il pouvait poser une telle question. À travers ses larmes, elle lui répondit : « Je viens de perdre mon ami. »

La mission de FFA est de faire « une différence positive dans la vie des élèves en développant leur potentiel de *leadership*, de développement personnel et de réussite dans leur carrière, grâce à la formation agricole[2] ». L'expérience FFA d'Alena fit effectivement d'elle un leader, mais pas de la façon que ses professeurs avaient anticipée.

Après avoir perdu Chubbles, Alena ne pensa pas pouvoir continuer avec FFA. Cependant, son ami la convainquit qu'elle offrirait à un animal une plus belle vie que ne le ferait un autre élève. Ainsi, au début de l'année suivante, Alena reçut un autre porcelet, qu'elle prénomma Gizmo. Dès la première semaine, Alena comprit que quelque chose n'allait pas chez lui. Ses yeux gonflés et rougis suintaient de pus. Elle envoya un SMS à l'un de ses professeurs en le suppliant de venir voir son cochon. L'enseignant ne vint pas. Il répondit à Alena par SMS en lui disant que Gizmo avait probablement de la sciure de bois dans les yeux, et il lui recommanda de laver les yeux du cochon à l'eau, ce que fit Alena. Le lendemain, il n'y avait aucune amélioration dans les yeux de Gizmo. Alena envoya un nouveau SMS à son professeur qui lui renvoya les mêmes recommandations. Pendant plus d'une semaine, Alena lava les yeux de Gizmo à maintes reprises, mais le pus continua de couler. « Je ne cessais de dire à mes professeurs qu'ils devaient venir voir Gizmo, me raconte-t-elle, mais chaque fois ils me répondaient de continuer à lui laver les yeux. Pourtant, j'insistais pour leur dire que quelque chose n'allait pas. » Après une semaine, les enseignants cessèrent de répondre aux SMS d'Alena. Puis, l'un d'entre eux se décida enfin à venir voir Gizmo et son problème aux yeux. L'inquiétude se peignit sur le visage du professeur à la vue de l'état du cochon. « Nous devons emmener ton cochon chez le vétérinaire, dit-elle à Alena. Immédiatement. »

Quand Gizmo fut enfin emmené à l'hôpital pour animaux, il était trop tard. Le vétérinaire diagnostiqua une réaction allergique sévère aux copeaux de bois dans l'enclos de Gizmo. L'inflammation laissa une blessure irréparable. Le cochon devint aveugle.

Alena était révoltée contre ses professeurs qui avaient ignoré ses appels à l'aide, mais elle ne pouvait plus rien faire pour Gizmo. Pendant la convalescence de ce dernier à l'hôpital, la jeune fille tourna son attention vers un autre cochon en besoin d'aide. Alena se lia d'amitié avec la jeune truie qui vivait dans l'enclos voisin de celui de Gizmo et la prénomma Kurtis. On voyait rarement l'élève responsable de Kurtis et de ses soins. Au fil des jours, Alena remarqua que Kurtis dormait dans sa propre urine et ses propres excréments. Le soir, Alena pouvait entendre Kurtis pleurer de faim.

Alena alerta les enseignants de FFA au sujet de la négligence dont Kurtis était victime. Ils ignorèrent ses inquiétudes. Un jour, Alena trouva Kurtis allongée dans son enclos, la bave aux lèvres et respirant bruyamment. La jeune truie surchauffait sous le soleil brûlant du Texas. Furieuse, Alena se rendit dans le bâtiment de l'école et confronta un professeur. « M. Ron, venez voir ce cochon immédiatement », dit-elle. Quand ils arrivèrent dans la grange, M. Ron jeta un regard à Kurtis et dit : « Oui, cet animal est en surchauffe. »

« Je lui ai répondu : "Oui, je sais." » me dit Alena, haussant le ton de colère à ce souvenir. « Nous devons faire quelque chose. Et il m'a répliqué : "Eh bien, est-ce que *toi*, tu y vas faire quelque chose ?" Puis, il est parti. J'ai donc sorti cette petite truie de son enclos et j'ai commencé à lui donner un bain et à l'arroser. Elle était tellement mignonne. Je n'ai jamais rencontré un cochon avec autant de personnalité. Ses yeux étaient tellement expressifs. » À partir de ce moment-là, Alena prit les choses en main. Tous les jours, elle baigna Kurtis, lui donna à manger et lui nettoya son enclos. Pendant tout ce temps, Alena se préparait mentalement pour le retour de Gizmo à la fin de son séjour à l'hôpital.

« D'habitude, Gizmo avait tellement d'énergie, dit Alena. Mais le jour de son retour, il s'est juste laissé tomber dans son enclos. Il avait l'air tellement fatigué. C'était aussi un moment difficile pour moi, car mon cochon était aveugle. » Alena ne savait pas comment aider Gizmo, mais il semblait que Kurtis, elle, le savait. « Kurtis a dû sentir quelque chose. Elle est allée dans l'enclos de Gizmo et a commencé à lui donner des petits coups de groin dans le ventre. Elle s'est allongée près de lui. Il était clair que Gizmo n'était pas bien, et Kurtis est restée avec lui tout le temps. »

À partir de ce jour, Gizmo et Kurtis devinrent les meilleurs amis du monde. Pendant leurs siestes ou en jouant, les deux cochons restaient ensemble aussi souvent qu'Alena pouvait le leur permettre. « Il y avait des moments où l'un d'entre eux s'allongeait et l'autre venait se coucher près de lui. Ils se comportaient comme deux amis heureux de passer du temps ensemble à ne rien faire. Ce n'était pas facile pour moi de voir ça, car on grandit en apprenant à voir ces animaux comme une source de nourriture par exemple, mais ils se collaient tout proche l'un de l'autre pendant leurs siestes. Ils étaient heureux d'être ensemble, tout simplement. »

Mais quand la date de la vente aux enchères approcha, Alena se mit à paniquer. Elle était toujours en deuil de la perte de Chubbles. Elle savait qu'elle ne vendrait pas Gizmo, mais qu'allait-il advenir de Kurtis ? La petite truie ne lui appartenait pas. Alena ne pouvait supporter l'idée de perdre Kurtis, ou de la séparer de Gizmo. Alena était déjà allée voir la fille en charge de Kurtis et lui avait demandé de ne pas vendre le cochon, mais la fille avait refusé. Qu'allait faire Alena ?

Alena et son amie Kayree, qui s'était également prise d'affection pour Kurtis, prirent une décision. Elles achèteraient elles-mêmes la truie. Quelques jours avant l'exposition de bétail, elles lancèrent un financement participatif afin de lever des fonds. Sur la page Internet, les filles postèrent un plaidoyer du cœur en demandant de l'aide pour sauver leur cochon. En quarante-huit heures, elles reçurent 2 000 dollars, juste à temps pour la vente aux enchères. Du moins, le croyaient-elles.

À l'exposition, une rumeur se propagea selon laquelle une jeune fille tentait de sauver un cochon. Certains soupçonnaient que la jeune fille en question était Alena ; ils la regardaient à deux fois quand ils la voyaient et chuchotaient dans son dos. Alena se sentit rejetée, mais sa véritable inquiétude était pour Kurtis. « J'étais assise dans les gradins pour voir sa présentation devant les juges, raconte Alena. Sa gardienne a commencé à la faire marcher, mais Kurtis ne la connaissait pas. Cette fille n'avait jamais passé de temps avec son cochon. Comme elle n'avait pas été dressée, Kurtis ne marchait pas en observant les formes correctes. La fille s'est fâchée et a commencé à fouetter Kurtis. Et on pouvait voir la confusion sur le visage de Kurtis ; elle se demandait clairement : “Mais que fais-tu ?” La fille a continué à la battre très fort, et Kurtis hurlait. » Le cœur d'Alena se brisa à la vue de la truie qui pleurait. Immédiatement après l'exposition, Alena courut vers la propriétaire de Kurtis et la supplia de la laisser l'acheter pour les

2 000 dollars levés. Ce ne fut pas suffisant. La fille vendit Kurtis à un éleveur pour un meilleur prix.

Comme Kurtis était vivante quelque part en qualité de truie destinée à la reproduction, Alena ne baissa pas les bras. Elle avait encore l'argent. Alena et Kayree lancèrent une campagne pour tenter de récupérer Kurtis. Elles envoyèrent des e-mails aux enseignants de FFA en espérant pouvoir négocier un moyen de racheter Kurtis auprès de l'éleveur. Leurs prières furent ignorées. Deux semaines plus tard, *via* le haut-parleur de l'école, la directrice de l'école demanda à Alena de venir la voir dans son bureau. « Ils n'appellent jamais un élève comme ça, sur le haut-parleur central de l'école, me dit Alena. Quand je suis arrivée dans le bureau, la conseillère d'éducation était là aussi. La directrice m'a dit – et je n'exagère pas ; je la cite mot pour mot –, elle m'a dit que tous les animaux veulent mourir. »

Après ce jour, Alena sentit le regard de la conseillère d'éducation braqué sur elle en permanence. Elle me raconte ainsi : « La conseillère a commencé à m'appeler dans son bureau parce que j'avais griffonné sur mes notes. Oui, je griffonnais sur mes notes, mais je n'avais encore jamais été appelée dans son bureau. Une fois, j'ai dessiné une espèce de petit extraterrestre et la conseillère m'a dit qu'on avait l'impression qu'il allait se toucher de façon inappropriée. Je me suis mise à rire. Je lui ai dit : "Mais de quoi parlez-vous ?" Après ce jour-là, ils n'ont cessé de m'appeler dans leurs bureaux pour des idioties. Ils gardaient un dossier sur moi. »

La conseillère d'éducation et les professeurs se mirent à harceler Alena. Ses camarades de classe également ; ils ricanaient dans son dos ou l'insultaient franchement. Mais un garçon la surprit. « Un élève est venu me voir et il m'a dit : "Est-ce que tu as entendu parler de cette fille de FFA, qui essaie de sauver un cochon ?" Il ne savait pas que c'était moi. Je lui ai répondu, "Oh, oui, quelle idiote, celle-là". Il se moquait et je l'ai laissé s'amuser. Puis, je lui ai dit que cette fille, c'était moi. Il m'a regardée comme pour dire : "Oh." Et puis, il a commencé à me dire qu'il me comprenait et qu'il avait tendance à verser des larmes au sujet de ses cochons. Ses amis étaient tous dans FFA, et il m'a dit qu'il ne pouvait pas arrêter le programme sinon il perdrait tous ses amis. On aurait presque dit que ce gamin était obligé de tuer des êtres pour conserver son mode de vie. » Depuis cette conversation,

Alena s'est souvent posé la question : combien d'autres jeunes voulaient sauver leurs animaux mais avaient peur de le dire ?

Alena ne put sauver Kurtis. Cependant, elle avait encore Gizmo, qui lui causait également des inquiétudes. Le proviseur de l'école n'allait pas laisser Alena garder Gizmo dans la grange de l'école éternellement. La jeune fille devait trouver un foyer permanent pour son cochon. Alena et son amie Kayree contactèrent des sanctuaires pour animaux à travers tout le pays pour voir si l'un d'entre eux pourrait prendre Gizmo. Les sanctuaires étaient tous pleins. Un mois passa, sans succès. Alena commençait à désespérer.

Mais un jour, une amie que la mère d'Alena connaissait de leur paroisse lui parla d'un tout nouveau sanctuaire situé à seulement quarante-cinq minutes de la ville. Accompagnée de ses parents, qui la soutenaient complètement, Alena rendit visite au Rowdy Girl Sanctuary à Angleton, au Texas. La jeune fille était prête à supplier s'il le fallait. Le personnel leur fit faire le tour du sanctuaire et ils purent rencontrer la fondatrice, Renee King-Sonnen. Après avoir écouté la prière d'Alena, Renee la regarda dans les yeux et lui dit : « Nous allons prendre ton cochon. Et nous allons l'aimer. »

La D^re^ Anderson regarde à l'intérieur de la bouche d'un cheval. « Limo a l'air d'aller bien », dit la vétérinaire.

Pour ma part, je trouve que Limo a l'air aussi nerveux qu'un chat. La vétérinaire exprime une dose de pâte vermifuge dans la bouche de Limo, qui recrache sa langue encore et encore comme un enfant à qui on aurait donné un médicament au goût mauvais. Dans le box voisin, deux bœufs observent la scène d'un œil méfiant. Ensuite, avec une rapidité remarquable, la D^re^ Anderson injecte dans l'encolure de Limo une série de vaccins contre le tétanos, le virus du Nil occidental et la rage. Limo fléchit ses genoux et pousse un hennissement bruyant. « Pour un mâle alpha, tu es vraiment un gros bébé », lui dit-elle.

Le premier jour de ma semaine d'observation au Rowdy Girl Sanctuary est très rempli. La vétérinaire est venue faire sa visite trimestrielle pour inspecter, vacciner et traiter le méli-mélo d'animaux qui peuplent ce sanctuaire de 39 hectares : un coq, une chèvre, trois canards, quatre chats, quatre chevaux, neuf chiens, vingt-quatre poules, quarante-huit bovins et quatre cochons (dont Gizmo). Si on ajoute Renee King-Sonnen et son mari, Tommy, cela fait cent résidents domestiques sur les lieux, sans compter les innombrables habitants sauvages.

Ce matin, Kate – une employée du sanctuaire –, Tommy, les chiens, Waylon et Sadie, et moi suivons la vétérinaire dans son examen de chaque animal. Une fois qu'elle a terminé avec Limo, Tommy le relâche. Limo se précipite à l'autre bout de son box en hennissant toutes les injustices qu'il vient de subir à quiconque voudra bien l'écouter. Le cheval suivant prend la visite vétérinaire plus calmement. La D^re^ Anderson passe la main sur le flanc et l'abdomen de la jument. « Son abdomen est un peu distendu, dit-elle. Une hernie sur la paroi abdominale, probablement à cause d'un coup de pied. Ça guérira tout seul. »

Après avoir vacciné les quatre chevaux, la D^re^ Anderson passe aux bovins. Lorsque nous entrons dans le box qui héberge les deux bœufs, Limo, qui était encore à donner voix à ses malheurs, se calme et se retourne pour nous observer. C'est comme s'il comprenait que son épreuve est terminée et qu'il peut maintenant observer les bœufs être tourmentés. Ces derniers, dont le premier a le pelage entièrement noir et le deuxième les jambes blanches, pèsent chacun plus de 770 kg. Je ne connais pas les bovins. Je connais les chats, les chiens et les écureuils. Mais pas les bovins, surtout des mâles immenses de ce type. Avec leurs cornes acérées, les bœufs me font un peu peur. Le premier, Murray, était dans un état de malnutrition sévère quand il fut secouru. Aujourd'hui, c'est un vieillard : grincheux et méfiant. Néanmoins, Murray se place en douceur dans le coin du box vers lequel Tommy l'encourage, et reste calme lorsque la D^re^ Anderson lui injecte plusieurs vaccins. Pour son meilleur ami, Big Bird, c'est une autre histoire.

Tommy réussit à amener Big Bird à sortir du box et à entrer dans une stalle d'examen verte étroite. C'est là que les choses sérieuses commencent. Nous tentons de convaincre Big Bird d'avancer dans le couloir de la stalle, pour pouvoir ensuite fermer les grilles d'entrée et de sortie. Le bœuf refuse. Il se jette contre les côtés de la stalle et décoche ruade sur ruade. Kate (qui fait environ ma taille), Tommy et moi poussons de tout notre poids contre les grilles d'entrée et de sortie afin de tenter de sécuriser le plus possible la stalle. Celle-ci tremble et cliquette avec chaque assaut de Big Bird. Il en va de même pour nous. Je n'ai jamais rien fait de pareil. Je suis nerveuse.

Murray, qui nous observe de son box, inquiet pour son ami, meugle bruyamment. Des bois environnants, cinq vaches apparaissent et joignent leurs voix à la sienne. Elles continuent à meugler, ce qui ajoute au vacarme. Sadie et Waylon courent autour de nos pieds en aboyant. Le coq pousse des cris. La chèvre bêle. Quant aux poules, eh bien, je ne suis pas certaine de ce qu'elles sont en train de faire, mais elles n'aident pas. Tommy crie : « Attendez ! Attendez ! » Kate court dans tous les sens. Je serre les dents. Tout le monde a l'air anxieux ; tout le monde a l'air de se plaindre. Sauf les chevaux, qui pour leur part ont l'air de s'amuser du remue-ménage.

« Attention ! » s'écrie tout à coup Tommy. Big Bird s'écrase contre la stalle, ce qui fait tomber Kate, et se retrouve libre. Je m'écarte prestement de son chemin en gardant à l'œil ses cornes acérées et j'aide Kate à se relever. Tommy, Kate et moi nous tournons vers la D^re^ Anderson, la même interrogation dans nos yeux.

« Je l'ai eu juste avant qu'il ne détale », dit-elle.

Ouf ! Je n'ai aucune envie de recommencer. Je vois Big Bird partir rôder en direction des vaches. Elles s'avancent vers lui et l'entourent en meuglant doucement comme pour dire : « Là, là, c'est fini maintenant. » Je me demande si cela arrive à ces dames bovines de se réunir et de se moquer du caractère peureux de Big Bird.

Nous nous reposons quelques minutes, épongeons nos visages moites et buvons un peu d'eau avant de sauter dans le Kawasaki MULE, un véhicule tout-terrain sans toit. Waylon s'assied sur les genoux de Tommy. Sadie, trop grande pour le véhicule, nous suit en courant. La D^re^ Anderson a dans les mains un pistolet de vaccination. Nous faisons le tour du sanctuaire à la recherche de Cinnamon, une vache qui, d'après ce que m'explique Tommy, déteste le confinement et les aiguilles. *N'est-ce pas le cas pour eux tous ?* me demandé-je, en pensant à Big Bird. Tommy me dit que Cinnamon a détruit une étable quand ils ont tenté de la confiner, mais, ajoute-t-il : « Elle est vraiment douce, cette vache. »

Dans son short en jean, sa chemise à manches courtes à carreaux et sa casquette, Tommy a l'air de quelqu'un qui devrait être au volant d'une voiturette sur un parcours de golf ou alors en train d'explorer d'anciens champs de bataille avec un détecteur de métaux. Pour un homme qui préférerait profiter de sa retraite à chercher des boutons datant de la guerre de Sécession plutôt que de courir derrière des vaches, il a l'air détendu. Alors que la voiture rebondit sur le chemin cahoteux et boueux, Tommy se tourne vers moi et sourit. Sa moustache en forme de chenilles ondule. « Nous avons le MULE. Nous avons l'arme. Nous avons le chien. Ça me rappelle un peu mon époque de chasseur. » Le soleil rebondit de ses lunettes de vue comme s'il faisait un clin d'œil en réponse à une plaisanterie.

« Est-ce que cela vous manque parfois ? » lui demandé-je.

« Quand j'ai acheté cette terre. Je n'ai tué que deux chevreuils. Quand on vit avec eux… Ils sont là le matin. Ils sont là le soir. Je restais à les observer et je n'avais tout simplement pas envie de les tuer. Je les connais. »

Pendant trente minutes, nous cherchons Cinnamon. Nous trouvons des groupes de vaches ici et là, se reposant sous les arbres ou en train de brouter, mais pas de Cinnamon. Cela ne me gêne pas. Je profite du soleil chaud, du vent léger et de l'odeur des mesquites, de la poussière et des animaux en bonne santé.

Nous trouvons enfin Cinnamon en train de prendre le soleil dans le pâturage extérieur, en compagnie de deux autres vaches. Cinnamon est une vache brahmane au pelage roux-brun avec une large bosse, semblable à celle d'un chameau, sur le dos. Tommy s'arrête à quelques mètres d'elle. D'un seul souffle dans le pistolet à vaccination, la Dre Anderson atteint sa cible. Cinnamon se lève d'un bond et court sur quelques mètres avec la fléchette dans le flanc. Nous la suivons jusqu'à ce que la fléchette tombe à terre, puis nous ramassons celle-ci et reprenons le chemin de l'écurie des chevaux.

La Dre Anderson a un dernier patient à examiner. Kate tient Lulu la poule pendant que la vétérinaire examine l'abcès, large et dur, sous le pied droit de Lulu. Les abcès bumblefoot, une infection causée par des bactéries staphylocoques, sont monnaie courante chez les poulets. À l'aide d'un ciseau, la D[re] Anderson perce l'abcès, l'ouvre et le désinfecte. Lulu s'agite et pousse quelques doux « ooohooo, ooohooo ». « Je sais, murmure la vétérinaire à Lulu. Tout va bien. Je sais. Tu peux me donner des coups de bec. » Lorsque le pus sort de l'abcès, Kate se sent mal et donne Lulu à Tommy pour qu'il la tienne à son tour. Quand le drainage de l'abcès est terminé, la D[re] Anderson étale une couche de crème de sulfadiazine d'argent, un antibiotique pour application locale, sur la patte de Lulu et bande la plaie. « Laissez-lui ce bandage en place pendant une semaine, dit-elle à Tommy, et gardez-la dans son poulailler. »

Lulu n'apprécie pas du tout cette dernière instruction. Dès que Tommy la dépose dans son poulailler, Lulu tente de filer vers la porte. Mais une autre poule se met dans son chemin et parvient à se faufiler dehors avant que Tommy ne puisse fermer la porte. De l'intérieur du poulailler, nous entendons les quinze poules se chamailler. « Elles vont se calmer, me dit Tommy. À tout à l'heure, pour le repas du soir. »

Je regarde l'heure sur mon téléphone portable. L'après-midi tire déjà à sa fin. Renee est sortie faire des courses en ville. En attendant son retour, je vais voir Murray, qui est tout seul dans son box. Big Bird est toujours dehors quelque part avec un groupe de dames qui sont probablement en train de le consoler. Je m'arrête à quelques pas de Murray afin qu'il ne se sente pas coincé. « Salut, Murray », lui dis-je en tendant ma main vers lui. Le bœuf reste debout contre le mur du fond et me regarde avec méfiance. « Je ne vais pas te faire de mal, le supplié-je. Allez, mon grand. » Je reste là environ quinze minutes, le bras tendu vers Murray, à lui murmurer des choses gentilles. Il s'allonge sur le sol, baisse la tête comme pour faire une sieste, mais garde un œil ouvert pour m'observer.

Je laisse tomber. Renee est rentrée maintenant et vient vers moi, une guitare à la main. Des bracelets d'argent cliquettent sur ses bras. « Aye-shur, m'appelle-t-elle, voulez-vous venir avec moi chanter avec les vaches ? »

Non pas *aux* vaches, mais *avec* les vaches. Je n'ai encore jamais reçu ce genre d'invitation.

Les trucs de hippies ne sont pas ma tasse de thé. Je ne veux pas voir souffrir les animaux, mais je n'ai jamais aspiré à communier avec les vaches. Néanmoins, je regarde le grand sourire cajoleur de Renee. Pourquoi pas ? Nous prenons un chemin de terre jusqu'à l'un des pâturages extérieurs et trouvons un groupe de mamans vaches avec leurs bébés, ainsi que quelques tantes il me semble. Big Bird est avec elle.

« Woop, woop, woop ! » appelle Renee. « Houdini ! Lucky ! Raaawdy Giiirl ! »

Renee étend une couverture sur le sol et nous y prenons place. Deux vaches noires viennent voir Renee et échangent quelques petits coups de tête avec elle. « Voici Rowdy Girl », me dit Renee en caressant la vache avec une auréole de poils blancs en forme de diamant sur le front. « Et voici son bébé, Lucky. Tout le monde pense que j'ai donné mon nom au sanctuaire, que c'est moi Rowdy Girl*, mais en fait elle est ma première fille. C'est elle qui a tout commencé. »

Renee pince les cordes de sa guitare et commence à chanter. « *Who's going next in the re-e-e-e-e-e-d trailer ! Who's goin' on down the rooaaad ?* »

Hum, je ne connais pas encore le sens de cette chanson, mais elle me semble un peu triste. Heureusement, Renee entame ensuite une chanson plus joyeuse. Pendant qu'elle chante, les autres vaches viennent plus près. Environ vingt vaches et leurs veaux prennent leur tour pour meugler doucement avec la chanson. C'est comme si elles chantaient réellement avec Renee.

Sous le regard de leurs mères, deux petits veaux tachetés marron et blanc viennent me voir et me poussent doucement de la tête. « Ils veulent jouer avec vous », me dit Renee. Les veaux continuent à me donner des petits coups de leurs têtes de velours et finissent par me renverser. Je ris.

Renee rit également. « Ne sont-elles pas des amours ? » Alors que les vaches continuent à se rapprocher de nous, Renee me dit : « Jamais en un

---

* NdT : En anglais, *rowdy* signifie « chahuteur » ; le nom *Rowdy Girl* pour donc être traduit par « la Chahuteuse ».

million d'années je n'aurais vu tout ça venir. C'est le premier sanctuaire crée sur un ancien ranch d'élevage bovin. »

Cependant, le ranch faillit ne pas voir le jour. Et le mariage de Tommy et Renee faillit se terminer.

La maison dans le style ranch de Tommy et Renee a une vue sur presque tout le sanctuaire. Dans leur salon, je suis assise sur le canapé, un chien de chaque côté. Ils me bavent sur les genoux en ronflant. Un autre chien vient me grimper sur les jambes. Sur le mur au-dessus de nos têtes, là où auparavant des têtes de chevreuils et de wapitis étaient exposées, des reproductions de tableaux de paysages sont aujourd'hui accrochées. Tommy est assis dans son bon fauteuil. Bullet le chat est drapé sur le dos du fauteuil et lèche le visage de Tommy. Renee, frénétique comme toujours, fait des allers-retours entre le salon, la cuisine et son bureau. L'odeur maltée du thé Assam monte en volutes de ma tasse. C'est ma deuxième nuit ici et j'ai l'impression de connaître cet endroit.

Renee attrape une bouteille de Zeal – une boisson nutritive – et nous rejoint. Tommy et Renee se sont mariés deux fois. « Je l'ai rencontrée au début des années 1990, me dit Tommy. Elle était chanteuse de musique country dans un bar. » Le poster de Renee à l'époque, affiché dans la cuisine, me revient à l'esprit. Une chevelure volumineuse grâce à une permanente. Des manches bouffantes bleu néon. Un pantalon serré argenté et des bottes argentées, comme quelqu'un sorti tout droit d'une bande dessinée *Flash Gordon*.

Après quelques années, les personnalités opposées de Renee et Tommy les menèrent au divorce de leur premier mariage. Cependant, ils se croisaient continuellement en ville. Tommy travaillait en tant que chimiste pour Dow Chemicals et Renee était agent immobilier. La chevelure de Renee avait perdu en volume et ses vêtements s'étaient desserrés, mais sa personnalité de star de musique country captivait toujours Tommy. Après dix ans de rencontres fortuites à Pearland, au Texas, Tommy et Renee se remarièrent. Mais cette fois-ci, il y eut une différence majeure : Renee dut déménager à Angleton pour vivre sur le ranch bovin de Tommy, que ce dernier avait acheté pour augmenter ses revenus en vue de sa retraite. Renee emménagea à Angleton, mais elle ne partageait pas l'enthousiasme de son mari pour le ranch.

Renee tend la main vers son Zeal. Quand, un peu plus tôt, je lui ai demandé si elle avait du thé pour mon petit coup de caféine de l'après-midi, elle m'a répondu : « Pourquoi ne pas essayer le Zeal ? C'est rempli de tous les antioxydants et vitamines et ça vous donnera toute la stimulation énergétique dont vous avez besoin. » On aurait dit un agent commercial, ce qui ne devrait pas m'étonner. Elle est vendeuse de Zeal dans le cadre d'une petite activité professionnelle complémentaire. J'ai jeté un coup d'œil dubitatif à la bouteille de préparation pour boisson Tropical Dream Zeal posée sur le comptoir. « Heu, je préfère le thé, merci beaucoup. »

Renee prend une longue gorgée de sa boisson, passe la langue sur ses lèvres comme pour me dire : *voyez ce que vous ratez* et dit : « Quand je suis arrivée ici, je ne voulais pas avoir affaire aux vaches. Elles ne m'intéressaient pas du tout. »

« Que s'est-il passé ensuite ? » demandé-je en soufflant sur ma tasse.

« Tommy m'a parlé d'une petite velle qui avait besoin d'une maman. Cette petite sautait partout ; elle était très chahuteuse. C'est comme ça qu'elle a eu son nom : Rowdy Girl. Je lui donnais le biberon deux fois par jour. Et c'était comme si j'avais pris une pilule et étais tombée dans un terrier de lapin. Je lui donnais à manger et tout à coup, je me retrouvais dans un endroit dans mon esprit où je pouvais voir toutes les autres vaches. Je pouvais voir leurs bébés et je pouvais les voir, elles. Je ne les avais jamais remarquées auparavant. J'ai commencé à les porter dans mon cœur. »

Elle prend une nouvelle gorgée. « J'ai donné un prénom à toutes les vaches. J'ai prénommé Rowdy… »

« Je t'avais dit de ne pas le faire », l'interrompt Tommy.

« Oui, je sais », lui répond Renee. À moi, elle explique : « Il n'arrêtait pas de me dire de ne pas leur donner de prénoms. J'ai dû remonter le terrier de lapin et redevenir une épouse de rancher. Mais ensuite, le camion rouge est arrivé*. »

Tommy complétait ses revenus en élevant des vaches et en vendant leurs veaux. Le jour où le camion rouge venait, Tommy et un ami rassemblaient les veaux et les faisaient monter dans le camion, qui ensuite les emmenait. Ne pouvant pas avoir d'enfants, Renee devint extrêmement sensible au désespoir des vaches et à la perte de leurs enfants.

« Aye-shur, c'était horrible, me dit-elle. Les mamans vaches braillaient. Je rentrais à l'intérieur pour échapper à tout ça, mais je les entendais toujours hurler. On leur enlevait leurs bébés. Et les bébés – ils étaient là, dans le camion, sans comprendre ce qu'il se passait. Les mamans suivaient le camion aussi longtemps qu'elles le pouvaient. Et quand le camion arrondissait l'angle en suivant le chemin en bordure de la clôture, elles arrondissaient aussi l'angle. Elles restaient près de la route à regarder le camion s'en aller et hurlaient au meurtre. C'était horrible. Je n'arrivais pas à croire que nous faisions des choses pareilles. Je secouais la tête et je hurlais : "Comment pouvons-nous faire ça ? Comment pouvons-nous faire ça ?" Et Tommy me répondait : "Tu ferais bien de l'accepter et de t'y habituer." »

« C'est là que Renee est devenue folle », dit Tommy.

Un chat saute sur les genoux de Tommy. Buddha. Tommy se déplace immédiatement dans son fauteuil afin de lui faire de la place. « Que voulez-vous dire : "Elle est devenue folle ?" » lui demandé-je en regardant ses bras instinctivement entourer Buddha.

Tommy regarde Renee. « Tu veux lui dire ? »

« Non, sourit-elle. Je sais que tu adores raconter cette partie. »

---

* NdT : Ce camion rouge est probablement celui dont parlait Renee dans sa chanson un peu plus haut : « *Who's going next in the re-e-e-e-e-e-d trailer! Who's goin' on down the rooaaad ?* », qui peut se traduire ainsi : « Qui est le prochain à partir dans le camion rou-u-u-u-u-u-ge ! Qui s'en va par la rou-u-u-te ? »

Je regarde Tommy, qui dit : « Elle est sortie et elle a placé des petits marqueurs partout. »

« Pour commémorer les animaux », ajoute Renee.

Tommy pousse un long, long soupir. « Oui, elle est sortie avec de la sauge à la main. Et je lui ai demandé : “Que fais-tu dehors ?” Elle gémissait toutes sortes de choses… »

« Je chantais avec ma sauge. Je… Est-ce que vous allez bien ? Vous faites de drôles de bruits. »

Je ne peux pas m'en empêcher. Le rire que j'essaie de retenir s'échappe.

« Je sais. » Renee sourit à nouveau. « Je sais. Mais vous devez comprendre. C'était nouveau pour moi, tout ça. Je sentais tellement… tout d'un coup. J'étais dehors, en train de chanter. Je pleurais. Je demandais pardon. »

Tommy lève les yeux vers le plafond. « Je ne me sentais pas très bien, avec tout ça. »

Je demande à Tommy : « Combien de fois le camion rouge est-il venu ? »

« Environ dix ou douze fois. Mais les choses se sont dégradées. »

« Comment cela ? »

Renee répond pour Tommy : « J'ai commencé à le traiter de meurtrier. »

Je jette un regard compréhensif à Tommy. Il me regarde et hausse les épaules. Pauvre homme. Tommy est tout le contraire de Renee. Là où il est calme, Renee est chargée. Là où il est détendu, Renee est déterminée. Tout ce que voulait Tommy, à cette époque de sa vie, était de prendre sa retraite. La nouvelle empathie de Renee avait brisé sa paix.

L'un des chiens arrive de la cuisine et pose sa patte sur Renee. Avec sa main sur la tête du chien, elle continue : « Et je savais que ça ne plaisait pas à Tommy. Quand je lui disais toutes ces choses, je savais que ça le blessait. Je le voyais sur son visage, à la façon qu'il avait de me regarder comme s'il me disait : “Comment oses-tu me dire des choses pareilles.” Parce que je le traitais de meurtrier. Or, je savais qu'il aimait les animaux. »

« Mais je ne me suis pas laissé faire, dit Tommy. Je lui ai dit : “Attends une minute. Tu as un sandwich au poulet à la main et tu as des courses dans la cuisine avec des hamburgers et des steaks. Et tu me dis que j'assassine ces veaux ? Je sais ce que je fais. C'est toi qui ne sais pas ce que tu fais.” »

Je me tourne vers Renee. « Il vous disait donc que vous étiez une hypocrite, à être bouleversée ainsi. Comment avez-vous réagi ? »

« Chaque fois qu'il me le disait, ça me donnait comme un coup de couteau dans le cœur car c'était vrai. C'était vrai. »

« Elle adorait les sandwichs au poulet », ajoute Tommy.

« C'est vrai. Et j'adorais les côtes de bœuf. Et j'adorais le bacon. Maintenant, mon intérieur est le reflet de mon extérieur. » Elle incline la tête en direction de Tommy. « Aujourd'hui, je me sens entière. Mais à l'époque, je commençais à me sentir écartelée. J'aimais mon mari. Je voulais respecter son gagne-pain, respecter ses choix pour notre retraite, respecter ce que nous faisions. Mais je ne pouvais pas l'accepter. » Quand le camion rouge vint en décembre 2014 et emporta des veaux, Renee atteignit un point de rupture. « Après le départ du camion, j'ai commencé à regarder des vidéos de scènes dans des abattoirs. J'étais dans mon bureau et je pleurais. »

« Elle était dans son bureau en train de pleurer et je lui disais : “Renee, arrête de regarder ces trucs.” Elle pleurait si fort que je ne pouvais plus entendre la télévision », ajoute Tommy.

« Je ne pouvais pas m'arrêter, dit Renee. Je plongeais de plus en plus profondément dans les abus. C'était comme s'il me fallait tout ressentir, car toute ma vie, je n'avais rien ressenti. Je me suis forcée à ressentir les choses. » Au fur et à mesure que la compassion de Renee grandit, sa colère envers Tommy suivit le même chemin. Il en fut de même pour la colère de Tommy envers elle. Ils se querellaient. Ils se criaient dessus pratiquement tous les jours. Le divorce semblait inévitable. Pour la deuxième fois.

« Tommy n'arrêtait pas de me demander : “Que veux-tu que je fasse ? Que veux-tu que je fasse ?” Il était furieux contre moi parce que je lui prenais son gagne-pain. Je lui prenais son identité », explique Renee.

Renee ne savait pas quoi répondre à Tommy. Au fil des semaines, elle passa du temps sur Internet, à se renseigner sur les sanctuaires pour animaux. « Un jour, dit-elle, je suis allée voir dehors ; j'ai vu les vaches et je me suis dit : mince, la seule chose que nous ayons à faire est de changer notre perception. » Au lieu de voir un ranch bovin, Renee vit un sanctuaire tout à elle. Elle rentra à l'intérieur, alla trouver Tommy et lui proposa la dernière chose à laquelle il s'attendait. « Pourquoi ne me vendrais-tu pas les vaches ? » lui demanda-t-elle.

Tommy lève les yeux au ciel. « Quand elle m'a dit ça… Je ne vous dirai pas exactement ce que je lui ai répondu mais c'était quelque chose comme : "C'est complètement dingue, comme idée. T'es stupide. Il n'existe rien au Texas comme ça. Ça n'existe qu'en Californie ou à New York." »

Malgré la dérision de Tommy, Renee lança une campagne de levée de fonds et en six mois récolta 36 000 dollars. Avec cet argent et l'accord à contrecœur de Tommy de lui louer le ranch pour un dollar pendant deux ans, un sanctuaire vit le jour. Néanmoins, leur mariage restait sur le point de s'effondrer. « Vous pouvez imaginer, Tommy et moi étions encore ensemble. Nous n'étions pas divorcés, et je lui achetais ses vaches. Je lui avais enlevé sa vie. Vous pouvez imaginer la tension dans notre couple. »

Tommy caresse les pattes de Buddha. « Je me suis dit que je ne voulais pas de troisième divorce – j'avais déjà été marié avant Renee. »

Même si Tommy prit la résolution de se battre pour sauver leur mariage, les paroles blessantes que Renee et lui se jetaient à la figure leur firent profondément mal. Ils vivaient sous le même toit, mais séparément. Renee, qui passait ses journées et ses nuits sur son ordinateur portable, découvrit l'existence d'un certain Howard Lyman, un rancher de quatrième génération qui était devenu un militant pour les animaux et l'environnement. Lyman n'avait jamais ouvert de sanctuaire, mais Renee espéra qu'en tant qu'ancien éleveur bovin, il pourrait offrir quelques conseils à l'épouse d'un ancien éleveur bovin. Pendant plusieurs semaines, Renee essaya de le contacter, mais sans succès. Puis, le soir de Noël, un petit miracle se produisit. Howard Lyman répondit à son appel téléphonique.

« Bonsoir. M. Lyman ? » demanda Renee dans le combiné.

« Vous devez être Renee », répondit-il.

« Comment l'avez-vous su ? »

« Eh bien, vous m'avez appelé et envoyé des e-mails à quelques reprises maintenant. »

Le téléphone à la main, Renee alla à l'arrière de la maison, à l'écart de la famille réunie, et vida son cœur à Lyman. Elle pleura pour les vaches. Elle pleura pour son mariage. Après avoir écouté son récit, Howard Lyman lui dit : « Renee, je vais vous dire quelque chose. Vous allez devoir commencer à aimer votre mari de la même manière que vous aimez ces vaches. »

Je suis devant le box de Murray, le bras pendu au-dessus de la grille d'entrée, à essayer de l'amadouer pour qu'il vienne me voir. Il s'agit de ma huitième tentative en quatre jours. Pour une raison que j'ignore, les abus dont il a souffert dans le passé me touchent profondément, et plus encore parce qu'il n'est pas mignon et câlin. Ce n'est pas le genre d'animal qui habituellement éveille la compassion chez quelqu'un. Il est acerbe, anguleux et irritable. Comme je l'étais, moi, enfant. J'ai vraiment envie d'abattre la barrière de sa méfiance. Cette fois-ci, j'ai à manger pour lui : de l'herbe fraîche. Murray recule devant moi en soufflant et en ronflant comme un cheval. Il me regarde ensuite comme pour me défier. Comme pour me dire : *Sérieusement, tu crois vraiment que ce vieux truc avec la nourriture va marcher avec moi ?* Non, cela ne fonctionne pas avec Murray. Mais je connais quelqu'un d'autre qui sera plus réceptif.

Je trouve Gizmo dans l'enclos à cochons avec la tête posée sur les genoux d'Alena Hidalgo. Cette dernière est instruite à la maison maintenant, et libérée du harcèlement qu'elle subissait à son lycée. Elle me dit qu'elle n'a jamais été aussi heureuse depuis ses débuts avec le programme FFA. Quand Gizmo eut un an, le sanctuaire lui offrit une fête d'anniversaire. Alena fut l'invitée d'honneur et dut prononcer quelques mots. Cette perspective la rendait nerveuse, mais alors qu'elle pleura devant les nombreuses personnes réunies en évoquant la perte de ses amis Chubbles et Kurtis, elle fit également verser des larmes à tout le monde. Pour la première fois depuis le début de ses difficultés, Alena ressentit un sentiment d'appartenance. Elle n'avait plus à se conformer aux attentes des autres. Elle n'avait plus à cacher son amour pour tous les animaux.

Alena rend visite à Gizmo tous les vendredis après-midi depuis qu'elle l'a amené au sanctuaire il y a maintenant deux ans. Elle donne à manger à Gizmo ; elle le brosse, lui donne un bain et joue avec lui. La plupart du temps, ils profitent de la compagnie l'un de l'autre, comme aujourd'hui. Deux autres cochons, Roux et Penny, se reposent un peu plus loin. Comme Gizmo, Penny fut amenée au sanctuaire par un ancien élève de FFA qui ne supportait pas l'idée qu'elle soit tuée. Les trois cochons sont bons amis, même s'ils ne sont pas aussi proches, aux dires d'Alena, que le furent Gizmo et Kurtis.

J'offre mon herbe fraîche à Penny et Roux, qui trottinent vers moi pour me dire bonjour et se rassasier de mon présent. Gizmo reste auprès d'Alena. Je quitte l'enclos à cochons et me dirige vers un autre enclos, plus petit, pour voir Pepper, un bouc pygmée noir, blanc et argenté. Comme tous les animaux qui ont rejoint le sanctuaire depuis son ouverture, Pepper est un animal sauvé. Après le décès par crise cardiaque de son papa humain, Pepper avait besoin d'un nouveau foyer et a rejoint le sanctuaire il y a une semaine seulement. Jusqu'à ce qu'il s'habitue à son nouvel environnement, Tommy et Renee le gardent dans ce petit enclos qu'il partage avec une autre nouvelle arrivante, Ivy, une truie rose et gris.

« Salut, Pepper », appelé-je en entrant dans l'enclos. « Salut, Ivy. » Ils viennent tous les deux me voir. Pepper retrousse les lèvres et me montre les dents comme pour sourire. Il me donne quelques coups de tête urgents. Ivy est plus timide. Je m'accroupis et la laisse me renifler la main. Elle me permet de lui caresser la tête derrière les oreilles. Il faut prendre garde de ne faire aucun mouvement brusque car cela la ferait fuir, ni lui toucher la tête car cela lui ferait pousser un cri de détresse. En revanche, si on lui caresse le ventre, elle murmurera de doux *snoof*, *snoof* de bonheur. Je n'ai jamais rencontré un être aussi émotif.

Pepper a deux objectifs perpétuels : manger et s'échapper de son enclos. Il tente de se faufiler dehors alors que j'ouvre la grille pour sortir. Je l'attrape juste à temps. Je ne peux pas le laisser sortir, mais je peux lui offrir à manger. J'écope une mesure de céréales, censées être une friandise rare, d'un tonneau. C'est incroyable de voir comme Pepper et Ivy aiment les Cheerios. Ils en sont presque à me renverser pour les recevoir. Je ne peux pas m'en empêcher : je leur en donne plus que je ne devrais. J'aime tellement les voir si excités. Après quelques mesures supplémentaires, je ferme le tonneau. « C'est tout, maintenant ! » dis-je d'un ton de commande que j'adresse à moi-même plus qu'à eux. Pepper se désintéresse rapidement de moi. Il saute sur un baril pour observer les autres animaux du sanctuaire. De son perchoir, il bêle haut et fort. Du ton de ses bêlements, je déduis qu'il n'a pas une très bonne opinion des autres animaux.

Je sors de la cour. J'entends le grondement émis par le tracteur de Tommy au loin. Je lève les yeux et le vois traverser un champ, Waylon sur les genoux. Sadie les suit en courant. Tommy m'aperçoit et agite un bras en signe de salut, un grand sourire sur le visage. Le mariage de Tommy et Renee a survécu à ses pires moments et ils en sont aujourd'hui plus proches. Même si Tommy aurait préféré prendre une retraite tranquille, il est dévoué à ce nouveau chapitre de vie avec Renee et la famille de créatures qu'ils ont adoptées. Renee et Tommy ont maintenant un objectif commun et leur nouveau partenariat est fondé sur la confiance, la compassion et la compréhension.

Trois poules passent près de moi en gloussant, vers une destination qui m'est inconnue. À mon arrivée, j'étais incapable de distinguer une poule d'une autre. Aujourd'hui, je parviens à les identifier individuellement. Ces trois-ci sont toujours ensemble. La première est clairement le chef, peut-être la matrone du trio. Les deux autres la suivent dans la cour, dans le garage, dans ma voiture (la fois où j'avais oublié de fermer la porte), toujours à papoter et à tout inspecter. Je ne savais pas que les poules étaient curieuses à ce point. Il suffit de réorganiser quelques boîtes en carton dans le garage pour que ces trois-là arrivent pour renifler, picorer et sauter sur une table afin d'avoir une meilleure vue. Les voir passer près de moi me fait penser à Lulu.

Lulu, la poule à la patte bandée, partage la moitié du poulailler avec une quinzaine d'autres poules. L'autre moitié du poulailler héberge un nouveau groupe de poules, qui auparavant avaient été utilisées comme appât d'entraînement pour des coqs destinés à des combats. Les poules étaient arrivées dans de minuscules boîtes à chaussures. « Elles étaient tellement meurtries, Aye-shur », m'a raconté Renee quand elle me les a présentées. « Maintenant, regardez comme elles sont belles. »

Le poulailler commence à être petit pour tout ce monde. Il en va de même pour le reste du sanctuaire, qui héberge de plus en plus d'animaux. Comme trois personnes seulement y travaillent – Tommy, Renee et Kate –, il y a beaucoup de petits travaux qui restent en souffrance. Des barrières ont besoin d'être réparées. Des granges ont besoin d'être construites. J'en parle à Patrick au téléphone, et il me dit qu'il m'accompagnera la prochaine fois que je viendrai, pour aider au travail de menuiserie.

Après avoir demandé la permission à Renee, je vais trouver Lulu, qui depuis quelques jours reste enfermée dans le poulailler. « Elle a besoin d'un peu d'air frais et de soleil, la pauvre », me dit Renee. Je prends Lulu dans mes bras. Prendre ainsi une poule contre moi m'était nouveau à mon arrivée au sanctuaire. Après quatre jours ici, je le fais comme une pro. J'amène Lulu dans l'enclos d'Ivy et Pepper et la dépose sur l'herbe. Pepper et Ivy viennent dire bonjour à leur visiteuse. Ils restent à observer Lulu quelques minutes pendant que celle-ci picore au sol, puis s'en vont car Lulu ne leur propose pas de Cheerios. Lulu se balade comme si elle cherchait quelque chose en particulier. Je la suis.

Ah, elle a trouvé. De l'autre côté de l'enclos, il y a un carré de terre dure. Lulu traîne les pieds dans la poussière pendant quelques secondes avant de s'y laisser choir. Elle se roule sur le dos, jette les pattes en l'air et remue son petit corps dodu de gauche à droite en étirant les ailes. Pendant tout ce temps, elle roucoule. Je n'ai jamais encore vu une poule prendre un bain de poussière, mais mon Dieu, elle a l'air plus ravie que toutes les personnes que j'ai jamais rencontrées.

Ses besoins sont si simples : un peu de soleil, l'odeur de l'herbe douce et un peu de poussière pour s'y rouler. Et personne pour la maltraiter.

La dernière nuit.

Dans la chaleur épaisse, je grelotte dans mon lit. J'attends. J'attends, tout simplement. Je sais que cela va arriver. Allongée là, la question qui me pèse lourdement est : quand ? Dans les cinq prochaines minutes ? Dans une demi-heure ? Ou devrai-je attendre encore deux heures ?

Le ventilateur à la fenêtre ouverte bourdonne et lutte contre la chaleur. Mon lit est sous la fenêtre, mais l'air conditionné souffle au-dessus de moi vers une autre destination comme si je n'étais même pas là. Mes aisselles et mes mains sont moites. J'ai tout de même la couverture tirée jusqu'au menton. J'ai chaud et froid en même temps.

Mes doigts aux ongles rongés tapent la mesure des secondes. Je les compte, comme je l'ai appris lors des cours de natation. Un éléphant, deux éléphants, trois éléphants, quatre éléphants.

Par la fenêtre, j'entends un grand rire d'homme, et puis un autre. Ils sont suivis par le rire plus doux d'une fille. Des adolescents. Je suis au deuxième étage et j'entends leurs voix à l'arrière du bâtiment. Je ne peux pas les identifier individuellement, mais je les ai probablement rencontrés dans notre immeuble de temps en temps. Même si leurs échanges sont joyeux, ils me font peur. J'ai vu ce qu'ils font dans les bois derrière notre immeuble. Nous sommes samedi soir. C'est le soir des cigarettes, des drogues et de l'amour.

Un toussotement léger me parvient du fond de la chambre. Puis, un autre toussotement et un froissement. Je lève la tête légèrement et jette un regard au-dessus de ma couverture. Le lit de mon frère est perpendiculaire au mien, contre le mur du fond. Kamran s'est endormi presque au moment où il a posé la tête sur l'oreiller. Maintenant, il bouge, murmure quelque chose et me tourne le dos. Est-il réveillé ? Mes doigts s'arrêtent. J'écoute et j'attends. Puis, ses doux ronflements reprennent. Je repose ma tête sur l'oreiller. Dix-sept éléphants.

Je n'ai pas besoin de jeter un œil au troisième lit, qui est également perpendiculaire au mien mais contre le même mur. Comme le lit de Kamran et le mien, il est pourvu d'un sommier et d'un matelas pour une personne, un cadre en métal, des draps beiges bon marché et des couvertures bleues. Il n'y a pas de tête de lit. Afin d'essayer de rendre notre chambre douillette, ma mère nous a cousu un oreiller coloré différent pour chaque lit. Le mien est de ma couleur préférée, bleu eau ; celui de mon frère est vert forêt et celui de ma sœur est orange. Mais ce soir, l'oreiller orange n'est pas sur son lit habituel. À sa place, il y a un oreiller marron avec des taches de javel. Sahar a pris son précieux oreiller orange dans la chambre voisine qu'elle partagera ce soir avec mes parents et ma deuxième sœur, la cadette. Comme la nuit dernière, notre invité dormira dans le lit de Sahar.

L'odeur de l'huile des *pakoras* frits – mon en-cas préféré – flotte dans l'air. Nous avons eu une réunion de famille ce soir. Rassemblés à l'étroit dans le petit salon de notre appartement, les cousins, les oncles, les tantes, les grands-parents et les amis de la famille ont partagé un grand repas en l'honneur de notre visiteur.

Mon frère et mes sœurs ont bien profité des *pakoras* avec nos cousins plus âgés. Pour ma part, je suis restée dehors des heures aujourd'hui et je les ai manqués. Il y en a probablement encore quelques-uns dans la cuisine. Maman fait toujours de telles quantités. Elle préfère en faire trop que de voir des gens quitter sa table en ayant encore faim. L'eau me vient à la bouche à l'idée de tremper les *pakoras* dans du ketchup et de goûter cette sauce sucrée et piquante avec les beignets de pommes de terre épicés. Mais je n'ose pas quitter la chambre, pas tant qu'*il* est encore debout.

Trente-sept éléphants. Trente-huit éléphants. Pour me distraire, je regarde le mur opposé, au-dessus du lit de mon frère. Un poster du film *Jaws* cache la fissure longue de près d'un mètre dans le mur peint d'une couleur beige basique. Depuis la sortie du film, Kamran est obsédé par les requins. Il garde l'essentiel de la petite monnaie qu'il reçoit en retour de petits boulots afin d'acheter des choses en lien avec les requins : des livres, des dessins, des modèles réduits, des posters. Ce sont des créatures incomprises, dit-il, et un jour il veut devenir biologiste marin et les sauver. Je ne sais pas. Je n'ai pas vu le film, mais le requin sur son poster m'a vraiment l'air très effrayant. Une jolie blonde nage innocemment alors que le requin l'observe sous la surface. Le requin va-t-il l'attraper et l'entraîner dans les profondeurs ? Combien de temps peut-elle tenir sous l'eau ? Et moi, combien de temps puis-je tenir ?

Cinquante-six élé… La porte de la chambre s'ouvre lentement. Je me raidis. Malgré les ronflements de mon frère, malgré le grondement bruyant du ventilateur, malgré les bruits de mes parents qui se couchent dans la chambre voisine, malgré même les cris des adolescents qui font la fête dehors, mes oreilles sont entraînées et je peux entendre le son de ses pas feutrés sur le parquet. Au lieu de la douceur du ketchup, c'est quelque chose d'acide que je goûte maintenant dans ma bouche. Son pyjama bruisse et mon cœur bat à chaque pas qui le rapproche de plus en plus près de moi.

Comme d'habitude, je ferme les yeux et je fais semblant de dormir. Les pas feutrés s'arrêtent devant mon lit. Je serre les poings si fort que j'en ai mal. Je sens que la couverture m'est retirée, et je me retrouve exposée. Je sens ensuite le poids de son corps alors qu'il grimpe sur moi. Quelque chose de mouillé goutte dans mon cou. Son souffle est chaud dans mon oreille alors qu'il tire sur ma chemise de nuit jaune, qui s'accroche à mes genoux. Il me la remonte au-dessus de la taille. Sa respiration s'accélère alors que ses mains se baladent sur mes cuisses.

Je ne veux pas. Pas encore une fois. « Arrêtez ça », murmuré-je.

Les mains de Talup continuent à bouger. M'a-t-il entendue ? Je le dis à nouveau, un peu plus fort : « Arrêtez ça. » Il se fige. Cette fois-ci, il a bien entendu. Je pense qu'il est étonné. Mais mon propre étonnement est encore plus grand que le sien. Jamais auparavant, pendant toutes ces années où ce scénario s'est répété encore et encore sur un continent et puis un autre, je n'avais prononcé un seul mot de protestation, encore moins deux. Toutes les fois précédentes, je restais sans bouger, je gardais le silence et je faisais semblant d'être ailleurs. Mais pas cette nuit.

Arrêtez ça.

C'était ce que j'avais dit, en somme, à Dave afin de protéger Sylvester. Et maintenant, cette nuit, je le dis pour moi.

Je retiens ma respiration. Le poids lourd de Talup se relève de mon corps. Je ne regarde pas, mais j'entends ses pas se diriger vers le lit vide. Les ressorts du mince matelas grincent sous son poids. J'expire mon souffle et redescends ma chemise de nuit. Celle-ci restera longtemps ma préférée. Cette nuit, et toutes les nuits qui suivent, je suis sauvée.

Assise dans l'herbe tiède alors que j'observe Lulu la poule, Ivy la truie vient s'asseoir près de moi. Son groin hume l'air.

« Eh bien, Ivy, lui dis-je, que veux-tu faire maintenant ? »

Elle me regarde. *Snoof*, *snoof*, répond-elle.

Je me souviens qu'Alena m'avait dit qu'elle et ses cochons jouaient à se pourchasser. Je n'ai pas joué à pourchasser quelqu'un depuis mon enfance, mais je me sens un peu comme une enfant ici, avec les animaux. Ils libèrent en moi une innocence que je n'ai pas ressentie depuis plusieurs années, si je l'ai jamais même ressentie.

Je me lève. « Ivy ! appelé-je. Viens, ma belle ! » Je m'éloigne un peu en courant et me cache derrière la remise en bois qui est sa maison. Je ressors la tête et la regarde. « Ivy ! » appelé-je à nouveau.

Rook, répond-elle. Elle fait quelques sauts de danse et me court après. Ça marche ! Je continue à l'appeler en courant autour de la remise, et elle me pourchasse. Encore et encore autour de la remise, jusqu'à ce que j'en perde le souffle. Je me laisse choir au sol en riant. Elle s'arrête également, vient jusqu'à moi, me renifle la main, dit *rooooook* et se dirige vers l'autre côté de la remise. Je me lève et la suis. Un nid de foin est arrangé sous une petite ouverture pratiquée dans le côté de la structure en bois. Ivy se laisse tomber dans son nid et remue le corps jusqu'à trouver le meilleur coin. Elle se cale le groin dans le foin tiède, laisse échapper un profond soupir, ferme les yeux et s'endort. Pendant la demi-heure qui suit, je reste assise près d'Ivy, ma main posée sur sa tête, à partager sa sérénité.

Comment parvenons-nous à la santé ? Cette question me taraude depuis le premier jour où j'ai reconnu mes dépressions, bien avant que je ne devienne médecin. Même après, les limites de la médecine ne m'ont pas donné la réponse. Je suis d'accord avec la définition de la santé proposée par l'Organisation mondiale de la santé – « un état de bien-être physique, mental et social complet » –, mais cette définition ne m'a jamais expliqué comment atteindre cet état. Aujourd'hui, assise ici à observer Ivy, je sens que j'approche d'une réponse.

Le chemin vers la santé, et en particulier la santé mentale et sociale, se trouve dans nos relations empathiques avec les autres. Quand je suis dans mes dépressions, je suis entièrement seule. Je tombe dans un vide mental isolé : je suis coupée des autres dans une spirale de détresse, de chagrin et de douleur qui semble sans fin. Cependant, mes relations avec les autres jouent un rôle important pour me protéger de ces afflictions. Et ces liens, renforcés par la bonté et la compréhension, me donnent les armes pour mieux prendre en main mon propre destin. Comme je l'ai vu avec tant d'autres, je ne suis pas seule à cet égard. C'est quand nous nous sentons reliés aux autres que nous sommes les plus forts.

L'empathie autonomise. Avec l'empathie viennent la conviction, la confiance en soi, le courage. Sans empathie, la plupart des gens que j'ai rencontrés et dont j'ai appris l'existence au cours de ces dernières années n'auraient pu changer leur propre vie – ou celle d'autrui – pour le meilleur. Sans son empathie pour les mamans vaches qui pleuraient la perte de leurs enfants, Renee n'aurait peut-être jamais eu la conviction d'ouvrir un sanctuaire. Sans son empathie pour Tommy et celle de ce dernier pour elle, Renee n'aurait peut-être jamais eu la confiance en elle nécessaire pour réaliser ce projet. Sans mon empathie pour Sylvester, je n'aurais pas affronté Talup. À travers la maltraitance subie par Sylvester, j'en vins à reconnaître mes propres abus pour ce qu'ils étaient. Grâce à l'empathie, la séparation nette entre l'humain et l'animal se brouilla et à un certain niveau, je compris que le combat de Sylvester était le mien. Et mon combat était le sien.

Toutes les formes d'abus ont quelque chose en commun. Elles se cachent derrière le silence. Elles sont démasquées par la parole. Mon empathie pour Sylvester m'apprit à utiliser la parole pour le défendre, et cela me donna la force de changer le cours de ma propre vie.

Arrêtez ça.

Le pouvoir que deux petits mots peuvent avoir est incroyable. À moi, ils dirent que je ne douterais plus de ma propre valeur. Que je n'obéirais plus aux règles d'un autre. Que je ne ferais plus de suppositions quant aux réponses d'un autre. À Talup, ils dirent que je ne me tairais plus. Deux mots changèrent ma vie. Ils furent les plus difficiles que j'eusse jamais prononcés, mais ils me libérèrent.

Avec l'empathie vient l'autonomisation pour demander un monde meilleur pour nous-mêmes et pour les autres. Un monde avec moins de chagrin et plus de joie. Mais pour créer un tel monde, n'est-il pas impératif d'y inclure les animaux? Ne devrions-nous pas ouvrir nos bras et faire entrer les animaux dans notre cercle d'empathie?

Nous faisons de grands efforts pour nous séparer des autres animaux. Nous nous disons que les animaux ne rient pas (les rats le font), ne deviennent pas pessimistes (les cochons le deviennent), n'utilisent pas d'outils (les corneilles le font), ne comprennent pas le concept du temps qui passe (les geais buissonniers le comprennent), ne savent pas faire de mathématiques (les poulets le peuvent), ne piègent pas autrui (les écureuils le font), ne connaissent pas l'empathie (les souris la connaissent), ne se transmettent pas la culture (les chimpanzés le font), ne s'intéressent pas à leurs morts (les éléphants s'y intéressent), ne se consolent pas (les campagnols le font), n'utilisent pas de langage (les chiens de prairie le font probablement)[3], et ne savent pas aimer. Sérieusement? Si nous sommes honnêtes, nous admettrons que ce que nous disons des autres animaux en dit plus long sur nous que sur eux.

Néanmoins, s'il y a une caractéristique qui nous distingue véritablement des autres animaux, c'est celle-ci: aucune autre espèce n'est aussi capable de se tromper elle-même que les humains. Nous sommes des maîtres en la matière. Nous recouvrons de peinture les espaces blancs négatifs sur la toile même si, ce faisant, nous cachons la vérité plus vaste du paysage. Nous ignorons ce qui affronte notre vision du monde. Nous refusons de croire ce que nous ne pouvons ignorer. Nous rationalisons ce que nous ne pouvons pas ne pas croire. *Ces choses arrivent*, nous disons-nous. *C'est nécessaire. Ce n'est pas aussi terrible qu'on le pense.* Et plus dangereux que tout: *C'est normal.*

La normalité nous murmure des douceurs à l'oreille tout en nous volant notre empathie.

Le même état d'esprit encourage notre cruauté envers les animaux tout comme notre cruauté envers d'autres êtres humains. Cependant, nous pouvons ne pas être prisonniers de la normalité. Nous pouvons nous libérer pour reconnaître que les humains et les animaux partagent largement le même souci : le besoin de sécurité, de confort et d'être traité avec douceur. La bonne nouvelle est que la solution à nos besoins est la même : l'empathie envers les animaux est l'extension naturelle et inévitable de notre empathie envers les autres humains.

Le psychologue de Harvard Jerome Kagan nota que « bien que les humains héritent d'un préjudice biologique qui leur permet de ressentir la colère, la jalousie, l'égoïsme et l'envie, et d'être malpolis, agressifs ou violents, ils héritent d'un préjudice biologique encore plus fort de bonté, de compassion, de coopération, d'amour et de soin – en particulier envers ceux qui en ont besoin[4] ». Notre câblage neurologique crée une boucle de retour positif qui encourage le développement de notre empathie. En d'autres termes, plus nous pratiquons l'empathie, plus celle-ci se renforce.

Notre attention envers les animaux est en train de grandir. Nous reconnaissons de plus en plus l'amour et la guérison que les amitiés avec les animaux peuvent nous apporter. Les humains voient maintenant d'un œil différent certains animaux sauvages qui traditionnellement étaient calomniés. Des animaux tels que les loups, les vautours, les rats, les chauves-souris et même les requins, sont plus populaires aujourd'hui qu'ils ne l'étaient auparavant[5]. Certains chercheurs suggèrent que la façon dont les Américains accordent de la valeur aux animaux sauvages est en train d'évoluer vers une vision qui considère la vie sauvage comme « faisant partie d'une famille élargie, et digne de soin et de compassion[6] ». L'attention médiatique grandissante envers l'extinction des espèces et la détresse des animaux élevés pour être mangés ou utilisés à des fins d'expériences, reflète notre souci grandissant à leur égard.

Nous commençons à reconnaître l'interconnexion entre nos vies et celles des autres animaux. Leur bien-être n'est pas séparé du nôtre. Au contraire, nous partageons le même destin.

À l'avenir, la façon d'être que nous choisirons d'adopter à l'égard des animaux dépendra de notre volonté à être *avec eux*. Non pas en tant que prédateur et proie, ou maître et serviteur, mais en tant que proches, partenaires et amis qui avancent côte à côte sur le chemin sinueux qui se tient devant nous. Nous ne perdons rien quand nous agissons de la sorte. En revanche, nous y gagnons notre santé, notre bonheur, notre humanité – et des amitiés irremplaçables.

Alors que je suis assise près d'Ivy, notre soleil commence lentement à se coucher. Un à un, les millions de soleils de mondes lointains se réveillent et me saluent. J'écoute tout le monde se coucher. Dans son sommeil, Ivy grogne. Dans le garage, Renee et Tommy rient doucement de quelque chose. Dans les arbres au-dessus de moi, les oiseaux bruissent. Dans leur mare, les canards cancanent. Les poules gloussent, les vaches meuglent, les chevaux hennissent, les chiens reniflent. Immergée dans ce chatoiement et ce chantonnement, le *Concerto pour piano n° 21* de Mozart me revient à l'esprit. Dans les voix heureuses des humains et des animaux, j'entends une symphonie de beauté.

Charger, un petit veau marron qui ressemble à un ours en peluche, vient d'arriver. Les parents humains de Charger n'ont pas eu le cœur de le voir se faire tuer après que leur fils étudiant du FFA s'est désintéressé de lui. Charger sort de son van d'un pas peu sûr après sa longue route. « Meueeuuh ! » dit-il en prenant connaissance de son nouvel environnement. Il appelle à nouveau. « Meeuuu-eeeuuuh ! » Il investit son corps et son âme dans ses *meuhs* à deux syllabes.

Du pâturage est, vingt bovins répondent à Charger. Des mâles, des femelles, des jeunes et des vieux. Ils sortent de derrière les arbres et s'alignent devant la barrière, curieux. Ils passent tous successivement leur tête entre les lattes de la barrière et touchent Charger, nez contre nez. Bienvenue, disent-ils à leur nouvel ami.

Je laisse Charger et les autres bovins, et me dirige vers le terrain principal. Mon dos contre une barrière, je m'assieds au sol et je ferme les yeux.

Je me détends dans la musique des bovins, et je pense à Sylvester. À la suite de ma confrontation avec Dave, lui et moi ne reparlâmes jamais du mal qu'il avait fait à notre chien. Mais pendant de nombreuses années, je m'étais souvent demandé si Dave regrettait la façon dont il l'avait traité. Dave avait-il jamais remis en question la normalité ? Ce fut lors de nos derniers instants avec Sylvester que la réponse à ces questions me fut donnée.

J'avais 19 ans et je lisais sur le porche extérieur de la maison de mes parents quand la voiture de Dave remonta notre allée. Dave était souvent venu nous voir dans notre maison à Vienna, en Virginie, mais ce jour-là, je sus immédiatement que quelque chose n'allait pas. Quand Dave sortit de sa voiture, son corps long et mince ne se déplia pas complètement.

Quand j'allai jusqu'à lui, je vis que son visage était marqué par le chagrin. « Sylvester est malade, me dit-il, la voix hésitante. Il souffre d'insuffisance hépatique et il est mourant. Le vétérinaire m'a dit qu'il n'en a plus que pour quelques jours. » Il leva les yeux vers les feuilles cuivrées du prunier qui nous surplombaient. « Je suis tout de suite venu ici. »

J'allai voir à la banquette arrière de la voiture de Dave et vis Sylvester allongé sur une couverture. Mon Dieu, qu'il était maigre ! Je pouvais voir ses côtes, et ses yeux étaient jaunis et creusés, son ventre distendu.

« Je vais le faire euthanasier demain, me dit Dave. Veux-tu venir avec moi ? »

L'après-midi suivant, je retrouvai Dave sur le parking devant l'hôpital pour animaux. Il m'avait attendue afin que nous puissions emmener Sylvester ensemble. Je lui demandai de me laisser d'abord seule quelques instants avec notre chien. Je voulais un dernier moment avec lui avant que nous n'entrions dans l'environnement froid et stérile de l'hôpital. J'entrai dans la voiture de Dave et m'agenouillai sur le sol. Les yeux de Sylvester trouvèrent les miens et il agita la queue contre la banquette avec ses dernières réserves d'énergie. Je posai ma tête contra la sienne et pris une inspiration. La voiture sentait comme lui – son odeur chaude et musquée. Je tentai d'ignorer l'odeur d'urine et d'excréments, et celle plus âcre encore de la maladie. Je plongeai mes mains dans sa fourrure et caressai son ventre doux. Quand les larmes se mirent à couler de mes yeux, Sylvester me lécha le visage. C'était la dernière fois qu'il pouvait me réconforter alors que plus que tout, je voulais le réconforter, lui.

Quand je ressortis de la voiture et fis un signe de la tête à Dave, ce dernier prit une grande inspiration, enveloppa Sylvester dans une couverture et le prit dans ses bras. Sylvester était si faible qu'il ne montra rien de la résistance dont il faisait habituellement preuve quand on l'emmenait chez le vétérinaire. Dave disait des mots doux à Sylvester en le portant. « C'est un bon chien, ça. Quel bon chien. Vesty, mon bon chien. »

Nous pénétrâmes dans le hall d'entrée de l'hôpital, où d'autres visiteurs attendaient avec une ménagerie d'animaux : des chats, des hamsters, des chiens, une perruche calopsitte. Ils baissèrent tous la voix quand ils nous virent entrer et nous regardèrent avec compréhension. Ils savaient pourquoi nous étions là. Les gens ont quelque chose de particulier dans l'expression de leur visage quand ils vont faire euthanasier leurs animaux. C'est une combinaison de chagrin et de résolution, en lutte avec la crainte.

Nous fûmes emmenés dans une salle d'examen où nous attendaient le vétérinaire et un assistant. Ils nous accueillirent avec bonté. La table d'examen était froide et ils nous proposèrent une serviette, mais nous préférâmes garder Sylvester dans sa douce couverture bleue et beige. Afin de me distancier un peu de la procédure à venir, j'adoptai une approche clinique. Je regardai le vétérinaire prendre la patte arrière gauche de Sylvester et chercher une veine de taille correcte. La seringue remplie de pentobarbital était déjà prête et, malgré mes tentatives pour me distraire, je grimaçai lorsque l'aiguille perça la peau de Sylvester. Le vétérinaire actionna un petit retour dans la seringue afin de vérifier qu'il avait bien accès au sang. Le sang de Sylvester se diffusa dans le pentobarbital. Sa vie entra dans la mort. Satisfait que l'aiguille fût bien placée dans la veine, le vétérinaire appuya sur la seringue. Je regardai celle-ci se vider. La mort entra dans la vie. Elle galopa à l'intérieur du corps de Sylvester – vers son cœur, ses poumons, ses bras, ses jambes. Quand le messager entra dans la base du crâne, il annonça que le moment était venu d'arrêter la respiration des poumons, d'arrêter le pompage du cœur. Le moment était venu de tout éteindre.

Je fis un pas en arrière pour laisser Dave avoir les derniers moments avec Sylvester. Dave entoura le corps de Sylvester de ses bras et lui prit doucement la tête dans ses mains. « Tout va bien, Vesty. Papa est là. Papa sera toujours avec toi », lui murmura-t-il. La tête de Sylvester se relâcha. Dave la reposa sur la couverture. Sylvester n'était plus.

Dave se jeta sur le corps de Sylvester et se mit à trembler et à pleurer comme s'il demandait pardon.

« Nous allons sortir et vous laisser seuls avec lui, dit le vétérinaire. Prenez tout votre temps. »

Je regardai Dave caresser le corps de Sylvester. Il passa ses mains sur le nez, les oreilles et les pattes de notre chien. Il examina la patte arrière gauche de Sylvester où l'aiguille avait été placée et où il y avait maintenant un bandage – je n'avais même pas remarqué que le vétérinaire lui avait bandé la plaie. Dave regarda le bandage, désorienté. Puis, il leva la patte et déposa un baiser sur la blessure. Les larmes que j'avais retenues menaçaient de couler en torrents. Je sortis, dans l'après-midi qui tirait à sa fin, pour pleurer seule.

Dave resta une demi-heure avec le corps de Sylvester. Plus tard, il ferait incinérer son corps et garderait les cendres dans une urne près de son lit. Quand je retournai dans l'hôpital pour vérifier si Dave allait bien, le vétérinaire vint me voir et me dit en aparté : « J'ai déjà dû euthanasier beaucoup d'animaux devant leurs propriétaires, mais je n'ai jamais vu quelqu'un pleurer aussi fort que votre oncle. »

Charger et les autres bovins continuent de meugler tour à tour, de plus en plus fort d'excitation. Derrière la barrière contre laquelle je suis adossée, j'entends un bruit différent – le pas lent et traînant de vieilles pattes arthritiques. Je sens une tête hésitante me pousser doucement entre les lattes de bois ; les cornes du bœuf sont douces contre mon bras. Je me lève, me retourne et regarde dans les doux yeux marron de Murray. Ils ne sont pas si différents de ceux de Sylvester.

Comment faire une différence

Quand j'étais adolescente, j'ai entendu une histoire vers laquelle je me tourne toujours lorsque je me sens submergée par l'énormité des défis que nous devons affronter pour rendre ce monde meilleur. Cette histoire a évolué au fil du temps par rapport à l'original, mais en essence la voici :

Un matin tôt, je marchais le long du rivage après une tempête et trouvai la grande plage envahie d'étoiles de mer à perte de vue dans les deux directions.

Au loin, je remarquai un autre homme qui, debout, observait quelque chose dans le sable. Puis, l'homme se baissa et jeta l'objet au-delà des vagues déferlant sur le rivage.

En marchant vers lui, je compris que l'homme se baissait occasionnellement pour ramasser une étoile de mer et la rejeter dans l'océan. Je l'appelai et lui demandai : « Bonjour ! Puis-je vous demander ce que vous faites ? »

L'homme leva les yeux et me répondit : « Je rejette des étoiles de mer dans l'océan. La marée les a déposées sur la plage et elles ne peuvent pas retourner dans la mer toutes seules. Elles mourront à moins que je ne les remette à l'eau. »

Je lui dis alors : « Mais il doit y avoir des milliers d'étoiles de mer sur cette plage ! Vous n'êtes qu'un seul homme. Je crains que vous ne puissiez pas faire une grande différence. »

L'homme se baissa, ramassa une nouvelle étoile de mer et la lança aussi loin que possible dans l'océan. Puis il se tourna vers moi, sourit et dit : « J'ai fait une différence pour celle-là ! »

En silence, je cherchai et ramassai une étoile de mer encore vivante et la lançai loin dans les vagues. « Je comprends, lui dis-je. Vous pouvez dire que je suis un autre lanceur. » Seulement alors me permis-je de penser : il n'est plus seul.

(Adapté de l'essai *The Star Thrower*
de Loren Eiseley, Mariner Books, 1979.)

Peut-être que personne ne peut sauver le monde, mais une personne peut sauver une vie… ou deux. Pensez également à tout ce que nous pouvons accomplir de façon collective. Si vous êtes touché par certaines histoires racontées dans cet ouvrage et si vous souhaitez soutenir les objectifs des personnes au cœur de ces aventures et les animaux en lien avec ces projets, je vous invite à explorer les pistes suivantes* :

Pour aider les victimes de violence domestique

Si vous soupçonnez que quelqu'un est victime ou si vous êtes vous-même victime de violence domestique, s'il vous plaît, ne restez pas sans rien dire. Il est possible de se faire aider. Contactez la Domestic Violence Hotline à : https://www.thehotline.org ou appelez le +1 800-799-7233.

* NdE : Ce développement fait référence à des organismes situés aux États-Unis. En France, pour venir en aide aux animaux en cas de maltraitance, vous pouvez prendre contact avec une association de protection des animaux. Vous trouverez une liste régulièrement mise à jour sur le site de la Fondation 30 millions d'amis : www.30millionsdamis.fr/annuaire-de-la-protection-animale

Pour encourager la création d'installations de logement pour animaux dans les refuges pour victimes de violence domestique

Contactez votre refuge local pour victimes de violence domestique et encouragez-les à ouvrir leurs portes aux membres non humains de la famille. Pour plus d'informations sur le lien qui existe entre la maltraitance animale, la maltraitance des enfants et d'autres formes de violence, consultez le site web de la National Link Coalition à : http://nationallinkcoalition.org. Vous pouvez partager ces informations avec votre refuge local.

Le programme Domestic Violence Safe Housing de l'association RedRover aux États-Unis offre des aides financières : https://redrover.org/resource/safe-housing-grant-recipients/.

Pour obtenir une aide juridique en cas de violence domestique ou de maltraitance d'animaux aux États-Unis, voir l'Animal Legal Defense Fund à : https://aldf.org/article/animal-cruelty-and-domestic-violence/.

Pour dénoncer des cas de maltraitance d'animaux

Si vous soupçonnez que quelqu'un est coupable de maltraitance ou de négligence à l'égard d'un animal, s'il vous plaît, faites quelque chose. Il est probable que personne d'autre n'agira. Le mieux est de dénoncer les actes dont vous êtes témoin à votre commissariat de police local, à une association de protection des animaux ou à un refuge pour animaux. Vous pouvez vous tourner vers l'une ou l'autre de ces options. N'hésitez pas à appeler directement la police si nécessaire. Plus la police reçoit d'appels de personnes inquiètes de cas de maltraitance d'animaux, plus elle réfléchira à l'idée de suivre l'exemple du New York Police Department (NYPD) et d'enquêter sur les actes de maltraitance ayant lieu sur leur territoire de compétence.

S'il n'y a pas d'association de protection des animaux près de chez vous et si vos services de police locaux ne sont pas équipés pour gérer des cas de cruauté envers des animaux, vous pouvez également appeler ou envoyer un e-mail à la Humane Society of the United States (HSUS), à People for the Ethical Treatment of Animals (PETA), et à l'American Society for the Prevention of Cruelty to Animals (ASPCA) pour obtenir des conseils et de l'aide aux États-Unis. Si un animal est dans une situation où sa vie est menacée et que vous ne parvenez pas à obtenir une aide immédiate de la part de vos organisations locales, appelez PETA. Ils vous aideront. Enfin, les trois organisations précitées expliquent sur leurs sites web comment documenter un cas de maltraitance animale pour constituer un dossier.

Pour aider les personnes sans-abri qui ont des animaux

Comme les personnes sans-abri se sentent souvent isolées, parlez-leur. Commencez par quelque chose comme : « Puis-je caresser votre chien ? » Dites quelque chose de gentil au sujet du chien et laissez la conversation continuer naturellement. Ne jugez pas ; simplement, écoutez. Demandez à cette personne ce qui les aiderait aujourd'hui. A-t-elle besoin de nourriture pour son chien, de l'eau, un repas ? Aux États-Unis, informez-la qu'elle peut appeler Feeding Pets of the Homeless si son animal tombe malade ou se blesse, au +1 775-841-7463. Leur site web est le suivant : https://www.petsofthehomeless.org.

- Vous pouvez également proposer de solliciter quelques lieux de récolte de dons pour Feeding Pets of the Homeless.
- Demandez à votre clinique vétérinaire de devenir un lieu de récolte de dons ou d'organiser une clinique bien-être que Feeding Pets of the Homeless pourrait financer.
- Envisagez d'organiser une collecte de nourriture pour animaux dans votre école, paroisse ou entreprise et faites parvenir les dons à l'un des fournisseurs de nourriture pour animaux de Feeding Pets of the Homeless. Contactez Feeding Pets of the Homeless et demandez-leur de vous aider pour que votre événement soit une réussite.
- Vous pouvez également rendre visite à vos refuges pour personnes sans-abri locaux et les informer des ressources disponibles *via* Feeding Pets of the Homeless, telles que des soins vétérinaires d'urgence pour leurs

animaux et des lieux où ils peuvent obtenir de la nourriture pour leurs compagnons.

Pour se préparer aux catastrophes naturelles

Consultez le site web de l'ASPCA pour trouver des conseils sur la façon de vous préparer et de protéger vos animaux en cas de catastrophe naturelle. Le site vous conseillera sur la préparation de fournitures d'urgence et de kits de voyage : https://www.aspca.org/pet-care/general-pet-care/disaster-preparedness.

Pour aider les animaux pris au piège dans la guerre en Syrie

Envisagez de faire un don à la Syrian Association for Rescuing Animals (SARA). Actuellement, des milliers d'animaux se font empoisonner ou maltraiter et/ou sont en train de mourir de faim à cause des atrocités qui leur sont infligées dans le cadre de la guerre. SARA est la seule association de protection des animaux connue qui reste en Syrie. La mission de SARA comprend l'adoption d'animaux, le sauvetage d'animaux et la lutte contre la cruauté à leur égard, l'éducation et le plaidoyer, et des cliniques de stérilisation. Vous pouvez soutenir le travail de SARA en consultant leur page Facebook : https://www.facebook.com/SARA-Syrian-Association-for-Rescuing-Animals-780093548765982/.

Pour aider James Guiliani

Le refuge de James Guiliani, Keno's Animal Sanctuary à New York, propose des ressources concernant l'adoption d'animaux et a toujours besoin de bénévoles : https://www.kenosanimalsanctuary.com.

Pour aider les animaux au Rowdy Girl Sanctuary

Le refuge Rowdy Girl Sanctuary au Texas a toujours besoin de bénévoles. Pour proposer vos services, consultez leur site web : https://rowdygirlsanctuary.org.

Pour réduire la souffrance des animaux d'élevage

La chose la plus efficace que nous puissions faire est de réduire notre consommation d'animaux et de produits issus des animaux, ou d'envisager de les supprimer pour de bon de notre assiette. Comme le dit un jour un homme sage : nous votons avec nos fourchettes trois fois par jour. En échangeant simplement le contenu d'une assiette contre un autre, vous pouvez contribuer à vous protéger d'un accident vasculaire cérébral, à endiguer le changement climatique, à prévenir une pandémie et à sauver des milliers d'animaux d'une vie misérable et d'une mort atroce. Il s'agit d'un très petit effort dont les effets seront très vastes.

- Vous pouvez commencer par un petit pas. Rejoignez le mouvement « Lundi sans viande » et encouragez votre école ou votre entreprise à proposer davantage de repas végétariens. Trouvez des groupes locaux qui échangent des recettes de repas végétariens ou commencez votre propre groupe. Pour trouver un guide sur la création de repas sans viande, consultez la page de HSUS à : https://www.humanesociety.org/all-our-fights/humane-eating. Par ailleurs, PETA propose des recettes merveilleuses et faciles : https://www.peta.org/recipes/.

- Pour plus d'informations sur la nutrition et des conseils utiles sur les repas végétariens, le site https://NutritionFacts.org est une ressource formidable.

Ce que vous pouvez faire d'autre pour aider les animaux

Quand vous achèterez votre prochain manteau d'hiver, choisissez un manteau dont le rembourrage provient d'une source alternative au duvet d'oiseau. Soutenez les organisations qui encouragent, pour la recherche médicale, des méthodes de test efficaces fondées sur la biologie humaine telles que les organes sur puces. S'il vous plaît, ne donnez pas votre argent pour visiter les petits zoos ou cirques de bord de route : ils sont reconnus pour être des lieux où les animaux sont maltraités. Cherchez des cirques, comme le Cirque du Soleil, qui ne font pas de numéros avec des animaux et qui présentent des prouesses humaines incroyables. Par ailleurs, s'il vous plaît, n'achetez pas d'animaux dans des animaleries, chez des éleveurs ou dans des usines à chiots. Trop d'animaux ont désespérément besoin d'un foyer. Adoptez plutôt un animal de refuge. Rendez visite à un refuge pour animaux ou à une association pour la protection des animaux pour adopter un animal, ou consultez Petfinder (https://www.petfinder.com) et Operation Paws for Homes (https://ophrescue.org).

Et enfin, chérissez vos compagnons !
Leur amour est irremplaçable.

Remerciements

Tout d'abord, je voudrais remercier tous ceux qui m'ont ouvert les portes de leur vie et ont partagé avec moi leurs histoires personnelles. Bien que la plupart des personnes citées dans ce livre le soient avec leur nom véritable, certains noms ont été modifiés afin de protéger certaines identités. J'ai eu un agent merveilleux, Beth Vesel, qui m'a offert d'excellents conseils sur la façon d'améliorer le livre. Jessica Case, mon éditrice, a dès le départ montré un soutien incroyable pour ce livre et m'a donné la chance que de nombreux éditeurs, qui soutenaient qu'il n'y avait aucun public pour un livre comme celui-ci, m'avaient refusée. Jessica était plus avisée. J'ai également la chance d'avoir une chargée de publicité, Tanya Farrell, qui non seulement adore le livre, mais également soutient à 100 % ses messages principaux.

Ce livre prit cinq ans à produire, de la première idée fragile au produit fini. L'un de mes plus chers amis, Greg Goodale, m'a accompagnée tout au long du processus en offrant son écoute et en explorant des idées avec moi. Il a toujours été là, à me donner l'élan de confiance nécessaire pour continuer quand j'en avais le plus besoin. Personne ne pourrait souhaiter un meilleur ami. Ma sœur Jabeen, elle-même écrivaine, m'a aidée à donner du *peps* au livre. Juliette White a assumé la tâche ingrate de retranscrire des heures et des heures d'interviews pour moi.

Mon mari Patrick et mon félin Silos sont les deux raisons pour lesquelles plus que tout au monde j'aime être chez moi, à la maison. Patrick est un homme tellement amusant et plaisant. Vivre avec lui est comme vivre avec les personnages de Monty Python, Seinfeld et *It's a Mad, Mad, Mad, Mad World* tout en un. Personne ne me fait rire autant que lui. Il m'a aussi construit une superbe bibliothèque remplie de livres qui m'a inspirée pour écrire même les jours gris et sombres. Mon Silos m'a capturée cœur et âme avec ses manières félines. Chaque jour, il me dit quand c'est le moment de prendre une pause et de jouer avec lui. J'aime tant ce petit chat. Enfin, bien sûr, il y a Sylvester, qui a fait de moi une personne plus forte.

Et comme je travaille pour le gouvernement américain, je dois fournir la clause de non-responsabilité obligatoire : les opinions que j'exprime dans ce livre sont les miennes.

Notes

Avant-propos

1. Peter Matthiessen, *The Snow Leopard.* (*NdT : ouvrage original cité par l'auteure.*) (*NdT : extrait cité par l'auteure : « And it is a profound consolation, perhaps the only one, to this haunted animal that wastes most of a long and ghostly life wandering the future and the past on its hind legs, looking for meanings, only to see in the eyes of others of its kind that it must die. »*)

2. Herman Melville, *Moby-Dick.* (*NdT : ouvrage original cité par l'auteure.*) (*NdT : extrait cité par l'auteure : « There is no folly of the beasts of the earth which is not infinitely outdone by the madness of men. »*)

3. (*NdT : extrait cité par l'auteure : « Grief results from love lost. »*)

4. (*NdT : extrait cité par l'auteure : « widen our circle of compassion to embrace all living creatures and the whole of nature in its beauty. »*)

5. (*NdT : extrait cité par l'auteure : « He who wishes to secure the good of others, has already secured his own. »*)

6. (*NdT : extrait cité par l'auteure : « One thing I do know: the only ones among you who will be really happy are those who have sought and found how to serve. »*)

7. (*NdT : extrait cité par l'auteure : « The simplest reason would tell each individual that he ought to extend his social instincts and sympathies to the men of all nations and*

races... our sympathies becoming more tender and more widely diffused until they are extended to all sentient beings. »)

8. *(NdT : extraits cités par l'auteure : « because in compassion » et « we dethrone ourselves from the center of our world. »)*

Prologue

1. Constitution de l'Organisation mondiale de la santé. Supplément, octobre 2006. http://www.who.int/governance/eb/who_constitution_en.pdf (consulté par l'auteure le 23 novembre 2018). *(NdT : extrait cité par l'auteure : « a state of complete physical, mental, and social well-being. »)*

2. Edward O. Wilson, *Biophilia* (Cambridge, MA: Harvard University Press, 1984). *(NdT : extrait cité par l'auteure : « ... the innately emotional affiliation of human beings to other living organisms. »)*

3. Brian Fagan, *The Intimate Bond: How Animals Shaped Human History* (New York: Bloomsbury Press, 2015), Préface. *(NdT : extrait cité par l'auteure : « our urge to make a connection with fellow creatures is so powerful that it takes a lot to override it. »)*

Chapitre 1

1. R. Curtis et R. Elliott, « An introduction to Einfühlung », *Art in Translation* 6, No. 4 (2014), p. 353–376.

2. Frans de Waal, *The Age of Empathy* (New York: Harmony Books, 2009).

3. L. Fadiga, Fogassi, G. Pavesi, *et al.*, « Motor facilitation during action observation: a magnetic stimulation study », *Journal of Neurophysiology* 73, No. 6 (1995), p. 2608–2611.

4. C. Keysers, B. Wicker, V. Gazzola, *et al.*, « A touching sight: SII/PV activation during the observation and experience of touch », *Neuron* 42, No. 2 (2004), p. 335–346 ; et P. Ferrari et G. Rizzolatti, « Mirror neuron research: the past and the future », *Philosophical Transactions of the Royal Society* B 369 (2014), p. 2013.0169.

5. K. Jankowiak-Siuda, K. Rymarczyk et A. Grabowska, « How we empathize with others: A neurobiological perspective », *Medical Science Monitor* 17, No. 2 (2011), p. RA18–RA24.

6. B. Bernhardt et T. Singer, « The neural basis of empathy », *Annual Review of Neuroscience* 35, No. 1 (2012), p. 1–23.

7. T. Singer, B. Seymour, J. O'Doherty, *et al.*, « Empathy for pain involves the affective but not sensory components of pain », *Science* 303 (2004), p. 1157–1162.

8. L. Nelson, « I feel your pain. Empathy lights up the same parts of the brain as personal injury », Nature, February 20, 2004. *(NdT : extrait cité par l'auteure : « Empathy (…) works by tapping into a brain mechanism that already exists for our own pain. This makes us believe we are feeling pain emotionally even when we are not feeling it physically. »)*

9. J. Decety, « The neurodevelopment of empathy in humans », *Developmental Neuroscience* 32, No. 4 (2010), p. 257–267 ; J. Decety et M. Svetlova, « Putting together phylogenetic and ontogenetic perspectives on empathy », *Developmental Cognitive Neuroscience* 2, No. 1 (2012), p. 1–24.

10. R. Franklin Jr., A. Nelson, M. Baker, *et al.*, « Neural responses to perceiving suffering in humans and animals », *Social Neuroscience* 8, No. 3 (2013), p. 217–227.

11. Jeremy Rifkin, *The Empathic Civilization* (New York: Penguin, 2009), p. 10. *(NdT : ouvrage original cité par l'auteure.) (NdT : extrait cité par l'auteure : « the very means by which we create social life and advance civilization. »)*

12. Kristin Dombek, *The Selfishness of Others: An Essay on the Fear of Narcissism* (New York: Farrar, Straus and Giroux, 2016).

13. Kevin Reece, « Cy-Fair Firefighters Say Goodbye to Last 9/11 Search-and-Rescue Hero », KHOU News, June 7, 2016, https://www.khou.com/article/news/local/animals/cy-fair-firefighters-say-goodbye-to-last-911-search-and-rescue-hero/285-234723483 (consulté par l'auteure le 27 octobre 2018). *(NdT : extraits cités par l'auteure : « She's part of Texas Task Force One » et « She's part of the Cy-Fair Fire Department. It's very hard. Bretagne's part of our family she's one of us. »)*

14. Merriam-Webster's Online Dictionary, https://www.merriam-webster.com/dictionary/family (consulté par l'auteure le 28 octobre 2018). *(NdT : extrait cité par l'auteure : « a group of persons of common ancestry. »)*

15. *(NdT : extrait cité par l'auteure, même référence que note de fin précédente : « the basic unit in society traditionally consisting of two parents rearing their children. »)*

16. Lisa Belkin, « A "Normal" Family », *The New York Times*, February 23, 2011, https://parenting.blogs.nytimes.com/2011/02/23/a-normal-family/ (consulté par l'auteure le 27 octobre 2018).

17. « Pets by the Numbers », Humane Society of the United States, http://www.humanesociety.org/issues/pet_overpopulation/facts/pet_ownership_statistics.html (consulté par l'auteure le 26 mai 2018).

18. Marianna Cerini, « China's Economy Is Slowing, but Their Pet Economy Is Booming », *Forbes*, March 23, 2016, https://www.forbes.com/sites/mariannacerini/2016/03/23/chinas-economy-is-slowing-but-their-pet-economy-is-booming/#2d5e49b04ef7 (consulté par l'auteure le 27 octobre 2018).

19. Manali Shah et Poorva Joshi, « Here Is Why Urban India Is Bringing Pets Home Faster Than Ever Before », *Hindustan Times*, January 12, 2016, https://www.hindustantimes.com/fashion-and-trends/animal-instict-here-is-why-urban-india-is-bringing-pets-home-faster-than-ever-before/story-vPwK5yRIOPH98EGRBlvNzM.html (consulté par l'auteure le 27 octobre 2018).

20. Ali Berman, « Hurricane Katrina Prompted a Shift in Pet Rights », *Mother Nature Network*, August 19, 2015, http://www.mnn.com/family/pets/stories/why-hurricane-katrina-was-shift-pets-rights (consulté par l'auteure le 13 septembre 2016).

21. M. Hunt, H. Al-Awadi et M. Johnson, « Psychological sequelae of pet loss following hurricane Katrina », *Anthrozoos* 21, Po. 2 (2008), p. 109–121.

22. T. Caldera, L. Palma, U. Penayo, *et al.*, « Psychological impact of the hurricane Mitch in Nicaragua in a one-year perspective », *Social Psychiatry and Psychiatric Epidemiology* 36, no. 3 (2001), p. 108–114.

23. F. Norris, J. Perilla, J. Riad, *et al.*, « Stability and change in stress, resources, and psychological distress following natural disaster: Findings from Hurricane Andrew », *Anxiety, Stress, and Coping* 12, No. 4 (1999), p. 363–396.

24. R. Voelker, « Post-Katrina mental health needs prompt group to compile disaster medicine guide », *JAMA* 295, No. 3 (2006), p. 259–60.

25. Mary Foster, « Evacuation of Pets a Priority after Katrina », Associated Press, August 24, 2010.

26. Associated Press, « Sad Story of Little Boy and his Dog Grips U.S. », NBC News, September 6, 2005, http://www.nbcnews.com/id/9223167/ns/health-pet_health/t/sad-story-little-boy-his-dog-grips-us/ (consulté par l'auteure le 12 septembre 2016).

27. Wayne Pacelle, *The Bond: Our Kinship with Animals, Our Call to Defend Them* (New York: William Morrow, 2011), p. 183.

28. « The Storm: 14 Days, a Timeline », *Frontline*, PBS, http://www.pbs.org/wgbh/pages/frontline/storm/etc/cron.html (consulté par l'auteure le 13 septembre 2016).

29. M. Hunt, K. Bogue et N. Rohrbaugh. « Pet ownership and evacuation prior to hurricane Irene », *Animals* (Basel) 2, No. 4 (2012), p. 529–539.

30. L. Arambasic, G. Kereste, G. Kuterovac-Jagodic, *et al.*, « The role of pet ownership as a possible buffer variable in traumatic experiences », *Studia Psychologica* 42, Nos. 1–2 (2000), p. 135–146.

31. S. Lowe, J. Rhodes, L. Zwiebach, *et al.*, « The impact of pet loss on the perceived social support and psychological distress of hurricane survivors », *Journal of Traumatic Stress* 22, No. 3 (2009), p. 244–247.

32. M. Hunt, K. Bogue et N. Rohrbaugh, « Pet ownership and evacuation prior to hurricane Irene », *Animals* (Basel) 2, No. 4 (2012), p. 529–539.

33. M. Hunt, H. Al-Awadi et M. Johnson, « Psychological sequelae of pet loss following hurricane Katrina », *Anthrozoos* 21, No. 2 (2008), p. 109–121.

34. S. Lowe, S. Joshi, P. Pietrzak, *et al.*, « Mental health and general wellness in the aftermath of hurricane Ike », *Social Science and Medicine* 124 (2015), p. 162–170.

35. M. Cordaro, « Pet loss and disenfranchised grief: Implications for mental health counseling practice », *Journal of Mental Health Counseling* 43 (2012), p. 283–294 ; N. Doherty et J. Feeney, « The composition of attachment networks through the adult years », *Personal Relationships* 11 (2004), p. 469–488 ; et P. Sable, « Pets, attachment, and well-being across the life cycle », *Social Work* 40, No.3 (1995), p. 334–341.

36. C. Rogers, « The critical need for animal disaster response plans », *Journal of Business Continuity & Emergency Planning* 9, No. 3 (2016), p. 262–271.

37. Caroline Schaffer, DVM, « Human-animal bond considerations during disasters », Integrated Medical, Public Health, Preparedness and Response Training Summit: Learning Together for a Nation Prepared, Dallas, TX, April 8, 2009, http://virginiasart.org/wordpress/wp-content/uploads/2012/05/Human-animal_bond_considerations_during_disasters_-_schaffer_caroline.pdf (consulté par l'auteure le 9 septembre 2016).

38. Francis Battista, « The Forgotten Victims of Disaster », CNN.com, August 28, 2015, http://www.cnn.com/2015/08/28/opinions/

battista-animals-katrina-aftermath/ (consulté par l'auteure le 13 septembre 2016) ; Louisiana SPCA, « Animal Rescue Facts », Katrina Dogs and Animal Rescue Stories, http://www.la-spca.org/about/katrina-dogs-animal-rescue-stories/rescuefacts (consulté par l'auteure le 14 septembre 2016) ; Fritz Institute, « Fritz Institute–Harris Interactive Katrina Survey Reveals Inadequate Immediate Relief Provided to Those Most Vulnerable », news release, April 26, 2006, http://www.fritzinstitute.org/prsrmPRFI-HIKatrinaSurvey.htm (consulté par l'auteure le 27 mai 2018).

39. L. Zottarelli, « Broken bond: An exploration of human factors associated with companion animal loss during Hurricane Katrina », *Sociological Forum* 25, No. 1 (2010), p. 110–122.

40. *(NdT : référence pour cette section également :* Francis Battista, « The Forgotten Victims of Disaster », CNN.com, August 28, 2015, http://www.cnn.com/2015/08/28/opinions/battista-animals-katrina-aftermath/ (consulté par l'auteure le 13 septembre 2016) ; Louisiana SPCA, « Animal Rescue Facts », Katrina Dogs and Animal Rescue Stories, http://www.la-spca.org/about/katrina-dogsanimal-rescue-stories/rescuefacts (consulté par l'auteure le 14 septembre 2016) ; Fritz Institute, « Fritz Institute–Harris Interactive Katrina Survey Reveals Inadequate Immediate Relief Provided to Those Most Vulnerable », news release, April 26, 2006, http://www.fritzinstitute.org/prsrmPR-FI-HIKatrinaSurvey.htm (consulté par l'auteure le 27 mai 2018).)

41. Louisiana SPCA, « Animal Rescue Facts », Katrina Dogs and Animal Rescue Stories, http://www.laspca.org/about/katrina-dogs-animal-rescue-stories/rescue-facts (consulté par l'auteure le 14 septembre 2016).

42. S. Heath et R. Linnabary, « Challenges of Managing Animals in Disasters in the U.S. », *Animals* (Basel) 5, No. 2 (2015), p. 173–192.

43. S. Heath, P. Kass, A. Beck, *et al.*, « Human and pet-related risk factors for household evacuation failure during a natural disaster », *American Journal of Epidemiology* 153, No. 7 (2001), p. 659–665 ; S. Heath, S. Voeks et L. Glickman, « Epidemiologic features of pet evacuation failure in a rapid onset disaster », *Journal of the American Veterinary Medical Association* 218, No. 12 (2001), p. 1898–1904.

44. K. Thompson, D. Every, S. Rainbird, *et al.*, « No pet or their person left behind: Increasing the disaster resilience of vulnerable groups through animal attachment, activities and networks », *Animals* (Basel) 4, No. 2 (2014), p. 214–240.

45. N. Field, L. Orsini, R. Gavish, *et al.*, « Role of attachment in response to pet loss », *Death Studies* 33, No. 4 (2009), p. 334–355 ; M. Hunt, H. Al-Awadi et

M. Johnson, « Psychological sequelae of pet loss following hurricane Katrina », *Anthrozoos* 21, No. 2 (2008), p. 109–121.

46. N. Field, L. Orsini, R. Gavish, *et al.*, « Role of attachment in response to pet loss », *Death Studies* 33, No. 4 (2009), p. 334–355.

47. M. Hunt, H. Al-Awadi et M. Johnson, « Psychological sequelae of pet loss following hurricane Katrina », *Anthrozoos* 21, No. 2 (2008), p. 109–121.

48. Stewart Cook, « I Saved a 300-Pound Pig From Hurricane Katrina », *The Dodo*, September 9, 2015, https://www.thedodo.com/rooty-300-pound-pig-rescuehurricane-katrina-1330659378.html (consulté par l'auteure le 15 octobre 2015).

49. *(NdT : extrait cité par l'auteure, même référence que note de fin précédente : « Approaching the home, we saw two people standing on the steps. "Do you have an animal to rescue?" someone asked. "It's my pig," The man cried. "Can you take my pig?" We entered his home and were introduced to Rooty, a Vietnamese potbellied pig. "She's my baby," the man said with love. "I can't leave her." The day before mandatory evacuations had been ordered across New Orleans, the National Guard were patrolling in airboats and following through on those orders. "I asked them to shoot her," said the man, tears welling in his eyes, "but they wouldn't do it. I can't leave her to starve." »)*

50. Jim Parsons, *Our Rooty: The True Tale of a New Orleans Pig* (Our Rooty: 2011) *(NdT : Ouvrage original cité par l'auteure.)*

51. S. Heath et R. Linnabary, « Challenges of Managing Animals in Disasters in the U.S. », *Animals* (Basel) 5, No. 2 (2015), p. 173–192 ; S. Ivry, « An Outpouring for Other Victims, the Four-Legged Kind », *The New York Times*, November 14, 2005.

52. Ali Berman, « Hurricane Katrina Prompted a Shift in Pet Rights », *Mother Nature Network*, August 19, 2015, http://www.mnn.com/family/pets/stories/why-hurricane-katrina-was-shift-pets-rights, (consulté par l'auteure le 13 septembre 2016) ; et Public Law 109–308, 109th Cong. (2006), https://www.gpo.gov/fdsys/pkg/PLAW-109 publ308/pdf/PLAW-109publ308.pdf (consulté par l'auteure le 28 mai 2018). *(NdT : extrait cité par l'auteure : « procurement, construction, leasing, or renovating of emergency shelter facilities and materials that will accommodate people with pets and service animals ».)*

53. M. Hunt, K. Bogue et N. Rohrbaugh. « Pet ownership and evacuation prior to hurricane Irene », *Animals* (Basel) 2, No. 4 (2012), p. 529–539.

54. F. Ascione, « Battered women's reports of their partners and their children's cruelty to animals », *Journal of Emotional Abuse* 1 (1997), p. 119–133 ; C. Marcus, « Victims of Domestic Violence; Women Suffer for Sake of Their Pets », *Sun Herald*, March 9, 2008 ; Volant, J. Johnson, E. Gullone, *et al.*, « The relationship between domestic violence and animal abuse », *Journal of Interpersonal Violence* 23, No. 9 (2008), p. 1277–1295 ; G. Goodman, « The relationship between intimate partner violence and other forms of family and social violence », *Emergency Medicine Clinics of North America* 24, No. 4 (2006), p. 889–903 ; S. Agrell, « Pets Help Abused Women – But May Make Them Vulnerable », *Globe and Mail* (Toronto), June 12, 2008 ; B. Gallagher, M. Allen et B. Jones, « Animal abuse and intimate partner violence: Researching the link and its significance in Ireland – A veterinary perspective », *Irish Veterinary Journal* 61 (2008), p. 658–667 ; S. Ross, « Abuse victims who refuse to leave for fear of their pets being harmed », *The Scotsman*, October 20, 2008 ; P. Owen, « Abuse Victims Often Fear for Pets », *Worcester Telegram & Gazette*, October 17, 2015, http://dev.telegram.com/article/20151017/NEWS/151019223 ; A. Gray, A. Fitzgerald et B. Barrett, « Fear for pets can put abused women at further risk », *The Conversation*, June 26, 2017 ; Ascione, « Battered women's reports of their partners and their children's cruelty to animals », *Journal of Emotional Abuse* 1 (1997), p. 119–133 ; J. Quinlisk, « Animal Abuse and Family Violence », dans Frank Ascione et Phil Arkow (éds.), *Child Abuse, Domestic Violence, and Animal Abuse: Linking the Circles of Compassion for Prevention and Intervention* (West Lafayette, IN.: Purdue University Press, 1999), p. 168–175.

55. C. Flynn, « Women's best friend: Pet abuse and the role of companion animals in the lives of battered women », *Violence Against Women* 6, No. 2 (2000), p. 162–177.

56. « Heroic Dog Saves Woman from Abuser, Incites Change in Shelter Policy », Life with Dogs, January 12, 2012, http://www.lifewithdogs.tv/2012/01/heroic-dog-saves-owner-from-abusive-spouse-incites-change-in-shelter-policy/ (consulté par l'auteure le 7 juillet 2017).

57. A. Fitzgerald, « "They Gave Me a Reason to Live": The Protective Effects of Companion Animals on the Suicidality of Abused Women », *Humanity and Society* 31 (2007), p. 355–378.

58. (*NdT : extrait cité par l'auteure, même référence que note de fin précédente : « stayed with their abusive partner longer than they otherwise would have because their "pets kept them going" by providing them with the social support necessary to cope with the abuse. »*)

59. Hilary Hanson, « Why This Domestic Violence Center's Pet Shelter Is Crucial for Both Animals and People », *Huffington Post*, May 22, 2015, https://www.huffingtonpost.com/2015/05/22/domestic-violence-center-pets_n_7421378.html.

60. U.S. Code of Federal Regulations, « 42 U.S. Code § 11302 – General Definition of Homeless Individual », Cornell Law School, Legal Information Institute, https://www.law.cornell.edu/uscode/text/42/11302?qt-us_code_temp_noupdates=3#qt-us_code_temp_noupdates (consulté par l'auteure le 11 juillet 2017). *(NdT : extrait cité par l'auteure : « a fixed, regular and adequate nighttime residence. »)*

61. Meghan Henry, Rian Watt, Lily Rosenthal et Azim Shivji, Abt Associates, *The 2017 Annual Homeless Assessment Report (AHAR) to Congress*, U.S. Department of Housing and Urban Development, December 2017, https://www.hudexchange.info/resources/documents/2017-AHAR-Part-1.pdf.

62. Leslie Irvine, *My Dog Always Eats First: Homeless People and Their Animals* (Boulder, CO: Lynne Rienner Publishers, 2013), p. 54. *(NdT : extrait cité par l'auteure : « eat before I do. They'll eat before I do, period. »)*

63. Leslie Irvine, *My Dog Always Eats First: Homeless People and Their Animals* (Boulder, CO: Lynne Rienner Publishers, 2013), p. 55. *(NdT : extrait cité par l'auteure : « People think because you're homeless, you can't take care of a dog Even people that have houses abuse and mistreat and neglect their animals, so that has nothing to do with it, whether you have a house. »)*

64. *(NdT : extrait cité par l'auteure : « When I finally had to ask for help for the one thing I hold dear to me, the only thing in the world I have left, not one agency, not one so called charity, not one vet that I contacted stepped forward to help… I cannot express my gratitude to Pets of the Homeless as not only were they the only organization [that responded], their quick and decisive action saved my service animal who is more like my child, but also me, as I cannot tell anyone who has not experienced the feeling of isolated helplessness when your beloved friend is so sick and ill, you feel so disgusted that you do not have the resources to provide the lifesaving attention they need and you do everything you can possibly do and then you realize time is running out for them. »)*

Chapitre 2

1. Susan S. Lang, « Learning a Second Language Is Good Childhood Mind Medicine, Studies Find », *Cornell Chronicle*, May 12, 2009.

2. Conversation avec Stanley Coren.

3. Levinson, « The dog as "co-therapist" », *Mental Hygiene* 46 (1962), p. 59–65 ; B. Levinson, « Pet psychotherapy: Use of household pets in the treatment of behavior disorder in childhood », *Psychological Reports* 17 (1965), p. 695–698.

4. Melinda Beck, « Beside Freud's Couch, a Chow Named Jofi », *The Wall Street Journal*, December 21, 2010.

5. Stanley Coren, « How Therapy Dogs Almost Never Came to Exist », *Psychology Today*, February 11, 2013.

6. William Glaberson, « By Helping a Girl Testify at Trial, a Dog Ignites a Legal Debate », *The Seattle Times*, August 9, 2011 ; Christine Clarridge, « Courthouse Dogs Calm Victims' Fears about Testifying », *The Seattle Times*, September 22, 2012.

7. Christine Clarridge, « Courthouse Dogs Calm Victims' Fears about Testifying », *The Seattle Times*, September 22, 2012. *(NdT : extraits cités par l'auteure : « I remember seeing him drink out of a sink in the bathroom and thinking that was awesome » et « I remember Jeeter slobbering on me. »)*

8. Christine Clarridge, « Dogs Lend Comfort to Kids in Court », *The Seattle Times*, May 12, 2009. *(NdT : extraits cités par l'auteure : « It's hard to explain », « He just had a tenderness about him that helped them find the strength they needed to tell the story they couldn't. » et « he knew they needed him then. »)*

9. D. Aydinonat, D. Penn, S. Smith, *et al.*, « Social isolation shortens telomeres in African grey parrots (*Psittacus erithacus erithacus*) », *PLOS One* (2014), https://doi.org/10.1371/journal.pone.0093839.

10. Laurel Braitman, *Animal Madness: How Anxious Dogs, Compulsive Parrots, and Elephants in Recovery Help Us Understand Ourselves* (New York: Simon and Schuster, 2014), p. 85. *(NdT : ouvrage original cité par l'auteure) (NdT : extrait cité par l'auteure : « Solitude brings melancholia to the majority of animals. They pine away and die from sheer loneliness, which explains many of their strange friendships. »)*

11. Henry Beston, *The Outermost House* (New York: Henry Holt and Company, 1928), p. 24–25. *(NdT : ouvrage original cité par l'auteure.)*

12. *(NdT : extrait cité par l'auteure, même référence que note de fin précédente : « We need another and a wiser and perhaps a more mystical concept of animals. Remote from universal nature, and living by complicated artifice, man in civilization surveys the creature through the glass of his knowledge and sees thereby a feather magnified and the whole image in distortion. We patronize them for their incompleteness, for their tragic fate of having taken form so far below ourselves. And therein we err, and greatly err...*

they are not underlings; they are other nations, caught with ourselves in the net of life and time, fellow prisoners of the splendour and travail of the earth. »)

13. Stephen R. Kellert, *Birthright: People and Nature in the Modern World* (New Haven, CT: Yale University Press, 2012), p. 26–28.

14. Stephen R. Kellert, *Birthright: People and Nature in the Modern World* (New Haven, CT: Yale University Press, 2012), p. 26–28.

15. B. Levinson, « Pet psychotherapy: Use of household pets in the treatment of behavior disorder in childhood », *Psychological Reports* 17 (1965), p. 695–688.

16. *(NdT : extraits cités par l'auteure, même référence que note de fin précédente : « He felt… that it was not possible for his adoptive parents to love him since there must have been something inherently wicked about him which brought about his desertion. », « we love this cat very much », et « I believe… this was the turning point in David's recovery. »)*

17. *The Health Benefits of Pets*, National Institutes of Health OMAR Workshop, September 10–11, 1987, https://consensus.nih.gov/1987/1987 healthbenefits-petsta003 html.htm.

18. J. Shiller, RN, « Nightingale's Cats », (n.d.), http://www.countryjoe.com/nightingale/cats.htm (consulté par l'auteure le 13 juillet 2016).

19. Florence Nightingale, *Notes on Nursing: What It Is, and What It Is Not* (New York: D. Appleton and Company 1860). *(NdT : extrait cité par l'auteure : « a small pet animal is often an excellent companion for the sick, for long chronic cases especially. »)*

20. E. Friedmann, A. Katcher, J. Lynch, *et al.*, « Animal companions and one-year survival of patients after discharge from a coronary care unit », *Public Health Reports* 95 (1980), p. 307–312.

21. G. Levine, K. Allen, L. Braun, *et al.*, « Pet ownership and cardiovascular risk. A scientific statement from the American Heart Association », *Circulation* 127 (2013), p. 2353–2363 ; E. Friedmann, S. Thomas, P. Stein, *et al.*, « Relation between pet ownership and heart rate variability in patients with healed myocardial infarcts », *American Journal of Cardiology* 91 (2003), p. 718–721 ; E. Friedmann et S. Thomas, « Pet ownership, social support, and one-year survival after acute myocardial infarction in the Cardiac Arrhythmia Suppression Trial (CAST) », *American Journal of Cardiology* 76 (1995), p. 1213–1217 ; L. Jennings, « Potential benefits of pet ownership in health promotion », *Journal of Holistic Nursing* 15 (1997),

p. 358–372 ; E. Friedmann et H. Son, « The human-companion animal bond: How humans benefit », *Veterinary Clinics of North America: Small Animal Practice* 39 (2009), p. 293–326 ; A. Beetz, K. Uvnas-Moberg, H. Julius, *et al.*, « Psychosocial and psychophysiological effects of human-animal interactions: The possible role of oxytocin », *Frontiers in Psychology* 3, Article 234 (2012).

22. Richard A. Gabriel, *No More Heroes: Madness and Psychiatry in War* (New York: Macmillan, 1988) ; Steve Bentley, « A Short History of PTSD: From Thermopylae to Hue Soldiers Have Always Had a Disturbing Reaction to War », *The VVA Veteran*, March/April 2005 ; Paul Lashmar, « The True Madness of War », *The Independent* (UK), September 2, 1998, https://www.independent.co.uk/arts-entertainment/the-true-madness-of-war-1195452.html.

23. « The Soldier's Heart », *Frontline*, PBS, March 1, 2005, https://www.pbs.org/wgbh/pages/frontline/shows/heart/.

24. Caroline Alexander, « The Shock of War », *Smithsonian Magazine*, September 2010, https://www.smithsonianmag.com/history/the-shock-of-war-55376701/.

25. Matthew J. Friedman, « History of PTSD in Veterans. Civil War to DSM-5 », US Department of Veteran Affairs, https://www.ptsd.va.gov/understand/what/history_ptsd.asp (consulté par l'auteure le 28 octobre 2018) ; C. Wooley, « Where are the diseases of yesteryear? », *Circulation* 53 (1976), p. 749–751.

26. L. Jones et J. Cureton, « Trauma redefined in the DSM-5: Rationale and implications for counseling practice », *Professional Counselor*, http://tpcjournal.nbcc.org/trauma-redefined-in-the-dsm-5-rationale-and-implications-for-counseling-practice/ (consulté par l'auteure le 30 juillet 2017) ; C. North, A. Suris, R. Smith, *et al.*, « The evolution of PTSD criteria across editions of DSM », *Annals of Clinical Psychiatry* 28 (2016), p. 197–208. *(NdT : extrait cité par l'auteure : « outside the range of usual human experience ».)*

27. American Psychiatric Association, *Diagnostic and Statistical Manual of Mental Disorders*, 5th ed. (Washington, DC: American Psychiatric Publishing, 2013) ; A. Pai, A. Suris et C. North, « Posttraumatic stress disorder in the DSM-5: controversy, change and conceptual considerations », *Behavioral Science* 7 (2017), p. 7. *(NdT : extrait cité par l'auteure : « exposed to actual or threatened death, serious injury, or sexual violence ».)*

28. National Center for PTSD, « How Common Is PTSD? », US Department of Veteran Affairs, https://www.ptsd.va.gov/public/ptsd-overview/basics/how-common-is-ptsd.asp (consulté par l'auteure le 30 juillet 2017).

29. Leo Shane III et Patricia Kime, « New VA Study Finds 20 Veterans Commit Suicide Each Day », *Military Times*, July 7, 2016.

30. E. Friedmann et H. Son, « The human-companion animal bond: How humans benefit », *Veterinary Clinics of North America: Small Animal Practice* 39 (2009), p. 293–326.

31. Rebecca Frankel, « Dogs at War: Smoky, a Healing Presence for Wounded WWII Soldiers », *National Geographic*, March 22, 2014.

32. M. Birch, L. Bustad, S. Duncan, *et al.*, « The Role of Pets in Therapeutic Programmes », dans I. Robinson (éd.), *The Waltham Book of Human-Animal Interaction* (Oxford, United Kingdom: Pergamon, 1995), p. 57–58.

33. Holloway Marston et Alicia Kopicki, « The impact of service dogs on postraumtic stress disorder in the veteran population », *The Military Psychologist*, April 2015.

34. M. O'Haire, N. Guerin et A. Kirkham, « Animal-assisted intervention for trauma: A systematic literature review », *Frontiers in Psychology* 6 (2015), p. 1121.

35. D. Mims et R. Waddell, « Animal assisted therapy and trauma survivors », *Journal of Evidence-Informed Social Work* 13, No. 5 (2016), p. 452–457.

36. A. Beetz, K. Uvnas-Moberg, H. Julius, *et al.*, « Psychosocial and psychophysiological effects of human-animal interactions: The possible role of oxytocin », *Frontiers in Psychology* 3, Article 234 (2012).

37. Tori DeAngelis, « The two faces of oxytoxin », *American Psychological Association* 39 (February 2008), p. 30, http://www.apa.org/monitor/feb08/oxytocin.aspx (consulté par l'auteure le 27 septembre 2016). *(NdT : extrait cité par l'auteure : « If hormones could win popularity contests, oxytocin might well be queen of the day. »)*

38. P. Zak, A. Stanton et S. Ahmadi, « Oxytocin increases generosity in humans », *PLOS ONE* 2, No. 11 (2007), e1128, doi:10.1371/journal.pone.0001128.

39. Paul Zak, « Dogs (and Cats) Can Love », *The Atlantic*, April 22, 2014.

40. *(NdT : extrait cité par l'auteure, même référence que note de fin précédente : « Studies showed that when humans engage in social activities with each other, oxytocin levels typically increase between 10 percent and 50 percent. The change in oxytocin, measured in blood, indexes the strength of the relationship between people. When your little daughter runs to hug you, your oxytocin could increase 100 percent. When a stranger*

shakes your hand, it might be 5 or 10 percent. If the stranger shaking your hand is attractive, oxytocin might increase 50 percent. »)

41. A. Beetz, K. Uvnas-Moberg, H. Julius, *et al.*, « Psychosocial and psychophysiological effects of human-animal interactions: The possible role of oxytocin », *Frontiers in Psychology* 3, Article 234 (2012).

42. J. Odendaal et R. Meintjes, « Neurophysiological correlates of affiliative behavior between humans and dogs », *Veterinary Journal* 165 (2003), p. 296–301.

43. Gregory Berns, « Dogs Are People, Too », *The New York Times*, October 5, 2013.

44. Paul Zak, « Dogs (and Cats) Can Love », *The Atlantic*, April 22, 2014.

45. *(NdT : extrait cité par l'auteure, même référence que note de fin précédente : « Their play involved chasing each other, jumping towards each other, and engaging in simulated fighting (baring teeth and snarling). »)*

46. *(NdT : extraits cités par l'auteure, même référence que note de fin précédente : « More striking was the goat's reaction to the dog » et « It had a 210 percent increase in oxytocin. At that level of increase... we essentially found that the goat might have been in love with the dog. The only time I have seen such a surge in oxytocin in humans is when someone sees their loved one, is romantically attracted to someone, or is shown an enormous kindness. »)*

47. *(NdT : extrait cité par l'auteure, même référence que note de fin précédente : « That animals of different species induce oxytocin release in each other suggests that they, like us, may be capable of love. It is quite possible that Fido and Boots may feel the same way about you as you do about them. You can even call it love. »)*

Chapitre 3

1. David Lee, « Tom : A Cat and His Patients », *Cats Magazine*, July 1980. *(NdT : extrait cité par l'auteure : « A male cat of questionable lineage was discovered on a Thursday evening almost two years ago in some shrubbery outside a shopping mall in Lima, Ohio. It was obvious to the finder that the cat had not eaten for several days, but after some degree of protest the derelict was successfully placed in a car and taken to the nearest grocery store, where a supply of cat food was purchased. The food was ravished by the semi-wild, emaciated cat. After being allowed to eat his fill, the cat was taken to the greenhouse of the Lima State Hospital for the Criminally Insane, which was known to be looking for a cat. »)*

2. Jennifer Feehan, « Doors Locked on Empty Prison Cells », *The Blade*, June 27, 2004.

3. th Annual Report of the Ohio Board of Administration for the Fiscal Year ended June 30, 1918, to the Governor of the State of Ohio (Mansfield, OH: Ohio State Reformatory Press, 1918).

4. J. Crist, « Psychiatric examinations at Lima State Hospital », *Ohio State Medical Journal* 63 (1967), p. 899–901.

5. « State Hospital May Turn over Wards to the U.S. », *Lima News* (Ohio), June 10, 1917. *(NdT : extrait cité par l'auteure : « one of the most modern and best-equipped institutions of its kind. »)*

6. Elisabeth Fisher, « Insulin Treatment for Insane Employed Here », *Lima News* (Ohio), July 18, 1937.

7. University of Cambridge, « Children often have a closer relationship with their pet than their siblings », *Science Daily*, May 13, 2015.

8. The Data Team, « A Key White House Post Remains Unfilled: First Pet », *The Economist*, July 17, 2017.

9. L. Hart, B. Hart et B. Bergin, « Socializing effects of service dogs for people with disabilities », *Anthrozoos* 1 (1987), p. 41–44.

10. L. Wood, K. Martin, H. Christian, *et al.*, « The pet factor – Companion animals as a conduit for getting to know people, friendship formation and social support », *PLOS ONE* 10, No. 4 (2015), e0122085.doi:10.1371/journal.pone.0122085.

11. Julie Beck, « How Dogs Make Friends for Their Humans », *The Atlantic*, November 30, 2015.

12. N. Gueguen et S. Ciccotti, « Domestic dogs as facilitators in social interaction: An evaluation of helping and courtship behaviors », *Anthrozoos* 21 (2008), p. 339–349.

13. M. Schneider et L. Harley, « How dogs influence the evaluation of psychotherapists », *Anthrozoos* 19 (2006), p. 128–142.

14. John Locke, *The Educational Writings of John Locke*, John William Adamson (éd.) (1912; repr., London: Edward Arnold, 1922), p. 91. *(NdT : extrait cité par l'auteure : « be accustomed from their cradles to be tender to all sensible creatures. »)*

15. Katherine C. Grier, *Pets in America* (Chapel Hill, NC: University of North Carolina Press, 2006), p. 177. *(NdT : extrait cité par l'auteure : « great preventative against the thoughtless cruelty and tyranny they are so apt to exercise toward all dependent beings. »)*

16. Daniel Goleman, *Emotional Intelligence*, 10th ed. (New York: Bantam, 2006), p. 43. *(NdT : ouvrage original cité par l'auteure) (NdT : extrait cité par l'auteure : « Empathy is the fundamental people skill. »)*

17. Y. Zang, F. Kong, Y. Zhong, *et al.*, « Personality manipulations: Do they modulate facial attractiveness ratings? », *Personality and Individual Differences* 70 (2014), p. 80–84.

18. *(NdT : extrait cité par l'auteure ; même référence que note de fin précédente : « we find that "what is good is beautiful" ».)*

19. Scott Barry Kaufman, « Is kindness physically attractive? », *Scientific American*, October 9, 2014 ; V. Swami, A. Furnham, T. Chamorro-Premuzic, *et al.*, « More than just skin deep? Personality information influences men's ratings of the attractiveness of women's body sizes », *Journal of Social Psychology* 150 (2010), p. 628–647.

20. J. Hamlin et K. Wynn. « Young infants prefer prosocial to antisocial others », *Cognitive Development* 26 (2011), p. 30–39.

21. K. Layous, S. Nelson, E. Oberle, *et al.*, « Kindness counts: Prompting prosocial behavior in preadolescents boost peer-acceptance and well-being », *PLOS ONE* 7 (2017), e51380, https://doi.org/10.1371/journal.pone.0051380.

22. Daniel Goleman, « Wired for Kindness: Science Shows We Prefer Compassion, and Our Capacity Grows with Practice », *Washington Post*, June 23, 2015.

23. F. Ascione et C. Weber, « Children's attitude about the humane treatment of animals and empathy: One year follow-up of a school based intervention », *Anthrozoos* 4 (1996), p. 188–195.

24. R. Poresky et C. Hendrix, « Differential effects of pet presence and pet-bonding on young children », *Psychological Reports* 67 (1990), p. 51–54.

25. J. Sprinkle, « Animals, empathy, and violence: Can animals be used to convey principles of prosocial behavior to children? », *Youth Violence and Juvenile Justice* 6 (2008), p. 47–58 ; A. Beetz, K. Uvnas-Moberg, H. Julius, *et al.*, « Psychosocial

and psychophysiological effects of human-animal interactions: The possible role of oxytocin », *Frontiers in Psychology* 3, Article 234 (2012).

26. David L. Hopecraft, « Jury Probe Ordered into Lima Hospital », *Plain Dealer* (Cleveland), August 7, 1971.

27. Edward P. Whelan et Richard C. Widman, « Medication Was Denied Diabetic, Says Lima Aide », *Plain Dealer* (Cleveland), May 25, 1971 ; « 50 Exclusive Stories Showed Lima Horror », *Plain Dealer* (Cleveland), August 7, 1971 ; Edward P. Whelan et Richard C. Widman, « Aide Forced Homosexual Acts, Lima Patients' Statements Say », *Plain Dealer* (Cleveland), May 20, 1971 ; Edward P. Whelan et Richard C. Widman, « State Patrol Sifts Files on Deaths at Lima State », *Plain Dealer* (Cleveland), May 29, 1971 ; Edward P. Whelan et Richard C. Widman, « Beatings Led to Lima Patient's Suicide, Says Fired Attendant », *Plain Dealer* (Cleveland), May 21, 1971 ; Edward P. Whelan et Richard C. Widman, « Lima's Inmates Exist Amid Fear, Brutality », *Plain Dealer* (Cleveland), May 14, 1971 ; Edward P. Whelan et Richard C. Widman, « Lima Inmate Tells of Two Beatings », *Plain Dealer* (Cleveland), May 19, 1971 ; Edward P. Whelan et Richard C. Widman, « Abuse Killed 2 Patients, Lima Aide Says », *Plain Dealer* (Cleveland), May 27, 1971.

28. Richard C. Widman et Edward P. Whelan, « 31 Lima Indictments Made », *Plain Dealer* (Cleveland), November 23, 1971.

29. Davis v. Watkins, 384 F. Supp. 1196 (N.D. Ohio 1974).

30. K. Davis, « Perspectives of youth in an animal-centered correctional vocational program: A qualitative evaluation of Project Pooch », 2007, www.pooch.org/documents/project-pooch-qualitative-eval.pdf. *(NdT : extrait cité par l'auteure : « how much a dog can love you depends on you. »)*

31. T. Harkrader, T. Burke et S. Owen, « Pound puppies: The rehabilitative use of dogs in correctional facilities », *Corrections Today* (2004), p. 74–79.

32. A. Fournier, E. Geller et E. Fortney, « Human-animal interaction in a prison setting: Impact on criminal behavior, treatment progress, and social skills », *Behavior and Social Issues* 16 (2007), p. 89–105.

33. R. Huss, « Canines (and cats!) in correctional institutions: Legal and ethical issues relating to companion animal programs », *Nevada Law Journal* 14 (2014), p. 25–62.

34. E. Strimple, « A history of prison inmate-animal interaction programs », *American Behaviorial Scientist* 4 (2003), p. 70–78.

35. « Pets and people: A new look at an old alliance », *Carnation Research Digest* 17 (Fall 1981), p. 3–6. *(NdT : extrait cité par l'auteure : « In the past, I never had that really deep-down compassion-type feeling for any kind of animal. As a boy, I used to go hunting quite a lot and shoot rabbits. I never even thought they were animals. Now, after seeing the birds and the guinea pigs and the hamsters and the gerbils and the rabbits on the ward and coming close to them, you really understand the necessity of feeling for these animals and not harming them. »)*

36. « Lima's pet therapy program proves successful to patients », *Mental Horizons* (December 1978). *(NdT : extrait cité par l'auteure : « I had never felt compassion. »)*

37. Kathy Gray Foster, « A Means of Escape: Pet Therapy in Prison », *Columbus Dispatch*, December 5, 1982. *(NdT : extrait cité par l'auteure : « I used to argue with the attendants. Now I just come in and talk to the bird, and I just don't yell at anyone anymore. »)*

38. Janet Filips, « Lima's Menagerie Helps the Inmates Conquer Depression », *Dayton Journal Herald*, June 1981. *(NdT : extrait cité par l'auteure : « I'll tell you, if somebody came to my room and started arguing, I'd push him out the door All I gotta do is go in my room and watch my fish. If those fish can live in peace with each other, I can. »)*

39. G. Domes, M. Heinrichs, A. Michel, *et al.*, « Oxytocin improves "mind reading" in humans », *Biological Psychiatry* 61, No. 6 (2007), p. 731–733.

40. *(NdT : extrait cité par l'auteure, même référence que note de fin précédente : « mind reading ».)*

41. Allan et Barbara Pease, « The Definitive Book of Body Language », *The New York Times*, September 24, 2006.

Chapitre 4

1. Susan Zalkind, « "The End of an Era": Ringling Bros Circus Closes Curtain on Elephant Shows », *The Guardian* (UK), May 2, 2016 ; Kate Good, « Exposed ! Ringling Brothers and Barnum and Bailey Circus », *One Green Planet*, August 22, 2014, http://www.onegreenplanet.org/animalsandnature/ringling-brothers-barna-bailey-cruelest-show-on-earth/ (consulté par l'auteure le 21 janvier 2017). *(NdT : extrait cité par l'auteure : « the end of an era ».)*

2. R. Gleyzer, A. Felthous et C. Holzer III, « Animal cruelty and psychiatric disorders », *Journal of the American Academy of Psychiatry and the Law* 30, No. 2 (2002), p. 257–265.

3. A. Akhtar, *Animals and Public Health: Why Treating Animals Better Is Critical to Human Welfare* (Hampshire, UK: Palgrave Macmillan, 2012), p. 27–51 ; A. Akhtar, « The need to include animal protection in public health policies », *Journal of Public Health Policy* 34 (2013), p. 549–559.

4. Motion and Affidavit for Order Authorizing Issuance of Warrant of Arrest, signé par Dennis M. Hunter, Clark County Prosecuting Attorney, March 25, 1995 ; Superior Court of the State of Washington. *State of Washington v. Keith Hunter Jesperson*, October 19, 1995 ; Superior Court of the State of Washington. *State of Washington v. Keith Hunter Jesperson*, December 19, 1995 ; Superior Court of the State of Washington. *State of Washington v. Keith Hunter Jesperson*, January 12, 1996 ; Superior Court of the State of Washington. *State of Washington v. Keith Hunter Jesperson*, February 15, 1996.

5. Copie de la letter récupérée dans les documents de la cour de l'État du Washington.

6. John Painter Jr., « Long-Haul Trucker Admits Being Killer », *The Oregonian*, August 4, 1995 ; John Painter Jr., « Could He Be Happy Face Killer ? », *The Oregonian*, August 6, 1995.

7. (*NdT : extrait cité par l'auteure : « Dear Aysha, You say you want to talk to me here. I guess so. Been a long time since someone so pretty sat across from me with such a pretty smile and long hair. Aren't you afraid you'll fall madly in love with me and want to sweep me off my feet… I'll be in charge? What kind of crap is that? Seriously, Aysha, it isn't about control at all. If we do this, we need to put that kind of thought behind us. We move ahead with a mutual task at hand. All I ask is that you be honest with me and yourself. Come with an open mind. I've been lied to before. At beginning of each visit and at end, we can embrace, hug, kiss, shake hands, stare into each other's eyes – get excited OR NOT. You can set up a phone account with Telmate. We should not get ahead of ourselves. I don't want to waste your time or mine in all of this. Have a job in here and between doing art and answering mail and exercising, little time is left to write at a life's story. Take care, Keith »*).

8. J. Macdonald, « The threat to kill », *American Journal of Psychiatry* 120 (1963), p. 125–130. (*NdT : extrait cité par l'auteure : « boasted of their sadistic exploits and took pleasure in describing their hunting triumphs and their skill in karate or judo. »*)

9. R. Gleyzer, A. Felthous et C. Holzer III, « Animal Cruelty and Psychiatry Disorders », *Journal of the American Academy of Psychiatry and the Law* 30, No. 2 (2002), p. 257–265.

10. Robert K. Ressler et Tom Schactman, *Whoever Fights a Monster* (New York: St. Martin's Press, 1992), p. 26, p. 29 ; Daniel Goleman, « Clues to a Dark Nurturing Ground for One Serial Killer », *The New York Times*, August 7, 1991.

11. Don DeNevi et John H. Campbell, *Into the Minds of Madmen* (Amherst, NY: Prometheus Books, 2004), p. 181.

12. Robert K. Ressler, Ann W. Burgess et John E. Douglas, *Sexual Homicide: Patterns and Motives* (New York: Free Press, 1992), xiii.

13. Robert K. Ressler, Ann W. Burgess et John E. Douglas, *Sexual Homicide: Patterns and Motives* (New York: Free Press, 1992), p. 29.

14. F. Ascione, « Animal abuse and youth violence », *Juvenile Justice Bulletin* (September 2001), p. 1–15. *(NdT : extrait cité par l'auteure : « Taken together, these studies suggest that animal abuse may be characteristic of the developmental histories of between one in four and nearly two in three violent adult offenders. »)*

15. F. Ascione, « Children who are cruel to animals: A review of research and implications for developmental psychopathology », *Anthrozoos* 6 (1993), p. 2226–2247. *(NdT : extrait cité par l'auteure : « socially unacceptable behavior that intentionally causes unnecessary pain, suffering or distress to, and/or death of, an animal. »)*

16. C. Flynn, « Examining the links between animal abuse and human violence », *Crime, Law and Social Change* 55 (2011), p. 453–468.

17. D. Offord, M. Boyle et Y. Racine, « The epidemiology of antisocial behavior in childhood and adolescence », dans K. Rubin et D. Pepler (éds.), *The Development and Treatment of Childhood Aggression* (Hillsdale, NJ: Lawrence Erlbaum Associates, 1991), p. 31–54 ; F. Ascione, « The abuse of animals and human interpersonal violence: Making the connection », dans F. Ascione et P. Arkows (éds.), *Child Abuse, Domestic Violence, and Animal Abuse: Linking the Circles of Compassion for Prevention and Intervention* (West Lafayette, IN: Purdue University Press, 1999), p. 50–61 ; B. Boat, « The relationship between violence to children and violence to animals. An ignored link? », *Journal of Interpersonal Violence* 10 (1995), p. 229–235.

18. R. Lockwood et A. Church, « Deadly Serious : An FBI Perspective on Animal Cruelty », *HSUS News*, Fall 1996, p. 27–30. *(NdT : extrait cité par l'auteure : « We believe that the real figure was much higher. »)*

19. S. Tallichet et C. Hensley, « Exploring the link between recurrent acts of childhood and adolescent animal cruelty an subsequent violent crime », *Criminal Justice Review* 29 (2004), p. 304–316 ; C. Flynn, « Examining the links between

Animal Abuse and Human Violence », *Crime, Law and Social Change* 55 (2011), p. 453–468 ; et F. Ascione, « Animal abuse and youth violence », *Juvenile Justice Bulletin* (September 2001), p. 1–15.

20. Eric W. Hickey, *Serial Murderers and Their Victims*, 7th ed. (Belmont, Calif.: Wadsworth Publishing, 2015), p. 142 ; S. Tallichet et C. Hensley, « Exploring the link between recurrent acts of childhood and adolescent animal cruelty and subsequent violent crime », *Criminal Justice Review* 29 (2004), p. 304–316.

21. *(NdT : extrait cité par l'auteure : « Your [first] letter suggested urgency to set up visiting. Yet, you are now not in a hurry to get in here. »)*

22. John E. Douglas et Mark Olshaker, *Mind Hunter: Inside the FBI's Elite Serial Crime Unit* (New York: Pocket Books, 1995), p. 108. *(NdT : extraits cités par l'auteure : « Manipulation. Domination. Control. » et « These are the three watchwords of violent serial offenders. »)*

23. Cité dans F. Ascione, *Children and Animals: Exploring the Roots of Kindness and Cruelty* (West Lafayette, IN: Purdue University Press 2005), p. 70. *(NdT : extrait cité par l'auteure : « The child does not yet show any trace of the pride which afterwards moves the adult civilized man to set up a sharp dividing line between his own nature and that of all other animals. »)*

24. C. Siebert, « The Animal-Cruelty Syndrome », *The New York Times*, June 7, 2010.

25. C. Siebert, « The Animal-Cruelty Syndrome », *The New York Times*, June 7, 2010. *(NdT : extrait cité par l'auteure : « are often driven to suppress their own feelings of kindness and tenderness toward a pet because they can't bear the pain caused by their own empathy for the abused animal. »)*

26. F. Ascione, *Children and Animals: Exploring the Roots of Kindness and Cruelty* (West Lafayette, IN: Purdue University Press 2005), p. 70.

27. B. Daly et L. Morton, « Empathic correlates of witnessing the inhumane killing of an animal: An investigation of single and multiple exposures », *Society & Animals* 16 (2008), p. 243–255.

28. C. Hensley et S. Tallichet, « Learning to be cruel? Exploring the onset and frequency of animal cruelty », *International Journal of Offender Therapy and Comparative Criminology* 49 (2005), p. 37–47.

29. S. Vollum, J. Buffington-Vollum et D. Longmire, « Moral disengagement and attitudes about violence toward animals », *Society & Animals* 12 (2004), p. 209–235.

30. F. Tapia, « Children who are cruel to animals », *Child Psychiatry and Human Development* 2 (1971), p. 70–77 ; C. Siebert, « The Animal-Cruelty Syndrome », *The New York Times*, June 7, 2010 ; F. Ascione, « Animal abuse and youth violence », *Juvenile Justice Bulletin* (September 2001), p. 1–15.

31. (*NdT : extraits de la lettre cités par l'auteure : « Aysha, Today I'm 61 years old. My brother Bruce is 63 today... You have been approved!! Yahoooo! Female company!!! », « We can embrace, And I'll hold you close to me, or maybe not. We'll play it by ear... » et « I've taken you off my visitor's list. Don't bother writing any more. We are done. »*)

32. J. Levin et A. Arluke, « Reducing the Link's False Positive Problem », dans A. Linzey (éd.), *The Link between Animal Abuse and Human Violence* (Eastbourne, United Kingdom: Sussex Academic Press, 2009), p. 164–171.

33. Citée dans Eric W. Hickey, *Serial Murderers and Their Victims*, 7th ed. (Belmont, CA: Wadsworth Publishing, 2015), p. 142. (*NdT : extrait cité par l'auteure : « One of the most dangerous things that can happen to a child is to kill or torture an animal and not be held responsible. »*)

34. Piers Beirne, *Confronting Animal Abuse. Law, Criminology, and Human-Animal Relationships* (Lanham, MD: Rowman & Littlefield Publishers, 2009), p. 187.

35. Kaly Soto, « Teen Accused in Abuse of Cat Remains on Team », *Statesman Journal* (Salem, OR), November 25, 1996 ; Janet Davies, « Teens Accused of Bludgeoning Cat Are Indicted on Felony Animal Abuse », *Statesman Journal* (Salem, OR), December 5, 1996.

36. Kaly Soto, « Teen Accused in Abuse of Cat Remains on Team », *Statesman Journal* (Salem, OR), November 25, 1996.

37. Keith Jesperson, « Animal Abuse Should Set Off Alarm, Killer Says », *Statesman Journal* (Salem, OR), December 7, 1996. (*NdT : extrait cité par l'auteure : « It's in the crime journals of all major law enforcement agencies. Abusive behavior toward animals is one of the symptoms on the road to being a murderer. It was in my early adulthood that my aggression toward animals increased. My father witnessed me throwing a cat against the pavement and then strangling it to death. We owned the rental in which the cat was found. Instead of telling me it was wrong, he was kind of proud of the way I took care of it. He even bragged about the way I took care of the stray cats and dogs in our mobile home park. All this did was to spawn in me the urge to kill again. I began to think of what it would be like to kill a human being. The thought stayed with me for years, until one night it happened. I killed a woman by beating her almost to death and finished her off by strangulation. No longer did I search for animals to mistreat. I now*

looked for people to kill. And I did. I killed over and over until I was caught. Now I'm paying for it with the rest of my life behind bars. We should stop the cruelty to anything before it develops into a bigger problem, like me. Violence and aggression may cause bigger problems than just the senseless beating of a cat. Keith Jesperson. »)

Chapitre 5

1. R. Simmons, « Dog Eat Dog: The Bloodthirsty Underworld of Dogfighting », *OC Dog Newspaper*, December 26, 2005. (*NdT : extraits de la lettre cités par l'auteure : « Crime doesn't happen in a vacuum » et « When you have violent people betting large sums of money, you're going to have problems. »*)

2. S. Tallichet, C. Hensley, A. O'Bryan, *et al.*, « Targets for cruelty: Demographic and situational factors affecting the type of animal abused », *Criminal Justice Studies* 18 (2005), p. 173–182.

3. K. Schiff, D. Louw et F. Ascione, « Animal relations in childhood and later violent behavior against humans », *Acta Criminologica* 12 (1999), p. 77–86.

4. A. Arluke, J. Levin, C. Luke, *et al.*, « The relationship of animal abuse to violence and other forms of antisocial behavior », *Journal of Interpersonal Violence* 14 (1999), p. 963–975.

5. B. Degenhardt, *Statistical Summary of Offenders Charged with Crimes against Companion Animals July 2001–July 2005*, Chicago Police Department.

6. (*NdT : extrait cité par l'auteure, même référence que note de fin précédente : « revealed a startling propensity for offenders charged with crimes against animals to commit other violent offenses toward human victims. »*)

7. Lisa Gutierrez, « FBI Begins Tackling Animal Abuse Like It Does Murder and Rape », *Kansas City Star*, January 26, 2016 ; Colby Itkowitz, « A Big Win for Animals: The FBI Now Tracks Animal Abuse Like It Tracks Homicides », *Washington Post*, January 6, 2016.

8. C. Brown, « Dogfighting Charges Filed against Falcons' Vick », *The New York Times*, July 18, 2007 ; M. Maske, « Falcons' Vick Indicted in Dogfighting Case », *Washington Post*, July 18, 2007 ; Associated Press, « Michael Vick Sentenced to 23 Months in Jail for Role in Dogfighting Conspiracy », December 10, 2007.

9. Kenneth A. Harkewicz, « Three Common Ailments of Tortoises in Captivity », *Reptile Magazine*, http://www.reptilesmagazine.com/Reptile-Health/

DiseaseManagement/Three-Common-Ailments-Of-Tortoises-In-Captivity/ (consulté par l'auteure le 1er décembre 2017) ; Mary Hopson, « Metabolic Bone Disease », The Turtle Puddle, https://www.turtlepuddle.org/health/mbd.html ; Richard W. Woerpel et Walter J. Rosskopf Jr., « Care of Water Turtles », Chadwell Animal Hospital, http.//chadwellanimalhospital.com/care-water-turtles/ (consulté par l'auteure le 1er décembre 2018).

10. People v. Basile, 2015 NY Slip Op. 05623.

11. R. Gleyzer, A. Felthous et C. Holzer III, « Animal cruelty and psychiatric disorders », *Journal of the American Academy of Psychiatry and the Law* 30, No. 2 (2002), p. 257–265.

12. M. Vaughn, Q. Fu, M. DeLisi, *et al.*, « Correlates of cruelty to animals in the United States: Results from the national epidemiologic survey on alcohol and related conditions », *Journal of Psychiatric Research* 43 (2009), p. 1213–1218.

13. M. Gordon, T. Kinlock et R. Battjes, « Correlates of early substance abuse and crime among adolescents entering outpatient substance abuse treatment », *American Journal of Drug and Alcohol Abuse* 30 (2004), p. 39–59.

14. S. Degue et D. Dilillo, « Is animal cruelty a "red flag" for family violence? Investigating co-occurring violence toward children, partners, and pets », *Journal of Interpersonal Violence* 24 (2009), p. 1035–1056 ; J. Quinlisk, « Animal Abuse and Family Violence », dans F. Ascione et P. Arkow (éds.), *Child Abuse, Domestic Violence, and Animal Abuse: Linking the Circles of Compassion for Prevention and Intervention* (West Lafayette, IN: Purdue University Press, 1999), p. 168–175 ; M. Volant, J. Johnson, E. Gullone, *et al.*, « The relationship between domestic violence and animal abuse: An Australian study », *Journal of Interpersonal Violence* 23, No. 9 (2008): p. 1277–1295 ; C. Simmons et P. Lehmann, « Exploring the link between pet abuse and controlling behaviors in violent relationships », *Journal of Interpersonal Violence* 22 (2007), p. 1211–1222.

15. F. Walsh, « Human-animal bonds II: The role of pets in family systems and family therapy », *Family Process* 48 (2009), p. 481–499.

16. « UNCC research links animal abuse, crimes against people », *Community Policing Digest* 3 (1998), p. 3–4.

17. ORS 167.310, « Definitions for ORS 167.310 to 167.351 », https://www.oregonlaws.org/ors/167.310 (consulté par l'auteure le 29 novembre 2017). *(NdT : extrait cité par l'auteure : « any nonhuman mammal, bird, reptile, amphibian or fish. »)*

18. « Vernon's Annotated Missouri Cruelty to Animal Statutes. Title XXXVIII. Crimes and Punishment; Peace Officers and Public Defenders. Chapter 578. Miscellaneous Offenses », Michigan State University College of Law, Animal Legal and Historical Center, https://www.animallaw.info/statute/mo-crueltyconsolidated--cruelty-statutes. *(NdT : extrait cité par l'auteure : « every living vertebrate except a human being. »)*

19. Texas Penal Code § 42.092. Cruelty to Nonlivestock Animals. https://codes.findlaw.com/tx/penal-code/penal-sect-42-092.html. *(NdT : extrait cité par l'auteure : « a domesticated living creature, including any stray or feral cat or dog, and a wild living creature previously captured. »)*

20. US Department of Agriculture, *Animal Welfare Act and Animal Welfare Regulations*, https://www.aphis.usda.gov/animal_welfare/downloads/AC_BlueBook_AWA_FINAL_2017_508comp.pdf (consulté par l'auteure le 27 novembre 2017). *(NdT : extrait cité par l'auteure : « only Federal law in the United States that regulates the treatment of animals in research, exhibition, transport, and by dealers. »)*

21. *(NdT : extrait cité par l'auteure, même référence que note de fin précédente : « any live or dead dog, cat, monkey (nonhuman primate mammal), guinea pig, hamster, rabbit, or such other warm-blooded animal, as the Secretary may determine is being used, or is intended for use, for research, testing, experimentation, or exhibition purposes, or as a pet; but such term excludes (1) birds, rats of the genus Rattus, and mice of the genus Mus, bred for use in research, (2) horses not used for research purposes, and (3) other farm animals such as, but not limited to, livestock or poultry, used or intended for use as food or fiber, or livestock or poultry, used or intended for use for improving animal nutrition, breeding, management, or production efficiency, or for improving the quality of food or fiber. »)*

22. New York Agriculture and Markets, Article 26, Law § 350–380*2, https://www.nysenate.gov/legislation/laws/AGM/A26. *(NdT : extrait cité par l'auteure : « every living creature except a human being. »)*

23. *(NdT : extrait cité par l'auteure : « tortures or cruelly beats or unjustifiably injures, maims, mutilates or kills any animal, whether wild or tame. »)*

24. Stacy Wolf, « Animal Cruelty: The Law in New York », ASPCA, 2003, http://www.potsdamhumanesociety.org/files/cruelty/ASPCA_NYlaws.pdf (consulté par l'auteure le 5 juin 2018).

25. *(NdT : extrait cité par l'auteure : « with no justifiable purpose… intentionally kills or intentionally causes serious physical injury. »)*

26. New York Agriculture and Markets, Article 26, Law § 350–380*2, https://www.nysenate.gov/legislation/laws/AGM/A26. *(NdT : extrait cité par l'auteure : « domesticated animal normally maintained in or near the household of the owner or person who cares for such other domesticated animal. »)*

27. U.Va. News Staff, « Bob Barker Donates $1 Million for Creation of Animal Law Program at U.Va. », *UVA Today*, January 13, 2009, https://news.virginia.edu/content/bob-barker-donates-1-million-creation-animal-law-program-uva.

28. Shannon Louise TRAVIS, v. Trisha Bridget MURRAY, 977 N.Y.S.2d 621 (Sup. Ct. 2013), Michigan State University College of Law, Animal Legal and Historical Center (consulté par l'auteure le 1er décembre 2017), https://www.animallaw.info/case/travis-v-murray ; Law Offices of Jay D. Raxenberg, « Who Gets Doggy Custody? », https://www.divorcelawlongisland.com/2014/02/19/who-gets-doggy-custody/ (consulté par l'auteure le 5 juin 2018).

29. Christopher Mele, « When Couples Divorce, Who Gets to Keep the Dog? (Or Cat.) », *The New York Times*, March 23, 2017.

30. Emily Sweeney, « State Police Searching for Missing Dog at Logan Airport », *Boston Globe*, June 14, 2017 ; et Travis Anderson, « Dog Spotted Last Week on the Pike Still Missing; Cops Seeking Public's Help in Locating the Puppy », *Boston Globe*, October 23, 2017.

31. David Grimm, « Judge Rules Research Chimps Are Not "Legal Persons" », *Science*, July 30, 2015.

32. Our Clients, Nonhuman Rights Project, https://www.nonhumanrights.org/litigation (consulté par l'auteure le 1er décembre 2017).

33. Matter of Nonhuman Rights Project, Inc. v. Stanley, 2015 NY Slip Op. 25257, 49 Misc 3d 746 (Sup. Ct. New York County 2015).

34. *(NdT : extrait cité par l'auteure, même référence que note de fin précédente : « Not very long ago, only Caucasian male, property-owning citizens were entitled to the full panoply of legal rights under the United States Constitution. »)*

35. *(NdT : extrait cité par l'auteure, même référence que note de fin précédente : « Courts, however, are slow to embrace change, and occasionally seem reluctant to engage in broader, more inclusive interpretations of the law As Justice Kennedy aptly observed in Lawrence v Texas [a 2003 gay rights case], "Times can blind us to certain truths and later generations can see that laws once thought necessary and proper in fact serve only to oppress". »)*

36. Leigh Egan, « Man Says He Stabbed Pet Dog in Self-Defense, but Prosecutor Says Suspect Only Had Small, Minor Scratches », Crime Online, August 1, 2017, https://www.crimeonline.com/2017/08/01/man-says-he-stabbed-pet-dog-in-self-defense-but-prosecutor-says-suspect-only-had-small-minor-scratches/ ; Rebecca Rosenberg, « Man Who Viciously Killed Pet Dog Now Volunteers at Animal Charity », *New York Post*, July 31, 2017, https://nypost.com/2017/07/31/man-who-viciously-killed-pet-dog-now-volunteers-at-animal-charity/. *(NdT : extrait cité par l'auteure : « acting irrationally »)*

37. *(NdT : extrait cité par l'auteure, même référence que note de fin précédente : « very small and minor. »)*

38. *(NdT : extrait cité par l'auteure, même référence que note de fin précédente : « bruising, hip dislocation, and a broken pelvis due to blunt force trauma. »)*

Chapitre 6

1. Aysha Akhtar, « The need to include animal protection in public health policies », *Journal of Public Health Policies* 34 (2013), p. 549–559 ; A. Akhtar, M. Greger, H. Ferdowsian, *et al.*, « Health professionals' roles in animal agriculture, climate change, and human health », *American Journal of Preventive Medicine* 36 (2009), p. 182–187.

2. J. Pearson, M. Salman, B. Jebarak, *et al.*, « Global risks of infectious animal diseases », Council for Agricultural Science and Technology, *Issue Paper* No. 28 (2005).

3. A. Akhtar, *Animals and Public Health: Why Treating Animals Better Is Critical to Human Welfare* (Hampshire, United Kingdom: Palgrave Macmillan, 2012), p. 86–131.

4. J. Leibler, J. Otte, D. Roland-Holst, *et al.*, « Industrial food animal production and global health risks: Exploring the ecosystems and economics of avian influenza », *EcoHealth* 6 (2009), p. 58–70 ; Food and Agriculture Organization of the United Nations, *Livestock's Long Shadow: Environmental Issues and Options*, 2006 ; A. Akhtar, M. Greger, H. Ferdowsian, *et al.*, « Health professionals' role in animal agriculture, climate change, and human health », *American Journal of Preventive Medicine* 36 (2009), p. 182–187.

5. K. Thu (éd.), « Understanding the Impacts of Large-Scale Swine Production », Proceedings from an Interdisciplinary Scientific Workshop (Des Moines, IA,

June 29–30, 1995) ; Food and Agriculture Organization of the United Nations, *Livestock's Long Shadow: Environmental Issues and Options*, 2006 ; American Public Health Association, Precautionary Moratorium on New Concentrated Animal Feed Operations, Policy No. 20037, November 18, 2003.

6. Jonathan Chew, « Ex-McDonald's Suppliers Plead Guilty to Abusing Chickens », *Fortune*, October 30, 2015.

7. Richard A. Oppel Jr., « Taping of Farm Cruelty Is Becoming the Crime », *The New York Times*, April 6, 2013.

8. Cody Carlson, « The Ag Gag Laws: Hiding Factory Farm Abuses from Public Scrutiny », *The Atlantic*, March 20, 2012. *(NdT : extrait cité par l'auteure : « illustrates just how desperate these industries are to keep this information from getting out. »)*

9. J. Graham, J. Leibler, L. Price, *et al.*, « The animal-human interface and infectious disease in industrial food animal production: Rethinking biosecurity and biocontainment », *Public Health Reports* 123 (2008), p. 282–299 ; Pour plus d'informations sur l'une des épidémies les plus récentes, voir Associated Press, « Bird Flu Outbreak Is Nation's Worst in Years », March 22, 2017.

10. Humane Society of the United States, An HSUS Report: The Welfare of Animals in the Egg Industry, http://www.humanesociety.org/assets/pdfs/farm/welfare_egg.pdf (consulté par l'auteure le 13 décembre 2017).

11. J. Correll, B. Park, J. Judd, *et al.*, « The influence of stereotypes on decision to shoot », *European Journal of Social Psychology* 37 (2007), p. 1102–1107.

12. J. Decety et M. Svetlova, « Putting together phylogenetic and ontogenetic perspectives on empathy », *Developmental Cognitive Neuroscience* 2 (2012), p. 1–24 ; J. Decety, « The neuroevolution of empathy », *Annals of the New York Academy of Sciences* 1231 (2011), p. 35–45.

13. M. Cikara, M. Botvinick et S. Fiske, « Us versus them: Social identity shapes neural responses to intergroup competition and harm », *Psychological Science* 22 (2011), p. 306–313.

14. A. Bandura, « Selective moral disengagement in the exercise of moral agency », *Journal of Moral Education* 31 (2002), p. 101–119.

15. K. Costello et G. Hodson, « Exploring the roots of dehumanization: The role of animal-human similarity in promoting immigrant humanization », *Group Processes & Intergroup Relations* 13 (2009), p. 3–22.

16. Robert A. Burton, *On Being Certain: Believing You Are Right Even When You're Not* (New York: St. Martin's Press, 2008).

17. Robert A. Burton, *On Being Certain: Believing You Are Right Even When You're Not* (New York: St. Martin's Press, 2008), p. 12. *(NdT : extrait cité par l'auteure : « The more committed we are to a belief, the harder it is to relinquish, even in the face of overwhelming contradictory evidence. Instead of acknowledging an error in judgment and abandoning the opinion, we tend to develop a new attitude or belief that will justify retaining it. »)*

18. Pour plus d'informations sur les alternatives à la recherche sur les animaux, voir : Wyss Institute, « Human Organs-on-Chips », https://wyss.harvard.edu/technology/human-organs-on-chips/ ; C. Gohd, « EPA Releases Strategy to Reduce Animal Testing on Vertebrates », Futurism.com, March 15, 2018 ; A. Akhtar, « The flaws and human harms of animal testing », *Cambridge Quarterly of Healthcare Ethics* 4 (2015), p. 407–419 ; Barnaby J. Feder, « Saving the Animals: New Ways to Test Products », *The New York Times*, September 12, 2007 ; Christiana Reedy, « Animal Testing Isn't Working but Better Alternatives Are on the Way », Futurism.com, July 10, 2017.

19. B. Bratanova, S. Loughman et B. Bastian, « The effect of categorization as food on the perceived moral standing of animals », *Appetite* 57, No. 1 (2011), p. 193–196.

20. L. Asher, M. Friel, K. Griffin, *et al.*, « Mood and personality interact to determine cognitive biases in pigs », *Biology Letters* 12 (2016), 20160402, DOI: 10.1098/rsbl.2016.0402 ; K. Hagen et D. Broom, « Emotional reactions to learning in cattle », *Applied Animal Behavior Science* 85 (2004), p. 203–213 ; Emma Young, « Only Hungry Chickens Heed the Dinner Call », *New Scientist*, November 15, 2006 ; B. Yang, P. Zhang, K. Huang, *et al.*, « Daytime birth and postbirth behavior of wild Rhinopithecus roxellana in the Qinling Mountains of China », *Primates* 57 (2016), p. 155–160 ; Emily Underwood, « Watch These Ticklish Rats Laugh and Jump for Joy », *Science*, November 10, 2016.

21. D. Small, G. Lowenstein et P. Slovic, « Can Insight Breed Callousness? The Impact of Learning about Identifiable Victim Effect on Sympathy », University of Pennsylvania, 2005.

22. J. Kunst et S. Hohle, « Meat eaters by disassociation: How we present, prepare and talk about meat increases willingness to eat meat by reducing empathy and disgust », *Appetite* 105 (2016), p. 758–774.

23. United States Department of Agriculture, Meat and Poultry Labeling Terms, https://www.fsis.usda.gov/wps/wcm/connect/e2853601-3edb-45d3-90dc-1bef17b7f277/Meat_and_Poultry_Labeling_Terms.pdf?MOD=AJPERES (consulté par l'auteure le 15 décembre 2017). *(NdT : extrait cité par l'auteure : « producers must demonstrate to the Agency that the poultry has been allowed access to the outside. »)*

24. Francis Lam, « What Do "Free Range", "Organic" and Other Chicken Labels Really Mean? », *Salon*, January 20, 2011.

25. Lynne Curry, « Certified "Organic" Livestock Are Supposed to Have Outdoor Access: In Practice, They Don't », *New Food Economy*, November 9, 2017, https://newfoodeconomy.org/usda-organic-animal-welfare-rule-livestock-poultrypractices/ (consulté par l'auteure le 13 mars 2018).

26. Jonathan Balcombe, *Second Nature: The Inner Lives of Animals* (New York: Palgrave Macmillan, 2010), p. 4. *(NdT : extrait cité par l'auteure : « Just thirty years ago it was scientific heresy to ascribe such emotions as delight, boredom, or joy to a non-human… Researchers around the world have found that there is more thought and feeling in animals than humans have ever imagined. »)*

27. Rachel MacNair, *Perpetration-Induced Traumatic Stress: The Psychological Consequences of Killing* (New York: Authors Choice Press, 2005).

28. Dave Grossman, *On Killing: The Psychological Cost of Learning to Kill in War and Society* (New York: Back Bay Books, 1995).

29. A. Fitzgerald, « A social history of the slaughterhouse: From inception to contemporary implications », *Human Ecology Review* 17 (2010), p. 58–69.

30. K. Victor, A. Barnard et D. Phil, « Slaughtering for a living: A hermeneutic phenomenological perspective on the well-being of slaughterhouse employees », *International Journal of Qualitative Studies on Health and Well-Being* 11 (2016), 10.3402/qhw.v11.30266. *(NdT : extrait cité par l'auteure : « Slaughter employees inevitably remember their first encounter with the slaughterfloor and having to slaughter. They recall vivid images of blood and describe the experience as traumatic… »)*

31. Virgil Butler, « A Night in Tyson's Hell », *The Cyberactivist* blog, September 23, 2003, http://cyberactivist.blogspot.com/2003/09/ (consulté par l'auteure le 17 décembre 2017). *(NdT : extrait cité par l'auteure : « The chickens are panicking. Many of them are squawking loudly, some are just sitting there trembling. Sometimes you catch one looking up at you, eye to eye, and you know it's terrified… No one can convince me that that chicken did not know what was about to happen. »)*

32. Jean Lian, « Silence on the Floor. The Recent Meat Recall at XL Foods, Inc. in Brooks, Alberta Is Not Wanting in Superlatives », *OHS Canada Magazine*, January 10, 2013. *(NdT : extrait cité par l'auteure : « The industry has become quite adept at recruiting the most marginalized populations that are quite vulnerable. »)*

33. T. Grandin, « Commentary: Behavior of slaughter plant and auction employees toward animals », *Anthrozoos* 1 (1988), p. 205–213. *(NdT : extraits cités par l'auteure : « mechanical approach », « the person doing the killing approaches his job as if he were stapling boxes moving along a conveyer belt. He has no emotions about his act » et « By devaluing the animal… the person justifies in his mind the cruel things he does to it. »)*

34. Gail Eisnitz, *Slaughterhouse: The Shocking Story of Greed, Neglect, and Inhumane Treatment Inside the U.S. Meat Industry* (Amherst, NY: Prometheus Books, 1997), p. 87. *(NdT : extrait cité par l'auteure : « The worst thing, worse than the physical danger, is the emotional toll. If you work in that stick pit [where the pigs are killed] for any period of time, you develop an attitude that lets you kill things but doesn't let you care. You may look a hog in the eye that's walking around down in the blood pit with you and think, God, that really isn't a bad-looking animal. You may want to pet it. Pigs down on the kill floor have come up and nuzzled me like a puppy. Two minutes later I had to kill them – beat them to death with a pipe. I can't care. »)*

35. J. Dillard, « A slaughterhouse nightmare: psychological harm suffered by slaughterhouse employees and the possibility of redress through legal reform », *Georgetown Journal on Poverty Law & Policy* 15 (2008), p. 391–408 ; Gail Eisnitz, *Slaughterhouse: The Shocking Story of Greed, Neglect, and Inhumane Treatment Inside the U.S. Meat Industry* (Amherst, NY: Prometheus Books, 1997).

36. C. Hutz, C. Zanon et H. Brum Neto, « Adverse working conditions and mental illness in poultry slaughterhouses in southern Brazil », *Psicologia: Reflexão e Crítica* 26, No. 2 (2013), p. 296–304.

37. V. Rohlf et P. Bennett, « Perpetration-induced traumatic stress in persons who euthanize nonhuman animals in surgeries, animal shelters, and laboratories », *Society & Animals* 13 (2005), p. 201–219.

38. Helen Kelly, « Overcoming Compassion Fatigue in the Biomedical Lab », *ALN Magazine*, August 4, 2015 ; Andy Coghlan, « Lab Animal Careers Suffer in Silence », *New Scientist*, March 29, 2008 ; « The Double Trauma of Animal Experimentation », *Queen's Animal Defence* blog, April 12, 2013.

39. Voir *Laboratory Primate Advocacy Group* blog, http://www.lpag.org.

40. Lynne Rossetto Kasper, « Inside Factory Farms: Where 97% of Pigs Are Raised », *The Splendid Table*, podcast, May 6, 2015, https://www.splendidtable.org/story/inside-the-factory-farm-where-97-of-us-pigs-are raised (consulté par l'auteure le 17 décembre 2017).

41. *(NdT : extrait cité par l'auteure : « Until we have the courage to recognize cruelty for what it is – whether its victim is human or animal – we cannot expect things to be much better in this world. »)*

42. L. Baron, M. Straus et D. Jaffee, « Legitimate violence, Violent attitudes, and rape: A test of the cultural spillover theory », *Annals of the New York Academy of Sciences* 528 (1988), p. 79–110.

43. Donald Stull et Michael Broadway, *Slaughterhouse Blues: The Meat and Poultry Industry in North America* (Toronto: Wadsworth, 2004), p. 135–142.

44. K. Victor, A. Barnard et D. Phil, « Slaughtering for a living: A hermeneutic phenomenological perspective on the well-being of slaughterhouse employees », *International Journal of Qualitative Studies on Health and Well-Being* 11 (2016), 10.3402/qhw.v11.30266. *(NdT : extrait cité par l'auteure : « I've got the short temper. When I'm alone sitting, thinking… I'm killing thousands of cattle; hey I kill 800 or 900 cattle, it's nothing that's gonna stop me to shoot only one person. »)*

45. Gail Eisnitz, *Slaughterhouse: The Shocking Story of Greed, Neglect, and Inhumane Treatment Inside the U.S. Meat Industry* (Amherst, NY: Prometheus Books, 1997), p. 88. *(NdT : extrait cité par l'auteure : « Every sticker I know carries a gun, and every one of them would shoot you. Most stickers I know have been arrested for assault. A lot of them have problems with alcohol. They have to drink, they have no other way of dealing with killing live, kicking animals all day long. If you stop and think about it, you're killing several thousand beings a day. »)*

46. A. Fitzgerald, L. Kalof et T. Dietz, « Slaughterhouses and increased crime rates: An empirical analysis of the spillover from "The Jungle" into the surrounding community », *Organization & Environment* 22 (2009), p. 158–184.

47. E. Richards, T. Signal et N. Taylor, « A different cut? Comparing attitudes toward animals and propensity for aggression within two primary industry cohorts – farmers and meatworkers », *Society & Animals* 21 (2013), p. 395–413 ; Tory Shepherd, « Slaughterhouse Workers Are More Likely to Be Violent, Study Shows », News.com.au, January 24, 2013, http://www.news.com.au/national/slaughterhouse-workers-are-more-likely-to-be-violent-study-shows/news-story/f16165f66f38eb04a289eb8bd7f7f273 (consulté par l'auteure le 17 décembre 2017).

48. *(NdT : extrait cité par l'auteure, même référence que note de fin précédente : « so high they're similar to the scores… for incarcerated populations. »)*

49. Aaron Reuben, « When PTSD Is Contagious », *The Atlantic*, December 14, 2015.

50. *(NdT : extrait cité par l'auteure, même référence que note de fin précédente : « found themselves sharing the nightmares of the survivors they were treating. »)*

51. Holly Young, « Guardian Research Suggests Mental Health Crisis Among Aid Workers », *The Guardian*, November 23, 2015.

52. C. Pross, « Burnout, vicarious traumatization and its prevention », *Torture* 16 (2006), p. 1–9.

53. A. Feinstein, B. Audet et E. Waknine, « Witnessing images of extreme violence: a psychological study of journalists in the newsroom », *The Royal Society of Medicine* 5 (2013), p. 1–7.

54. James Dao, « Drone Pilots Are Found to Get Stress Disorders as Much as Those in Combat Do », *The New York Times*, February 22, 2013 ; Julie Watson, « Emotional Toll Taxes Military Drone Operators Too », Associated Press, September 29, 2014 ; Dan Gettinger, « Burdens of War: PTSD and Drone Crews », *Center for the Study of the Drone at Bard College*, April 21, 2014 ; Denise Chow, « Drone Wars: Pilots Reveal Debilitating Stress Beyond Virtual Battlefield », *Science*, November 5, 2013 ; Pratap Chatterjee, « A Chilling New Post-Traumatic Stress Disorder: Why Drone Pilots Are Quitting in Record Numbers », Salon, March 6, 2015.

55. Laura Copland, Staff Perspective: On moral Injury. Uniformed Services University, https://deploy mentpsych.org/blog/staff-perspective-moral-injury (consulté par l'auteure le 10 Juin 2018) ; B. Litz, N. Stein, E. Delaney, *et al.*, « Moral injury and moral repair in war veterans: a preliminary model and intervention strategy », *Clinical Psychology Review* 29 (2009), p. 695–706. *(NdT : extraits cités par l'auteure : « perpetrating, failing to prevent, bearing witness to, or learning about acts that transgress deeply held moral beliefs and expectations » et « emotionally, psychologically, behaviorally, spiritually, and socially. »)*

56. Pratap Chatterjee, « A Chilling New Post-Traumatic Stress Disorder: Why Drone Pilots Are Quitting in Record Numbers », Salon, March 6, 2015. *(NdT : extrait cité par l'auteure : « A predator [drone] pilot has been watching his target[s], knows them intimately, knows where they are, and knows what's around them. »)*

57. E. Holman, D. Garfin et R. Silver, « Media's role in broadcasting acute stress following the Boston Marathon bombings », *Proceedings of the National Academy of Sciences of the United States of America* 11 (2014), p. 93–98 ; M. Otto, A. Henin, D. Hirshfeld-Becker, *et al.*, « Posttraumatic stress disorder symptoms following media exposure to tragic events: Impact of 9/11 on children at risk for anxiety disorders », *Journal of Anxiety Disorders* 21 (2007), p. 888–902.

Chapitre 7

1. Mark Kawar, « Cows Make a Stand: Freedom Is Fleeting for Cattle in Plant Escape », *Omaha World Herald*, August 5, 2004.

2. Timothy Pachirat, *Every Twelve Seconds* (New Haven, CT: Yale University Press, 2011), p. 2.

3. L'histoire de James provient d'un mélange de conversations personnelles et d'extraits du livre : James Guiliani et Charlie Stella, *Dogfella: How an Abandoned Dog Named Bruno Turned This Mobster's Life Around* (Boston: Da Capo Press, 2015).

4. M. Hoffman, « Empathy and Prosocial Activism », dans N. Eisenberg, J. Reykowski et E. Staub (éds.), *Social and Moral Values: Individual and Societal Perspectives* (Hillsdale, NJ: Lawrence Erlbaum Associates, Inc., 1989), p. 65–85.

5. ASU News, « Empathetic Anger Is a Motivator for Student Advocacy », May 7, 2014, http://www.news.appstate.edu/2014/05/07/empathic-anger/ (consulté par l'auteure le 12 janvier 2017).

6. Pour quelques discussions sur l'empathie, le sens moral et l'altruisme, voir : J. Decety et J. Cowell, « Empathy, justice, and moral behavior », *AJOB Neuroscience* 6 (2015), p. 3–14 ; Peter Singer, « Against Empathy », *Boston Review*, August 26, 2014 ; Caroline Mimbs Nyce, « Against Empathy, Cont. », *The Atlantic*, March 25, 2016 ; Nathan J. Robinson, « Empathy: Probably a Good Thing », *Current Affairs*, October 20, 2017.

7. Peter Singer, « Against Empathy », *Boston Review*, August 24, 2014 ; et Caroline Mimbs Nyce, « Against Empathy, Cont. », *The Atlantic*, March 25, 2016.

8. Jeremy Rifkin, *The Empathic Civilization* (New York: Penguin Group, 2009), p. 159. (*NdT : extrait cité par l'auteure : « One can't truly empathize with the vulnerability and struggle of another unless he is able to acknowledge the same vulnerabilities and struggles in himself. »*)

9. Leslie Brokaw, « Self-Awareness: A Key to Better Leadership », *MIT Sloan Management Review*, May 7, 2012 ; Chinwe Esimai, « Great Leadership Starts with Self-Awareness », *Forbes*, February 15, 2018 ; K. Hofslett Kopperud, Ø. Martinsen, I. Sut, *et al.*, « Engaging leaders in the eyes of the beholder: On the relationship between transformational leadership, work engagement, service climate, and self–other agreement », *Journal of Leadership and Organizational Studies* 21 (2013), p. 29–42.

10. Communication personnelle. *(NdT : extrait cité par l'auteure : « for the outcasts, for the needy, for the forgotten ones. »)*

11. Rachel Nuwer, « Syria's Cat Calamity: War Is Hell for Pets, Too », *Newsweek*, December 16, 2015 ; Nadim Salem et Ammar Cheikh Omar, « "Cat Man of Aleppo" Forced to Start Again – from Scratch », NBC News, May 14, 2017.

12. Sarah Ridley, « Last Man Standing. Fukushima Animal Lover Stayed Behind After Nuclear Disaster to Feed Abandoned Pets », *Daily Mirror* (UK), March 15, 2015.

13. Kyung Lah, « Resident Defiant in Japan's Exclusion Zone », CNN, January 27, 2012. *(NdT : extrait cité par l'auteure : « completely contaminated »).*

14. Kyung Lah, « Resident Defiant in Japan's Exclusion Zone », CNN, January 27, 2012.

15. *(NdT : extrait cité par l'auteure, même référence que note de fin précédente : « The calf was sucking on straw, as if it were the mother's teat. »)*

16. *(NdT : extrait cité par l'auteure : « We're the victims. »)*

17. Ema O'Connor, « This Man Lives Alone in a Radioactive Town to Care for the Abandoned Animals », *Buzzfeed*, March 19, 2015. *(NdT : extraits cités par l'auteure : « I couldn't leave the animals behind » et « To me, animals and people are equal. »)*

Chapitre 8

1. Future Farmers of America, https://www.ffa.org/about/media-center/ffa-fact-sheet (consulté par l'auteure le 3 mars 2018).

2. Future Farmers of America, https://www.ffa.org/home (consulté par l'auteure le 3 mars 2018). *(NdT : extrait cité par l'auteure : « a positive difference in the lives of students by developing their potential for premier leadership, personal growth, and career success through agricultural education. »)*

3. J. Panksepp et J. Burgdorf, « "Laughing" Rats and the Evolutionary Antecedents of Human Joy? » *Physiology and Behavior* 79 (2003), p. 533–547 ; L. Asher, M. Friel, K. Griffin, *et al.*, « Mood and personality interact to determine cognitive biases in pigs », *Biology Letters* 12 (2016), 20160402 ; DOI: 10.1098/rsbl.2016.0402 ; Ed Yong, « Scientists Have Found Another Crow That Uses Tools », *The Atlantic*, September 14, 2016 ; N. Clayton, T. Bussey et A. Dickinson, « Can animals recall the past and plan for the future? » *Nature Reviews Neuroscience* 4 (2003), p. 685–691 ; R. Rugani, L. Fontanari, E. Simoni, *et al.*, « Arithmetic in newborn chicks », *Proceedings of the Royal Society* B 276 (2009), p. 2451–2460 ; Natalie Angier, « Nut? What Nut? The Squirrel Outwits to Survive », *The New York Times*, July 5, 2010 ; D. Langford, S. Crager, Z. Shehzad, *et al.*, « Social modulation of pain as evidence for empathy in mice », *Science* 312 (2006), p. 1967–1970 ; Charles C. Choi, « Chimps Pass on Culture Like Humans Do », *Live Science*, June 7, 2007 ; Shaoni Bhattacharya, « Elephants May Pay Homage to Dead Relatives », *New Scientist*, October 26, 2005 ; « Voles console stressed friends », *Nature* 529 (2016), p. 441 ; Ferris Jabr, « Can Prairie Dogs Talk? », *The New York Times*, May 12, 2017.

4. Jerome Kagan, « On the Case for Kindness », dans Anne Harrington et Arthur Zajonc (éds.), *The Dalai Lama at MIT* (Cambridge, MA: Harvard University Press, 2006). *(NdT : extrait cité par l'auteure : « although humans inherit a biological bias that permits them to feel anger, jealousy, selfishness, and envy, and to be rude, aggressive or violent, they inherit an even stronger biological bias for kindness, compassion, cooperation, love and nurture – especially toward those in need. »)*

5. K. George, K. Slagle, R. Wilson, *et al.*, « Changes in attitudes toward animals in the United States from 1978 to 2014 », *Biological Conservation* 201 (2016), p. 237–242.

6. *(NdT : extrait cité par l'auteure : « as part of an extended family, and deserving of caring and compassion. »)*

Maquette et composition : Soft Office

Achevé d'imprimer en mai 2021
sur les presses de la Nouvelle Imprimerie Laballery
58500 Clamecy
Dépôt légal : mai 2021
Numéro d'impression : 105168

Imprimé en France

La Nouvelle Imprimerie Laballery est titulaire de la marque Imprim'Vert®